L'ARCHITECTURE DU XXe SIECLE

L'ARCHITECTURE DU XXe SIECLE

PETER GÖSSEL GABRIELE LEUTHÄUSER

TASCHEN

KÖLN LONDON MADRID NEW YORK PARIS TOKYO

Couverture:
John Lautner, Maison de Jeronimo Arango à Acapulco, Mexique, 1973
Photo Alan Weintraub/Arcaid
Dos de couverture:
Shigeru Ban, Curtain Wall House à Itabashi-ku, Tokyo, 1995
Photo Hiroyuki Hirai

Hohenzollernring 53, D-50672 Köln
www.taschen.com

Edition et design: Peter Gössel et Gabriele Leuthäuser
Couverture: Sense/Net, Andy Disl et Birgit Reber
Coordination éditoriale: Susanne Klinkhamels
Traduction: Françoise Laugier-Morun, Michèle Schreyer, Catherine Henry

Printed in Slovenia
ISBN 3-8228-1163-7
F

Sommaire

Remerciements

abb Architekten, Francfort-sur-le-Main
Albertina, Vienne
Tadao Ando, Osaka
Arcaid, Londres
The Architects Collaborative, Cambridge, MA
architekturphoto, Düsseldorf
Architektursammlung der TU Munich
The Art Institute of Chicago, Chicago
artur, Cologne
Arup Associates, Londres
Ave Maria Fine Art Gallery, Ann Arbor, MI
Alberto Campo Baeza, Madrid
Maurice Babey, Bâle
Shigeru Ban, Tokyo
Gabriele Basilico, Milan
Christine Bastin und Jacques Evrard, Bruxelles
Bauhaus-Archiv, Berlin
Behnisch & Partner, Stuttgart
Benthem Crouwel, Amsterdam
Bibliothek der Landesgewerbeanstalt Nuremberg
Bibliothèque Nationale, Paris
Bildarchiv Foto Marburg
Bildarchiv Preußischer Kulturbesitz, Berlin
Maria Ida Biggi, Venise
Bitter + Bredt, Berlin
Tom Bonner, Venice, Californie
Mario Botta, Lugano
Christoph Bürkle, Zurich
Santiago Calatrava, Zurich
Centrum Industriekultur Nuremberg
Coop Himmelb(l)au, Vienne
Deutsches Architekturmuseum, Francfort/Main
Deutsches Museum München
Dyckerhoff & Widmann AG, Munich
Ecole nationale supérieure des Beaux-Arts, Paris
Erick van Egeraat, Amsterdam
Peter Eisenman, New York
Shuhei Endo, Osaka
Arthur Erickson, Vancouver
Esto Photographics, Mamaroneck, NY
Johanna Fiegl, Vienne
Fondation Le Corbusier, Paris
Foster Associates, Londres
Klaus Frahm, Hambourg
Josef Gartner GmbH, Gundelfingen
Frank O. Gehry, Santa Monica, CA
Giovanni Gherardi, Rome
Glasgow Museums & Art Galleries
The Glasgow School of Art
Myron Goldfinger, New York
Michael Graves, Princeton, NY

Vittorio Gregotti, Milan
Nicholas Grimshaw, Londres
Charles Gwathmey, New York
Harvard University Art Museums, Cambridge, MA
Hedrich-Blessing, Chicago
Heikkinen-Komonen, Helsinki
Keld Helmer-Petersen, Copenhague
John Hejduk, Riverdale, NY
Hentrich-Petschnigg & Partner, Düsseldorf
Hiroyuki Hirai, Tokyo
Historisches Museum, Francfort-sur-le-Main
Hans Hollein, Vienne
Timothy Hursley, Little Rock, AR
Institut für Allgemeine Bauingenieurmethoden, TU Berlin
Institut für leichte Flächentragwerke, Universität Stuttgart
Arata Isozaki, Tokyo
Philip Johnson, New York
Albert Kahn Associates, Detroit, MI
Köster Foto Fonds
Konservatoramt Sarrebruck
Stefan Koppelkamm, Berlin
Kunstbibliothek SMPK, Berlin
Kunsthistorisches Institut der FU Berlin
Landesarchiv Berlin, ehem. Landesbildstelle
Landesbildstelle Württemberg, Stuttgart
Charles Lee, Beverly Hills, CA
Daniel Libeskind, Berlin
Jannes Linders, Rotterdam
Christopher Little, New York
M.A.N. AG, Historisches Archiv, Augsbourg
Antonio Martinelli, Paris
Norman McGrath, New York
Richard Meier, New York
Mercedes-Benz AG, Stuttgart
Meritor Financial Group, Philadelphie
MERO-Raumstruktur GmbH & Co., Wurtzbourg
Michael Moran, New York
Eric Owen Moss, Culver City, CA
Musée des Arts Décoratifs, Paris
Museum Bellerive, Zurich
Museum Moderner Kunst, Vienne
Nederlands Architectuur Instituut, Rotterdam
The New York Historical Society, New York
Jean Nouvel, Paris
NOX, Lars Spuybroek, Rotterdam
Office for Metropolitan Architecture, Rotterdam
A. Oud-Dinaux, Wassenaar
Frank den Oudsten, Amsterdam
Gustav Peichl, Vienne
Sanne Peper, Amsterdam
Cesar Pelli, New Haven, CT
David Phillips, Chicago
Renzo Piano, Paris
Plansammlung der TU Berlin
Paul Raftery, Paris
Bodo Rasch, Stuttgart
Retoria, Tokyo
Rheinisches Bildarchiv, Cologne
Rudy Ricciotti, Bandol
Christian Richters, Münster
Kevin Roche, Hamden, CT
Roger-Viollet, Paris
Paolo Rosselli, Milan
Royal Commission on the Historical Monuments of England, Londres
Sächsische Landesbibliothek, Deutsche Fotothek, Dresde
Simon Scott, Vancouver
Klaus-Jürgen Sembach, Munich
Julius Shulman, Los Angeles
SITE, New York
Margherita Spiluttini, Vienne
Margarete Steiff GmbH, Biengen/Brenz
Robert A. M. Stern, New York
Stiftung Archiv der Akademie der Künste, Berlin
James Stirling, Michael Wilford and Associates, Londres
Tim Street-Porter, Los Angeles
Studio Chevojon, Paris
Südwestdeutsches Archiv für Architektur und Ingenieurbau, Universität Karlsruhe
Suomen Rakennustaiteen Museo, Helsinki
Hisao Suzuki, Barcelone
Bernard Tschumi, Paris
UN Studio van Berkel & Bos, Amsterdam
University of California Los Angeles, Research Library
University of California Santa Barbara, University Art Museum
Ushida Findlay, Tokyo
Venturi, Scott Brown & Associates, Philadelphie
V & A Picture Library, Londres
Paul Warchol, New York
Wayss & Freytag AG, Francfort-sur-le-Main
Tod Williams, New York
The Frank Lloyd Wright Foundation, Scottsdale, AZ
Annalisa Zumthor, Vals
Kim Zwarts, Maastricht

1784-1916

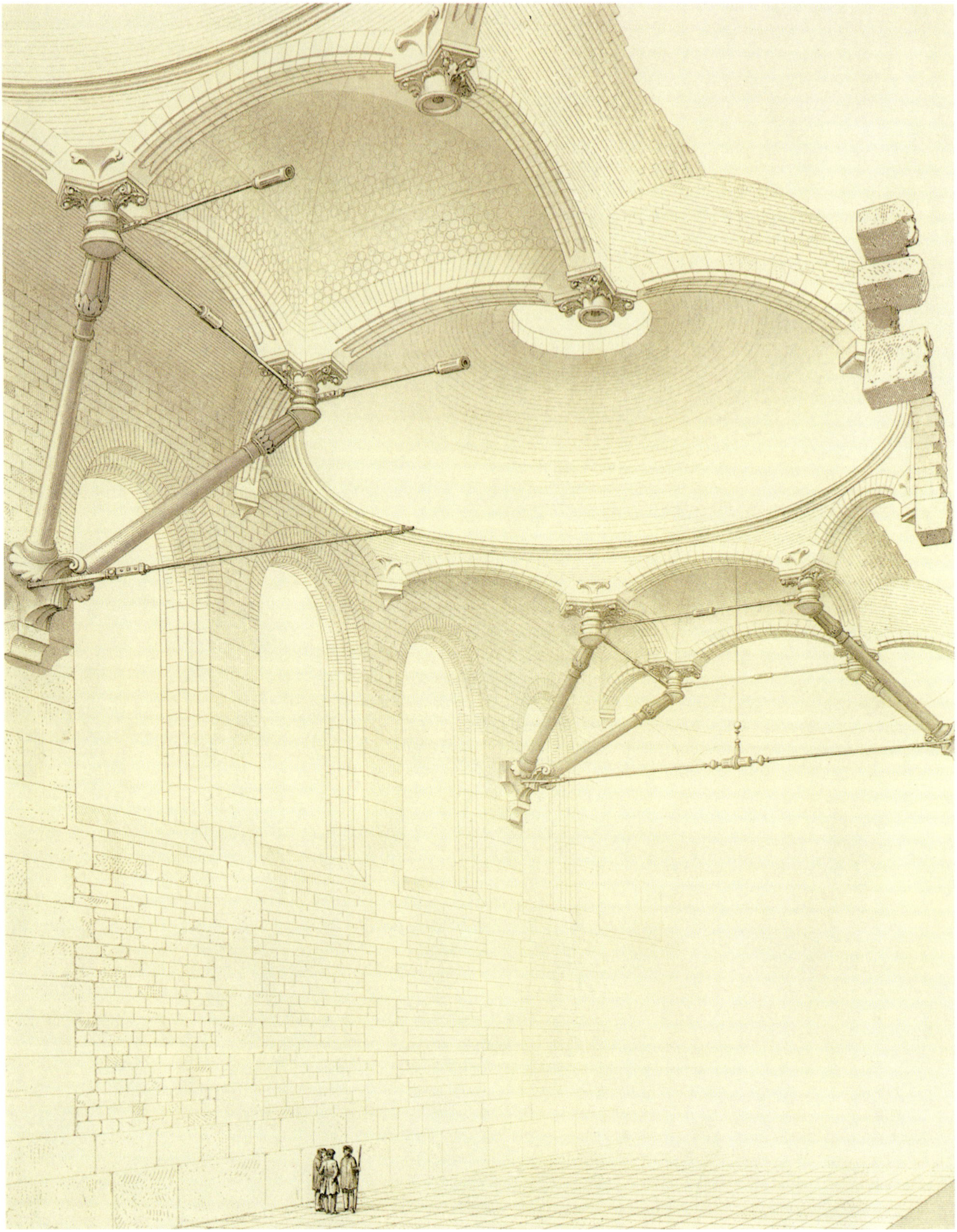

Prologue

Après le siècle des lumières, on assista à la libération de nouveaux potentiels esthétiques à la fin du dix-huitième siècle. Les sciences devinrent le moyen reconnu permettant d'expliquer le monde, et les axiomes géométriques commencèrent à faire concurrence aux règles anatomiques des proportions. L'un des résultats de la Révolution française fut la mise en place d'une norme découlant des constantes de la nature; c'est en déposant le mètre-étalon, un quarante-millionième de la circonférence de la terre, au Musée des Arts et Métiers le 22 juin 1799 que l'on fit de cette nouvelle unité de mesure l'instance en vigueur.

Etienne-Louis Boullée, maître d'œuvre et membre de l'Académie, rendit également hommage au primat de la géométrie dans son œuvre graphique. Parmi les «corps réguliers», c'était pour lui la sphère qui possédait la plus grande valeur, parce qu'elle réunissait, outre une symétrie complète, un aspect égal et la grâce «tendre et fluide» du contour, tous les avantages que pouvait présenter une forme spatiale. Ainsi, il se plaçait dans la tradition de l'architecte de la Renaissance, Andrea Palladio qui avait aussi vénéré la forme du cercle de cette façon: «Elle est vraiment bien apte à représenter l'unité, l'essence infinie, la régularité et la justice de Dieu.» Dès l'Antiquité, on attribua le temple circulaire à la déesse Vesta. Boullée reporta l'analogie, en réalisant son cénotaphe pour le physicien, mathématicien et astronome anglais Isaac Newton, dans le symbole du globe terrestre; seule la pièce sphérique semblait propre à représenter l'univers dans le domaine de l'architecture. En outre, la forme sphérique se situait pour Boullée dans un contexte tout à fait actuel. En 1784, les frères Montgolfier s'étaient élevés en ballon pour la première fois, franchissant des frontières que l'on croyait jusqu'alors insurmontables, surmontant la pesanteur de la terre. C'est cette image de l'apesanteur que le cénotaphe tentait également de transmettre: l'encadrement de cette grande construction ronde par des voûtes en berceau l'entourant en dégradé était interrompu du côté de l'entrée, ce qui fait que la sphère se montrait aussi – contrairement aux constructions à coupoles connues jusqu'alors – au-dessous du méridien et ne semblait être que légèrement posée sur le sol. L'exigence de maîtriser la nature se fait également jour dans la décoration du ciel étoilé à l'intérieur, Boullée voulait «peindre avec la nature en la plaçant dans l'œuvre». Au lieu d'être à sa merci, perdu dans le monde, il fraye avec elle, rapport ici concrétisé par son «utilisation de la lumière».

Ce qui paraît progressiste chez Boullée et son contemporain Claude-Nicolas Ledoux n'est en réalité que leur amour pour la géométrie, puisqu'en revanche, dans l'architecture construite, ils se plièrent tous deux presque sans arrêt au Classicisme de la période des alentours de l'an 1800. Les anciennes théories concernant l'appui et la charge, le désir de monumentalité et la crainte respectueuse n'étaient pas du tout surmontés, même si Ledoux avait réduit, sur le plan formel, les éléments de construction de base au «cercle et carré, ce sont les lettres de l'alphabet». Le problème essentiel des temps modernes se fait déjà jour ici: certes, on doit nommer

Eugène-Emmanuel Viollet-le-Duc
«Maçonnerie», 1864
Dessins extraits de l'atlas «Entretiens sur l'Architecture»
Bibliothèque de la Landesgewerbeanstalt Nuremberg

Etienne-Louis Boullée
Cénotaphe «A Newton», 1784
Bibliothèque Nationale, Paris

abstraitement de nouveaux objectifs, de même qu'on doit reconnaître unanimement le refus de formes de styles perpétrés, mais le canon classique de l'esthétique ne peut être remplacé par aucun nouveau système dont la cohérence serait similaire. Lors de l'industrialisation, le maître d'œuvre académique se vit concurrencé par l'ingénieur, titre qui entra en vigueur en France après la Révolution pour désigner les officiers maîtres dans l'art de la fortification et du siège. «Et au même moment, dans le même pays, le contraste entre la «construction» et l'«architecture» commença à s'exprimer consciemment, et bientôt durement, sur un plan personnel», résuma l'historien de l'Art Alfred Gotthold Meyer. C'est alors qu'apparut l'Ecole Polytechnique comme un lieu de formation technique à côté de ce berceau de la tradition qu'était l'Ecole des Beaux-Arts, où l'architecture avait sa place parmi les Arts plastiques, ce qui constituait, selon Sigfried Giedion, une association fatale: «Au Baroque, cette unité était achevée et paraissait naturelle, au cours du dix-neuvième siècle cependant, elle devint ambiguë et fausse.» L'architecture avait, dans une certaine mesure, échappé à la notion de l'Art et dut être redéfinie à l'ère industrielle. Toutefois, les tâches sociales et mondaines de l'architecture sont subordonnées, aujourd'hui encore et de façon insupportable, à l'exigence artistique.
L'élève de Boullée, Jean-Nicolas-Louis Durand, publia à partir de 1802 le «Précis des leçons d'architecture» sans cesser d'enseigner à l'Ecole Polytechnique. Il proposait

Version nocturne
Bibliothèque Nationale, Paris
Le cénotaphe de Newton, un tombeau vide, était un hommage rendu au physicien, mathématicien et astronome anglais, Isaac Newton (1643–1727), que Voltaire avait déjà, en 1752 au temps des Lumières, célébré comme le «plus grand homme», parce qu'«il n'établissait jamais de systèmes, ne partait jamais d'hypothèses et n'enseignait pas de vérité qui ne fûssent fondés sur la géométrie la plus sublime et sur des expériences inattaquables».

Version diurne du cénotaphe de Newton
Bibliothèque Nationale, Paris
Dans le premier projet, la pièce ronde était éclairée d'une sphère armillaire lumineuse qui illustre en fait le système héliocentrique de Nicolas Copernic. C'est en la remaniant que Boullée eut l'idée du firmament étoilé. Les «étoiles» sont de fins canaux, incisés dans l'enveloppe par lesquels la lumière du jour pénètre. Le cosmos mesuré et transformé en forme géométrique grâce au compas incarne l'universalité des axiomes de Newton.

Louis-Sylvestre Gasse
Elysium, 1799
Bibliothèque de l'Ecole nationale supérieure des Beaux-Arts, Paris

Paul-Henri Nénot
Athénéum pour une capitale, 1877
Coupe
Bibliothèque de l'Ecole nationale supérieure des Beaux-Arts, Paris

Ce projet fut couronné du premier prix de l'Ecole des Beaux-Arts lors d'un concours demandant la réalisation de salles de réunion, d'une bibliothèque et d'une serre. Nénot devait construire plus tard la Sorbonne à Paris et parvenir à s'imposer contre Le Corbusier avec ses plans du Palais de la Société des Nations en 1927.

de développer l'architecture à partir d'un ordre sensé des différents éléments «qui ont la même signification pour l'architecture que les mots pour la langue et les notes pour la musique». Depuis, on a essayé de donner un lexique au «langage de l'architecture», ce qui revint à se détourner de solutions définitives et rendit disponibles, dans une grande mesure, les critères de création. Durand introduisait également la question des coûts, argument selon lequel seule une construction à peu de frais pouvait faire naître la beauté, si elle était doublée d'un respect de la symétrie et des règles. Le résultat en fut une théorie de la composition permettant la formation d'infinies combinaisons de complexes de bâtiments à partir d'éléments de construction dérivés du Classicisme.

De nombreux bâtiments du dix-neuvième siècle, paraissant à rétrospective étonnament modernes, doivent beaucoup de cette impudence aux conditions posées par le contexte. L'Académie d'architecture de Karl Friedrich Schinkel à Berlin en est un exemple: construction tout à fait logique en elle-même, parfaitement harmonieuse, elle fut érigée sur la base d'un plan pragmatique. Les salles destinées à l'enseignement et à l'administration devaient être réunies dans un même corps de bâtiment avec divers magasins commerciaux qui contribuaient au financement du projet de construction. Schinkel trouva cet effet une organisation intérieure flexible permettant une répartition des pièces très variable selon les étages. Etant donné que le terrain de

Karl Friedrich Schinkel
Académie d'Architecture à Berlin, 1831–1836
Landesbildstelle Berlin

forme triangulaire n'exigeait pas la présence d'une façade principale déterminée, il put appliquer une solution à symétrie centrale.
Dans les années soixante-dix du siècle dernier, Eugène-Emmanuel Viollet-le-Duc se révéla être l'un des critiques les plus acerbes de la théorie dominante en France. Il étudia aussi bien les cathédrales gothiques que les temples égyptiens et grecs et en arriva au résultat que les proportions agréables s'inscrivaient dans certains rapports triangulaires: dans le triangle «égyptien» isocèle et dans un triangle à angle droit dont les côtés étaient proportionnés selon les facteurs trois, quatre et cinq entre eux. Il interpréta le Gothique comme une architecture fonctionnelle et adaptée aux matériaux, dans laquelle tout élément avait un sens fondé. Dans cette architecture, la forme découlait de la construction, et de la même manière, l'architecture devait, à une nouvelle ère, découler de la manière de construire des machines. En effet, on établit, au moment de l'industrialisation, les bases d'une nouvelle architecture, à l'«instant de la transformation du processus de production manuel en processus industriel». Pourtant, cette application ne fut ni immédiate, ni consciente, et ce furent davantage de grands détours qui permirent de déboucher sur une époque moderne dont on peut encore dire aujourd'hui qu'elle se trouve «en chantier».

Schinkel, directeur du département supérieur de l'urbanisme et son ami Peter Beuth, chef de l'école d'architecture, voulaient, grâce à ce nouvel immeuble, créer une architecture modèle pour ces deux institutions. Des plafonds massifs garantissaient la sécurité contre le feu, des façades en grandes surfaces et se succédant en série en soulignaient la sobriété. La seule décoration était constituée par des ornements austères Biedermeier.

Géants de fer et vierges de verre

Gustave Eiffel avec Emile Nouguier et Maurice Koechlin (ing.), Stephen Sauvestre (arch.)
Tour Eiffel à Paris, 1889
Gustave Eiffel (à gauche) avec son beau-fils et collaborateur, Adolphe Salles, sur l'escalier en colimaçon entre la première plate-forme et le sommet de la tour
Bibliothèque de la Landesgewerbeanstalt Nuremberg

Le dix-neuvième siècle fut l'ère des grandes performances d'ingénieurs et des découvertes techniques. Dans son livre «Eisenbauten», l'historien d'art Alfred Gotthold Meyer parvint en 1907 à la conclusion, qu'une nouvelle qualité de construction était apparue grâce à l'architecture en fer. Mais que le développement esthétique se trouvait encore en «fermentation», métaphore que Meyer poursuivit dans les termes suivants: «Les ferments sont des déclencheurs de fermentation provoquant ou accélérant la décomposition de quantités relativement grandes d'autres substances organiques. Les ferments qui déterminent la place du dix-neuvième siècle dans l'histoire du style sont les conquêtes de la technique moderne. Ils passent au premier plan. Leurs effets les plus importants peuvent être regroupés en trois grands domaines de matériaux: premièrement le fer, deuxièmement l'art des machines, troisièmement l'art de la lumière et du feu. Ce sont les forces les plus puissantes qui influencent le présent au niveau du style et sur lesquelles, autant que nous puissions le voir aujourd'hui, le futur pourra également compter. Ces autres substances organiques, cependant, auprès desquelles les ferments font preuve de leur force désagrégeante, sont les formes de styles que l'histoire nous a transmises.» Pendant que les architectes parlaient de la recherche d'un nouveau style adapté à l'ère des machines, une clarté de conception jusqu'alors inconnue s'installait parmi les pures constructions d'ingénieurs. Pourtant, on n'attribua à ces œuvres, par exemple aux grandes halles d'exposition qui n'étaient souvent conçues que pour une utilisation provisoire, aucune valeur artistique et on discrédita leur effet grandiose d'objets fascinants de l'instant. Ainsi, les racines de l'architecture moderne sont vraiment cachées, car le dix-neuvième siècle ne fut vraiment bon, comme devait l'écrire un jour Sigfried Giedion, que lorsqu'«il se sentait ignoré».

De nombreux incendies catastrophiques dans les filatures anglaises avaient, au cours de la dernière décennie du dix-huitième siècle, conduit à la construction de bâtiments d'usine à partir de piliers de fonte. Jusqu'à cette époque, le fer n'avait été utilisé en tant que matériau de construction qu'au niveau des petites pièces secondaires, des tirants d'arcs ou des joints de pierres de taille dans les linteaux et les corniches. C'est avec le premier pont de fer qui fut construit entre 1777 et 1779 près de Coalbrookdale, que cette matière de construction apparut visiblement pour la première fois en tant que seul matériau utilisé. Sur le continent européen, la production de fer et avec elle le développement industriel devait, au début, demeurer légèrement en retard par rapport à l'essor anglais. Ceci fut compensé par une profusion de nouvelles idées, notamment en France. En 1837, Polonceau présenta une nouvelle ferme de toit très légère qui ne devait pas tarder à porter son nom; quant à l'ingénieur Joly, il introduisit en 1849 une poutre d'acier rivetée en I. Enfin, on reprit une conquête réalisée par les chemins de fer, à savoir l'acier laminé en forme profilée des rails. Parallèlement au boom de l'industrie du fer, l'industrie du verre connut également un grand essor, et au cours du premier quart du dix-

Decimus Burton et Richard Turner
Palmarium dans les Jardins botaniques royaux à Kew/Surrey, 1844–1848
Vue du sud-ouest
Photo Stefan Koppelkamm

Les plantes exotiques des jardins royaux furent recouvertes d'une merveilleuse construction de 110 mètres de long en fer et en verre. Douze chaudières donnaient de l'eau chaude passant dans les conduites de chauffage et garantissaient ainsi, en hiver également, une température constante de 27 degrés. Grâce à des colonnes de fonte creuses et la gouttière située dans le socle de pierre, l'eau de pluie était conduite vers un réservoir souterrain. Les wagonnets pour le transport du charbon, l'évacuation de la fumée et les conduites de l'installation d'arrosage furent placés dans un tunnel se terminant en une cheminée et un château-d'eau en forme de campanile, à une distance acceptable sur le plan optique.

neuvième siècle, les vitres de verre purent s'imposer pour remplacer le papier huilé bon marché.

Dès les dix-septième et dix-huitième siècles, on était parvenu à construire des serres à la technique déjà éprouvée. L'utilisation de fer à ce niveau demeura pendant longtemps controversée, étant donné que ce matériau constituait un bon conducteur de chaleur et qu'ainsi, de l'eau condensée en gouttait toujours. Ce n'est qu'en 1830 que la méthode de construction à base de fer se répandit, en raison du poids réduit et des profils minces qui étaient ainsi possibles. En revanche, la transformation du bois, plus aisée, poussa Joseph Paxton à utiliser dans ses bâtiments de nouvelles fermes arquées constituées de bois en couches collées. Des solutions éprouvées furent projetées sur d'autres objectifs de construction tels la réalisation d'un toit de verre pour une galerie marchande. Toutefois, ce diamètre intérieur à recouvrir était, dans le cas de telles galeries, plus réduit – ayant ainsi pour effet d'amenuiser le défi lancé au constructeur.

Le développement de grandes halles couvertes avait déjà été très avancé en Angleterre dans les chantiers navals de la Marine royale. Etant donné qu'on mettait jusqu'à treize ans pour achever la construction d'un navire de guerre, on devait en protéger la coque incomplète contre les intempéries et – comme le faisaient les

Vénitiens depuis longtemps – utiliser une halle pour la construction. En 1814, à Portsmouth et en 1817 à Chatham, on utilisait de telles cales de constructions encore recouvertes d'une toiture de bois, et c'est en 1845 que l'on commença à exécuter pour la première fois des constructions de fer recouvertes de tôle ondulée.

Les constructions destinées aux expositions dépendaient d'autres données et critères de conception. Ce n'étaient pas tellement les grandes envergures et la robustesse permettant une grande longévité qui étaient déterminantes, mais plutôt la rapidité de la construction et les frais réduits. Pour la «Great Exhibition» de 1851 à Londres, dans le Hyde Park, Joseph Paxton créa le «Palais de cristal» devenu si célèbre qui était composé d'innombrables pièces détachées assemblées en séries. Le principe de quadrillage avec un module de 24 sur 24 pieds permettait une préfabrication rationnelle de même qu'un montage simple. La technique de construction devint extrêmement mécanisée, la machine à croisillons de Paxton produisait des composantes constructives selon des méthodes industrielles. Grâce à l'alignement quasi infini d'éléments de construction identiques, le bâtiment se vit octroyer un caractère inhabituel, d'autant plus que ces éléments avaient été peints sous les ordres de Owen Jones de telle sorte que les pièces de même nature avaient été colorées de la même teinte: les soutènements en jaune, les poutres du sol en bleu et les poutres

Vue intérieure
Photo Stefan Koppelkamm
Cette photo fut réalisée avant la restauration de 1985, lorsque le palmarium avait été complètement vidé.

Joseph Paxton
Grande serre à Chatsworth/Derbyshire,
1836–1841
The Chatsworth Trustees

La serre du duc de Devonshire était constituée d'une demi-voûte se tenant sur des colonnes de fonte avec des vaisseaux latéraux mesurant en tout 85 mètres de longueur, 38 mètres de largeur et 20 mètres de hauteur. Exception faite des colonnes et d'une galerie entourant le tout, la construction était un échafaudage en bois avec de grandes fermes laminées. Les profils des nervures fines et innombrables furent fraisés à l'aide d'une machine alimentée à la vapeur que Paxton avait lui-même fait construire. Toutes les surfaces de verre de la serre avaient été assemblées selon le principe «ridge-and-furrow» (arête et cannelure) à partir de petits toits à frontons. Paxton avait choisi cette solution, qu'il devait employer également plus tard dans le palais des glaces londonien, en raison de l'éclairage favorable: le matin et le soir, les rayons de soleil entraient ainsi plus facilement à l'intérieur, alors qu'ils étaient réfractés en partie à midi.

du toit en rouge, tout en utilisant les couleurs primaires rouge, jaune et bleu selon un rapport de cinq à trois à huit, comme l'avait proposé G. Field dans sa «Chromatography» de 1825.

Çertes, la construction n'était pas particulièrement sûre et malgré l'apport supplémentaire de modifications lors de la nouvelle mise en place à Sydenham, une aile devait s'effondrer plus tard. Les pièces de raccordement entre les divers éléments n'étaient pas assez solides, et l'on ne pouvait en outre parler de véritable contreventement. Les questions statiques de la pure construction de la charpente demeuraient à cette époque encore tout à fait inexpliquées. L'ingénieur Robert Mallet décrivit ses observations inquiétantes: «Nous eûmes nous-même l'occasion d'observer avec précision les conséquences de la dilatation au niveau du squelette du bâtiment sous l'effet de la chaleur du soleil, au début d'un chaud après-midi d'été de 1851. Nous pouvons témoigner du fait qu'à l'extrémité ouest ainsi que dans les parties avant de la galerie de la nef, là où en effet les colonnes sont les plus longues et étaient le plus chauffées, celles-ci s'éloignaient de la verticale d'environ deux pouces en l'espace d'un étage seulement. Sans l'aide d'instruments, nous ne pûmes pas observer si une quelconque modification avait eu lieu au niveau des colonnes doubles des coins entre la nef et les transepts. Leur raideur et sans doute aussi

Joseph Paxton
Le Palais de cristal londonien après la reconstruction à Sydenham, 1854
Vue intérieure
Bildarchiv Photo Marburg

Construction de toit selon le système «ridge-and-furrow»

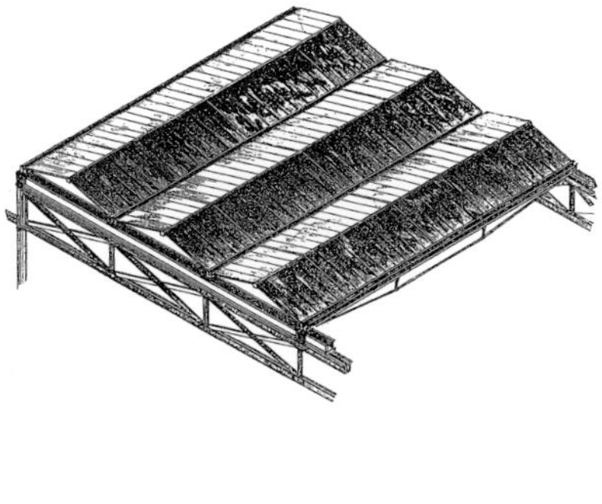

Certes, c'était le Français Horeau qui avait gagné le concours du bâtiment de l'Exposition Universelle londonienne en 1851, mais le comité d'exposition, qui préférait une construction démontable composée d'éléments plus petits et réutilisables, demanda à diverses entreprises de lui soumettre une offre. Joseph Paxton, qui était intéressé par ce projet, s'associa à l'entreprise Fox et Henderson et fut chargé de la commande. A l'aide d'une grande majorité de pièces préfabriquées en série et assemblées sur le chantier, on construisit ainsi le célèbre Palais de cristal de la «Great Exhibition of the Works of Industry of all Nations» dans le Hyde Park londonien. A la différence des premiers croquis, le transept moyen fut finalement recouvert d'une coque-voûte de bois. Lors de la reconstruction à Sydenham en 1854, de nombreuses autres modifications furent entreprises et le vaisseau longitudinal ne fut coiffé que d'une coque-voûte.

Charles Rohault de Fleury
Serres du Jardin des Plantes à Paris, 1833–1836
Roger-Viollet, Paris
Selon les plans de Rohault, une rampe partageait le complexe en deux ailes symétriques qui ne purent cependant pas être réalisées complètement. Au centre se trouvent les serres australienne et mexicaine qui s'adossent à un mur. Les toits furent modifiés en 1874 lors de travaux de remise en état.

Page de droite :
August Voit (arch.), Ludwig Werder (ing.)
Bâtiment de l'exposition industrielle à Munich, 1853–1854
Vue du sud-est
Photo Carl Teufel / Bildarchiv Photo Marburg
Le palais de verre de Munich était une charpente de fer composée de colonnes de fontes et de poutres à treillis avec des fers forgés aux parties soumises aux tractions. La mesure carrée du quadrillage avait une longueur d'arêtes de pratiquement six mètres. La toiture suivait le système «ridge- and-furrow» du Palais de cristal londonien, on avait monté des grillages de fil de fer sur les panneaux de verre pour les protéger contre la grêle. La construction se révéla être extrêmement résistante et ne fut détruite qu'en 1931 par un pyromane.

Vues, coupes et détails
Plansammlung der Technischen Universität Munich

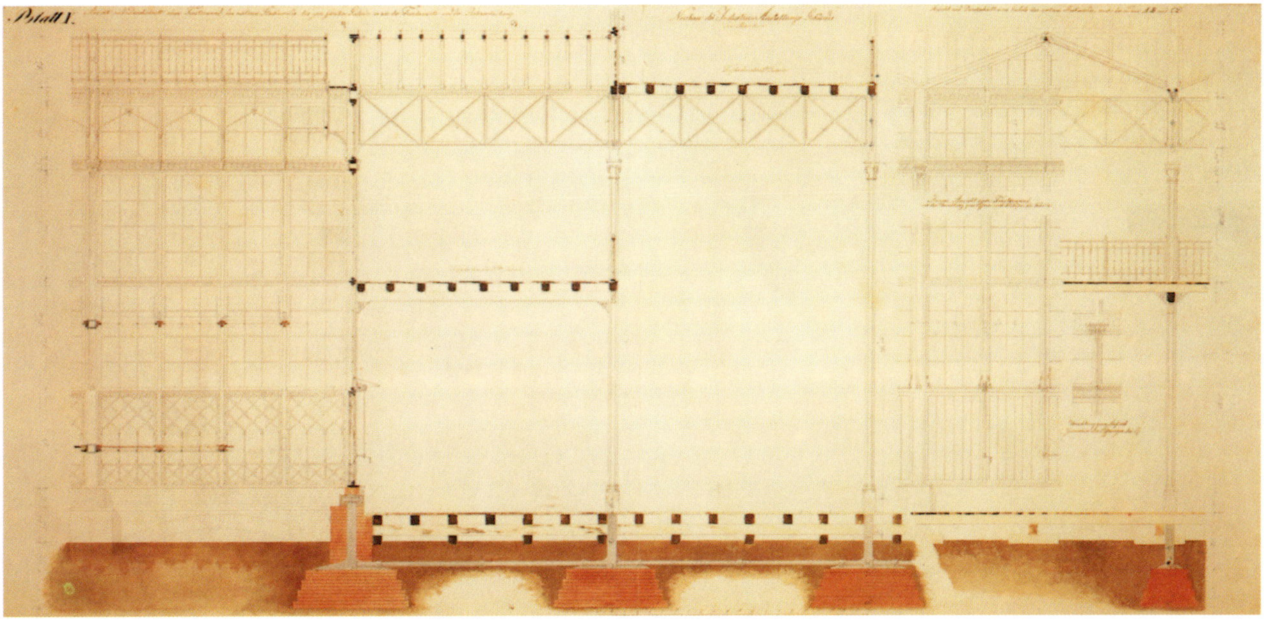
Blatt I.

Friedrich Hitzig
Halle du marché à Berlin, 1865–1868
Dessin en perspective
Plansammlung der Technischen Universität
Berlin

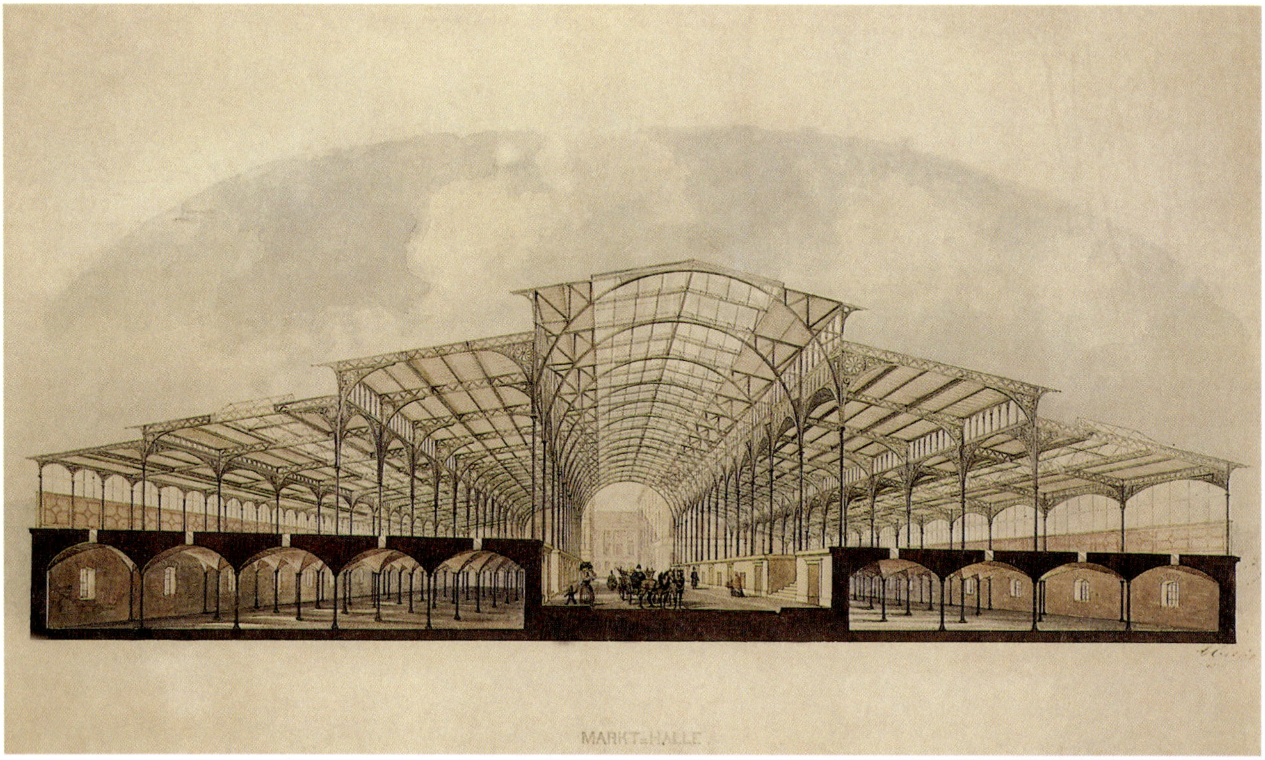

Des colonnes de fonte supportent ce bâtiment à six vaisseaux d'une surface totale de 5300 mètres carrés. Du point de vue de l'hygiène, ce marché représentait un considérable progrès: de l'eau courante pour les bassins des vendeurs de poisson, des toilettes et un éclairage au gaz avaient été prévus. Pourtant, sur le plan économique, cette entreprise privée était un échec. Après la rapide faillite des exploitants, la halle demeura vide, fut transformée en 1874 en cirque et en 1919, redécorée par Hans Poelzig pour devenir le plus grand théâtre de Max Reinhardt. Les côtés extérieurs furent recouverts d'un revêtement Rabitz produisant un effet assez monumental, la salle des spectateurs fut ornée d'un bois de stalactites expressif dans son opulence. Des travailleurs du Front ouvrier allemand l'arrachèrent en 1938 pour installer à la place une loge pour le «Führer». Jusqu'en 1980, le «Friedrichstadtpalast» joua le rôle d'un objet de parade pour la R.D.A.

Page de droite :
Victor Baltard et Félix Callet
Les halles centrales du marché à Paris, 1854–1857, agrandies en 1860–1866
Vue intérieure
Studio Chevojon, Paris
Une construction de halles commencée en 1851, alliance manquée entre l'architecture de la pierre et celle du fer, devait être, encore inachevée, rasée sur l'initiative de Napoléon III. Le nouveau préfet de ville, Georges-Eugène Haussmann déclara également qu'il désirait que les marchés parisiens soient de verre et de fer. Baltard, le collaborateur architectonique le plus important de Haussmann après Hittorf, présenta donc un nouveau plan qui fut réalisé.

Vue et coupe
Les divers pavillons sont reliés entre eux par des rues recouvertes.

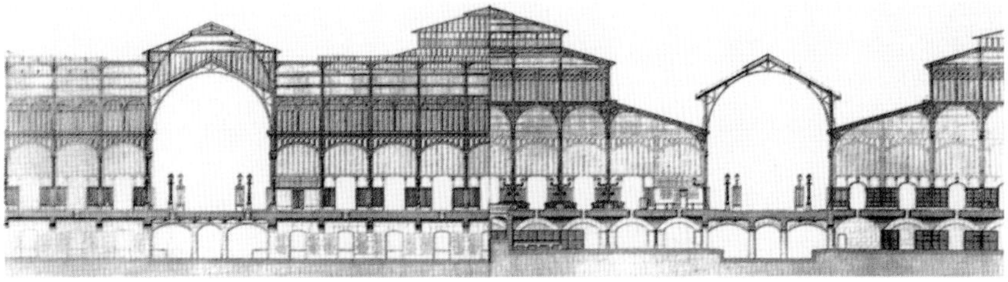

Johann Wilhelm Schwedler
Maison des cornues de la Imperial-Continental-Gas-Association à Berlin, 1863
Vue intérieure pendant la construction
Photo F. Albert Schwartz / Plansammlung der Technischen Universität Berlin
La maison des cornues de 59 mètres de long et de 33 mètres de large possédait une toiture de douze fermes arquées qui, en arcs à trois rotules, avaient été réunies en un gâble. La construction en fonte et en fer forgé ne reposait pas directement sur ses propres fondations, mais sur des appuis situés dans la maçonnerie latérale du mur. Posées sur le sol, les demi-fermes furent reliées par des charnières; en faisant subir une traction aux points du pied grâce à un palan à chaîne, on put «faire monter la raie du toit». La photo montre un état avancé de la construction avec des arcs dressés, une couverture déjà avancée avec de la tôle ondulée et la maçonnerie déjà réalisée des fours à cornue dans l'axe longitudinal de la pièce.

d'autres causes avaient visiblement résisté à la pression et l'avaient reportée sur les extrémités du squelette. Lorsque nous levâmes les yeux sur les galeries situées à l'ouest, dans lesquelles se trouvaient de nombreux visiteurs, et sur toute la largeur de la nef qui était également fortement peuplée, et pensâmes aux énormes forces transversales qui pesaient à cet instant en un jeu invisible sur cette carcasse cassante de la construction de fonte, nous ressentîmes nettement que l'«ignorance» était «une bénédiction».»

Dénué de telles préoccupations, Lothar Bucher était fasciné par le grand espace de la nef longitudinale et son regard était magiquement attiré vers le sommet: «Nous ne savons pas si la toile flotte à cent ou mille pieds au-dessus de nous, si la couverture est plate ou formée d'une quantité de petits toits parallèles; car il n'y a absolument pas d'ombre qui, d'ordinaire, aide l'âme à comprendre le message du nerf visuel. Si on fait lentement redescendre le regard, il rencontre les poutres interrompues peintes en bleu, au début en larges intervalles, puis de plus en plus proches, puis se couvrant, puis brisées par un rayon de lumière brillant, enfin se fondant dans un arrière-plan éloigné dans lequel tout ce qui est concret, même la ligne, s'efface, ne laissant plus que sa couleur apparente. Ce n'est qu'aux murs latéraux que nous pouvons nous orienter en choisissant une seule colonne parmi la bousculade de

Maschinenbau-Actien-Gesellschaft Nürnberg, W. Hecht (arch.)
Immeuble près du Trödelmarkt de Nuremberg, 1883
Vue pendant la construction
Archives historiques M.A.N. AG Augsbourg
L'inhabituel treillis de fer est prêt à être enduit dans la maçonnerie, les agglomérés de mâchefer de hauts-fourneaux ont déjà été livrés. Les bandes diagonales d'acier plat raidissantes de la charpente ont été placées derrière la façade.

tapis, toiles, peaux de bêtes, miroirs et mille autres draperies – si frêle qu'elle semble ne pouvoir supporter de poids, mais être là pour satisfaire le besoin de l'œil cherchant le support –, mesurant sa hauteur par rapport à un passant et au-dessus d'elle, suivant une deuxième et une troisième.»

Le palais de cristal londonien fit figure de modèle pour l'exposition industrielle à Munich en 1854. Là également, il était question de mettre en place un bâtiment d'exposition dans les délais les plus courts, différencié par la «simplification et la diminution des dimensions», en outre ce bâtiment était censé, contrairement à celui de Londres, rester en place après l'exposition et être réutilisé. La halle munichoise se distingua donc par de nombreuses améliorations constructives; ainsi, les poutres des grilles étaient reliées aux colonnes de manière décisive quant à la force. De même, les façades était composées de façon plus convaincante, le système de quadrillage n'était plus articulé par des colonnes intermédiaires servant de soutien en apparence seulement, mais la construction était bien plus clairement déchiffrable. Comme déjà à Londres, la gracile légèreté du bâtiment était impressionnante, et M.E. Schleich demanda: «Qu'est donc la vieille histoire ennuyeuse de pierres et de poutres. . . contre la croissance magique de ces colonnes élancées? Le Dieu qui fit pousser le fer ne voulait pas de valets, mais une profusion d'expositions industrielles!»

William Lossow et Max Kühne
Gare centrale de Leipzig, 1908–1916
Halle des quais en construction
Deutsches Museum, Munich

Page de droite :
Charles Dutert (arch.), Contamin, Pierron et Charton (ing.)
Halle des machines de l'Exposition Universelle de Paris, 1887–1889
Sächsische Landesbibliothek, Deutsche Fotothek, Dresde
Pour l'exposition universelle de 1889, on érigea un grand bâtiment d'exposition en forme de U sur le Champ de Mars. Les arts prirent place dans les ailes latérales; dans l'aile de transept, la «grande galerie», eut lieu l'exposition générale de l'industrie. Tout de suite derrière se trouva la halle des machines et devant le côté ouvert de la cour, on construisit la Tour Eiffel. La halle des machines fut – outre la Tour Eiffel – le bâtiment le plus spectaculaire de l'exposition. Sur une longueur de 420 mètres, une hauteur de nef de 43,5 mètres et une envergure de 115 mètres, elle couvrait 46 000 mètres carrés sans l'aide de colonnes, à ceci s'ajoutaient encore des vaisseaux latéraux larges de 20 mètres le long des côtés longitudinaux. L'immense toiture était constituée d'arcs à trois rotules; leur profilé en caisson réalisé en treillis mesurait environ 3,50 mètres sur 0,75 mètre.

Contrairement au palais de cristal londonien, on peut parler ici du résultat bien mûri d'un travail d'ingénieurs ayant uniquement utilisé l'acier comme matériau. Les éléments de construction ne furent plus simplement enfilés les uns dans les autres ou ancrés, mais rivetés à chaud de manière à ce que les jonctions soient vraiment résistantes. Des calculs réalisés à un niveau scientifique assurèrent son statisme. Cette halle devait bien au caractère technique des objets exposés là le fait que lui fut épargné le riche décor qui surchargeait les autres bâtiments.

Pourtant, les constructions-support des grandes halles d'expositions disparurent à nouveau derrière toutes sortes de décorations, de façades de pierre placées devant elles et de portails monumentaux. La construction de fer non dissimulée, développée avec conséquence à partir des règles constructives, demeura totalement réservée aux ponts, phares et autres monuments techniques. Cette séparation se fit nettement jour dans les gares. Bien que les nécessités particulières de nature technique et organisatrice rendent ici indispensable un programme de construction, l'apparence extérieure reproduisait ici à peu de détails près les magnifiques constructions citadines habituelles avec leurs parements historicisants. C'est ainsi que le lieu de jonction entre la construction de la façade et l'œuvre d'ingénieur sans fards de la halle des quais se transforma en la rencontre de deux corps de construction foncièrement différents; on dut, avec beaucoup de peine, remédier de façon générale à ce problème au moyen de toutes sortes de palliatifs optiques.
Lorsque la fonte cassante fut remplacée par l'acier laminé et les profils de tôle et par l'utilisation d'attaches par rivets, les constructions devinrent de plus en plus légères et statiquement plus simples à calculer. Pour le palais de verre de Munich, les poutres principales préfabriquées avaient encore été vérifiées une à une sous charge avant d'être installées; désormais, une qualité constante des matériaux rendait une telle opération superflue. Les chantiers de construction se transformèrent en terrains de montage des pièces fournies aux exactes dimensions nécessaires qui devaient être tout au plus fignolées sur place.
Lors de l'exposition universelle de Paris en 1889, l'architecture de fer atteignit enfin un paroxysme triomphal. Pour les objets exposés de l'industrie, on érigea, outre la «Grande Galerie», une halle des machines qui, avec son envergure de 115 mètres, fixa de nouvelles dimensions; face à la Tour Eiffel, la plus haute construction du monde à cette époque. La halle était une pure construction à trois articulations telle que l'avait déjà réalisée, en principe, Johann Wilhelm Schwedler dès 1863 à la Maison des Cornues berlinoise de la société gazière Continental–Impériale. Deux arcs se touchaient en une articulation en forme de raie et se tenaient, au niveau de leurs pieds, dans le coffrage des fondations, murs et toit ne formant qu'un. Malgré ses dimensions gigantesques, la halle des machines parisienne ne paraissait pas inquiétante, mais les architectes sentirent bien clairement qu'ici, les vieilles idées perpétuées des colonnes supportant de lourdes charges avaient été jetées par-dessus bord.
Dans la publicité, elle demeura naturellement dans l'ombre de la spectaculaire Tour Eiffel. Gustave Eiffel, ingénieur-entrepreneur, se chargea personnellement de tous les risques de la construction afin de dissiper les réserves émises quant à la sécurité, et ajouta même à sa charpente statiquement nécessaire des éléments complètement inutiles sur le plan de la construction pour renforcer la confiance envers la solidité de son œuvre: c'est ainsi que l'arc remontant jusqu'à la première plate-forme n'est qu'accroché à la construction portante et ne contribue pas à assurer la stabilité. La forme de base de la tour fut déterminée par le fait que le résultat issu des forces verticales et du vent devaient toujours se situer à l'intérieur du carré de la coupe de la tour. Le montage fut parfaitement organisé, il paraît qu'il n'aurait causé aucun accident mortel. Toutes les pièces détachées avaient été fabriquées avec exactitude et il ne restait qu'à les riveter sur place: «Sur ce chantier d'œuvre ne résonnait aucun coup de maillet donnant la forme à la pierre; là, c'était la pensée qui dominait la force des muscles qu'elle transmettait sur des échafaudages et grues solides.»

Vladimir G. Schuchov
Phare Adziogol près de Chersson, Ukraine
1911
Archiv Akademie der Wissenschaften der UDSSR, Moscou

Déjà pour la 16e Exposition d'Artisanat et d'Industrie de toutes les Russies en 1896, Schuchov avait créé un château d'eau avec une mince charpente porteuse hyperbolique composée de fines tiges de fer. La tour n'était pas seulement utile, mais faisait également partie des objets d'exposition de l'entreprise Bari pour laquelle Schuchov travaillait à cette époque. Pour elle, il conçut également toute une série d'autres châteaux d'eau de même que le phare ici représenté atteignant la hauteur considérable de 68 mètres. La construction fut modifiée dans ce but et on introduisit un tuyau de fer supplémentaire dans l'axe vers le haut le long duquel le treillis fut fixé à l'aide de palans radiaux. De telles constructions en treillis au mince profilé permettent d'atteindre une grande stabilité pour une masse réduite. Etant donné que la surface d'un hyperboloïde est composée de l'assemblage de droites malgré sa forme galbée, on peut en outre travailler avec les tiges de métal que l'on obtient communément dans le commerce. La plupart des cheminées de refroidissement des centrales sont aujourd'hui construites de cette façon, mais – pour des raisons fonctionnelles – avec de minces coques de béton au lieu du fin treillis.

L'Ecole de Chicago

Daniel H. Burnham & Co.
«Flatiron», Fuller Building à New York, 1902
Photo Robert Bracklow / The New York Historical Society

Après une ordonnance fédérale votée en 1785 par le Congrès américain, l'ancien territoire des Etats–Unis fut partagé en carrés du plan directeur uniformes. Beaucoup de centres à la croissance rapide reprirent ce schéma d'ordre pour l'appliquer à leurs plans d'urbanisme, comme par exemple New York en 1811, qui recouvrit le terrain à construire marqué d'un quadrillage de rues stétéotypé et de parcelles de même forme. Les arguments principaux étaient l'efficience et la rentabilité: il était plus aisé de construire rationnellement et à meilleur prix sur des terrains uniformes que sur des terrains aux contours irréguliers et de tailles différentes. A Chicago, qui vécut une croissance effrénée, on jalonna en 1830 le premier chantier de grande envergure à l'embouchure de la Chicago River, et en 1900, 1,7 million de personnes y vivaient déjà. On y construisit simplement et rapidement, de préférence selon le style du «baloon-frame» introduit en 1832; c'est-à-dire que l'on introduisait des baguettes de bois à intervalles réduits sur un socle formant les fondations et les raidissait grâce à un coffrage diagonal. Les pièces n'étaient pas emmortaisées, mais simplement reliées par des clous d'acier.
Avec le temps, les maisons furent construites de plus en plus près les unes des autres, grandirent en hauteur et nécessitèrent ainsi des murs de maçonnerie plus solide. Gottfried Semper cita en 1851 un technicien qui venait de faire connaissance de la méthode de construction américaine à New York pendant ces années-là. Les murs latéraux et la façade étaient montés en maçonnerie et les fenêtres placées immédiatement. Les poutres de bois dont la longueur était fixée par rapport à la taille du terrain, toujours la même, formaient les faux-plafonds, ce n'était que la profondeur des maisons qui variait. «Le sculpteur de pierre colle, selon les désirs du maître d'œuvre. . . des dalles de grès, de marbre ou de granit sur la façade avant . . . Puis arrive le plâtrier et fait de l'ensemble la maison la plus massive du monde, grâce à un magnifique stuc.» Après 1855, on livra également à Chicago des éléments de façade en fonte de l'usine new-yorkaise de Daniel Badger, mais la plupart des maisons demeurèrent en bois. Le risque que ce matériau comportait se fit jour lors du grand incendie de 1871 qui détruisit une grande partie de Chicago, et ce n'est qu'à la suite d'une seconde grande catastrophe en 1874 que l'on redoubla d'efforts pour réaliser des constructions résistant au feu.
A l'opposé de New York, où des bâtiments en forme de tours ne tardèrent pas à s'élever de la mer de maisons pour former le typique «skyline», les maisons de Chicago s'élevèrent uniformément et en forme de blocs. L'exploitation spéculative des rares terrains à construire en ville fit accroître le nombre d'étages vers le haut, et dans les années quatre-vingt-dix, on pouvait observer à Chicago de nombreuses tours qui – même si elles ne présentaient que huit ou neuf étages – furent fièrement qualifiées de «skyscrapers». Plus les tours étaient hautes, plus les avantages de la construction à base de fer se faisaient ressentir. Le poids reposant sur les fondations diminuait, en outre, on pouvait éviter les murs épais du rez-de-chaussée qui empê-

William LeBaron Jenney
Fair Store à Chicago, Illinois, 1890–1891
Représentation de la méthode de construction anti-incendie
Les colonnes de fer furent enrobées de ciment, l'appareil rempli de briques creuses des poutres du plafond recouvert d'une chape de béton. Les tuyaux pour le gaz furent également coulés dans cette dernière.

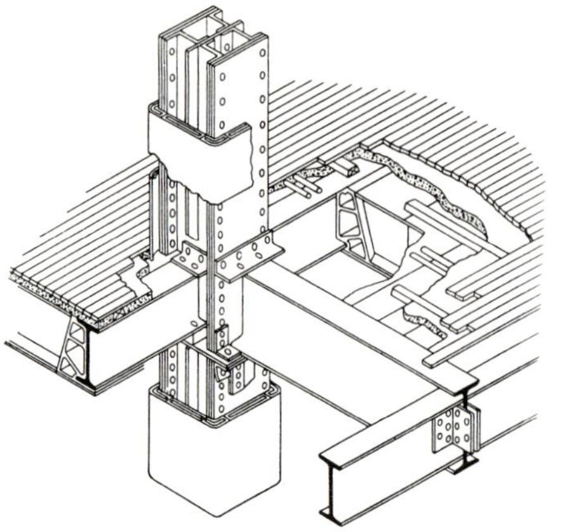

William LeBaron Jenney
Leiter Building à Chicago, Illinois, 1879
Photo Taylor / The Art Institute of Chicago
Dans le Jenney's Leiter Store, les colonnes de fer dissimulées dans les piliers de brique portaient les poutres de bois des plafonds des étages. Les minces cadres de soutènement entre les fenêtres étaient en fonte et étaient posés sur des rebords de pierre. Etant donné que la construction ne présentait pratiquement pas de raccords résistant à la traction, on ne peut pas parler d'une vraie structure portante. Ce qui est particulièrement remarquable, c'est le renoncement presque total aux décorations de façade. En 1888, le bâtiment fut surélevé de deux étages; au moment de la prise de cette photo, l'agrandissement avait déjà été réalisé. Au premier plan, on voit les rails de l'«Elevated», le tramway qui fait une boucle autour du centre de la ville. Il fut à l'origine du nom de «Loop», centre commercial de Chicago.

William Holabird et Martin Roche
Tacoma Building à Chicago, Illinois, 1887–1889
Vue du sud-est
David Phillips Collection, Chicago
Souvent, le progrès technologique et l'esthétique n'allaient pas de pair. Les bâtiments innovateurs sur le plan technique se présentaient sous un aspect extérieur plutôt conservateur, alors que les façades qui semblaient refléter les nouveaux concepts ne recouvraient que des choses ordinaires. Le Tacoma Building était enfin une construction à ossature portante qui en avait aussi vraiment l'aspect.

chaient de placer de généreuses vitrines et ainsi de réaliser une location lucrative des surfaces de plain-pied avec le sol. Peu à peu, on avait créé les conditions premières permettant la construction de la tour: l'invention de la charpente d'acier protégée contre le feu, la technique associée à des fondations supportant assez de charge, et surtout, l'ascenseur de sécurité qu'Elisha Otis avait présenté pour la première fois en 1857 à New York.

En utilisant des piliers de briques le long des façades et de grandes fenêtres posées en série, James McLaughlin avait, en 1877, donné un visage à la charpente de fer d'un grand magasin de Cincinnati qui y devait devenir, bientôt, caractéristique des grands bâtiments commerciaux de toute l'Amérique. William LeBaron Jenney suivit cette ligne avec le Leiter Store à Chicago. De grandes surfaces vitrées ainsi que l'absence d'ornements et de tout couronnement de façade donnaient au bâtiment une apparence sobre et fonctionnelle. Outre Jenney, Daniel H. Burnham, John Wellborn Root, John Holabird, Martin Roche, Henry Hobson Richardson, Dankmar Adler et Louis Sullivan construisirent «Loop» à Chicago. Richardson et Sullivan

Louis H. Sullivan
Schlesinger & Mayer Department Store à Chicago, Illinois, 1899–1904
The Art Institute of Chicago
De riches ornements travaillés avec raffinement et créés par Sullivan et George Flmslie recouvrent l'étage du socle de ce paradis de la consommation. Avec les étages de vente, il y avait aussi – comme il était d'usage autrefois dans les grands magasins de Chicago – une galerie d'art, un café, un restaurant et bar de décoration luxueuse. Dès 1906, ce bâtiment fut agrandi par Burnham & Co. qui le rehaussa de quelques étages; le faîte du toit représenté ici dut alors être modifié.

Plan

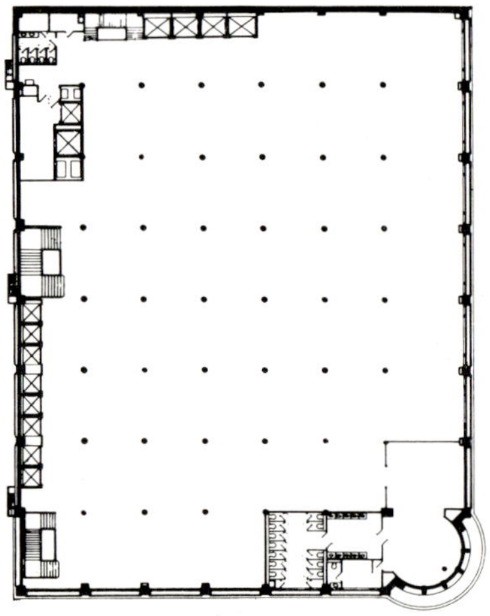

essayèrent résolument de trouver une forme artistique pour les programmes commerciaux de construction. Pendant que Richardson accentuait ses façades de pierre lisses et puissantes en plaçant avec beaucoup de réflexion ses ouvertures de fenêtres et des arcs en plein cintre, Sullivan relevait le défi à un niveau beaucoup plus fondamental. Dans son exposé «The Tall Office Building Artistically Considered», il résuma ses réflexions concernant la conception de bâtiments réservés aux bureaux. Il articulait le bâtiment selon trois fonctions: le rez-de-chaussée servait aux magasins et à l'accès aux autres étages. Ensuite suivait un nombre d'étages de même nature que l'on pouvait varier à volonté, avec des cellules pour bureaux, et en correspondance, un quadrillage uniforme de fenêtres et de piliers structuraient la façade dans ce domaine. L'étage supérieur, qui reprenait des éléments de la technique du bâtiment, était mis en valeur comme un attique coiffant le tout. C'est ainsi que sa tour typique idéale comprenait une base, un fût et un chapiteau, comme une colonne classique. L'argumentation de Sullivan aboutissait à la déclaration suivante qui fut interprétée de nombreuses fois: «Il est de la loi de toutes les choses organiques et inorganiques, de toutes les choses physiques et métaphysiques, de toutes les choses

Page de droite:
George Herbert Wyman
Bradbury Building à Los Angeles, Californie, 1889–1893
Photo Julius Shulman
Ce bâtiment de bureaux ne comprenant que cinq étages et bâti en grès et en briques produit un effet très sobre à l'extérieur. La cour intérieure recouverte d'un toit de verre, avec des escaliers mis en valeur et des ascenseurs hydrauliques à découvert constitue un triomphe de l'architecture de fer. Les voies d'accès sont transformées en éléments autonomes du mouvement et de la communication.

Ernest Flagg
Singer Building à New York, 1906–1908
Photo réalisée pendant la construction
Extraite de: History of the Singer Building Construction
La Singer Manufacturing Company dit fièrement de son nouveau bâtiment administratif qu'il était «le plus haut bâtiment du monde», puisqu'enfin, de ses 612 pieds de haut, il dépassait le Washington Monument, le Philadelphia City Hall, la cathédrale de Cologne et les Pyramides de Gizeh. On omit tacitement la Tour Eiffel. L'ancien bâtiment de 1897 fut intégré dans le nouveau bâtiment et agrandi. Dans la tour, on distingue nettement le contreventement – des croix d'acier dans les coins. Pour creuser les fondations, on enfonça pneumatiquement des caissons qui produisaient une surpression d'air et étaient censés empêcher les inondations pendant les travaux d'excavation.

humaines et surhumaines, de toutes les manifestations de la tête, du cœur et de l'âme, que la vie soit reconnaissable dans son expression, que la forme suive toujours la fonction.» D'ailleurs, la valeur représentative d'une maison était pour lui aussi une fonction à prendre au sérieux.

On vit pousser des bâtiments de plus en plus hauts comme des champignons. Des équipes d'ouvriers hautement spécialisés montaient les échafaudages d'acier à des altitudes donnant le vertige, Chicago et New York prenant le dessus à tour de rôle. Les gorges que devenaient les rues s'assombrissaient de plus en plus, et c'est ainsi que l'architecte Ernest Flagg proposa en 1898 de ne plus laisser avancer jusqu'au bord de la rue que les parties d'immeubles de hauteur réduite et de limiter les tours pointant haut vers le ciel à un quart de la surface des terrains. En 1916, on adopta ce schéma pour la nouvelle ordonnance d'urbanisme de la ville de New York, ce qui ne demeura pas sans effet sur l'apparence de cette ville: l'utilisation rigoureuse du volume maximal autorisé pour la construction conduisit en fin de compte à des corps de bâtiments disproportionnés, en gradins, partant sur la base d'un socle massif comme une pièce montée. Ainsi, la clarté structurelle des premières tours avait été totalement détruite, et on dut attendre longtemps avant que quelque chose de comparable pût être de nouveau atteint.

Page de droite:
Skyline new-yorkaise de 1914
Photo Joseph P. Day / New York Historical Society
A l'arrière-plan, on aperçoit le Singer Building de Ernest Flagg et le Woolworth Building de Cass Gilbert (1911–1913), au premier plan, le Adams Building.

1892-1925

Hector Guimard
Pavillon d'entrée d'une station de métro à Paris, 1900
Extrait de: Möhring, Architektonische Charakterbilder II
Le «métropolitain» fut inauguré officiellement lors de l'exposition universelle de Paris en 1900. Les créatures florales mouvementées pour les entrées et les kiosques des guichets étaient typées et composées à partir de tout un répertoire de plaques, grilles, tiges et arcs de fonte. Elles s'accordaient mal avec le cadre et cela effraya les amoureux de l'image habituelle de la ville.

L'Entrée du siècle

Le mouvement artistique au tournant du siècle fut baptisé de nombreux noms: «Nieuwe Kunst», «Stile Liberty», «Jugendstil» ou «Art Nouveau». Même au sein des lieux régionaux où on vit son effet, on constata des manières de le considérer qui étaient fondamentalement différentes, et on assista même à d'amers combats, et en tout cas à des bases divergeantes. Le seul point commun était la conscience de vouloir être «moderne», quoi qu'en fût la signification. Grâce à cette exigence, l'architecture quitta ainsi définitivement le terrain des échelles de valeurs provenant du passé, devenu incertain au dix-neuvième siècle, et s'adonna plus ou moins aux tendances actuelles de la mode qui – comme justement le Jugendstil – ne devaient connaître qu'un bref épanouissement.
Vers la fin du dix-neuvième siècle, la bourgeoisie se sentant de plus en plus menacée politiquement chercha une échappatoire dans les voyages de rêve de la décoration. Le style Makart à Vienne et le théâtre d'Alban Chambon à Bruxelles, Londres et Amsterdam, le lyrisme de Charles Baudelaire dans «Les fleurs du mal» et les serres et maisons de rêve de Louis II d'après des motifs de Richard Wagner: ils représentent un mouvement de fuite post-romantique pour échapper au monde surpuissant de l'industrie. La rage de la décoration apparaît comme une auto-supercherie de la bourgeoisie en vertu de la responsabilité des bouleversements sociaux qui étaient déjà nettement perceptibles et encore à peine prévisibles dans leurs répercussions. Une flore étrangère sous des coupoles de verre filigranes constituait un morceau de transport exotique très apprécié. Les lieux du culte et de la culture en Italie et en Egypte, devenus accessibles vers la fin du siècle, symbolisèrent désirs et aspirations. Dans les cercles de discussion sur l'architecture cependant, c'étaient les affrontements théoriques concernant l'objectif du mouvement «arts-and-crafts» en Angleterre, ou concernant les «Entretiens» d'Eugène-Emmanuel Viollet-le-Duc et les écrits et travaux de Gottfried Semper qui dominaient. Les raisons de ces discussions véhémentes et passionnées étaient de diverses natures. Déclenché par l'immense croissance et mobilité soudainement augmentée de la population, on assista à un grand mouvement de construction d'innombrables gares, mairies, halles de marchés, bureaux de poste, immeubles d'habitation, écoles, hôpitaux et prisons. Un ordre typologique se développa à partir des divers travaux de construction: les pavillons étaient adaptés aux besoins des hôpitaux, le modèle du bâtiment de prison panoptique s'imposa, les bâtiments culturels prirent volontiers une orientation classique, et pour les gares, les grands magasins et les piscines couvertes, on dut trouver des solutions nouvelles et adaptées. La décoration architectonique devint indispensable et un postulat esthétique tel que «les bâtiments utilitaires devraient être dépourvus de décoration» ne naquit que comme alibi pour justifier la politique d'économie des administrations d'hôpitaux français.
C'est ainsi que l'on doit voir l'effort du dix-neuvième siècle surtout dans la recherche méthodique des programmes de construction. Les données de style furent souvent

Victor Horta
Maison Tassel à Bruxelles, 1892–1893
Bibliothèque de la Landesgewerbeanstalt Nuremberg
Avec une maçonnerie lisse, une zone de soubassement très accentuée et une corniche coiffant le tout, la façade se fond subrepticement dans l'environnement. Le façonnage du cabinet saillant en arrondi fait décemment allusion au fait qu'ici, on a cherché à établir de nouvelles relations entre l'ornement et la construction.

décidées par des organes centraux d'administration et suivirent des standards nationaux répandus par les nombreuses revues d'architecture; les architectes s'habituèrent à proposer leurs plans en diverses alternatives stylistiques. Ce que l'on ne construisit point, ce furent des maisons avec lesquelles une bourgeoisie progressiste aurait pu s'identifier. Ainsi, il est aisé d'expliquer pourquoi de nouveaux mouvements commencèrent à se former, surtout en province, qui considéraient dans leurs programmes autant les aspects modernes que la pensée régionale. Ceci est valable pour Nancy, Darmstadt et Glasgow tout autant que pour Barcelone, où Antoni Gaudí créa des objets extrêmement étonnants au nom du «modernismo» catalan. C'est toutefois Bruxelles qui donna le signal du départ, ville qui se trouvait dans une situation d'un essor économique combiné avec une forte position de la bourgeoisie et du parti socialiste et où beaucoup de maîtres d'œuvres d'un nouveau genre apparurent. Devenus riches grâce aux colonies et parallèlement séduits par les idées socialistes, ils passèrent des commandes à de jeunes architectes avec lesquels ils étaient amis. A Bruxelles, beaucoup de parcelles villageoises avaient été aspirées par la commune et en conséquence, les terrains étaient de très petite taille. Dans le cas de la maison Van Eetvelde par exemple, la façade donnant sur la rue ne

Page de gauche:
Victor Horta
Maison Van Eetvelde à Bruxelles, 1897–1900
Halle
Photo Ch. Bastin & J. Evrard

Paul Hankar
Maison-atelier Ciamberlani à Bruxelles, 1897–1898
Extraite de: Möhring, Architektonische Charakterbilder I
Comparée aux maisons de Horta, cette façade prend un air d'opulence et semble pourtant plane. Les grandes fenêtres en oméga du premier étage forment un contraste par rapport à l'alignement de fenêtres du deuxième. Des peintures murales d'Adolphe Crespin remplissent les surfaces de crépi entre les piliers de briques.

mesurait que neuf mètres de large. Des tentatives visant à réorganiser la ville selon le modèle parisien de Georges-Eugène Haussmann se révélèrent être un échec. Les grands bâtiments à plusieurs étages qui commençaient à faire figure de règle dans les autres métropoles ne purent pas s'imposer ici; l'étroite maison de bourgeois demeura caractéristique de cette ville.
Bien des théoriciens avaient déjà attaqué les doctrines déjà sapées de l'architecture académique et la popularité ornementale de l'industrie des arts décoratifs. En France, il faut compter parmi eux Viollet-le-Duc qui avait propagé, dans un retournement vers les idéaux de l'Antiquité et en particulier du Gothique, une construction «honnête», adaptée aux matériaux, et dont les écrits étaient extrêmement répandus. En Angleterre, William Morris et John Ruskin avaient opposé aux déraillements de la production industrielle leurs idéaux concernant une culture manuelle, ce qui ne les empêcha d'ailleurs pas de créer les dessins de tissus et tapisseries produits par des machines. John Ruskin, lui aussi, considérait qu'outre le Romantisme de Pise, seul le Gothique était digne d'être repris. En même temps, il écrivait dès 1849 dans «The Seven Lamps of Architecture»: «Il est probable que l'ère où l'on développera un nouveau système de lois architectoniques parfaitement adapté à la construction de fer est sur le point

Victor Horta
La Maison du Peuple à Bruxelles, 1896–1899
Extraite de: Moderne Städtebilder I. Neubauten in Brüssel, planche 25
Ce projet ambitieux fut érigé sur commande de Emil Van de Velde et du parti de travailleurs social-démocratique, abritant des bureaux, des magasins, un grand café et une salle de spectacles. La propre participation des membres du parti fut considérable.

Salle des spectacles
Extraite de: Moderne Städtebilder I. Neubauten in Brüssel, planche 28
La salle fut déplacée au deuxième étage, ce qui ne fut pas très heureux.

Page de gauche:
Victor Horta
Maison Tassel à Bruxelles, 1892 –1893
Halle d'entrée
Photo Bastin & Evrard, Bruxelles

Antoni Gaudí
Maison Batlló à Barcelone, 1904–1906
Montée d'escalier
Photo François René Roland
Des formes zoomorphes dominent la maison du fabricant de textiles Joseph Battló i Casanovas: le faîtage du toit rappelle la crête du dos d'un lézard, et la façade ressemble également à la peau d'un reptile. Les pièces intérieures sont modelées souplement, avec des transitions coulantes sans coins ni arêtes. De petites peintures vertes craquelées et des carreaux aux couleurs pastel dominent l'aspect de la montée d'escalier.

d'arriver.» Viollet-le-Duc s'était exprimé de manière analogue. Dans les faits, cependant, Ruskin était également un peu circonspect quant aux conséquences, car «l'architecture n'autorise pas de prendre le fer en tant que matériau de construction, et de telles œuvres comme les toits de fonte et les colonnes de nos gares. . . ne peuvent absolument pas être qualifiées d'architecture».
Les nouvelles théories et prémices autorisèrent l'utilisation de tous les matériaux de construction disponibles, à condition qu'ils soient montrés ouvertement et que leur intégration dans la construction soit logique et résolue en détail sur le plan stylistique. La conception de base des bâtiments ne faisait pratiquement pas l'objet du débat. Les niveaux décalés de Victor Horta, par exemple, étaient tout à fait courants à cette époque. Les façades s'inscrivaient sans s'imposer dans le cadre et étaient plutôt peu apparentes et réservées. Ce n'est qu'à l'intérieur, la plupart du temps généreusement éclairées par l'ouverture de grands toits de verre, que se révélaient les nouveautés: ornements en puissantes ondulations, sensibles placements de

Antoni Gaudí
Parc Güell à Barcelone, 1900–1914
Chemin de promenade
Photo François René Roland
L'industriel Eusebi Güell i Bacigalupi, ami influent et mécène de Gaudí, avait en fait projeté la construction d'un lotissement modèle,ce qui devait pourtant échouer. C'est ainsi qu'on ne vit apparaître sur ce terrain à ce moment-là aride et accidenté que le parc qui aurait dû en faire partie. Des chemins suivent les contours du terrain ou ont été creusés comme des cavernes dans les pentes, la terre ayant été retenue par des colonnes et murs de soutènement grossièrement installés en travers. Leur déclivité correspond – comme dans d'autres constructions de Gaudí – au sens des forces.

couleurs et surprenantes combinaisons de matériaux tels que l'acier, le marbre et le bois précieux. Le fer plat décrivait des volutes pour former d'artistiques rampes d'escalier et lampes, les colonnes portantes apparaissaient souvent sans voile. De même, les tapisseries anglaises «arts-and-crafts» avaient trouvé leur entrée dans ces intérieurs exclusifs.

Les motifs d'inspiration de cet ensemble d'ornements avec leurs pleins et déliés galbés, développés à partir d'éléments constructifs et que Henry Van de Velde maniait en maître, se situaient dans le graphisme de cette époque. En France, Henri de Toulouse-Lautrec créait des affiches d'un style nouveau, en Angleterre, des artistes tels que Arthur Heygate Mackmurdo et Walter Crane travaillaient dans le cadre du mouvement de réforme à un renouvellement de la décoration du livre. Et enfin, mais non des moindres, il faut citer les fantaisies érotiques sublimes d'une certaine Aubrey Beardsley. De plus, de nouvelles impulsions créatrices provenaient du monde pictural de l'Extrême-Orient qui, transposées en graphismes floraux,

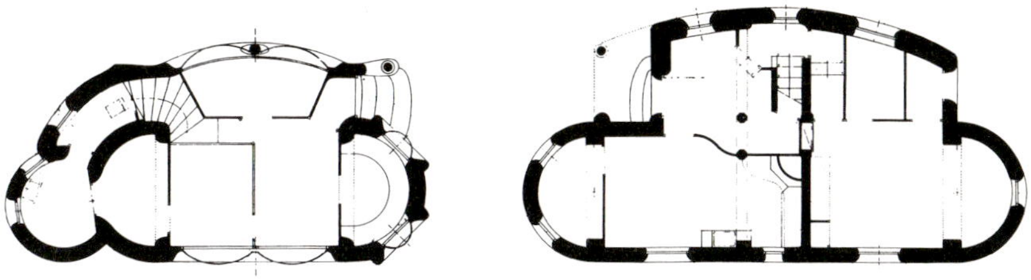

Plans de la maison du portier et du bâtiment administratif

paraient les salons et salles de travail de nombreux contemporains. Les gravures sur bois en couleur du Japonais Katsushika Hokusai étaient accessibles dans des reproductions, leurs motifs réapparaissent dans de nombreux travaux du Jugendstil. Dans le contexte de l'orientalisme et de l'historisme, les idées de réforme de Ruskin et Morris sont à comprendre comme des appels lancés à une honnêteté de la création. L'Art Nouveau ne pouvait donc, à la longue, fournir une réponse satisfaisante à de telles exigences. Trop souvent, on créa des formes artificielles, enveloppées d'un bâtiment de paroles traduisant des idées mystiquement attrayantes au sujet de l'unité de création vécue, formes qui, de nouveau, n'étaient rien d'autre qu'un décor. C'est ainsi que le Jugendstil gagna très rapidement en popularité.
Ce caractère de mode de l'Art Nouveau apparaît particulièrement bien dans l'évolution française qui serait pratiquement incompréhensible sans les événements ayant eu lieu à l'Ecole des Beaux-Arts. Depuis la crise de 1863, lorsque Viollet-le-Duc avait dû interrompre des cours magistraux officiels pour les tenir dans un cercle de

Bancs de parc
Photo François René Roland
Sur un portique bas, on a construit une vaste terrasse plane, ses parapets sinueux ont été modelés de manière à constituer des sièges. Les mosaïques composées de débris de carreaux et de morceaux de verre servent en même temps de protection contre les intempéries et d'ornement. Elles ont été réalisées en partie par Gaudí lui-même, en partie par les ouvriers ayant participé à la construction.

Henry Van de Velde, Karl Gérard
Folkwang-Museum à Hagen, 1897–1902
Montée d'escalier
Extraite de: Dekorative Kunst, volume XI
L'architecte berlinois Karl Gérard avait réalisé la construction du musée pour le mécène Karl-Ernst Osthaus. En 1900, Henry Van de Velde fut chargé de la décoration de l'intérieur: de claires lignes dans ce qui était grand, des formes organiques galbées dans ce qui était petit. Dans la montée d'escalier principale, un limon en forme de vague et une balustrade aux éléments en série entrelacés avec raffinement mènent un dialogue plein de tension. Les chapiteaux et bases des colonnes se fondant bizarrement ont pris cette forme en raison du revêtement de plâtre des colonnes d'acier.

Halle au rez-de-chaussée
Extraite de: Dekorative Kunst, volume XI

lectures organisé au niveau privé, les affrontements entre les formalistes et les non-conformistes s'étaient envenimés, sans pour autant vraiment porter de fruits. Ce n'est que lorsque Hector Guimard appliqua sous une forme modifiée un dessin de Viollet-le-Duc provenant des années soixante-dix à la réalisation de la nouvelle construction de l'Ecole du Sacré-Cœur que chacun reconnut que l'idée des constructions de fer visibles ne pouvait pas encore, à elle seule, remporter de succès renversant. Pour sa première maison dans le «style nouveau», la Castel Béranger, Guimard alla plus loin: il remplaça les ornements du plan néo-gothique par des motifs floraux élancés, comme il les avait vus dans des constructions de Horta, et plaça une grille de portail asymétrique à l'entrée principale. Tout autant que cette mesure puisse paraître aléatoire, elle met toutefois en évidence la proximité du néo-gothique et de l'Art Nouveau. Les maîtres d'œuvre des maisons bourgeoises citadines de toute l'Europe nourrissaient tous une prédilection pour le néo-gothique. Leurs façades relativement dénuées de décorations, la maçonnerie de pierre naturelle et les détails expressifs concordaient manifestement autant avec le penchant de l'époque que les constructions de l'Art Nouveau. Cependant, les artistes-architectes

Henry Van de Velde
Ecole des Beaux-Arts à Weimar, 1904–1911
Archives La Cambre

du Jugendstil étaient certainement, dans leurs décorations intérieures ouvertes et pleines d'imagination, supérieurs aux organisations conventionnelles et rigides des plans de construction.

En tout cas, le splendide Art Nouveau pouvait très bien être mis en œuvre dans des buts commerciaux, et beaucoup de grands magasins utilisèrent ce potentiel avec beaucoup de détermination. Des palais tels que la «Samaritaine» de Frantz Jourdain à Paris furent les produits de l'art de cette symbiose visant à atteindre gains et renommée. A Berlin, c'est le «Warenhaus» – comme les frères Wertheim nommèrent leur nouveau bâtiment – qui devint un lieu de tentations. Les salles de vente occupaient tous les étages, et toute la façade donnant sur la rue fut ouverte en une immense vitrine: «Libération! Tel est le sentiment qui force le non-initié se trouvant devant cette grandiose façade qui l'impressionne davantage que cent bâtiments de l'Etat à enfoncer la tête dans les épaules», décrivit Alfred Lichtwark, subjugué. Les ornements réunis selon un bon vouloir quelconque, pour la plupart de style néo-gothique, n'avaient rien à voir avec le Jugendstil, mais davantage avec une dissolution des maximes encroûtées en matière de décoration. La maladresse quant à relier une

De sévères fenêtres d'atelier rappelant celles des usines, ainsi que des colonnes d'acier dégagées dominent la façade principale. Entre cela, la maçonnerie forme de puissants piliers qui finissent très abruptement et sans transition vers la pente du toit. Dans l'avant-corps central, ils dépassent la hauteur du battement; là où on pourrait s'attendre à trouver une architrave, on ne voit qu'un vide.

Charles Rennie Mackintosh
Ecole des Beaux-Arts de Glasgow, 1897–1909
Côté ouest
Museum Bellerive, Zurich

Façade nord
Archives Glasgow School of Art
Dans la première partie construite de 1897 à 1899, l'aile gauche fut achevée en même temps que l'entrée. Sept ans plus tard, l'Ecole des Beaux-Arts fut agrandie à l'ouest, à l'occasion de la réalisation de compléments dans le bâtiment d'origine.

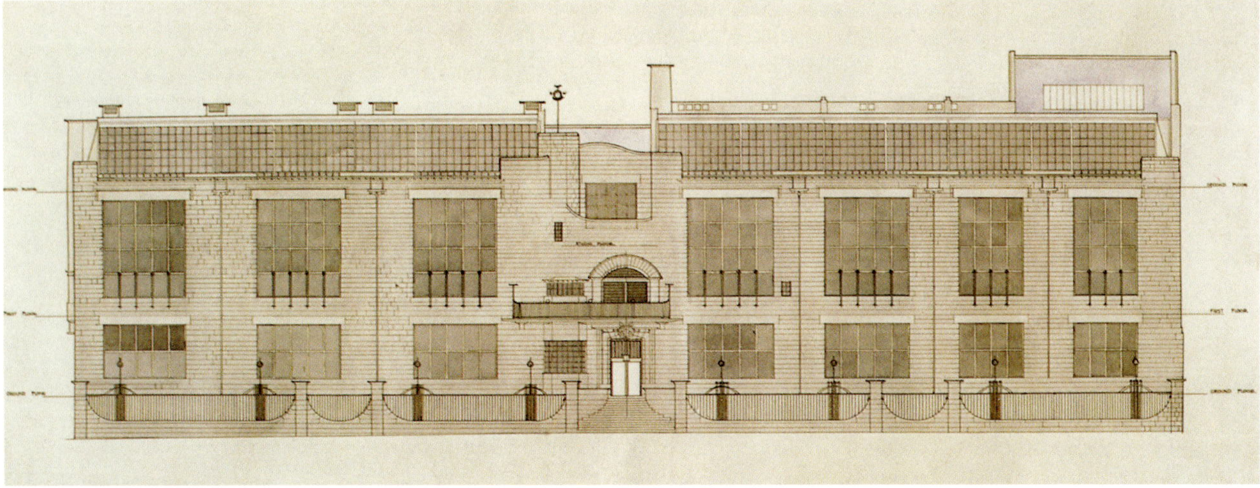

A. Dunbar Smith et Cecil C. Brewer
«Passmore Edwards Settlement», foyer à Londres, 1896–1897
Extrait de: Moderne Städtebilder III. Neubauten in London, planche 25

charpente technique à une forme représentative devint encore plus manifeste dans la construction suivante, le grand magasin Tietz. Tous les éléments d'une nouvelle architecture sont certes présents, mais il manque la réunion souveraine de ces moments aspirant à se séparer pour former une image complète, assemblant technique et forme.
A l'Exposition Universelle de Paris en 1900, on inaugura officiellement le métro. Ses bouches d'accès et kiosques abritant les guichets constituent le summum de l'œuvre de Hector Guimard et des chefs-d'œuvre de l'Art Nouveau. De nombreux observateurs contemporains critiquèrent cependant le manque d'adaptation de l'architecture conçue en série au paysage urbain obtenu. Pour les stations de métro, l'utilisation d'éléments de fonte standardisés était caractéristique. Guimard s'était spécialisé dans ce domaine, contrairement à Horta qui refusait ce matériau. Sa propre fonderie distribuait les produits sous le nom de «Fontes Artistiques pour Constructions, Fumisterie, Articles de Jardin et Sépultures, Style Guimard».
Comme on allait le voir plus tard, cette entrée mouvementée et audacieuse dans le siècle fut davantage le couronnement brillant d'une époque plutôt qu'un nouveau

Smith et Brewer faisaient partie de la Art Workers' Guild et travaillèrent, comme dans le cas de cette œuvre de bienfaisance londonienne, avec d'autres artistes du mouvement Arts-and-Crafts. Cette maison comprenait des réfectoires et des salles communes, un gymnase, une bibliothèque et des chambres particulières. L'équipement était simple, mais pas rudimentaire, l'aspect extérieur était amical et rustique.

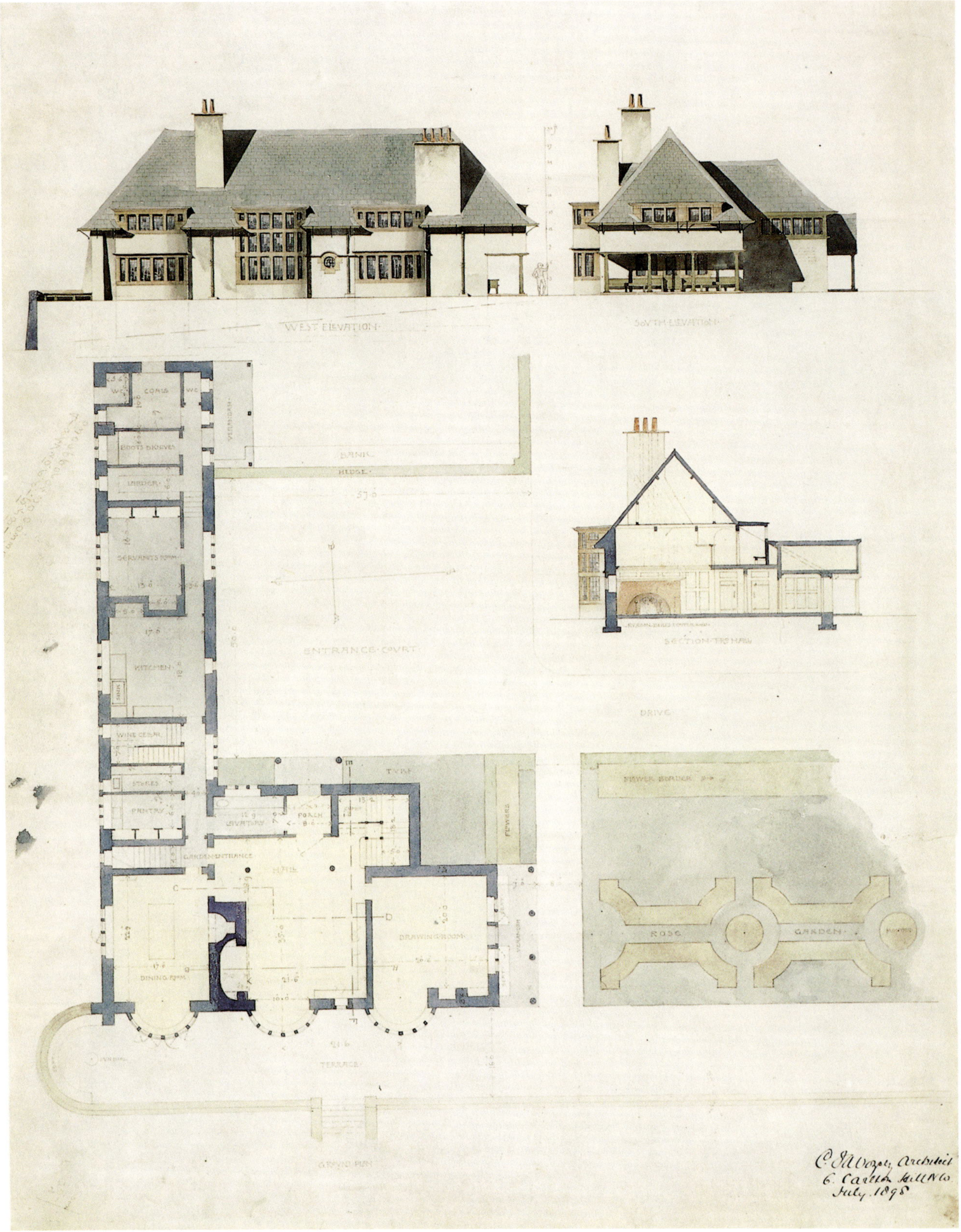
WEST ELEVATION
SOUTH ELEVATION
ENTRANCE COURT
SECTION THRO' HALL
DRIVE
ROSE GARDEN
FLOWER BORDER
HALL
DRAWING ROOM
DINING ROOM
KITCHEN
SERVANTS ROOM
LARDER
PANTRY
WINE CELLAR
PORCH
LAVATORY
GARDEN ENTRANCE
TERRACE
HEDGE
C. F. A. Voysey, Architect
6. Carlton Hill N.W.
July. 1898

Page de gauche:
Charles F. A.Voysey
Maison pour A. Currer Briggs, Lake Windermere / Lancashire, 1898
Victoria & Albert Museum, Londres

Hendrik Petrus Berlage
Maison Henny à La Haye, 1898
Vue du nord-est
Extraite de: Moderne Städtebilder II. Neubauten in Holland, planche 23

Pour Carel Henny, le directeur de la compagnie d'assurances «De Nederlanden van 1848», Berlage ne construisit pas seulement des bâtiments à Amsterdam et La Haye, mais aussi cet immeuble. Le plan en a été élaboré à partir d'une halle cruciforme et rendu plus compliqué par des torsions calculées. Les mesures des petites chambres à côté de la montée d'escalier correspondent au module à la base de l'ensemble du plan. Les murs de briques crépis à l'intérieur de la maison constituaient également quelque chose d'inhabituel.

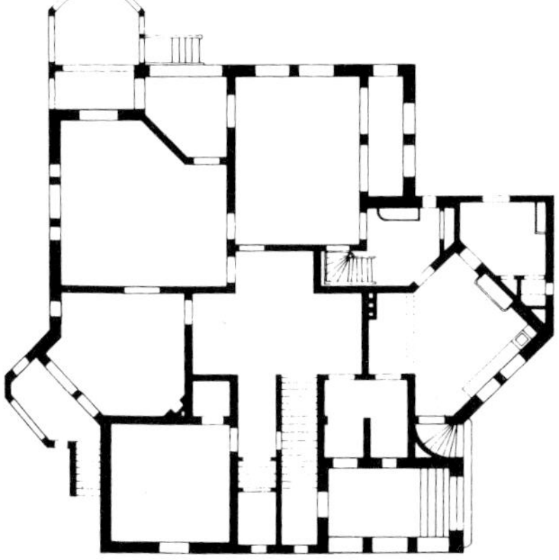

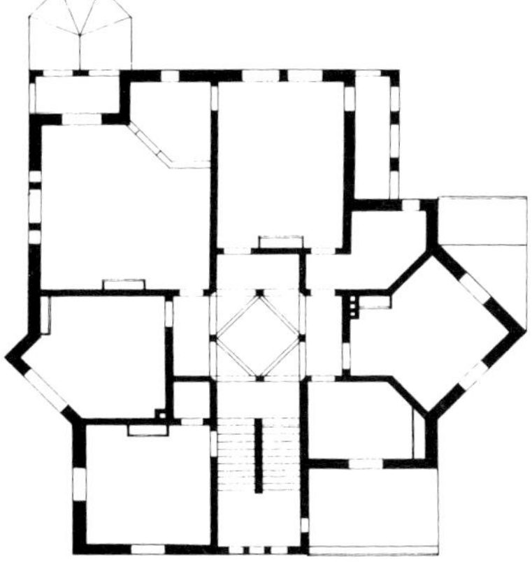

Plans du rez-de-chaussée et du premier étage

Hendrik Petrus Berlage
La Bourse à Amsterdam, 1896–1903
Intérieur de la bourse aux marchandises
Photo Yukio Futagawa/Retoria

Dès 1885, on avait ouvert un concours pour reconstruire la bourse d'Amsterdam détruite par le feu, mais ce n'est qu'à la fin du siècle que l'on commença à construire le bâtiment prévu selon les plans de Berlage.

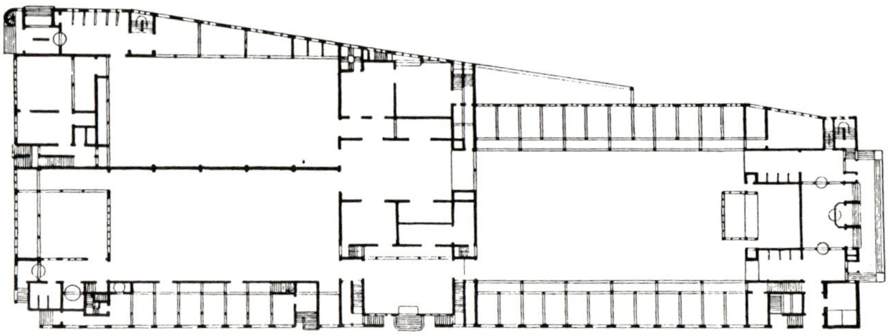

Plan
Derrière la façade de l'entrée dotée d'une puissante tour cornière se trouve la bourse aux marchandises. A celle-ci s'ajoutent – utilisant habilement l'élargissement du terrain – les deux petites salles de la bourse aux grains et aux actions. Certes, Berlage se basa sur un champ quadrillé pour réaliser ses plans, champ qui fixa également l'évolution des hauteurs selon les proportions du «triangle égyptien» (8:5) de Viollet-le-Duc, mais cette construction n'a rien de schématique.

Hendrik Petrus Berlage
Bâtiments administratifs de la compagnie d'assurances contre le feu «De Nederlanden» à La Haye, 1895
Extraite de: Moderne Städtebilder II. Neubauten in Holland, planche 15

début. Ainsi, on n'avait manifestement opposé aucun début important au siècle des nombreux styles et formes imités. Ce n'étaient pas les efforts complaisants d'un Jules Lavirotte ou Paul Saintenoy qui avaient de l'avenir, mais plutôt les réductions systématiques d'Hendrik Petrus Berlage ou de Henry Van de Velde. Harry Graf Keßler notait en 1901 dans son journal intime: «Petit déjeuner chez Madame Richter... parlé de Van de Velde. Son style de meubles, tous étant d'accord qu'il n'était pas adapté à des pièces de luxe . . . Axel Varnbühler: pourquoi encore un art de luxe pour aristocrates? Celui-ci est donc bientôt à sa fin.»
Aux Pays-Bas également, la mode et le rationnel se livraient combat. Certes, il y avait là-bas aussi un grand nombre d'architectes qui s'entraînaient à la ligne galbée, mais les travaux d'un groupe entourant Berlage et l'ancien maître Petrus Cuypers, qui se nommait «Architectura et Amicitia», étaient plus apparentés au trait rectiligne de leurs collègues anglais ou autrichiens, bien qu'ils traitaient eux-mêmes les sécessionnistes de Vienne de «tapissiers et ébénistes». Effectivement, la décoration intérieure était le champ d'activité principal des jeunes Viennois. C'est peut-être la raison pour laquelle leur architecture évoque occasionnellement des meubles qui

Alfred Messel
Grand magasin Wertheim à Berlin, 1896
Entrée principale
Kunstbibliothek, Staatliche Museen Preußischer Kulturbesitz, Berlin
La longue façade principale articulée par de minces piliers de granit fait preuve d'un développement classique de la hauteur: des vitrines formant saillie à l'étage du socle, au dessus de celui-ci, de hautes surfaces de fenêtre aux fins croisillons et un remplage de bronze néo-gothique, frise couronnant le tout. A l'aide d'œils-de-bœuf elliptiques couchés, de pinacles et toutes sortes de décorations plastiques, les trois compartiments centraux furent ornementés de manière historique. Cette solution «artistico-architectonique» du domaine de l'entrée était censée réconcilier l'œil avec la profusion inhabituelle de verre.

auraient pris une taille d'immeuble. A l'auberge viennoise «Die Traube» se réunissaient autrefois Josef Hoffmann, Max Kurzweil, Theodor Gottlieb Kempf, Karl Moll, Koloman Moser et Joseph Maria Olbrich pour discuter d'architecture. C'est ici que Max Fabiani, qui se déchargea de la commande du célèbre café Museum en faveur du jeune Adolf Loos, devait même finir par taxer Olbrich de «décorativiste».
Par de tels dénigrements, qui eurent lieu longtemps encore, le coup que le Jugendstil avait porté au monde de peluche figé ne fut pas correctement honoré. Walter Benjamin, lui aussi, perçut le contraste existant entre la nouvelle volonté de décoration et l'ancienne idéologie comme une déchirure intérieure de l'époque qui attendait la délivrance: «Chez Van De Velde, la maison paraît être l'expression de la personnalité. L'ornement est à la maison ce que la signature est à la toile. La vraie signification du Jugenstil ne transparaît pas dans cette idéologie. Il représente la dernière tentative de déficit de l'art perché sur sa tour d'ivoire, elle-même assiégée par la technique.»

Page de droite:
Bernhard Sehring et L. Lachmann
Grand magasin Tietz à Berlin, 1899–1900
Kunstbibliothek, Staatliche Museen Preußischer Kulturbesitz, Berlin
Les immenses surfaces de vitrines de 25 sur 18 mètres chacune s'élevaient sur tous les étages. Les piliers portants avaient été placés environ deux mètres en retrait derrière cette façade. Le soir, une mappemonde de verre de plus de quatre mètres de diamètre était illuminée de l'intérieur.

TIETZ

Max Fabiani
Maison de meubles Portois & Fix à Vienne, 1899–1900
Extraite de: Architektur des XX. Jahrhunderts, planche 37
L'entrée de droite conduisait directement aux salles de vente, le passage de gauche donnait sur l'arrière-cour et l'entrepôt de meubles à l'arrière du magasin. Etant donné qu'il coupait le rez-de-chaussée, ce dernier fut rendu accessible par l'entresol. La façade avant du magasin était revêtue de granit suédois poli, les trois étages suivants d'une mosaïque orthogonale de carreaux vert clair et brunâtres en «Pyrogranit». Les combles contenant les ateliers furent recouverts d'une coiffe de tôle selon le modèle parisien.

Page de droite:
Otto Wagner
«Majolikahaus», Vienne, 1898–1899
Extraite de: Moderne Städtebilder IV. Neubauten in Wien, planche 8
L'immeuble à six étages situé Linke Wienzeile 40 compléta la maison cornière située Linke Wienzeile 38 tout juste achevée par Wagner pour former un bloc. Des dalles de terre cuite émaillées revêtent toute la façade. Les fleurs des ornements grimpants furent peintes en rouge tendre, les boutons en bleu turquoise, l'épais feuillage dans les niches des balcons en un vert dense. Des critiques contemporains décrivirent le résultat de cette décoration ambitieuse comme «sauvagement sécessionniste», Loos la qualifia sarcastiquement d'«architecture tatouée».

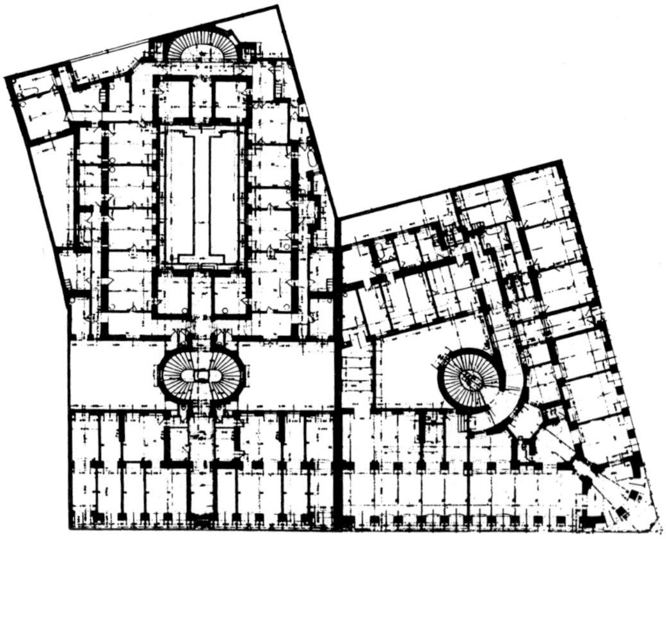

Plans des constructions situées Linke Wienzeile 38 et 40

Joseph Maria Olbrich
Bâtiment de l'exposition de la Sécession à Vienne, 1897–1898
Extraite de: Moderne Städtebilder IV. Neubauten in Wien, planche 20
Derrière l'entrée encadrée de cubes massifs se trouve une salle d'exposition avec une estrade et une généreuse toiture de verre. L'inscription taillée au-dessus du portail «Der Zeit ihre Kunst, der Kunst ihre Freiheit» («Au temps, son art, à l'art, sa liberté») était la devise de la Sécession viennoise qui créa un forum pour ses artistes associés tels que Gustav Klimt, Josef Hoffmann et Koloman Moser. La frontalité et la monumentalité ininterrompue, couronnée d'une coupole formée de feuilles de laurier, signalisait la conscience de soi que possédait l'Avant-garde viennoise vers la fin du 19e siècle.

Joseph Maria Olbrich
Maison Habich située sur la Mathildenhöhe à Darmstadt, 1900–1901
Extraite de: Architektur von Olbrich I, planche 27

Josef Hoffmann
Palais Stoclet à Bruxelles, 1905–1911
Bildarchiv Photo Marburg
L'extérieur de ce palais, destiné au banquier Adolphe Stoclet, est décoré jusqu'au moindre détail de manière tout aussi précieuse et luxueuse que l'intérieur de ce joyau du Jugendstil. Des surfaces lisses de marbre norvégien sont enchâssées dans des bandeaux de bronze. Les fenêtres de l'étage supérieur transpercent la ligne du batellement et soulignent la légèreté des pures surfaces cristallines.

Plan

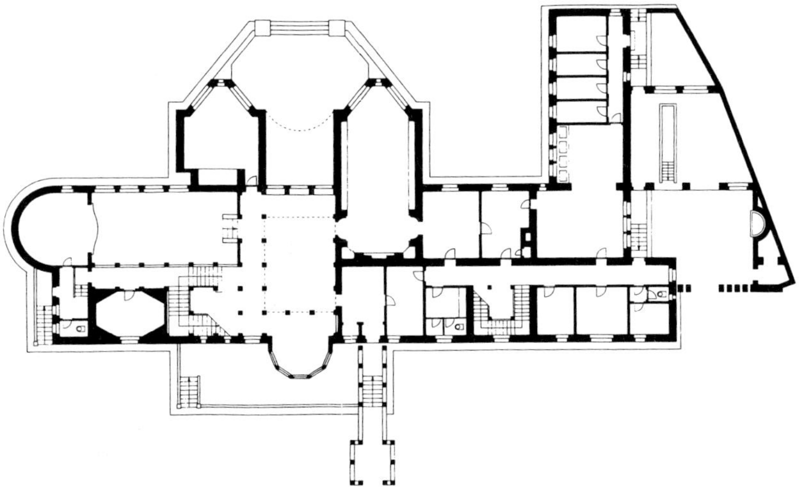

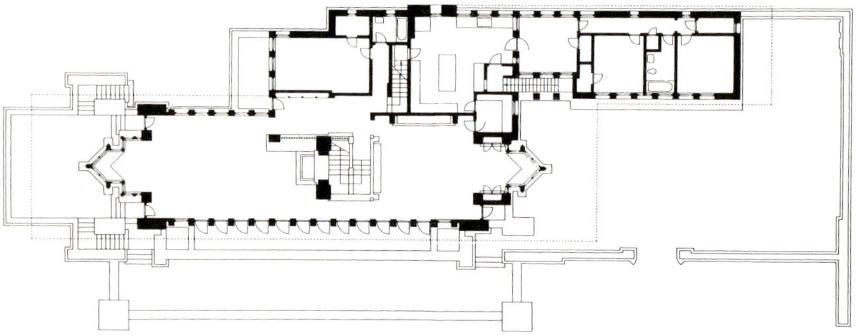

Dans un vaste paysage

Frank Lloyd Wright
Maison pour Frederick C. Robie à Chicago, Illinois, 1906–1910
Côté rue
Photo Hedrich-Blessing
Quatre colonnes d'acier soudées de 30 mètres de long environ traversent la longueur du toit et permettent le grand encorbellement. Des terrasses en avancée, des étages à hauteur réduite, des alignements continus de parapets qui ne bordent des balcons qu'en partie et autrement ne font qu'encadrer des «trous», et des enceintes plates et allongées reprennent l'horizontale dynamique du toit pour faire paraître la maison plus grande qu'elle ne l'est réellement.

Plan

Bien que Chicago fût vers la fin du siècle un lieu assez dénué de culture – comme Frank Lloyd Wright, désabusé, le raconta après son retour d'un voyage en Europe – marqué par les abattoirs, les hauts fourneaux et les usines Pullman, il existait pourtant un endroit en plein cœur de cette cité en croissance effrénée qui semblait constituer le berceau générateur du Modernisme. Il s'agissait du bureau de la communauté d'architectes à succès de Dankmar Adler et Louis Sullivan. C'est là que travaillait le jeune Frank Lloyd Wright en tant que dessinateur génie civil, tout comme Irving John Gill.

En 1893, lorsque Frank Lloyd Wright quitta le bureau Sullivan, la «Columbian World Exposition» avait lieu à Chicago. Avec ses orgies blanches de stuc et l'idéal propagé de la «City Beautyful», elle porta un coup fatal aux idées fonctionnelles encore dissimulées dans l'architecture utilitaire et sonna la victoire de l'architecture académique en Amérique. C'est le pavillon japonais, une copie du temple Ho-o-den, qui semble avoir éveillé l'attention de Wright. Ici, il eut l'occasion d'étudier l'architecture japonaise avec ses toits largement évasés et ses remplissages de murs géométriques sur un modèle grandeur nature.

Dès le tournant du siècle, Wright formula dans de nombreux articles et exposés des principes essentiels qu'il devait respecter pendant toute la durée de sa création. Selon ses idées, il fallait éviter «tout ce qui n'a aucune utilité ou but véritable», ainsi fallait-il par exemple que les appareils nécessaires tels que les radiateurs ne soient pas visibles, ils devaient disparaître dans la construction. Les choses mises en apparence devaient toutefois présenter un caractère particulier et se référer tout de même à l'ensemble. L'individualité constituait l'un de ses mots-clés préférés: «Il existe autant de maisons différentes qu'il existe d'hommes.» Sa méfiance envers la standardisation de l'industrie se basait surtout sur les expérience personnelles que Wright avait faites avec les matières disponibles dans le commerce des matériaux de construction. Ainsi, comme il n'était possible d'obtenir ni étoffes de rideaux unies, ni tapis unis, aucune planche à rainure et languette sans modelage, aucun poteau sans travaux de sculpture, il était nécessaire de réaliser une foule de dessins de détails, qui n'étaient cependant pas rémunérés selon les honoraires fixés des architectes, étant donné que ceux-ci étaient tout à fait dépendants de l'utilisation rationnelle des produits semi-finis habituellement vendus dans le commerce.

Aux Etats-Unis, il n'y avait pas de mouvement s'opposant à cela de manière décidée. La scène précaire des arts-and-crafts possédait son forum dans la revue «The Craftsman» qui était publiée par l'ébéniste Gustav Stickley. Il publiait certes sporadiquement des travaux de Wright, Gill et aussi des frères Greene, mais la résonance demeurait faible. C'étaient certainement les frères Charles Sumner et Henry Mather Greene qui se rapprochaient le plus de l'idéal artisanal. Etant donné qu'ils ne travaillaient qu'avec le bois, leurs constructions étaient très détaillées et se décomposaient en divers éléments structurels accentués; au lieu de surfaces compactes,

Frank Lloyd Wright
Communs de la maison William H. Winslow à River Forest, Illinois, 1894
The Art Institute of Chicago
La propriété Winslow fut la première commande adressée à Frank Lloyd Wright, où il put complètement réaliser ses idées architectoniques. Le bâtiment annexe représenté avec un appartement réservé au personnel, un poulailler, une étable et un garage, présente toute une série d'éléments de décoration qui devaient devenir caractéristiques de Wright: le mouvement horizontal, le toit plat incliné, une entrée à arcs et un cabinet saillant aux vitres souvent colorées. Un arbre qui se trouvait «au milieu», fut épargné, et le toit fut construit autour de lui.

elles présentaient des lignes, des angles, des saillies et des creux. Leur façon de construire découlait immédiatement des techniques de maître d'assemblage du bois. Les maisons n'étaient pas censées être recouvertes de plantes grimpantes; elles s'harmonisaient avec l'environnement à une distance distinguée de la nature.
Dès 1889, Wright avait aménagé son propre bureau à Oak Park, banlieue de Chicago, et c'est là qu'il participa intensivement aux mondanités de la société bourgeoise et fit des conférences dans des clubs féminins. Ses articles-programmes ne parurent pas seulement dans le magazine «Architectural Records», mais aussi dans le «Ladies' Home Journal» répandu. En février 1901, on put y lire sa contribution «A Home in a Prairie Town» dans le cadre d'une série présentant des modèles de maisons aux frais de construction réduits.
Les plateaux peu élevés des prairies du Middlewest américain lui fournirent les noms de ses premières maisons. Leur apparence extérieure est empreinte de son respect envers la calme étendue du paysage et passe par-dessus l'agglomération effective des banlieues. Il se sert des toits en pente douce et en porte-à-faux, des hauteurs de pignons réduites, des larges cheminées et des murs de jardins étirés. Malgré la franche orientation horizontale, les maisons ont plusieurs étages. Les escaliers étroits accentuent davantage les niveaux d'étages plutôt qu'ils n'évoquent les montées représentatives de l'architecture de villas traditionnelle. Ses entrées sont dépourvues de tout caractère seigneurial, elles sont souvent cachées, étroites et biscornues, et illustrent bien l'idée de Wright selon laquelle une maison doit être avant tout un «abri». C'est ainsi qu'il considérait secondaire le choix des couleurs, qu'il situait volontiers dans les tons de feuillages d'automne, par rapport à l'effet des plantations pour lesquelles il intégrait souvent des vasques et des auges sur ou dans les parapets.

Frank Lloyd Wright
Maison pour William Fricke à Oak Park, Illinois, 1901
Photo Peter Gössel
Wright accentua ici également la verticale dans de nombreux détails et fit des expériences en utilisant des volumes cubiques. Dans la «pièce de la tour», il y avait à l'origine une salle de billard.

Vues ouest et nord

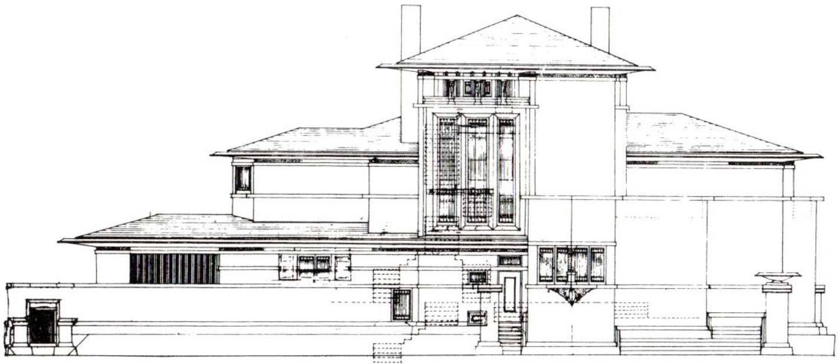

Frank Lloyd Wright
Maison pour Avery Coonley à Riverside, Illinois, 1907–1908
Partie de la façade ouest
Domino's Center for Architecture and Design, Ann Arbor
Wright parlait d'une maison à un étage «avec la cave au-dessus du niveau du sol». Toutes les pièces excepté le hall d'entrée ont été arrangées à ce niveau surélevé. Des carreaux émaillés multicolores forment un dessin géométrique sur les surfaces des façades.

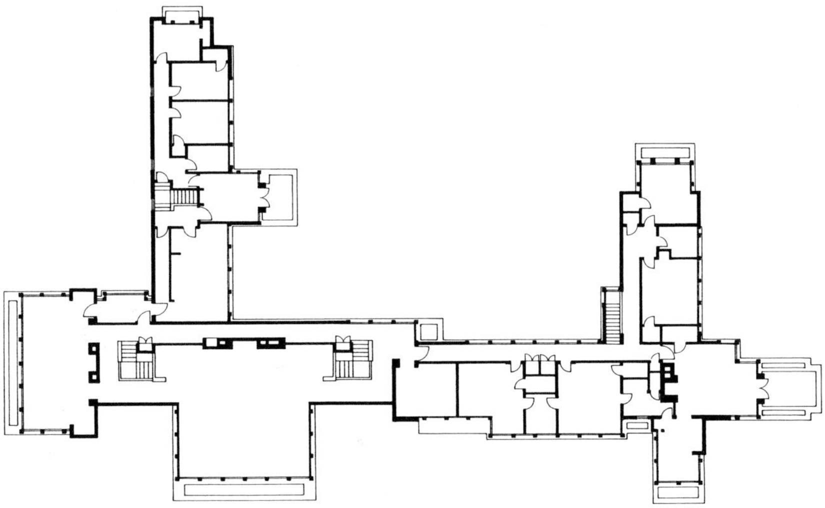

Plan
Les ailes élancées à grande superficie font partie du domaine d'habitation, le cœur de la maison: la salle à manger au nord, la cuisine avec les appartements des serviteurs à l'est, les chambres à coucher le long d'un grand axe exposé au sud et les chambres d'hôtes enfin dans une annexe parallèle aux salles pour les serviteurs à l'ouest.

Frank Lloyd Wright
Théâtre de la Coonley Villa, 1912
Domino's Center for Architecture and Design, Ann Arbor
Mrs. Coonley avait fondé une dite «Cottage School» dans laquelle on faisait aussi du théâtre. Cette petite «Playhouse» fut construite pour les répétitions et les représentations. Son plan suit une stricte symétrie axiale et est en ceci apparenté à la maison Gale. Pour les hautes fenêtres, Frank Lloyd conçut une mosaïque de verre fortement colorée sur le thème «Balloons and Confetti».

Salle de séjour de la maison Coonley
Chicago Architectural Photographing Company
La grande cheminée forme le point d'appui de la pièce, le plafond s'élève, comme le toit, vers le centre: un «abri» dans la vaste étendue de l'Amérique. L'ameublement, également créé par Frank Lloyd Wright, a été limité à une mesure nécessaire et ne défigure pas la pièce.

Frank Lloyd Wright
Maison pour Ward W. Willitts à Highland Park, Illinois, 1901–1902
The Art Institute of Chicago
Cette construction en bois recouverte de crépi a été posée à même le terrain, sans socle notoire. Le plan cruciforme règle l'arrangement du hall et de l'entrée, du domaine d'habitation, de la salle à manger et du bloc cuisine / appartements du personnel en quatre ailes situées autour de la cheminée centrale.

Il attachait une importance toute particulière aux fenêtres qu'il alignait souvent en longs bandeaux. Il refusait les «fenêtres à guillotine» américaines et préférait à la place les vantaux européens se hissant. Grâce à des travaux sur verre conçus géométriquement, Wright parvint à donner une note ornementale étonnamment forte à ses espaces intérieurs. Le verre coloré filtrait le jour venant de l'extérieur, les motifs étaient développés en envolées organiques et symbolisaient la croissance de la nature. Dans sa conception des plans au sol qui groupaient souvent les pièces en un ordre selon un axe décalé autour d'une grande cheminée centrale, Wright reprit des motifs caractéristiques de l'architecture des manoirs du dix-neuvième siècle qui avait volontairement choisi l'asymétrie comme moyen d'organisation picturale. Cependant, la séparation très discrète des pièces, leur fondu les unes dans les autres allaient beaucoup plus loin. Ses plans au sol sont équilibrés et sans aucune obligation de symétrie.

«Les anciennes structures qui se sont appelées «architecture» jusqu'à présent, sont déchues. La vie s'en est échappée depuis longtemps, et de nouveaux matériaux industriels de construction, l'acier, le béton et la terra-cotta annoncent un art plus plastique dans lequel la façade se comportera envers la structure comme la chair envers les os; jamais jusqu'alors on l'aura vu plus franche et d'une plus belle expression.» Dans de telles phrases, Wright se montre sous les traits d'un visionnaire

Charles Sumner et Henry Mather Greene
Maison pour David B. Gamble à Pasadena, Californie, 1907–1908
Photo Ezra Stoller/Esto
Cette propriété de campagne est sans aucun doute un chef-d'œuvre artisanal. Des poutres travaillées avec acribit, jointes avec soin, forment l'ossature portante et structurent le corps du bâtiment. Grâce aux angles arrondis et au poli, le jeu des couleurs du bois était censé s'épanouir davantage à la lumière du soleil. L'aménagement intérieur en teck est tout aussi sophistiqué que le cadre. Les frères Greene créèrent également tout le mobilier.

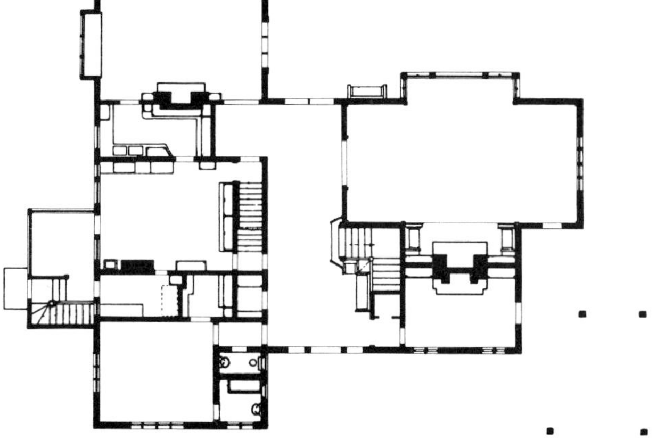

Plan

Robert Van't Hoff
Maison Henny à Huis-ter-Heide près de Utrecht, 1915–1919
Photo Frank den Oudsten
La publication allemande de Frank Lloyd Wright de 1910 «Einige ausgeführte Bauten und Entwürfe» («Quelques constructions et plans réalisés») ne manqua pas son effet en Europe. Le jeune Van't Hoff voyagea même jusqu'en Amérique pour faire la connaissance du maître, ce après quoi il fit ériger cette maison. Les dalles horizontales de la construction en béton armé sont mises en valeur par la peinture gris clair, des lumières d'en haut éclairent le centre.

voulant toujours plus qu'il ne pouvait réaliser. L'architecture, unité créée par l'homme, basée sur des considérations pratiques, mais pas toutes pragmatiques, constituait son objectif. C'est certainement sa maison Robie à Chicago qui incarne le point culminant de ses maisons de la prairie. Elle se dresse en ville et n'est donc pas comparable avec les «véritables» maisons de la prairie, telles qu'il les a construites pour Willitts ou Coonley. La cour-jardin longe directement la rue et s'étale complètement au regard des passants, et le balcon n'a jamais offert de vue bien remarquable. Peut-être étaient-ce justement ces limitations qui firent de cette maison une œuvre-programme. Ici, la prairie a été quasiment intégrée au tout et est devenue partie intégrante du maintien architectonique. L'intérieur est directement harmonisé au caractère extérieur horizontal du toit. Des briques romaines particulièrement plates ont été murées de telle manière que le mortier était de niveau avec la surface dans les fentes verticales mais était en retrait dans les horizontales et formait ainsi de longs joints d'ombre. La salle de séjour et la salle à manger, séparées par l'escalier et la cheminée, se retrouvent de nouveau réunies par la large penture de fenêtre qui agrandit optiquement les deux pièces.
En 1909, Wright quitta Chicago et sa famille et entreprit un voyage en Europe pendant lequel naquit son livre «Constructions et plans exécutés» – achèvement d'une époque personnelle et en même temps un signe adressé à de nombreux jeunes architectes européens qui virent dans les reproductions de bienfaisantes alternatives aux excroissances que produisait la folie des grandeurs de leur pays. Suite à cela, l'architecte hollandais Berlage ne tarda pas à partir pour les Etats-Unis

Frank Lloyd Wright
Maison Gale à Oak Park, Illinois, 1909
Dessin de projet
The Frank Lloyd Wright Foundation
Cette petite maison de bois paraît plus grande qu'elle ne l'est en réalité à cause des surfaces fortement en avancée et des pentures de fenêtres continues. Les balcons et encorbellements ont toutefois sombré maintenant dans une attitude très détendue.

et rapporta, encore tout sous l'effet de ses expériences, devant l'Association d'Ingénieurs et d'Architectes Zurichois: «Je dus faire un effort pour m'arracher à ces pièces dont la grande originalité est peut-être la mieux qualifiée par le terme de «plastique», contrairement aux intérieurs européens qui sont beaucoup plus maintenus dans le plat.»

A l'inverse, les architectes américains connaissaient également les tendances de l'Avant-garde européenne. Le magazine anglais «Studio» fut distribué aux Etats-Unis sous le titre de «International Studio» et Irving Gill s'y était également abonné. Il faisait partie des grands admirateurs d'Adolf Loos, et dans ses travaux, on sent la trace d'une certaine parenté. A ses débuts, les maisons ressemblaient à de simples caisses crépies, mais plus tard, il s'intéressa de plus en plus aux techniques de construction en béton et fit aussi des essais dans son atelier. Il fit préfabriquer des segments de mur dans des coffrages à plat et les fit élever après leur prise. Gill préférait les masses cubiques et les surfaces planes dont la sévérité était aérée par des arcs en plein cintre selon la tradition locale du style des missions espagnoles: «La maison simple en forme de dé aux murs couleur crème, pure et lisse, qui s'élève puissamment vers le ciel, libre de corniches ou d'un toit en porte-à-faux, possède quelque chose de tranquillisant et de satisfaisant pour moi.» Les éléments constructifs n'étaient pas accentués, la géométrie de la façade s'affirmait grâce à l'équilibre des ouvertures de fenêtres souvent irrégulièrement ménagées. Dès 1902, il posa les portes sans cadre et essaya aussi de réduire le nombre de pièces nécessaires aux fenêtres. Gill refusait toute forme d'ornement.

Irving J. Gill
«Horatio West Court», rangée de maisons mitoyennes à Santa Monica, Californie, 1919–1921
Photo Peter Gössel

Irving J. Gill
Maison pour Walter Luther Dodge à Los Angeles, Californie, 1914–1916
Vue latérale
Photo Julius Shulman

Côté jardin
Photo Julius Shulman
Mr. Dodge, pour lequel Gill construisit cette villa comprenant un vaste programme de pièces, gagnait sa vie en tant que producteur de médicaments brevetés. Alors que le côté de l'entrée paraît plutôt traditionnel avec son grand avant-corps à arcs en plein cintre, la maison s'ouvre sur le jardin dans un jeu raffiné de volumes équilibrés asymétriquement. Un escalier conduit du jardin au patio entre la cuisine et la salle de billard.

Plan

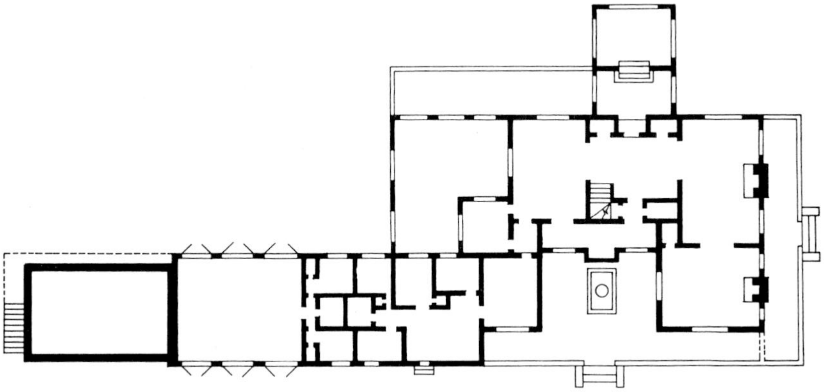

VILLA WAGN
SITVATION
DER VILLA W.
AVSFÜHRVNG
WEISSER STEINPVTZ
MIT OPAKEN
GUSSGLASEINLAGEN
IM XIII. BEZIRK
HÜTTELBERGST.
WALDWEG
N
O
W
S
HALLE
KL A
LOGGIA
SPEISEZIMMER
HÜTTELBERGSTRASSE
OBERBAVRAT
OTTO WAGNER

Cercle et carré

Otto Wagner
Villa Wagner à Vienne, 1912–1913
Extraite de: Einige Skizzen, Projekte und ausgeführte Bauwerke, vol. IV
Conçue dès 1905, cette deuxième villa Wagner dont on voulait faire le domicile de veuves ne fut construite que sept ans plus tard.

Dans son livre «Line and Form» de 1902, Walter Crane, un maître en matière de graphisme pour livres et pionnier du réformisme anglais, remonta l'arbre généalogique largement diversifié des ornements à partir de ses aïeuls, le cercle et le carré, qui s'étaient unis dans la mesure où le carré décrivait le cercle, entrecoupé par les diagonales. Un diagramme apparenté, la «quadrature», avait été également redécouvert par le Hollandais Jan Hessel de Groot en 1900 et appliqué dans ses travaux de conception. Au lieu de placer les diagonales, il introduisit un deuxième carré dans le cercle de telle manière que les longueurs des arêtes extérieures et intérieures se comportaient selon un rapport de $1:\sqrt{2}$ l'une envers l'autre. Pour de Groot et J.L. Mathieu Lauweriks, inspiré par le premier, il s'agissait bien plus que de questions de décoration. Cette figure ne signifiait à leurs yeux rien moins que la clé de l'ordre fondamental du cosmos, ordre que l'on pouvait recréer uniquement à l'aide des moyens de la géométrie. Se référant à la pratique architectonique, ils croyaient avoir trouvé un «point de départ» qui conduisait par-delà tous les styles, prédilections et penchants individuels et pouvait jouer un rôle régulateur de l'architecture moderne, comme Lauweriks l'exposa dans la revue «Architectura».
Peter Behrens, qui suivait le «Nieuwe Kunst» des architectes hollandais avec beaucoup d'intérêt, ne se contenta pas de reprendre le motif cercle-et-carré pour nombre de ses créations de surfaces, mais appela également Lauweriks à ses côtés en 1904 à l'Ecole des Arts et Métiers de Düsseldorf pour lui confier l'enseignement de l'architecture. La discussion commune autour du sens de la géométrie dans la création «adaptée aux proportions» conforta Behrens dans la relève du Jugendstil et la recherche des bases substantielles d'un «Art monumental» qu'il honora en 1908 dans un exposé à Hambourg devant l'association des artisans-artistes en le qualifiant «d'expression la plus élevée et la plus pure de la culture d'une époque»: «Il trouve par nature son expression à l'endroit le plus haut placé dans l'estime d'un peuple, endroit qui l'émeut le plus profondément et qui le touche.» Il mit aussi en évidence qu'il n'existait aucun rapport entre la grandeur spatiale et la monumentalité, et continua: «La grandeur monumentale ne peut être exprimée matériellement, elle produit un effet par des moyens qui nous touchent plus profondément. Son moyen est la proportionnalité, la régularité, qui s'exprime dans les rapports architectoniques.» Pour Behrens, poursuivre dans cette voie signifiait aboutir à un néo-classicisme purifié. Dans la maison Obenauer à Sarrebruck, il développa le plan au sol de manière encore très divisée en partant de deux carrés s'interpénétrant; dans la masion Cuno à Hagen en revanche, le plan est plus simple et – mise à part une interférence latérale – en stricte symétrie axiale. La sévérité rigide n'est brisée que par l'incision nette réalisée dans le cylindre frontal.
En 1908 également, le Viennois Adolf Loos publia ses écrits «Ornement et Crime», dans lequels il déclarait la guerre à toute décoration superflue et inadaptée à l'époque: «L'ornement est synonyme de main-d'œuvre gaspillée et ainsi de santé

Otto Wagner
Österreichisches Postsparkassenamt à Vienne, 1903–1912
Halle des guichets
Archives photographiques de la Österreichische Nationalbibliothek, Vienne

gaspillée. Il en a toujours été ainsi. Aujourd'hui, cela entraîne en outre un gaspillage de matériau, et tous deux sous-entendent un gaspillage de capital. . . L'homme moderne, l'homme aux nerfs modernes, n'a pas besoin de l'ornement, il le déteste.» Déjà dans la conception froide et élégante du Café Museum en 1899 – autrefois ironiquement qualifié de «Café Nihilismus» –, Loos avait surmonté les courbes et arrondis sécessionnistes de ses collègues. En réalisant la construction neuve du magasin de l'entreprise Goldman & Salatsch sur la Michaelerplatz viennoise, il put concrétiser pour la première fois son adhésion à la pureté formelle dans une grande construction très en vue. Les propriétaires Leopold Goldman et Emanuel Aufricht avaient d'abord lancé un concours, sans résultat satisfaisant, pour ensuite charger Loos de traiter ce projet. Au cours d'un «jugement comparatif», on se mit rapidement d'accord sur le plan qu'il proposait, de même que, après quelques pourparlers, sur son projet de façade qui reçut la bénédiction des commettants et devait toutefois, sans qu'on ait pu le deviner auparavant, être à l'origine d'un certain scandale. Lorsque les échafaudages furent en partie enlevés, de vraies grappes de curieux se tenaient rassemblés autour de la nouvelle construction qui, comme le jugea la presse, devait attirer de loin tout passant «justement en raison de son manque de décoration plus qu'exagéré»; pour un conseil communal viennois, elle devait même être tout simplement considérée comme une «horreur de maison». Les services compétents firent interrompre les travaux. Goldman et Aufricht, ayant perdu un peu de leur assurance en raison de toute la tourmente, annoncèrent un concours portant

Acrotère cornier dans l'avant-corps central
de la Caisse d'Epargne de la Poste
Photo Hans Wiesenhofer/Austria

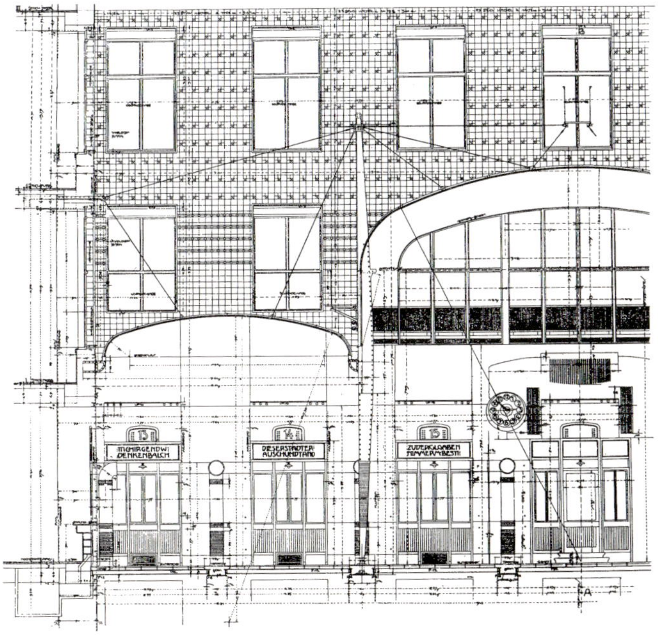

Vue de la façade principale
La Caisse d'Epargne de la Poste fut construite en deux étapes. La première phase de construction fut réalisée en 1904–1906 en un temps record, la deuxième de 1910 à 1912. La «grande solidité» sollicitée fut donnée par Wagner grâce à une façade recouverte d'un revêtement de dalles de marbre. Les points de fixation de cette fine carapace demeurèrent visibles et furent même accentués par d'épaisses têtes d'aluminium coiffant les boulons de montage. Un échelonnage en hauteur ainsi qu'une articulation symétrique font allusion aux modèles classiques, mais l'accentuation se dissoud en grande partie dans la surface; en raison de plaquettes de verre enchâssées, par exemple.

Coupe à travers la halle des caisses
Les colonnes de la salle des caisses transpercent le toit et se terminent en forme de mâts auxquels est suspendue l'enveloppe de verre. Grâce à un plancher dont les éléments sont en verre, la lumière est transmise dans les étages situés plus bas.

Auguste Perret
Immeuble à Paris, 1902–1903
Façade côté rue Franklin
Studio Chevojon
Le principe de l'ossature en béton armé est certes lisible sur la façade, mais Perret a revêtu les surfaces de béton de dalles ornementales. En raison de la forte pliure de la façade et des fenêtres de grande taille donnant sur le parc situé en face, les étages d'habitation sont agréablement clairs. Les surfaces vitrées du rez-de-chaussée, où Perret a longtemps eu son propre bureau, on été dimensionnées de façon particulièrement généreuse.

Auguste Perret
Garage à Paris, 1905
Bildarchiv Photo Marburg
Ici pour la première fois, Perret a osé montrer ouvertement l'ossature de béton: des piliers et des poutres du toit apparaissent devant les surfaces remplissantes. L'organisation de la façade reprend des éléments classiques, la halle basilicale destinée à l'automobile rappelle particulièrement les monuments religieux en raison de sa grande fenêtre centrale.

sur la décoration de la façade; Loos, exaspéré, finit lui-même par présenter un «projet amoindrissant» comprenant des vasques de fleurs en bronze qui devait manifestement apaiser les esprits en effervescence. Après un certain va-et-vient, l'autorisation d'utilisation, qui manquait encore, finit par être accordée.

Des façades sans décoration n'avaient en soi rien de nouveau et on les connaissait sous forme de cages à poule bon marché et d'usines, mais dans ce cadre illustre – le château Hofburg est à proximité –, et de plus occupée par l'établissement commercial d'un atelier de couture exclusif, la maison Michaeler représentait un fanal. Les façades donnant sur la rue ne sont pas, comme l'exige le modèle classique, partagées optiquement en trois zones clairement différentes, mais en deux seulement: la partie du magasin, revêtue de précieux marbre, et l'étage d'habitation au crépi lisse se situant au-dessus. Seule une fine césure au-dessous du toit en saillie marque une frise mince concluant le tout. Le crépi forme une légère avancée, aux angles arrondis de la maison, les arêtes semblent ainsi plus «aiguisées» et accentuées. Les colonnes qui fonctionnent en effet en tant que telles et qui ne correspondent pas au décor habituel recouvrant la façade, soutiennent les étages supérieurs dans la surface de la façade. Leur matérialité, le précieux revêtement de carreaux, les fenêtres d'entresol savamment composées de petits éléments et l'entrée en retrait semblant vous inviter, forment une contradiction consciente par rapport à la sobre surface lisse et tendue au-dessus.

Pendant les vifs débats concernant la maison de la Michaelerplatz, Loos construisit une maison privée pour Lilly et Hugo Steiner à Vienne qui fut concernée par des querelles et qui, au début, devait régulièrement servir de cible à des personnes jetant des pierres. L'ensemble de la propriété permet, abstraction faite des disproportions entre les côtés jardin et rue, de reconnaître un problème qui devait toujours réapparaître dans les maisons ultérieures de Loos. Les espaces intérieurs organisés avec complexité en gradins sont emballés presque violemment dans des corps de construction rigoureusement stéréométriques et symétriques, ce qui conduit à des «espaces résiduels» et souvent à des mises en valeur sensiblement forcées. Les corps de constructions assemblés selon un arrangement asymétrique ou les façades

Henri Sauvage
Immeuble à Paris, 1911–1912
Sächsische Landesbibliothek, Abt. Deutsche Fotothek, Dresde
Sauvage fonda en 1903, avec son partenaire Sarazin, la «Société des logements hygiéniques à bon marché». Influencé par des dessins de Tony Garnier, il développa pour la rue Vavin à Paris une maison en terrasses carrelée de clair qui, toutefois, dut rester réservée aux locataires aisés.

Peter Behrens
Immeuble pour Gustav Obenauer à Sarrebruck, 1905–1906
Coupe transversale

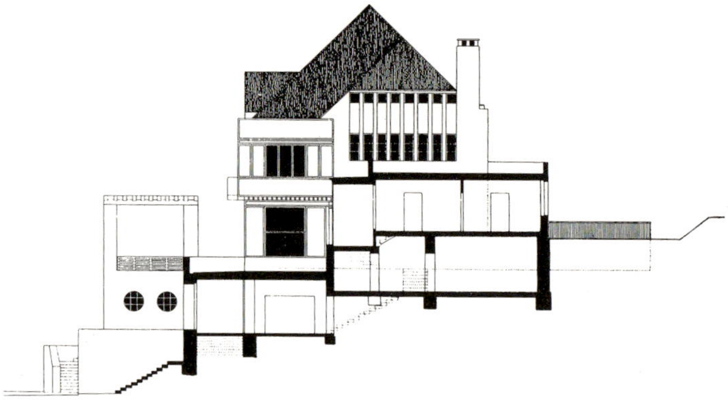

«La situation sur le versant de la montagne était essentielle pour l'épanouissement architectonique de la Villa Obenauer. . . Du côté de la rue, Behrens a placé un mur de soutènement coiffé d'une balustrade, transpercée par le portail grillagé déplacé sur le côté. Tout à fait à gauche, se dresse un pavillon tel un bastion, représentant l'aile de la lourde galerie de piliers. . . Sur ce socle massif s'élève, quelque peu en retrait – de sorte qu'une deuxième terrasse plus haut placée apparaît sur toute la longueur de la façade –, le puissant cube des deux étages supérieurs, le deuxième formant une certaine avancée au niveau d'un denticule aux rudes caractéristiques, tout juste recouvert par la basse pyramide du toit. Sur le côté droit et venant de l'arrière, des lucarnes coiffées de toits à quatre et à deux versants se serrent contre la construction centrale, ainsi qu'un grand bloc architectonique, se terminant lui aussi en une terrasse plate, qui, avec les autres horizontales souvent soulignées de la façade arrière donnant sur le jardin, accentue la structure en couches stéréométriques de cette maison.» (Fritz Hoeber, 1913)

Vue du Trillerweg
Photo Gollas / Konservatoramt Sarrebruck

Joseph Maria Olbrich
«Hochzeitsturm» et bâtiment d'exposition sur la Mathildenhöhe à Darmstadt, 1905–1908

Extraits de: Architektur von Olbrich III, planche 1

Les noces du Grand-duc Ernst Ludwig de la Hesse fournirent à Olbrich la possibilité de couronner la colonie d'artistes de la Mathildenhöhe de la construction d'une tour. Tel une main, le fronton se tend vers le ciel, des briques vernies font briller leurs cinq côtés au soleil. Le mur de briques n'est pas ouvragé en maçonnerie lisse, mais est agité de petites avancées et de petits retraits. La tour du belvédère est reliée aux bâtiments de l'exposition par des pergolas de béton.

Vue

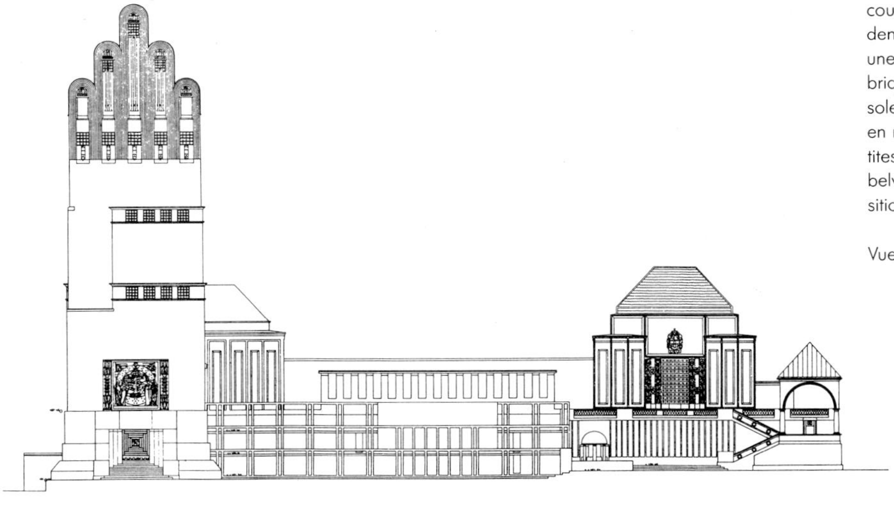

Peter Behrens
Maison Cuno à Hagen, 1908–1910
Photo Klaus Frahm

à la composition libre et drapée semblaient être dénigrés de la même façon par le Jugendstil. L'effort réalisé pour atteindre la clarté et un ordre fiable renvoyait à des règles classiques de proportions auxquelles les éléments constructifs des méthodes modernes de construction devaient être adaptés. On peut très aisément retracer ce fait dans les travaux du Français Auguste Perret qui traduisit la régularité de la construction de béton armé de manière logique et conséquente dans l'arrangement de la façade. En vertu de son principe selon lequel «ne pas montrer de colonne, c'est une erreur; simuler une colonne, c'est un crime», il structura un grand garage de la Rue Ponthieu à Paris en une ossature nue de béton où la zone des fenêtres formait un retrait, présentant la façade classique partagée en trois parties. Etant donné qu'il ne s'agissait que d'un bâtiment utilitaire profane, il fut préservé des amères expériences que Loos avait dû faire à Vienne. Pourtant, Perret fit également l'objet de scepticisme et de réserves. On lui refusa des crédits pour l'immeuble de la Rue Franklin qui dissimulait encore ses colonnes sous des dalles fleuries. La vitrification du rez- de-chaussée qu'il avait prévue sur une grande surface et qui ne cadrait pas du tout avec l'image qu'on se faisait habituellement d'un statisme solide, inquiétait les bailleurs de fonds.
Otto Wagner également, grand professeur et Nestor du modernisme viennois, se fraya un chemin allant de projets historiques vers une architecture objective, soulignant

Adolf Loos
Maison pour Lilly et Hugo Steiner à Vienne, 1910
Côté jardin
Loos-Archiv, Albertina, Vienne
Etant donné que les autorités ne permettaient, le long de la rue, que la construction d'une maison à un étage avec mansarde aménagée, et que le maître d'œuvre désirait tout de même faire réaliser un vaste programme de pièces, on vit apparaître ce corps de bâtiment illustrant une volonté personnelle. Devant, Loos fit descendre un toit de tôle en forme de demi-coque jusqu'au plafond du rez-de-chaussée et le fit se transformer, à partir de la raie, en un toit plat en ciment ligneux. C'est ainsi que le côté jardin put être aménagé sur trois étages.

Côté rue
Extraite de: Der Architekt XVI, 1910

Adolf Loos
Maison d'habitation et de commerce Goldman & Salatsch à Vienne, 1909–1911
Vue du château Hofburg
Loos-Archiv, Albertina, Vienne

Détail de la façade
Photo Johanna Fiegl
La maison est en grande partie une construction à ossature portante, revêtue de briques grand format. Les étages un à quatre sont lisses, crépis de clair, le rez-de-chaussée et l'entresol sont revêtus de marbre grec Cipollino vert, le socle de granit. Les colonnes sont des monolithes du même marbre, les bases et chapiteaux des profilés de tombac ou de zinc, décorés de laiton. Pour justifier les zones de texture des cabinets saillants des entresols, Loos trouva une explication fonctionnelle: avec de plus grands espacements dans les croisillons – argumenta-t-il – on pourrait avoir peur de tomber dans la rue. Des podiums et des galeries différencient la salle de ventes de l'atelier exclusif de couture. L'axe principal est accompagné de piliers en bois précieux, transformés en vitrines austères, se dressant de façon imposante. La comptabilité et la caisse furent placées sur une estrade séparée par un grillage de laiton dans la partie arrière de l'entresol. Les salles de travail également suivent un rythme dicté par la hauteur variable du plafond des pièces: 2,07 mètres pour les couturiers assis, 3 mètres pour les tailleurs travaillant debout et 5,22 mètres pour la salle de repassage.

les éléments constructifs. Il développa des formes ornementales à partir d'éléments de construction techniques: c'est ainsi que les minces tuyaux cylindriques de soufflerie d'air chaud se trouvent dans la salle centrale de la Caisse d'Epargne Autrichienne tels des sculptures devant les murs. Les rivets de montage des revêtements de verre et de marbre ont été coiffés de têtes d'aluminium brillantes qui – à l'intérieur comme sur la façade – recouvrent les surfaces lisses d'un décor plastique raffiné. Le problème de la voûte de verre de la grande halle des guichets a été résolu de façon spectaculaire: les colonnes transpercent le revêtement transparent et se transforment en leur faîte – de manière invisible pour l'observateur – en mâts auxquels le toit est suspendu. Otto Wagner réalisa le choix du lieu d'une culture architectonique en 1894, dans son discours d'entrée à l'Académie viennoise: «Pourtant, le point de départ de toute création artistique doit se situer dans les besoins, les connaissances, les moyens et les capacités de ‹notre› époque. «Artis sola domina necessitas». Ainsi, demandez-vous toujours, quand vous entreprendrez de résoudre une tâche, comment celle-ci répondra-t-elle aux contemporains, à la commande, au «Genius Loci», aux conditions climatiques, aux matériaux présents et aux moyens pécuniers?. . . Le réalisme de notre époque doit s'infiltrer dans le chef-d'œuvre.»

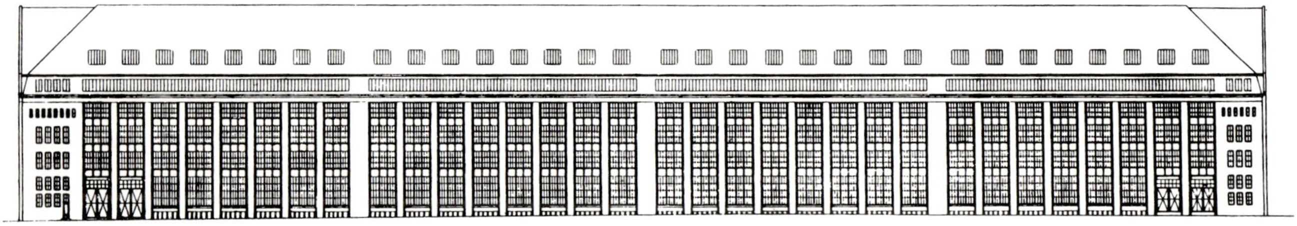

Peter Behrens
Usine de petits moteurs d'AEG à Berlin, 1910–1913
Passage du portail au moment de la relève des équipes
Kunsthistorisches Institut der Freien Universität Berlin
On a recouvert la longue façade avant de briques violettes, les puissants piliers recouvrent les cinq étages d'une surface utile totale de 35 000 mètres carrés.

Vue de face

Les Usines du Modernisme

Contrairement à la situation observée en France et aux Etats-Unis, où Auguste Perret et Frank Lloyd Wright ouvrirent de nouvelles voies à la clarté rationnelle de la pensée créatrice, on ne parvint guère, en Allemagne, à former avant la Première Guerre mondiale un style moderne en vigueur à partir des racines pourtant présentes après l'abandon du Jugendstil. Ce fut davantage le ralliement inébranlé à la pompe wilhelmienne ainsi qu'un monumentalisme néo-classique qui influencèrent l'évolution de l'architecture. Même les travaux d'un homme aussi brillant que Peter Behrens trahissaient – quand on observe sa villa pour l'archéologue Theodor Wiegand à Berlin ou l'Ambassade de St Petersbourg – plus qu'un penchant visible pour la gravité. Une forme d'attachement solide au sol, prévenant et conservateur, caractérise les plans citadins de jardins ou les projets de manoirs de campagne de Heinrich Tessenow, Richard Riemerschmid et Hermann Muthesius, pour lesquels les valeurs telles que «la pureté, l'authenticité et la simplicité» prenaient le pas sur le désir d'expérimenter. On aborda divers projets de construction dans des styles les plus différents, et ce fut une avancée singulière que l'utopie générale architectonique, créée en France par Tony Garnier avec sa «Cité industrielle», où on avait proposé de construire des usines, des constructions communautaires et des appartements sur des bases uniformisées selon les méthodes de construction les plus modernes en béton. C'est ainsi qu'une nouvelle création de forme resta absolument limitée au domaine industriel; «ce sont», comme Walter Müller-Wulckow écrivait, «en premier lieu les puissances de la vie économique moderne qui attirent les nouvelles personnalités créatives et leur permettent de s'épanouir.»

Critiquer fondamentalement les rapports de production était l'affaire des «Rouges» et on se plaisait à critiquer cette attitude en la qualifiant de partiale; dans le cadre des rapports de production donnés, il était également possible de la part d'une organisation bourgeoise telle que le Werkbund allemand de prendre l'initiative d'effectuer des modifications. Le Werkbund allemand avait était fondé en octobre 1907 par douze artistes et douze fabricants dans le but déclaré d'améliorer la forme et la qualité des marchandises utilitaires. Influencé dans ses traits fondamentaux par le mouvement anglais Arts-and-Crafts, il adopta une attitude ouverte envers la fabrication industrielle; cette ouverture envers la société industrielle devait également constituer l'un des fondements de sa réussite. Pour William Morris en revanche, initiateur des idées du mouvement Arts-and-Crafts, la cause principale d'une situation de travail insatisfaisante résidait dans l'existence de la production par machine, et non pas seulement dans l'aliénation provoquée par la répartition des moyens de production. Pourtant, c'est Morris lui-même qui ne devait pas respecter la revendication anachronique du pur travail fait main qu'il faisait découler de cela puisqu'il créa lui-même des produits fabriqués par des machines. La voie logique consistait ainsi à transférer la satisfaction ressentie par la fabrication de produits artisanalement impeccables sur la production industrielle. Fritz Schumacher formula cela à l'occasion

Peter Behrens (arch.), Karl Bernhard (ing.)
Halle de montage de l'usine de turbines d'AEG à Berlin, 1908–1909
Bildarchiv Photo Marburg

Le système portant composé d'arcs à trois rotules muni de tirants a une hauteur de nef de 25 mètres environ. Sur la façade latérale, les colonnes apparaissent vers l'extérieur comme des profilés de paroi pleine, les articulations, à la base, reposent sur des socles de béton. Entre eux, les grands champs vitrés se penchent légèrement en arrière. La façade du pignon est flanquée de deux piliers corniers s'amincissant vers le haut. En effet, les éléments à l'allure puissante et massive ne sont en fait constitués que d'un mince revêtement de béton maintenu par un treillis d'acier. Ils délimitent l'espace et ne portent rien. Les minces ferrures dans les joints des piliers corniers et les fins cadres de métal du tympan renvoient au caractère artificiel des moyens utilisés.

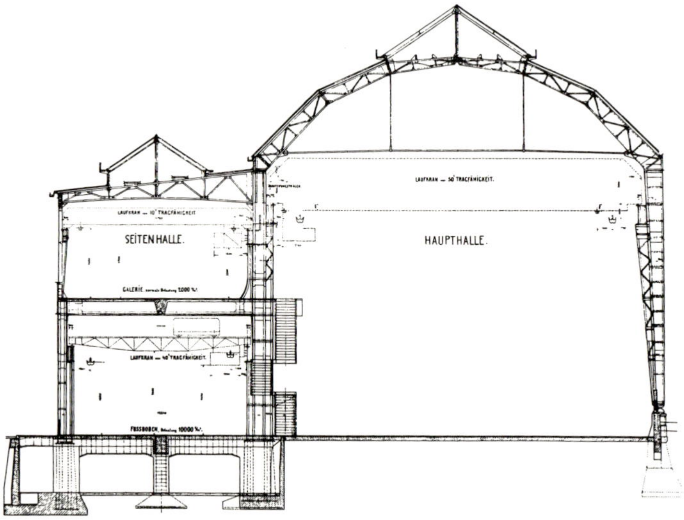

Coupe transversale

Peter Behrens
Usine de haute tension d'AEG à Berlin, 1909–1910
Dessins en perspective
Extraits de: Der Industriebau 6/1911
On installa une double halle au toit de verre; entre les deux ailes de bâtiment à six étages placées en parallèle, un bloc parallélépipédique de quatre étages abritant les bureaux administratifs relie les deux bâtiments principaux par-dessus la halle.

de la fondation du Werkbund allemand en 1907: «Nous devons retrouver notre joie au travail, ceci est aussi important qu'une amélioration de la qualité.» La force d'impulsion réformatrice était donc due au fait que l'on avait promis un profit à l'entrepreneur.
Dans le magazine «Der Industriebau», on put lire dans le cadre du commentaire rédigé au sujet des œuvres Fagus de Walter Gropius que de nombreux fabricants «avouaient que grâce à une collaboration artistique lors de la réalisation du projet de construction, on pouvait voir apparaître ce dont l'industrie ne peut plus se passer: une réclame des plus distinguées». La critique répandue envers l'industrie oubliait que c'était justement elle qui avait donné des signes décisifs pour la création de nouvelles formes des bâtiments industriels et des produits, la forme extérieure des produits et l'architecture des usines représentant deux aspects de la même volonté. On peut citer l'exemple frappant du géant de l'appareil électrique AEG qui, en 1907, poursuivit et institutionnalisa ses efforts déjà investis dans la forme de présentation en faisant appel à Peter Behrens en tant que «conseiller artistique» ainsi

Peter Behrens
Compagnie de gaz à Francfort-sur-le-Main, 1911–1912
Château d'eau et haut réservoir à goudron
Bildarchiv Photo Marburg

que designer de tous les produits. Outre des lampes, ventilateurs et brochures, Behrens créa également de nombreux bâtiments pour AEG dont le programme esthétique – que l'on peut le mieux observer dans la célèbre halle de montage de l'usine de turbines berlinoises – fut qualifié à juste titre d'«ennoblissement»: le complexe industriel, déjà installé dans ses structures techniques, fut transformé en une énorme construction. Pour Julius Posener, le sens de cette monumentalité est double: «D'un côté, la construction devait produire l'effet d'être elle-même une publicité», représenter dans un geste grandiose le rendement et l'assurance de soi que possède une entreprise, «deuxièmement, et c'est ce qui était le plus important, elle devait également réaliser une publicité intérieure. Elle devait impressionner les ouvriers.» Ceux-ci devaient avoir le sentiment d'être une partie de l'entreprise dont ils pouvaient être fiers.
Si on fait abstraction de l'activité que l'on appelle «design» consistant à «embellir» ultérieurement les produits des ingénieurs – activité qui fut d'ailleurs durement critiquée par des archtitectes tels que Adolf Loos –, on reconnaît dans la construction d'usines une certaine hiérarchie dans l'organisation: les phases de production sont tout aussi imposées que les exigences statiques des constructions de halles calculées par les ingénieurs. Certes, les bâtiments industriels construits sans l'aide d'architectes ne furent pas les plus mauvais, comme on le voit par exemple dans le cas de l'usine

Hermann Muthesius (arch.), Karl Bernhard (ing.)
Tissage de la soie Michels & Cie à Neubabelsberg, 1912
Halle des machines
Akademie der Künste, Sammlung Baukunst, Berlin
On plaça un vestibule somptueux lambrissé de marbre devant l'entrée de la halle de l'usine. A travers une cloison de verre bombée, on pouvait voir l'atelier

Hans Poelzig
Usine chimique à Luban, 1911–1912
Côté étroit avec pignon en gradins; vues
Plansammlung der Technischen Universität
Berlin

Les murs de briques sont en partie portants, mais en partie aussi réalisés en prusse: là où la maçonnerie est effectivement portante, elles sont semi-circulaires, et dans la paroi en prusse, elles sont rectangulaires sans linteau.

d'animaux en peluche de l'entreprise Steiff. Les architectes en étaient tout à fait conscients. Ils avaient pour but de vouloir créer plus qu'une enveloppe technique, notamment, comme Gropius l'exprima en 1913, un «honorable manteau» impressionnant le passant et rendant l'ouvrier plus performant en lui donnant non seulement «de la lumière, de l'air et de la pureté» mais aussi l'impression d'une grande idée l'aidant – tout à fait à l'avantage des industriels – à surmonter la stupidité du travail en usine: «Il participera avec plus de joie à la réalisation de grandes valeurs communes, là où son lieu de travail aura été conçu par un artiste et lui communiquera le sentiment de beauté qui est inné en chacun et agira de manière vitale à l'encontre de la monotonie du travail mécanique.»

Peter Behrens atteignit l'effet souhaité dans son usine de turbines grâce à de vieux moyens bien connus: le puissant fronton, les larges piliers d'angle ne sont que des coulisses servant à souligner la sublimité. Le principe fonctionne, mais il est encore emprisonné dans les anciens points de vue et respecte ces habitudes. Même Gropius, en tête du progrès avec son usine Fagus, souligna encore le portail d'entrée au moyen d'un puissant avant-corps de maçonnerie. Hermann Muthesius expliqua cette liaison entre l'habitude et la perception à l'aide d'une comparaison: de même que les minces rayons de métal de la roue de bicyclette n'avaient pas convaincu immédiatement, mais constituaient pourtant la meilleure solution de construction légère, la finesse d'attaches du fer dans la construction en hauteur, qui s'était déjà imposée de fait, serait acceptée comme apte à être esthétiquement formée dès que la vue s'y serait habituée.

La monumentalité et l'art, et ici les architectes de pointe étaient du même avis, étaient inséparablement liés l'un à l'autre. Gropius collectionnait des photographies de complexes industriels et était particulièrement impressionné par les silos à grains des centres agricoles américains dans les formes géométriques desquels il croyait

Eisenwerk München AG
Bâtiments d'usine de la Margarete Steiff GmbH à Giengen/Brenz, 1903
Côté est
Archives Margarete Steiff GmbH
Un mur de verre au double coffrage recouvre complètement le bâtiment Est à trois étages de l'usine d'ours en peluche. Le coffrage extérieur a complètement été placé devant la construction portante, l'intérieur allant chaque fois du plancher au plafond. Le cadre portant avec la façade-rideau est posé sur un socle de béton. Il est possible que Friedrich Steiff, qui passe aussi pour être le constructeur du premier pont de fer traversant la Brenz, ait lui-même participé de manière déterminante à l'élaboration des plans.

Page de gauche en haut: la construction d'agrandissement de 1904
Une longue rampe située à l'extérieur contre le bâtiment principal avait été installée pour Magarete Steiff qui devait se servir d'un fauteuil roulant.

Page de gauche en bas: l'ensemble de l'usine en 1908

Walter Gropius, Adolf Meyer et Eduard Werner
Usine d'embauchoirs Fagus à Alfeld/Leine, 1910–1914
Entrée du côté ouest
Photo Klaus Frahm
L'architecte Eduard Werner avait déjà présenté tous les plans achevés de la nouvelle usine aux autorités compétentes en matière de construction lorsque le maître d'œuvre, Carl Bernscheidt, fit appel à Gropius pour enfin le charger de la «création de la forme architectonique». Cela signifait que le plan au sol et «l'ordre constructif» devaient demeurer intacts, mais que l'«aspect» de tout le complexe devait être remodelé «avec goût». La façade du bâtiment principal se différencie nettement de bâtiments annexes plus compacts: entre de minces piliers de briques jaunes, on a installé des cadres de fer qui enchâssent la généreuse suface de vitres ainsi que les plaques de tôle grises dans la zone du parapet. Elle se démarque dans sa fonction de «forme artistique» aussi bien de la pure «forme technique» que des propositions faites à l'origine par Werner.
Une brillante situation commerciale rendit nécessaire un agrandissement des locaux dès l'achèvement de la construction des nouveaux bâtiments en 1912. C'est dans le cadre de ces travaux que fut érigée l'aile ouest avec son avant-corps d'entrée.

Vestibule dans le bâtiment supplémentaire
Photo Klaus Frahm

distinguer les «messagers annonçant un style monumental en marche». En 1911, il fit une conférence à Hagen où il présenta aussi des photos et essaya d'«observer le domaine de la construction industrielle profane à l'intérieur de la sphère de l'art monumental». Il attira l'attention sur le fait que «la puissance, la sévérité et la sobriété» correspondaient par nature à l'organisation du monde du travail. Cependant, expliqua-t-il, on ne peut pas obtenir de produit artistique à partir d'un ordre purement utilitaire – et ici, il faisait aussi allusion à la construction uniquement réalisée par des ingénieurs –, pour ce faire, il fallait faire intervenir «la volonté créatrice». Ce n'est que dans la pensée suivante que Gropius fit le pas décisif, saisissant la particularité de l'industrie: «Les matériaux de construction modernes tels que le fer et le verre, dans leur irréalité révélatrice apparaissent au premier abord» incompatibles avec «l'exigence de matérialité dans l'architecture», mais Gropius partit du point de vue – et le montra dans ses usines Fagus à Alfeld – que «la volonté artistique balaie ici aussi les difficultés apparaissant insurmontables et fait la nique au matériau amorphe avec un raffinement génial en lui donnant une apparence de matérialité. . . C'est qu'en tout matériau se trouvent des possibilités que l'art peut exploiter. On a eu tort au début de considérer les produits modernes tels que le caoutchouc, le

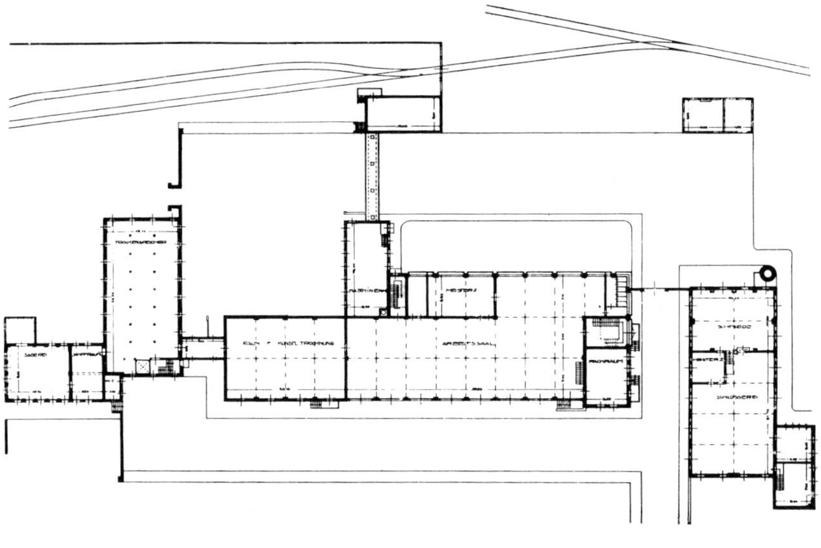

Vue du sud, 1912
Bildarchiv Photo Marburg

Plan topographique
Les bâtiments sont ordonnés dans le sens nord-sud et suivent le processus de production. Arrivant de la scierie, le bois livré allait dans le grand silo sec. Dans le bâtiment principal se trouvent le dispositif de séchage artificiel et la salle de travail avec le traitement final. Au-delà du passage, la fabrication d'outils avec forge et serrurerie forment l'extrémité sud du bâtiment

Walter Gropius
Usine modèle de l'exposition du Werkbund à Cologne, 1914
Façade arrière de la maison administrative
Busch-Reisinger-Museum, Harvard University, Cambridge, Massachusetts
Une expérience après les usines Fagus: en bas, Peter Behrens, au milieu, de la technique interprétée de manière artistique, et en haut, du Frank Lloyd Wright pur. On voit qu'il s'agit de design.

Façade avant de la maison administrative
Busch-Reisinger-Museum, Harvard University, Cambridge, Massachusetts

linoléum, le papier, le béton, comme des succédanés inférieurs à d'autres matières.» La construction industrielle devint pour Gropius, après qu'il eut quitté le bureau de Behrens, son champ principal d'activité, parvenant dès sa première commande pour l'usine d'embauchoirs Fagus à concrétiser ses idées de manière convaincante. Des éléments caractéristiques apparaissent comme s'ils étaient des motifs transformés provenant de l'usine de turbines de Behrens: au lieu des surfaces de verre, ce sont ici les piliers qui se penchent vers l'intérieur, au lieu de la solution massive et prononcée des angles, Gropius en trouve une totalement transparente dans laquelle – renversant radicalement le point de vue habituel – le soutien de l'angle est complètement absent. Les usines Fagus mettent en évidence, comme peu d'autres bâtiments de cette époque, «ce caractère de beauté précise, claire, objective», dont parla R.Rose en 1919 dans le magazine «Deutsche Bauhütte» et «que notre art développe de plus en plus clairement et qui devra, dans les temps futurs, servir à la fois de témoignage de notre façon de penser et de symbole de notre travail».

Albert Kahn
Usine de verre des usines Ford à Dearborn,
Michigan, 1924
Archives Albert Kahn Associates

L'entreprise de fabrication de verre plat se composait de quatre grands fours de fusion, flanqués d'une construction en shed. Dans cette dernière, le verre refroidissait sur des tapis roulants et était ensuite taillé et poli. Jusqu'à l'achèvement des produits, chaque pièce parcourait trois fois toute la longueur de la halle. Ce qui était caractéristique de Kahn, c'était l'ordre symétrique des sheds dont les parties vitrifiées pouvaient être largement ouvertes afin de faire partir la chaleur.

Coupe transversale et plan

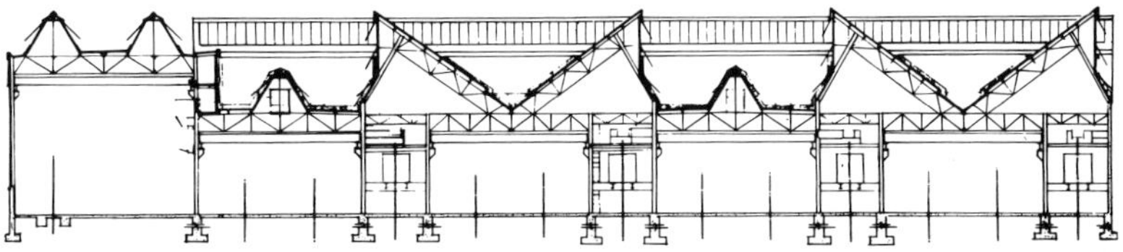

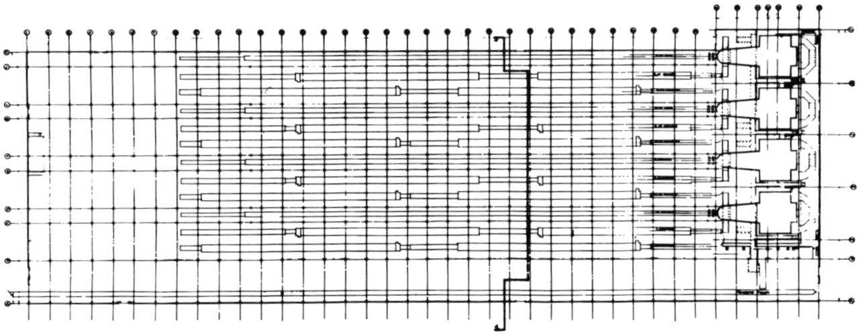

Créatif en béton

Walter Bauersfeld, Dyckerhoff & Widmann
Planétarium à Iéna, 1924–1925
Le filet de la coupole-coque lors de la construction
Archives Dyckerhoff & Widmann AG
La demi-sphère du planétarium de Iéna avait une envergure de 25 mètres et possédait une épaisseur de six centimètres seulement. Le filet composé de barres de fer fut recouvert d'un fin treillis de fil de fer puis, de l'extérieur, muni d'un gunitage à l'aide de coffrages glissants, c'est-à-dire enduit de béton.

Le Corbusier rapporta l'anecdote suivante, ayant eu lieu à l'Ecole des Beaux-Arts de Paris en 1909: Le professeur de construction architecturale était malade, et l'ingénieur en chef du métro le remplaçait. Lorsqu'il annonça qu'il parlerait dans son cours des possibilités d'utilisation du béton armé, il fut hué par les étudiants scandalisés. Le béton était manifestement, pour les architectes en formation, un matériau grâce auquel on pouvait ériger des tunnels, des barrages et des usines, mais aucune œuvre artistique sérieuse.

Certes, l'Anglais J.B.White avait déjà réalisé des constructions toutes en béton en 1837 et l'entrepreneur français François Coignet avait fait breveter en 1856 les armatures de «tirants» dans une masse de ciment, mais ce n'est qu'à partir de l'invention du jardinier Joseph Monier que l'histoire du béton armé devait connaître du succès. Il avait cherché à développer une masse restant insensible au gel pour les tuyauteries et avait, dans ce cadre, découvert les avantages du matériau: si, en effet, on ajoute du fer au mortier de ciment liquide, une liaison intérieure de caractère organique a lieu. Le ciment entoure les os de fer comme des muscles autour d'un squelette. Monier ne parvint pas à analyser l'importance de la position de l'armature de fer et ainsi la répartition des forces de tir et de pression à l'intérieur du béton. Malgré cela, son brevet portant sur des vasques de fleurs en béton de 1867 ainsi qu'un brevet complémentaire ultérieur de 1878 – le vrai «brevet Monier» – qu'il fit inscrire dans un grand nombre de pays se révélèrent être une affaire extrêmement rentable, étant donné que pratiquement toute inclusion de fer dans du mortier ou du béton était protégée. Ceci eu entre autres pour effet de donner jour à un long litige porté en justice contre le maître-maçon berlinois Rabitz qui avait également fait patenter sa technique consistant à placer des armatures de fer dans des surfaces de crépi. Monier lui-même eut des idées de plus en plus curieuses et se pencha même sur l'étude de cercueils en béton armé.

Son invention devint publique par le biais de constructions d'exposition comme par exemple en 1884 à Trèves, où l'entrepreneur Conrad Freytag fit la connaissance de ce système. Il finit par en acquérir les droits d'exploitation pour le sud de l'Allemagne, alors que Gustav Adolf Wayss se chargea des droits du brevet pour le nord de l'Allemagne. Pour assurer cette méthode de construction, Wayss réalisa de vastes expériences de mises à l'épreuve de voûtes Monier dans des conditions scientifiques et publia ses résultats en 1887 dans un rapport intitulé «Le système Monier et son application dans l'ensemble du domaine de la construction». Il fut bientôt largement répandu sous le nom de «brochure Monier» et contribua à ce que les administrations compétentes hésitantes acceptent d'accorder leur permis de construire de telles bâtiments. Cependant, le «Manuel de l'Architecture» expliquait, en 1900, que le prix élevé d'une telle méthode s'opposerait encore à son «utilisation répandue dans les bâtiments bourgeois» tant que «le ciment de Portland ne deviendrait pas meilleur marché et [tant que] le procédé serait protégé par un brevet».

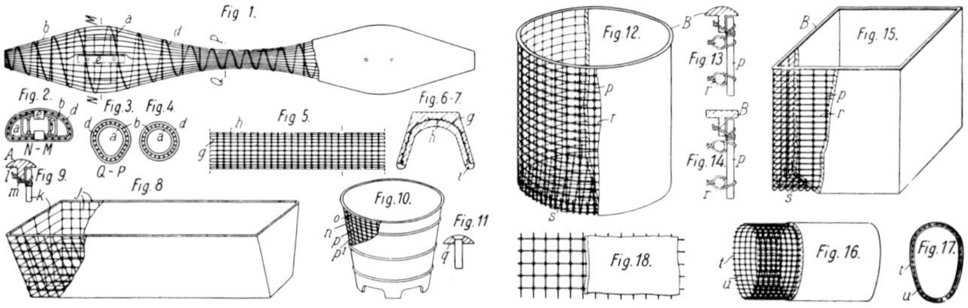

Joseph Monier
«Processus de fabrication d'objets divers à partir de l'alliage d'une ossature de métal à du ciment»
Dessin extrait d'une inscription de brevet allemand datant de 1880
Bien qu'il n'ait, en principe, pas compris le fonctionnement de ce sytème et ait placé plus tard, dans des demandes de brevets, des tiges de métal ailleurs que dans les zones soumises aux tractions dans des constructions en hauteur, la reprise de ses droits attachés au brevet concernant l'exécution des constructions en béton armé fut nécessaire.

Hildebrand et Günthel, Drenckhahn & Sudhop
Moulin Roland à Brême, 1910
Dalle de fondation avec fers d'armature
Extraite de: Der Industriebau 8/1910

Le développement se mit à stagner; ce n'est que lorsque le Français François Hennebique appliqua ce principe à tous les éléments essentiels de la construction, aux colonnes, poutres et dalles, les réunissant en une «construction monolithique», que l'on put enfin réaliser des progrès décisifs. Il considérait que l'avantage principal résidait dans la sécurité contre le feu et renonça ainsi également aux colonnes de fer encore à découvert dans la méthode de construction de Monier, car le béton protège le fer de la rouille et forme une «carapace protégeant du feu». En outre, le béton armé se révéla être particulièrement adapté à la construction d'usines où les constructions d'acier n'étaient pas assez résistantes en raison des vapeurs agressives, comme dans l'industrie textile et chimique. En 1896, Hennebique produisit des maisons pré-fabriquées transportables construites d'une pièce pour les gardes-barrières. Cette entreprise à succès avait, jusqu'en 1902, déjà fait les plans de plus de 7000 objets en collaboration avec ses concessionnaires. Ce fut certainement aussi la flexibilité de Hennebique qui contribua à ce succès, puisqu'il respectait tous les désirs possibles et imaginables de ses clients dans la réalisation des façades de maisons. Il en résulta qu'au début, on ne pouvait absolument pas voir quel matériau avait servi à construire de nombreux bâtiments en béton armé.
Au début du 20e siècle, l'utilisation du béton augmenta considérablement, le chiffre d'affaires de l'entreprise Dyckerhoff & Widmann dans le domaine de la construction

Côté du port du bâtiment du silo
Extraite de: Der Industriebau 8/1910
«Que l'on compare sur la reproduction au verso des autres constructions industrielles et entrepôts contigus avec leurs créneaux, tourelles et détails innombrables, avec les masses calmes et imposantes de ce bâtiment qui, comme sorti de terre, se dresse là dans une sorte de force récalcitrante et qui dévoile immédiatement son but, alors que les autres bâtiments ne permettent absolument pas de détecter à quelle utilisation ils pourraient bien être destinés.»
Le bâtiment du silo servait à l'entrepôt de 14 000 tonnes de grains au maximum, en 24 cylindres. On préféra la construction en béton en raison de sa sécurité envers l'incendie.

Coupes

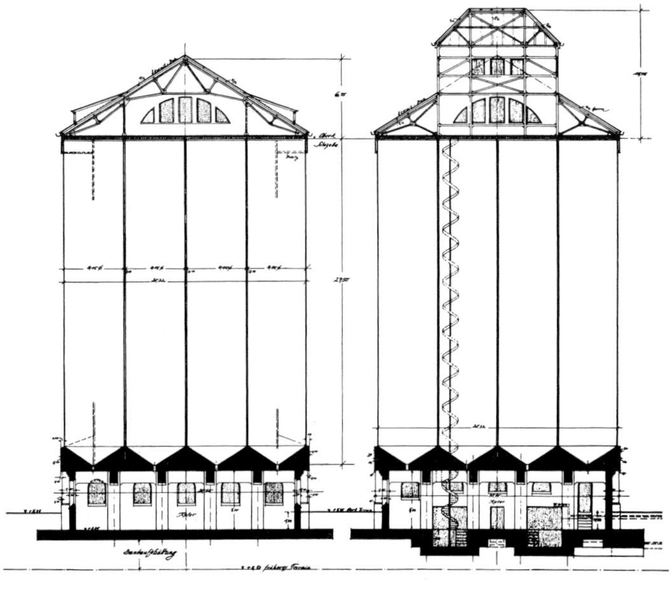

François Hennebique
Dessin d'une construction monolithique en béton
Hennebique voyait les avantages de la construction en béton armé surtout dans la possibilité de relier les colonnes, les murs et les plafonds en une unité permettant d'atteindre une plus grand solidité que la construction d'assemblage jusqu'alors. Son brevet déposé à ce sujet en 1892 relatif aux constructions armées ne fut cependant pas reconnu en France – contrairement aux autres pays européens. Ceci n'eut toutefois aucun effet négatif sur le succès de son entreprise.

Heinrich Zieger, Wayss & Freytag
Halle d'une usine de produits émaillés et en métal à Ligetfalu, 1912
Vue intérieure
Archives Wayss & Freytag AG
Une grande halle de 30 mètres et une petite de 18 mètres d'envergure et de 150 mètres de longueur sont reliées par des fermes arquées à trois tiges. Dans l'unité de construction formée par les colonnes et les poutres du toit, le béton fit déjà entrevoir ici ses possibilités esthétiques.

Page de droite:
Auguste et Gustave Perret
Atelier de confection Esders à Paris, 1919
Vue dans la grande halle
Bildarchiv Photo Marburg
La tâche consistant à éclairer le mieux possible les postes de travail des tailleurs fut résolue grâce à un grand toit de verre dont les poutres reposent sur d'imposants arcs de béton déterminant l'aspect global de la pièce.

Max Berg
Jahrhunderthalle à Breslau, 1911–1913
Vue intérieure
Bildarchiv Photo Marburg
La coupole imposante de 65 mètres de diamètre intérieur repose sur quatre arcs auxquels se rattachent quatre absides. Elles peuvent être séparées par de lourds rideaux en cas de réunions; lors d'expositions, on les ouvre pour obtenir le plus de lumière possible dans la halle. 32 branches se rejoignant en étoile forment la coupole. Les fenêtres sont posées à la verticale sur des anneaux concentriques.

Coupe

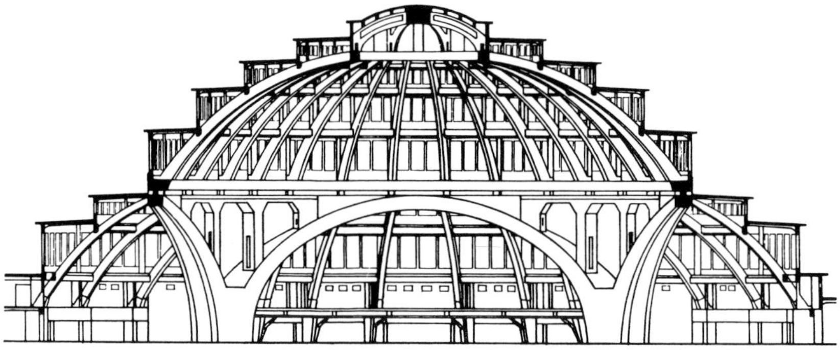

s'éleva à la vitesse de l'éclair de quatre millions à 31 millions de marks en 1913, ce à quoi contribuèrent d'importants travaux tels que la Jahrhunderthalle à Breslau. Sa coupole réalisée en béton armé avec ses impressionnants 65 mètres d'envergure est toutefois encore formée comme une charpente d'acier. La décomposition en différentes branches eut pour effet de produire de grands moments de flexion dans les pièces triangulées et les anneaux soutenant le toit, et d'exiger d'épaisses coupes transversales, de sorte que le poids de l'ensemble de la construction, malgré son aspect trompeur de légèreté, était encore très élevé. Il en incomba toutefois aux ingénieurs, comme Robert Maillart par exemple, de trouver une voie menant de la construction habituelle à partir de colonnes et de sous-poutres vers de nouvelles formes possibles en béton. Pour un silo à grains en Suisse, il créa en 1912 un plancher-champignon sans sous-poutres où les colonnes débouchaient sur un plafond plat selon une courbe organique en forme d'entonnoir. Toutefois, les problèmes de la conception des détails ne firent ici que s'aggraver: si les transitions vers le plafond n'étaient pas assez bien résolues, il pouvait se faire que des fissures se forment, affaiblissant la construction et permettant l'apparition d'humidité, néfaste aux pièces de fer.

L'ingénieur Eugène Freyssinet vit dans ses premières constructions de ponts à quel point les formules de calcul concernant le comportement du béton étaient encore

Vue extérieure
Sächsische Landesbibliothek, Abt. Deutsche Fotothek, Dresde
Max Berg avait tenu à ce que la construction montre aussi vers l'extérieur «comment elle a été démoulée du coffrage». Il justifia son choix pour le béton de la manière suivante : «Après les expériences de l'exposition de Bruxelles, on a exigé une construction anti-incendie tout à fait sûre pour abriter les objets précieux prêtés de l'exposition historique. Une telle construction ne pouvait être réalisée qu'en béton armé ou en fer enrobé de protection contre le feu. C'est la première alternative qui reçut la préférence étant donné qu'elle n'était pas seulement la moins chère lors de l'appel d'offre, mais en outre, parce qu'elle permettait de plus grandes possibilités créatrices sur les plans architectonique et constructif.»

Eugène Freyssinet
Hangars à Orly, 1921–1923
Elévation de la charpente de coffrage
Roger-Viollet, Paris
On bétona d'abord des deux côtés des parties de 17 mètres de hauteur, la surface qui formait un arrondi entre ces parties fut insérée en segments de 7,5 mètres chacun. Dès qu'une partie était terminée, on en enlevait le coffrage que l'on faisait glisser plus loin pour le réutiliser tout de suite.

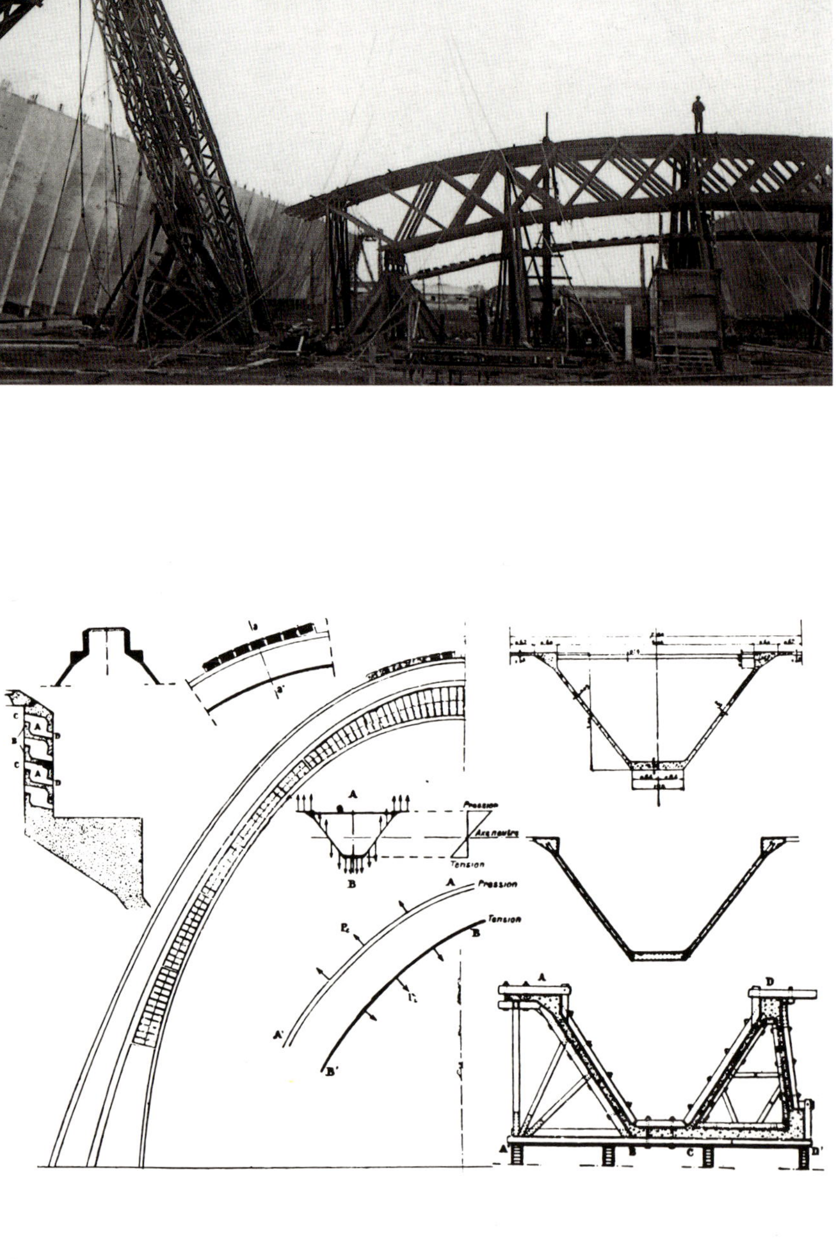

Dessin de construction
Les hangars ont une longueur de 175 mètres, une largeur de 91 et une hauteur de 60 mètres. Le croquis de la façade avant montre l'emplacement des fenêtres, à droite, on voit la coupe transversale d'une branche de 7,5 mètres de largeur et d'une branche de façade avec coffrage.

Vue d'ensemble
Roger-Viollet, Paris
Les avions semblent être des jouets devant les hangars des géants du ciel.

imprécises. Contrairement à ce que supposaient les prescriptions introduites en France en 1906 quant à la construction en béton armé, on vit surgir dans les ponts réalisés de dangereux signes d'affaissement qui ne purent être surmontés que grâce à des modifications réalisées ultérieurement. On doit de nombreuses innovations à Freyssinet: la voûte surmontée de branches, le coffrage glissant et surtout, des pas décisifs dans l'introduction du béton précontraint pour lequel les membres en traction sont préparés, par une précontrainte, à résister à de bien plus fortes charges et à compenser la lente déformation du béton. Les hangars d'Orly furent érigés en grandes halles arrondies de forme parabolique que l'on déplia, ce en quoi Freyssinet – comme pour la salle des machines de Paris en 1889 – élimina le contraste entre les murs et le toit. Ce principe équivaut à celui de la tôle ondulée ou du carton ondulé et permet, avec une masse réduite, d'obtenir une solidité exceptionnelle. La coupe des hangars correspondait à la ligne de soutènement de la propre charge, les branches devenaient plus épaisses en se rapprochant du sol. La fonction et la forme avaient été, de même que la qualité des matériaux et l'économie du chantier, conçues et réalisées comme une unité.
Lorsqu'en 1922, le premier appareil de planétarium qui devait être exposé au Deutsche Museum à Munich fut sur le point d'être achevé dans les usines de Zeiss à Iéna, on envisagea d'ériger une coupole sur le toit de l'usine pour réaliser une projection d'essai. C'est pourquoi la construction devait être particulièrement légère tout en reproduisant avec le plus de précision possible un globe de seize mètres de diamètre. L'inventeur du planétarium, Walter Bauersfeld, eut l'idée de fabriquer ce globe à partir d'un filet de minces baguettes de fer qui se rapprochait de la forme

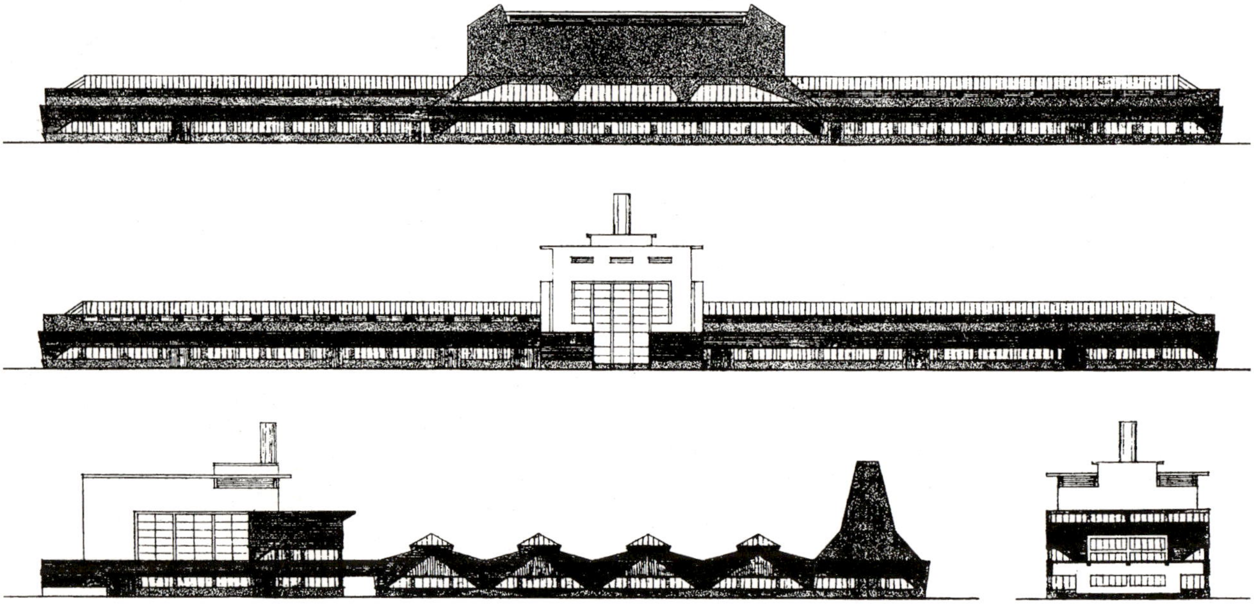

Erich Mendelsohn
Usine de chapeaux Friedrich Steinberg, Herrmann & Co. à Luckenwalde, 1921–1923
Côté gauche: Bâtiment de teinturerie
Österreichische Ludwig-Stiftung für Kunst und Wissenschaft, Museum Moderner Kunst, Vienne
Sur ce terrain industriel, on produisait aussi bien des chapeaux en poils que des chapeaux en laine dans deux processus de production parallèles. La teinturerie et la station motrice servaient aux deux processus de travail et se trouvaient donc dans l'axe de symétrie du complexe. Pour le bâtiment de teinturerie, Mendelsohn mit un nouveau système d'aération à l'épreuve qui évacuait les vapeurs nocives par un dispositif posé sur le bâtiment en forme de tuyau et à volets.

Vues du complexe de l'usine
L'atelier à quatre vaisseaux est placé derrière le bâtiment original de la teinturerie au sud, et au nord de la centrale. Les halles et la teinturerie étaient disposées de telle manière que l'on pouvait les agrandir sans problème selon l'axe longitudinal.

de la sphère dans une suite de nombreux petits triangles. Franz Dischinger de l'entreprise Dyckerhoff & Widmann parvint à réaliser la surface du globe à l'aide de 4000 baguettes réparties en 51 longueurs seulement. Le filet réalisé fut ensuite coulé, à l'aide d'une nouvelle invention – le procédé de gutinage – dans un coffrage de béton qui, avec ses 400 mètres de superficie, atteignait le poids incroyablement réduit de trois tonnes et demie seulement.
Lorsque les usines Schott à Iéna firent le projet d'ériger un nouveau bâtiment pour le traitement du verre, il sembla sensé d'appliquer là aussi ce nouveau procédé. La forme du bâtiment ne jouait pas un grand rôle, et ainsi, on construisit un bâtiment circulaire, mais cette fois-ci avec un dôme-coque extrêmement plat: avec quarante mètres de diamètre et tout juste huit mètres de hauteur sous clef, la coque n'avait que six centimètres d'épaisseur, ce qui correspondait à moins d'un six-centième de l'envergure. Comme dans le cas du planétarium réalisé à Iéna en 1925, la disposition du filet de fer fut mise en place selon un système de cercles parallèles. Ceci exigea certes un nombre plus grand de baguettes de longueurs différentes que la première coupole d'essai, mais elle fut plus facile à monter, l'assemblage des baguettes ayant lieu en partant du bord. Avec cette méthode de construction devenue célèbre sous le nom de Zeiss-Dywidag, on fournit aux architectes les moyens de réaliser des constructions d'un type tout à fait nouveau.

1912-1939

Erich Mendelsohn
«Einsteinturm», observatoire et institut d'astrophysique situés sur le Telegrafenberg à Potsdam, 1920–1921
Sächsische Landesbibliothek, Abt. Deutsche Fotothek, Dresde
Le bâtiment fut érigé en 1920–1921 sur commande de la fondation Einstein pour la recherche spectro-analytique, visant à établir en particulier des preuves de la théorie de la relativité d'Einstein, et fut mis en service en 1924. Le coestolat dans la coupole réfléchissait les rayons des sources de lumière cosmiques à travers la tour verticalement dans le laboratoire sous-terrain. Ici, un miroir incliné à 45° les conduisait vers les instruments de production et de mesure des spectres.

Vues et coupes de détails

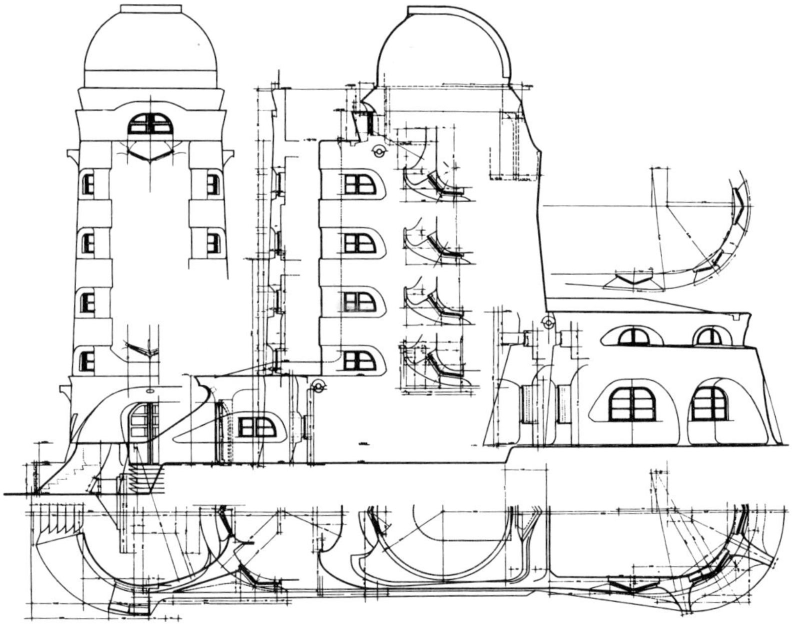

Le Retour de l'Art

Les années entre 1914 et 1920, les années de la Première Guerre mondiale et des tourbillons politiques et renversements radicaux qui suivirent, représentèrent une époque amère pour beaucoup d'architectes en Allemagne: «Ma table à dessiner ici au bureau reste vide, tous les jours le même rien. . . Je flotte dans l'air : «architecte imaginaire», écrivit Bruno Taut en 1919 dans une lettre à Karl Ernst Osthaus. Il avait, pendant la guerre, cette «épidémie du dérangement mental», travaillé à construire un monde fictif meilleur à l'aide de créations visionnaires et des utopies divagantes relatives à une société future. Vers 1916, il réalisa les dessins de «couronnes citadines» s'élevant en tours fantastiques, ensuite la série d'esquisses «Architecture alpine», formation cristalline évoquant un hymne au couronnement des sommets alpins: «Névés dans les neiges et glaces éternelles – surmontés de constructions et décorés. . . avec des surfaces et des blocs de verre coloré – des fleurs de montagne.» Traut put déjà réaliser un tel objet réel de forme cristalline en construisant le pavillon de l'industrie du verre à l'exposition du Werkbund en 1914 à Cologne.
Dans le cadre de divers groupes et organisations sans structure commune, les artistes, écrivains et architectes essayèrent de surmonter leur isolement. Taut, lui aussi, chercha des compagnons de combat qui partageaient sa conception d'une architecture artistique avec de très hauts objectifs idéaux et aspiraient à un détachement des contraintes matérielles et du rationalisme utilitaire. En 1918, il fit partie des fondateurs du «Arbeitsrat für Kunst» qui voulait obtenir un droit de parole sur le plan culturel et du «Novembergruppe» dans lequel quelques progressistes se rassemblèrent en petit nombre. En 1919, aidé de quelques artistes et architectes de même conviction, Taut organisa la «Gläserne Kette», un cercle de personnes qui communiquaient entre elles par les célèbres lettres «boule de neige». On signait ces lettres de pseudonymes: «Glas» était celui de Bruno Taut, «Promet» pour Hermann Finsterlin, «Angkor» et «Zacken» pour les frères Hans et Wassili Luckhardt, «Maß» pour Walter Gropius. Leur objectif commun était de parvenir à surmonter une architecture académique «pétrifiée» grâce à des formes fondamentalement neuves prises dans la nature vivante ou amorphe. Le forum de leurs pensées prit également la forme de la revue publiée par Taut «Frühlicht» dans laquelle Mies Van der Rohe également publia son premier projet de gratte-ciel en verre. On en avait «assez de la forme comme il faut, du ton sec», expliqua Adolf Behne dans son livre «Wiederkehr der Kunst» («Le Retour de l'Art») paru pendant la guerre.
Le spectre des visions publiées allait des rimes de Paul Scheerbart – «Sans palais de carreaux, la vie n'est qu'un fardeau» – jusqu'aux «fantaisies biomorphes» de Hermann Finsterlin, qui écrivit en 1921: «A l'intérieur de la nouvelle maison, on n'aura pas seulement la sensation d'être un utilisateur d'une glande de cristal de conte de fées, mais aussi d'être l'habitant interne d'un organisme, voyageant d'organe en organe, le symbiote donnant et recevant dans le ‹ventre géant et fossile d'une mère› . . . Comme ‹dehors› des cratères aspirant à la paix du ventre se formeront,

Johan M. Van der Mey, Michel de Klerk, Pieter L. Kramer
«Scheepvaarthuis», bâtiment de comptoir à Amsterdam, 1912–1916
A gauche: partie de la façade; à droite: le hall de l'escalier avec travaux sur verre de W. Bogtman; en bas: lustre en fonte de H. J. Winkelman
Photos Klaus Frahm

La construction en béton armé du bâtiment fut recouverte par une façade de briques au riche décor plastique; les thèmes des peintures, reliefs et sculptures appliqués étaient, étant donné que le bâtiment était utilisé par six chantiers navals, les navires, la mer et le commerce. Cette analogie se poursuit dans beaucoup de détails de l'intérieur : les lustres artistiquement façonnés du hall de l'escalier présentent une profusion de motifs nautiques, les lampes semblent être des bouches de poissons largement ouvertes ou rappellent, par leur formes aux zigzags bizarres, des monstres exotiques marins.

mais le pied se déplacera sur des sols de verre transparents permettant de ressentir le bas-relief aux antipodes, poussant la nécessaire mais terrible horizontale dans l'illusoire, horizontale qui devrait transpercer, si elle était massive et épaisse, le nouvel espace et la nouvelle construction comme une membrane pathologique. Cependant, en raison du matériau transparent du sol, le sentiment de l'espace multidimensionnel peut se diffuser et maintenir l'habitant dans un équilibre insoupçonné. . .» Finsterlin illustra ses propositions de transposer cette flore d'habitation à l'aide d'esquisses sensuelles colorées, mais celles-ci ne furent naturellement jamais réalisées.

De même, la carrière de Erich Mendelsohn commença par des fantaisies architecturales dessinées, «les données, fixation des contours d'un visage soudain», comme il les nomma dans une lettre. Une série de ces feuilles d'esquisses put être admirée en 1919 dans la galerie renommée de Paul Cassirer à Berlin sous le titre de «L'Architecture de fer et de béton»; parmi ces dessins, on trouvait aussi les premiers plans de la tour Einstein à Potsdam qui devait déjà le rendre célèbre quelques années plus tard. Les exigences scientifiques avaient, certes, établi l'organisation

KPM

Michel de Klerk
Bloc d'habitation à Amsterdam, 1913–1914
Extraite de: Nieuwe-Nederlandsche Bouwkunst I, 1924

intérieure, mais du point de vue de l'organisation architectonique, Mendelsohn disposait d'une complète liberté dont il sut profiter. La direction des corps et surfaces est extrêmement dynamique, ce que Mendelsohn définissait comme «l'expression logique du mouvement des forces inhérentes aux matériaux de construction fer et béton». En effet, la tour est une construction habituelle de briques rouges recouverte d'un épais crépi de ciment, de sorte qu'elle semblait avoir été coulée dans du béton. Il s'était tout simplement révélé trop difficile et onéreux de fabriquer des coffrages pour les formes irrégulièrement tordues.

Comparés aux surfaces modelées des premières créations de Mendelsohn, les constructions et plans d'Otto Bartning datant de la même époque paraissent cérémonieux et maîtrisés. Les formes dominantes de son architecture sont les arêtes cristallines et les plis anguleux. Les figurations complexes mais non pas agitées qu'il voulait ainsi atteindre, nous apparaissent clairement dans le plan de la pièce, certainement la plus belle qu'il ait réalisée, la salle de musique de la maison Wylerberg près de Clèves. Le contour est polygonal avec des côtés irréguliers, tout en trouvant un équilibre grâce à une stricte symétrie axiale vers la pointe de la saillie.

Michel de Klerk
«Het Scheep», bloc d'habitation à Amsterdam, 1917–1921
Bâtiment de tête avec bureau de postes
Extraite de: Nieuwe-Nederlandsche Bouwkunst I, 1924
Comme la construction gît en forme de cale comme la coque d'un navire dans le quartier, les habitants la nomment «Het Scheep» («le navire»). Le commettant de ce quartier situé dans la Zaanstraat, Oostzaanstraat et Hembrug-straat près de la Sparndammerplatsoen était la société de construction immobilière «Eigen Haard» («Propre fourneau»).

Salle des guichets du bureau de poste avec cabine téléphonique
Photo Klaus Frahm

Michel de Klerk
«Het Scheep», bloc d'habitation à Amsterdam, 1917–1921
Cheminées au-dessus du paysage de toits; encorbellement bombé en saillie
Photos Klaus Frahm

La «poupe» du bloc d'habitation «Het Scheep»
Bildarchiv Photo Marburg
La tour en forme d'obélisque aurait dû être couronnée à l'origine par un coq, autrefois le symbole de la social-démocratie hollandaise.

Plan du bloc d'habitation

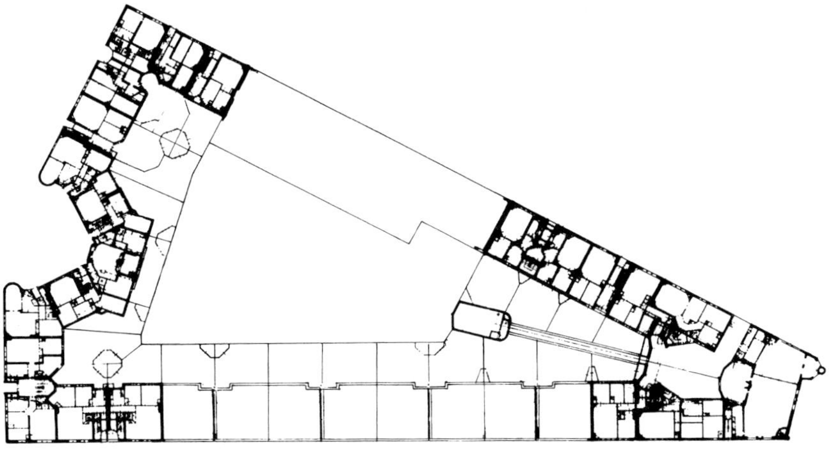

Fritz Höger
Maison du Chili à Hambourg, 1922–1924
Vue du sud-ouest de l'imposante bâtisse du comptoir avec passage vers la cour intérieure
Bildarchiv Photo Marburg
Le nom de ce bâtiment a été inspiré par le commettant Henry Brarens Sloman qui fit fortune grâce au commerce du salpêtre avec le Chili.

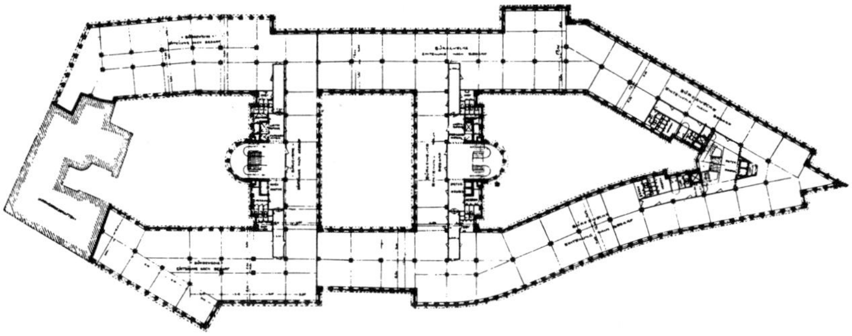

Plan

Page de droite:
La pointe est «accentuée»
Kunstbibliothek, Staatliche Museen Preußischer Kulturbesitz, Berlin

Hugo Häring
Etable de la propriété Garkau, près de Lübeck, 1924–1925
Archives Burkhard-Verlag Ernst Heyer
Les colonnes de la construction en acier se trouvent à l'intérieur. Des parties du cadre horizontal apparaissent sous forme de bandes claires dans la maçonnerie de briques. Laissé à l'état naturel à l'origine, le plafonnage vertical retroussé de la grange à foin et du silo devait être peint en vert vers la fin des années trente.

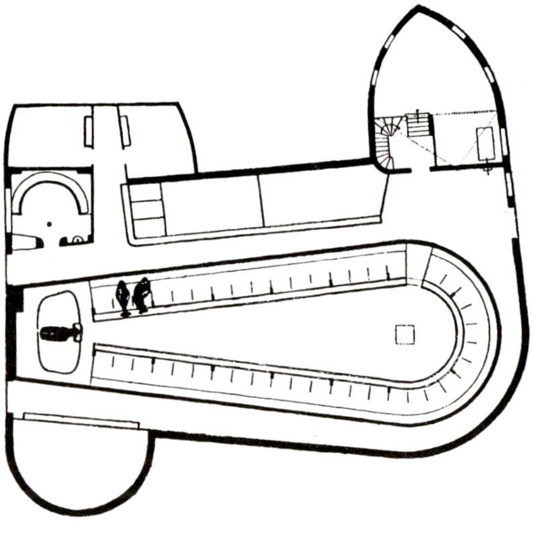

Croquis du plan
La place «en forme de poire» était le cœur de cette étable «en organes» destinée à un taureau reproducteur et ses 41 vaches à lait.

Otto Bartning
Château d'eau des usines de tuiles et de lignite à Zeipau, Silésie, 1923
Österreichische Ludwig-Stiftung für Kunst und Wissenschaft, Museum Moderner Kunst, Vienne

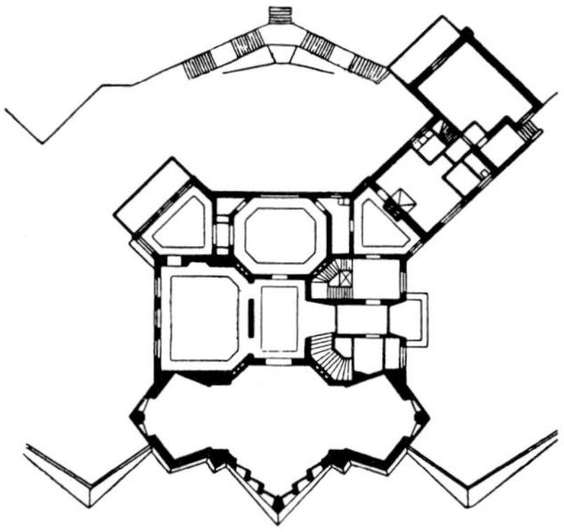

Otto Bartning
Maison Wylerberg près de Clèves, 1921–1924
Photo Theo Schafgans / Österreichische Ludwig-Stiftung für Kunst und Wissenschaft, Museum Moderner Kunst, Vienne
Les pièces de cette maison sont aussi anguleuses et plissées que le toit et la façade. Les chambres à coucher sont pentagonales, la bibliothèque est heptagonale et la salle à manger octogonale. La salle la plus complexe est la salle de musique polygonale avec ses arêtes multiples. Dans l'encorbellement à angle aigu, on a même fait réaliser une rotation aux fenêtres par rapport au plan de fuite du mur et elles se trouvent en biais dans leurs encoches.

Plan du rez-de-chaussée

Gunnar Asplund
«Listers Härads Tingshus», Tribunal de première instance à Sölvesborg, 1917–1921
Plan du rez-de-chaussée
Le vestibule est aménagé de façon strictement symétrique par rapport à l'axe portail-fauteuil du juge. La salle ronde est entourée d'escaliers, les dalles du sol de l'antichambre sont coupées en perspective.

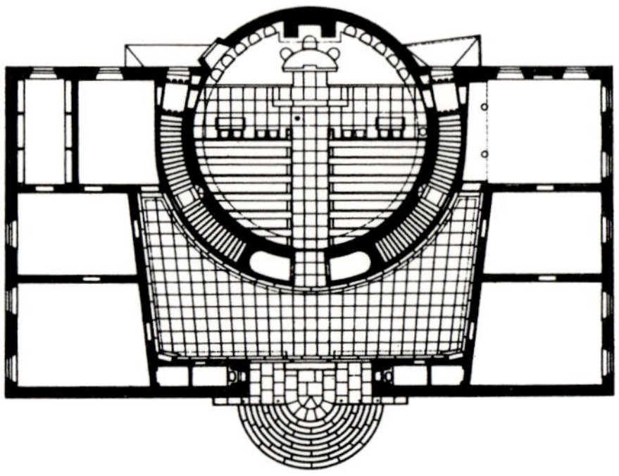

Façade principale avec pignon plat et arcs d'entrée en verre au bout d'une allée
Photo Klaus Frahm

A l'encontre de telles solutions artistico-formalistes, Hugo Häring présenta sa théorie et pratique d'une «construction en organes». Il fit la démonstration de ce qu'il voulait dire ici dans une étable de la propriété Garkau dans le Schleswig-Holstein. Les vaches ne sont pas en longues rangées les unes à côté des autres comme d'habitude, mais autour d'une table-mangeoire en forme de poire. Au dessus de l'étable, on a installé le réservoir de foin, de sorte que l'on peut faire directement descendre le fourrage dans la mangeoire par une ouverture ménagée dans le plafond. Afin d'obtenir une aération optimale, le plafond a été légèrement incliné vers l'intérieur. L'air chaud montant est ainsi dirigé vers le mur extérieur où il peut être évacué en passant par une fente faisant le tour de l'étable entre le plafond et le mur. Les

Sortie annexe de la salle d'audience
Photo Klaus Frahm
De nombreux équipements en bois ont été peints en un gris mat et doux, et agréablement arrondis comme par exemple l'horloge à balancier qu'Asplund a spécialement créée pour ce tribunal.

Salle d'audience
Photo Klaus Frahm
Les tapisseries murales à carreaux et les sièges pour le juge et les assesseurs ont été complétés lors d'une opératon de rénovation totale et ne correspondent donc pas à l'état d'origine.

fenêtres situées en hauteur ne peuvent pas être ouvertes et ne servent qu'à l'éclairage. L'objectif était, comme l'expliqua Häring, «de trouver la forme qui correspondait le plus simplement et le plus immédiatement possible aux exigences posées à la réalisation d'efficience du bâtiment», une forme qui devait chaque fois être «découverte»: «construire en organes n'a rien à voir avec la copie d'œuvres d'organes du monde des créatures. La revendication décisive que l'on se pose du point de vue de l'organique, est que l'apparence des choses n'est plus déterminée par l'extérieur, mais qu'elle doit être cherchée dans l'essence de l'objet.» Ainsi, Häring trouvait la nature de l'architecture dans un processus de développement qui conduisait à la «forme d'efficience» vers laquelle il fallait se diriger. Le fait qu'il ne s'agissait toutefois pas exclusivement, dans le cas de son étable, d'une forme strictement utilitaire, suivant uniquement les processus fonctionnels de l'exploitation paysanne pourrait être prouvé à l'aide de beaucoup de détails formels, comme par exemple l'avant-corps du silo en demi-cercle effilé, sans compter non plus les arguments d'un calcul des pertes et profits comparé à celui qui serait obtenu dans une étable traditionnelle. Ainsi, ces bâtiments constituent plus souvent une critique architectonique adressée

Gunnar Asplund
Bibliothèque municipale de Stockholm, 1920–1928
Poignées de porte Adam et Eve sur le portail principal
Photo Klaus Frahm

Montée d'escalier menant à la rotonde de la bibliothèque panoptique
Photo Klaus Frahm

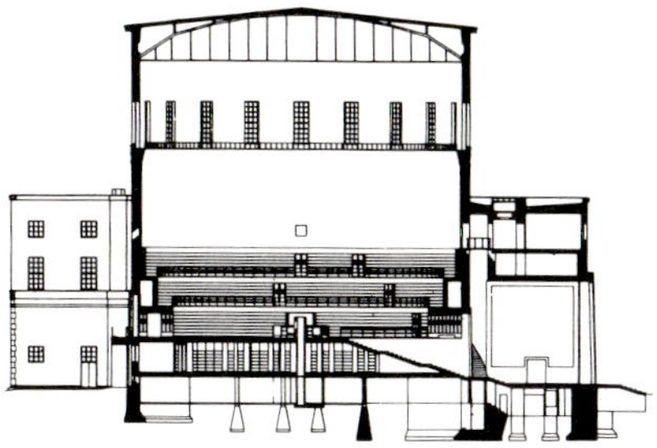

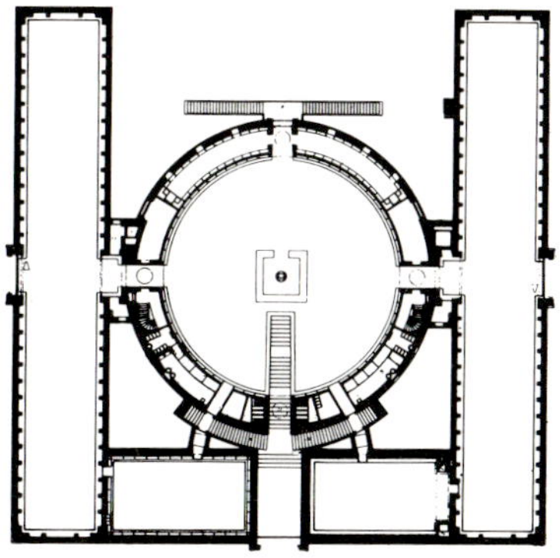

Façade principale
Photo Klaus Frahm

Coupe longitudinale et plan du premier étage

Erich Mendelsohn
Grand magasin Schocken à Stuttgart, 1926–1928
Landesbildstelle Württemberg, Stuttgart
Le complexe se regroupe sur un plan asymétrique autour d'une cour intérieure. Les surfaces des façades de hauteurs différentes – en raison des règlements sur la construction – se tournent vers deux tours en estrades placées en contrepoint qui, comme des points de rotation, suivent le mouvement et le transportent plus loin. Sur la reproduction, on voit la tour en estrade principale complètement vitrée.

aux conventions que des solutions logiques mûries. On reprend certes des éléments éprouvés, mais mis en mouvement par des structures expressives dépassant la construction.
Dans d'autres pays européens, on construisit également de manière expressive pendant ces années-là, mais on respecta une relation plus forte avec les styles traditionnels du lieu, avec moins de chamarrures idéalistes. Aux Pays-Bas notamment, qui étaient demeurés neutres pendant la Première Guerre mondiale, la politique du bâtiment social-démocratique ouvrit à de jeunes architectes des possibilités attrayantes dans le domaine des constructions communales. A cela s'ajoutèrent les vastes projets de lotissements des sociétés de constructions de logements. Nombre de ces commandes furent adressées à membres de l'Ecole d'Amsterdam, qui avait créé un organe efficace en la revue «Wendingen». La partie la plus spectaculaire de son architecture réside certainement dans les façades: des créations emplies d'allusions, d'imagination construites à partir de briques encastrées de manière ornementale et à la plasticité vitale.
Le Suédois Gunnar Asplund élabora sur ses constructions, qui ont au premier abord un aspect habituel, un répertoire de détails en esquisses qu'il employa de manière très consciente. De ce fait, d'autres ornements, corniches et accentuations attendus, disparurent complètement. Pour le bâtiment du tribunal à Lister, la façade frontale représente une composition fort divertissante d'éléments plus ou moins clairement codifiés qui thématisent le principe façade et la fonction bâtiment à différents niveaux. Le mouvement des mondes avec le soleil et la lune apparaît dans le grand rond clair de l'entrée et de l'horloge sombre dans le pignon, l'escalier d'entrée semble avoir été extrait du trou de la façade lui correspondant, un clair motif de vagues transmet son humeur optimiste; peu de détails sérieux rappellent la complication habituelle des applications classiques des bâtiments de justice.

Page de droite: croquis de projet
Kunstbibliothek, Staatliche Museen, Preußischer Kulturbesitz, Berlin

Expérimentation de l'espace

En 1919, issu de l'école des Arts et Métiers archiducale de Saxe de Weimar, fondée en 1906 par Henry Van De Velde, et de l'Université des Beaux-Arts archiducale de Saxe, on vit apparaître le Bauhaus national dirigé par Walter Gropius. Les premières années en furent encore nettement marquées par l'expressionnisme introverti et passionné de l'après-guerre comme on peut le remarquer sans difficulté dans le premier programme de 1919: «Formons ainsi une nouvelle corporation des artisans sans avoir la prétention de séparer les classes. Elle souhaiterait élever un mur d'arrogance entre les artisans et les artistes! Veuillons, concevons, créons ensemble la nouvelle construction du futur, qui sera tout sous une seule apparence: architecture, sculpture et peinture. . . allégorie cristalline d'une nouvelle foi en marche.» A peine quelques années plus tard, on observa toutefois une polarisation qui fut, au niveau interne, ressentie et décrite comme un affrontement entre Itten et Gropius. Itten fut identifié à «un culte indien, le mouvement Wandelvogel, le végétarisme», Gropius à «l'américanisme, le progrès, le miracle de la technique et l'invention». Dans les principes de base du Bauhaus de 1925, on ne devait alors plus rien ressentir de la mystique gothique des baraques de chantier, au lieu de cela Gropius parle d'un artisanat futur qui sera autant caractérisé par la technique que par la forme, en tant que «porteur du travail d'expérimentation pour la prodution industrielle». «Le Bauhaus veut servir au développement moderne de l'habitation, en partant du simple appareil ménager à la maison d'habitation achevée. Convaincu que la maison et l'appareil d'habitation doivent être reliés l'un à l'autre de manière sensée, le Bauhaus cherche, par un travail systématique d'expériences en théorie et pratique – dans des domaines formels, techniques et économiques – à déterminer l'apparence de tout objet à partir de ses fonctions naturelles et sa relativité».
Avec la reprise du Bauhaus par la ville de Dessau, Walter Gropius, ou plus exactement son atelier privé de construction, obtint la possibilité de créer un nouveau bâtiment aux dimensions de l'institution. En vertu des standards analytiques de son propre but de programme, tout le complexe fut ordonné d'après des fonctions: un bâtiment pour ateliers, une maison d'habitation comprenant aussi des ateliers pour les étudiants du Bauhaus et un bâtiment abritant les cours pour les établissements techniques de Dessau qui, sur demande du magistrat de la ville, devaient être également accueillis dans les nouveaux bâtiments. Ces trois bâtiments principaux, nettement différenciés dans l'aspect de leur façade et en ce qui concerne leur volume et leur hauteur, furent reliés, selon l'idée de Gropius, par une passerelle comprenant des bureaux et un couloir plat contenant une salle des fêtes, une estrade et une cantine disposées dans un arrangement équilibré et en angle droit. Il fit du bâtiment central visible de loin et abritant les ateliers la partie de la construction la plus spectaculaire, en recouvrant sur trois côtés la construction à ossature de béton armé d'une mince façade en verre dans un quadrillage régulier de fins croisillons d'acier noir. Le grand corps prismatique paraît ainsi léger et transparent, cristallin.

Walter Gropius
Bâtiment du Bauhaus à Dessau, 1925–1926
Aile des ateliers et passage
Bildarchiv Photo Marburg

Willem Marinus Dudok
Ecole Dr. Bavinck à Hilversum, 1921
Nederlands Architectuurinstituut, Amsterdam

Les deux rangées de fenêtres avant sont celles des couloirs qui conduisent aux salles de classe; à gauche, contigu à celles-ci, dans l'angle droit, se trouve le gymnase, puis, dans la construction cornière en forme de tour, la montée d'escalier; dans l'aile droite, salle des professeurs, salle du matériel d'enseignement, bibliothèque. Les volumes anguleux, les surfaces lisses rythmées, l'intonation des horizontales et verticales rappellent les travaux des architectes «De Stijl». Dudok n'appartenait pas à ce groupe et était aussi moins dogmatique dans sa vaste pratique de construction, en ce qui concerne surtout la ville d'Hilversum: il construisait, de la même assurance disciplinée, des façades symétriques, un arc ou des toits de chaume doucement arrondis.

Plan de l'étage supérieur

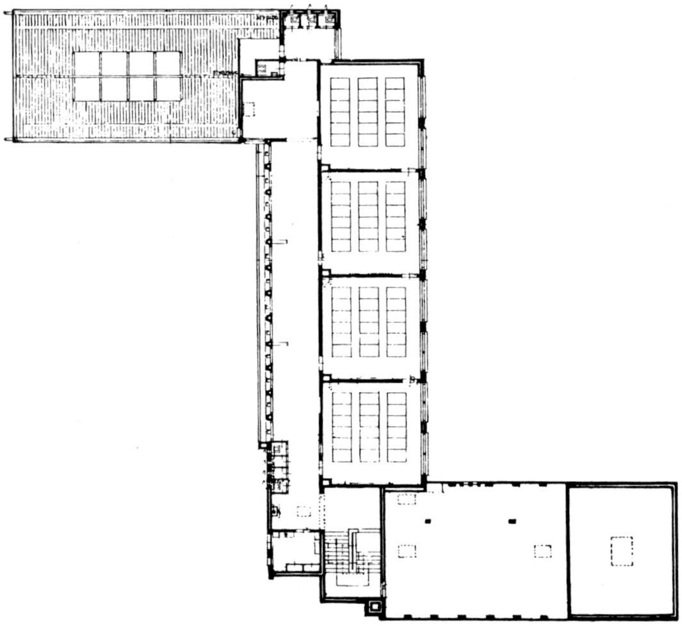

Willem Marinus Dudok
Piscine municipale à Hilversum, 1920
Nederlands Architectuurinstituut, Amsterdam
La cheminée de l'installation du chauffage, placée dans l'axe central de la façade, marque la séparation entre les vestiaires des dames et ceux des hommes.

Avec les bâtiments du Bauhaus, on vit apparaître les nouveaux bâtiments d'un immeuble de directeurs et trois maisons jumelées pour les «maîtres» de l'école qui furent conçus comme des objets de démonstration pour un nouveau style de vie et d'habitat adapté à l'ère de la machine. L'idée de base était le système d'un «meccano-ancre-pierre en grand: des maison qui ont été assemblées de façon combinatoire à partir de pièces changeables produites en réserve à l'avance». La standardisation et industrialisation de la construction que l'on cherchait ainsi à obtenir ne put cependant pas être atteinte à Dessau – les maisons furent, en fin de compte, érigées de manière tout à fait conventionnelle –, mais le maniement formel des volumes montre de manière convaincante quelle présence esthétique dans la réduction peut reposer sur quelques formes de base cubiques seulement.
En Hollande, le groupe «De Stijl» s'était réuni en 1917 dans le but de créer le style valable d'une «nouvelle conscience adaptée à l'époque» qui prenait la place de l'«individuel» en le remplaçant par l'«universel». Dans la peinture, cela signifiait le refus rigoureux de toute reproduction illusionniste, ou cubiste ou même puriste. La nature était trop concrète, trop individuelle. L'art «universel» ne donnait de validité qu'à la composition abstraite en tant qu'«équilibre entre la situation et la mesure de la couleur». Les tableaux de Piet Mondrian, le peintre le plus important du groupe, étaient réduits à des lignes droites noires placées selon un ordre en angles droits, reliées par les couleurs primaires rouge, bleu et jaune, soulignées par beaucoup de blanc et un peu de gris.

Le thème des architectes de «De Stijl» était la répartition calculée de masses irrégulières dans un système anti-cubique faisant éclater les lignes de contour fermées des corps volumétriques. Jacobus Johannes Pieter Oud, alors architecte municipal de Rotterdam et co-fondateur de «De Stijl», décrivit en 1918 le rôle que joua Fank Lloyd Wright dans ce cadre avec ses idées de «destruction de la caisse»: «Wright a créé les bases d'une nouvelle plasticité dans l'architecture. Les masses éclatent dans tous les sens, en avant, en arrière, vers la droite, vers la gauche. . . De cette manière, l'architecture moderne se développera de plus en plus en un processus de réduction vers des proportions positives, de façon comparable à l'évolution de la peinture moderne.»
L'une des rares constructions effectivement réalisées selon ces maximes est la maison Schröder à Utrecht de Gerrit Rietveld, qui adhéra au groupe en 1918. La forme de base est une pierre de taille dont les surfaces sont «décomposées» par des dalles horizontales formant des saillies et par des disques de cloisons verticales, des panneaux d'allège et des colonnes. L'angle droit élevé au niveau du dogme par Mondrian règne jusque dans le détail, et c'est ainsi que les fenêtres, qui se tournent vers l'extérieur, ne peuvent être ouvertes que dans une position, c'est-à-dire exactement 90 degrés par rapport à la façade. Les couleurs du revêtement sont celles des tableaux de Mondrian: tous les éléments linéaires sont rouges, bleus ou jaunes; les surfaces, blanches ou grises.
La grande popularité que «De Stijl» parvint à atteindre en peu d'années était surtout due à Theo Van Doesburg, peintre et architecte, père spirituel du groupe, organisateur et moteur constant. Il s'occupait de leur journal, s'efforçait de trouver des possibilités d'exposition et voyageait avec son programme de conférence à travers l'Europe. C'est à son initiative, par exemple, que l'on dut l'importante exposition réalisée en 1923 dans la galerie d'avant-garde parisienne «L'Effort Moderne» de Léonce Rosenberg, dans laquelle on put voir, outre des projets de «De Stijl» aussi des travaux de Ludwig Mies Van der Rohe. La même année, les contacts avec l'Avant-garde soviétique s'intensifièrent, lorsque l'artiste-architecte El Lissitzky — lui-même se qualifiait de constructeur — devint membre du groupe. Une véritable «prise de siège» du Bauhaus de Weimar que Doesburg pensait purifier de «l'ensauvagement de l'expressionnisme» échoua toutefois misérablement en 1922.
Ce n'étaient pas des principes abstraits, formalistes, qui se situaient au premier plan pour Adolf Loos, qui refusait les expériences au niveau de la planche à dessin, mais

Page de droite: vue de la rue
Archives A. Oud-Dinaux
La façade – seule chose que Oud ait composée ici –, coincée entre deux blocs de construction imposants et à tendance historique, constituait une provocation, et c'était dans ce but qu'elle avait été créée: on n'avait prévu aucune adaptation aux maisons avoisinantes. «Le mieux, semblait-il, était de considérer le café en soi et d'essayer de mettre en valeur l'établissement aussi bien que son environnement par des contrastes logiques. On nous a enseigné – et ce n'étaient pas seulement les ultra-modernes – que seulement ce qui a été développé organiquement à partir de l'essence de l'époque s'harmonise avec ce qui est issu de l'essence d'une autre époque.» (J.J.P. Oud)

Jacobus Johannes Pieter Oud
Café «De Unie» à Rotterdam, 1924–1925
Projet de façade
Nederlands Architectuurinstituut, Amsterdam

CAFE DE UNIE CAFE
CAFE · RESTAURANT
DE · UNIE

Gerrit Th. Rietveld
Maison de l'architecte-décoratrice Truus Schröder-Schräder à Utrecht, 1924
Vue du sud-ouest
Photo Frank den Oudsten

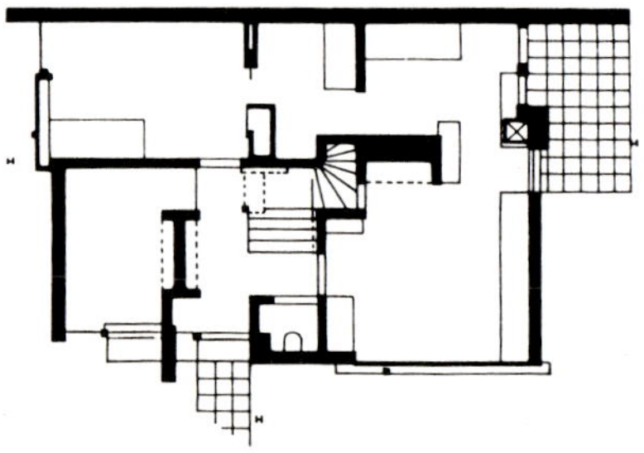

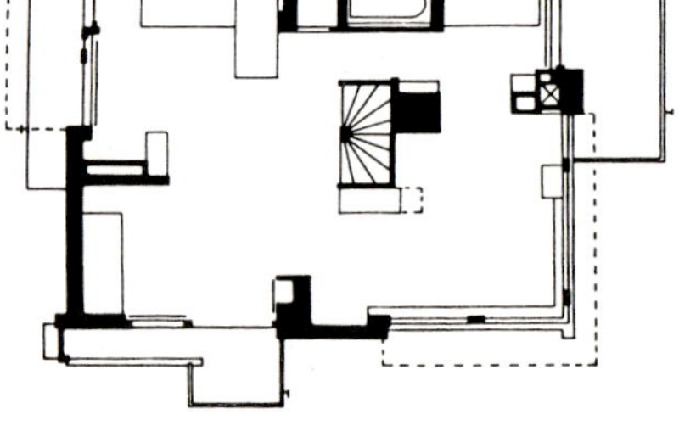

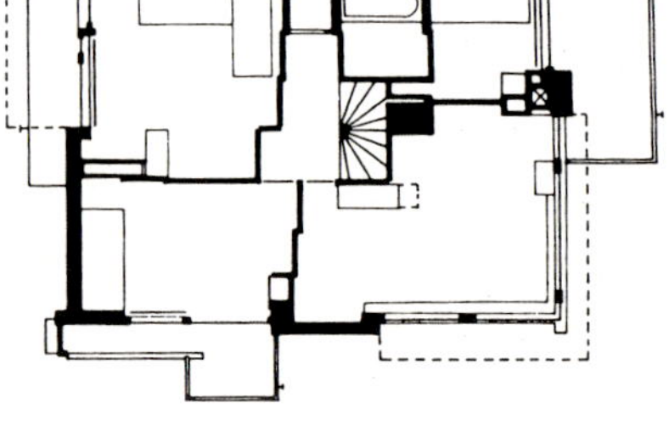

Plans du rez-de-chaussée et du premier étage
Le premier étage d'habitation est divisible en plusieurs pièces grâce à des cloisons coulissantes.

Salle de séjour et à manger au premier étage avec meubles de Rietveld
Photo Frank den Oudsten

Vue du sud-est
Photo Frank den Oudsten

Konstantin Melnikov
Pavillon soviétique à l'exposition internationale des Arts décoratifs et industriels modernes à Paris, 1925
Vue d'ensemble
Musée des Arts Décoratifs, Paris

Page de droite: Montée d'escalier
Musée des Arts Décoratifs, Paris
Ce bâtiment vitré à ossature de bois suivant la tradition constructiviste de Wladimir Tatlin fit partie des bâtiments les plus progressistes de l'exposition. Un escalier transperçait en diagonale le bâtiment au plan rectangulaire. Des inscriptions et une charpente de tour correspondaient à l'architecture Agitprop.

davantage les proportions et besoins humains autour desquels il voulait développer les pièces. Il construisit des suites de pièces non pas à l'horizontale comme il est d'usage, mais organisa leur disposition sur différents niveaux. Le rigide schéma des niveaux des étages représentait à ses yeux un corset trop étroit, et c'est pourquoi des hauteurs de salles différentes constituèrent l'un des résultats importants de ses réflexions sur «le plan de l'espace»; il «dissolut le plan dans l'espace», formula-t-il. Des «niches» privées et basses correspondent ainsi par des niveaux intermédiaires «neutres» avec une halle ouverte. L'accès aux étages d'habitation est souvent très compliqué et pas toujours très heureux. Avant d'avoir atteint le dit «petit hall» de la maison Moller, par exemple, on a fait au moins un tour complet sur son axe, a peut-être perdu son chapeau et son manteau en cours de route, et n'a peut-être pas encore vu grand-chose à part l'étroit vestibule derrière la porte d'entrée et les murs sans fenêtres de la montée, étant donné que l'on s'est approché du centre de la maison en passant successivement le long de l'appartement destiné au personnel, les salles de travail et les garages. Les enveloppes strictement symétriques et cubiques qu'il imposait à ses maisons le conduisirent – certes pas obligatoirement, mais logiquement – vers une contradiction de l'intérieur et l'extérieur.

NION
ISTES
REPUBLIQUES
SOCIALISTES

Walter Gropius
Bâtiment du Bauhaus à Dessau, 1925–1926
Busch-Reisinger Museum, Harvard University, Cambridge, Massachusetts

A droite, derrière la façade-rideau de verre se trouvent les ateliers-«laboratoires» des salles de cours du Bauhaus, à gauche, l'aile réservée aux «Instituts d'enseignement technique» de la ville de Dessau, au-dessus de l'entrée, les bureaux de l'administration et l'atelier de construction privé de Walter Gropius.

Montée d'escalier dans le bâtiment des ateliers
Photo Klaus Frahm

Vue du sud-est
Archives du Bauhaus, Berlin
A droite, le foyer d'étudiants avec 28 ateliers d'habitation, salles de bains, salle de gymnastique; dans le couloir plat de jonction menant au bâtiment des ateliers se trouvaient la cantine, la salle des fêtes et une estrade. Ces lieux pouvaient être ouverts à un «étage des fêtes» général.

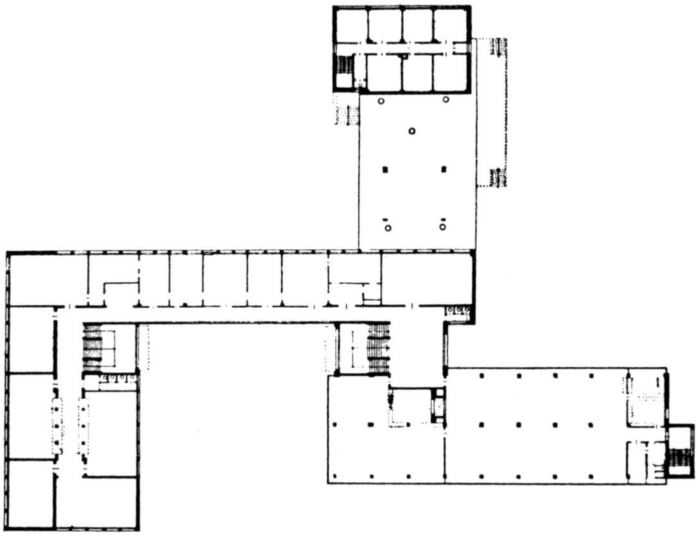

Plan du premier étage

Walter Gropius
Maison des directeurs à Dessau, 1925–1926
Côté sud
Photo Lucia Moholy/collection particulière

Walter Gropius
Moitié de maison jumelée pour László Moholy-Nagy à Dessau, 1925–1926
Côté ouest
Busch-Reisinger Museum, Harvard University, Cambridge, Massachusetts
Pour les maîtres d'œuvre Paul Klee et Wassily Kandinsky, Georg Muche et Oskar Schlemmer, Lyonel Feininger et László Moholy-Nagy, Gropius créa trois maisons d'habitation dont la répartition fait preuve d'un grand style.

Ludwig Mies Van der Rohe
Villa du fabricant de soie Hermann Lange à Krefeld, 1928
Côté jardin
Photo Christoph Bürkle

Le corps de construction cubique aux larges dimensions, la façade clairement composée, ainsi que les matériaux – des briques rouges, du béton peint en blanc, du verre et du métal noir – rappelle la maison de campagne de briques que Mies avait dessinée en 1923. La solution choisie pour le plan demeure toutefois nettement en recul par rapport au début progressiste de son projet de maison de campagne. Sous l'influence de «De Stijl», Mies avait autrefois conçu la surface intérieure comme un continuum dans lequel on avait placé des tranches et des coins de murs. Par contre, l'organisation intérieure de la villa Lange est conventionnelle: un programme de pièces bourgeois comprenant salle à manger, salon, cabinet de Madame et cabinet de travail de Monsieur s'ordonne par rapport à un hall central. Pourtant, les portes et les fenêtres se réfèrent tellement les unes aux autres que de longs axes visuels apparaissent à travers l'alignement des pièces, et vers le jardin anglais.

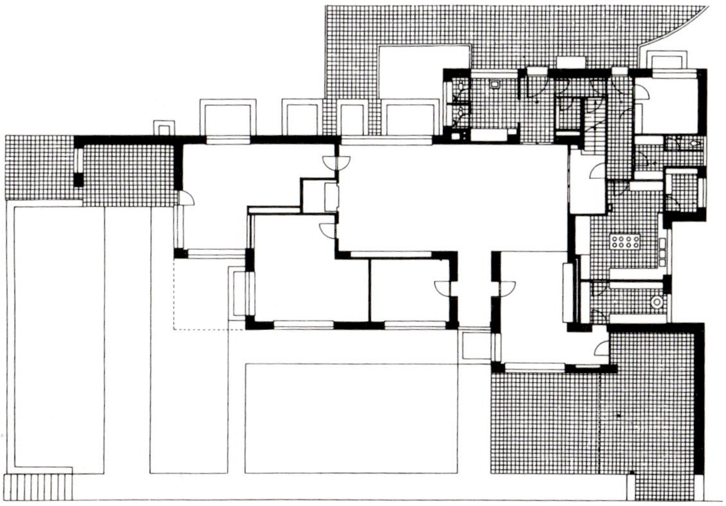

Plan du rez-de-chaussée

Adolf Loos
Maison de Tristan Tzara à Montmartre à Paris, 1925–1926
Côté rue
Archives Loos, Albertina, Vienne
La façade symétrique donnant sur la rue s'incline légèrement vers l'intérieur. Le socle présent sur deux étages, ainsi que le mur de soutènement avec lequel le terrain en pente devait être retenu, sont composés de maçonnerie visible, au-dessus, le mur a été enduit d'un crépi lisse. Derrière l'entrée – c'est la porte de droite, celle de gauche conduisant au garage – se trouve seulement un petit hall. Là s'élève un escalier qui, en une étroite incision en forme de gorge rectiligne, conduit à l'appartement de l'atelier du maître de maison, passant à côté de l'appartement mitoyen.
L'écrivain roumain et dadaïste Tristan Tzara, «sachant vivre et artiste de la langue à la vivacité et à l'agressivité fongueuse» menait à cette époque, avec André Breton, l'Avant-garde parisienne qui devait prendre une place dominante dans le monde littéraire et artistique européen. C'est par la villa Tzara qu'Adolf Loos entra en contact avec ce cercle. Par la suite, il n'obtint cependant pas, comme il l'avait espéré après cet ouvrage, d'autres commandes de constructions. Certes, on sollicita son avis, lui fit même réaliser des plans – comme l'Américaine Joséphine Baker, qui triomphait aux Champs Elysées avec sa «Revue Nègre» au milieu des années vingt; mais quand il s'agissait de la réalisation, on donnait chaque fois la préférence à l'un de ses collègues français.

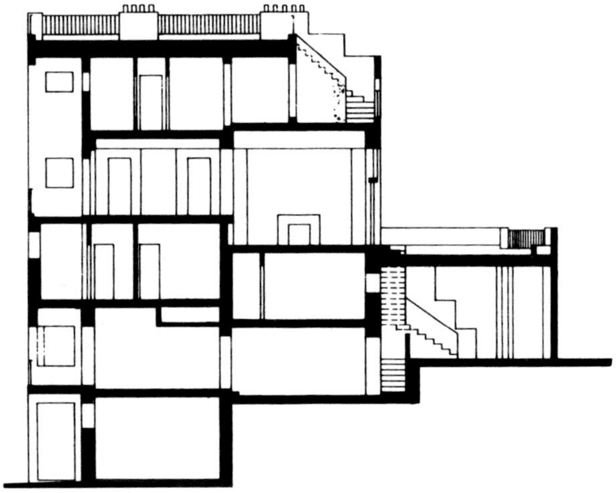

Coupe
Avec les différences de niveaux à l'intérieur des étages, le décalement des pièces entre elles, Adolf Loos fit la démonstration de ses idées du «détachement du plan dans l'espace.

Adolf Loos
Villa de Hans et Anny Moller, Vienne, 1927–1928
Côté rue
Archives Loos, Albertina, Vienne

Coin salon surélevé dans l'encorbellement donnant sur la rue
Photo Christoph Bürkle

Jacobus Johannes Pieter Oud
Lotissement Spangen, Rotterdam, 1919
Côté cour du bloc 8
Archives A. Oud-Dinaux

Lotissements

Avec la Première Guerre mondiale, la crise du logement dans les agglomérations urbaines de l'Europe centrale s'était encore aggravée : le développement urbain et la construction de logements s'étaient effectivement interrompus; à ceci s'ajouta que l'on fonda de nombreuses familles après la fin de la guerre. Dans les misérables cages à poule de l'avant-guerre et les vieux quartiers déjà surpeuplés, avec leurs conditions hygiéniques catastrophiques, on dut encore se serrer un peu. L'exode massif vers les villes et centres industriels avait fait exploser les prix des terrains et le manque de contrôle de l'Etat et des communes avait laissé le champ libre aux spéculations foncières.

La «Vienne rouge» se trouvait, en raison de la perte de son arrière-pays, dans une situation financière particulièrement difficile. Toutefois, pour renforcer la position de la social-démocratie et la loyauté des électeurs, on fit tout ce qui était possible pour réussir une bonne politique «de construction communale». Au cours des dix années de 1923 à 1933, on fit construire 64 000 appartements situés, à quelques exceptions près, dans des blocs d'immeubles entassés et reliés par une suite de cours intérieures. Les trois-quarts de tous ces appartements faisaient moins de quarante mètres carrés. A Amsterdam, F.M. Wibaut, membre du parti des travailleurs social-démocratique, était déjà devenu en 1914 conseiller municipal pour la construction publique de logements et était parvenu à augmenter considérablement le volume d'activité de la construction. Lorsque dans les années vingt, le «Schoonheidscommissie», un comité qui jugeait la valeur artistique des bâtiments situés sur les terrains municipaux, fut en majorité composé de jeunes architectes de l'Ecole d'Amsterdam, ce ne furent pas seulement des commandes considérables qui arrivèrent dans leurs bureaux, mais aussi de nouvelles idées de design dans la construction de logements. Toutefois, leur influence se limita en grande partie aux façades, la redéfinition de la disposition du plan se heurtant au manque d'intérêt manifeste des constructeurs. A Rotterdam, Jacobus Johannes Pieter Oud devint architecte municipal en 1918. Il réalisa cependant des bâtiments d'habitation qui s'éloignaient vraiment des idées qu'il développait à la même époque dans son travail pour le groupe «De Stijl». Son refus d'utiliser les couleurs proposées par le projet élaboré par Theo Van Doesburg pour le lotissement Spangen à Rotterdam conduisit même à une brouille entre les deux amis. Dans les projets à Hoek Van Holland et du lotissement Kiefhoek à Rotterdam, Oud trouva des solutions qui, certes, du point de vue de la disposition du plan, étaient également très étroites, mais dans l'ensemble de l'arrangement, faisaient preuve d'une grande clarté.

Prendre la couleur comme moyen pour clarifier une articulation et pour provoquer une tension dans l'espace urbain fut poursuivi avec maîtrise par Bruno Taut. Après avoir réalisé de téméraires expériences expressionnistes pendant son mandat d'architecte municipal de Magdeburg, il poursuivit dans la même direction pour les projets de lotissements qu'il dirigeait en tant qu'architecte-conseil de la société

Jacobus Johannes Pieter Oud
Bloc d'habitation à Hoek van Holland,
1924–1927
Archives A. Oud-Dinaux
Dans les constructions de tête arrondies, qui avaient été prévues pour abriter de petits magasins répondant aux besoins quotidiens, la ligne plate, extrêmement accentuée à l'horizontale, se terminait de façon dynamique.

Gemeinnützige Heimstätten-, Spar- und Bau-Aktiengesellschaft (GEHAG), à Berlin. Ici, Martin Wagner travaillait comme conseiller de la construction urbaine; il avait, dès 1917, rédigé un mémoire pour la promotion de l'organisation nationale du logement et des lotissements. En effet, les compétences légales des communes de Prusse furent élargies en 1918 dans le domaine des questions d'urbanisme.
En qualité de «chef de service pour l'ensemble de la construction d'immeubles», Ernst May obtint à partir de 1924 – en compagnie de Martin Elsässer en qualité de directeur artistique et d'une considérable équipe de nouveaux collaborateurs – de vastes possibilités à Francfort-sur-le-Main lui permettant de transposer ses idées concernant la construction-type. Le but déclaré lors de la réalisation des projets des grands lotissements du «Nouveau Francfort» était la «réunion de l'atteinte parfaite de l'objectif avec la forme la plus réduite possible» et le renoncement à un déploiement exagéré de décoration. Les appartements destinés au minimum vital ne devaient se voir octroyer de qualité esthétique que par un conscient «alignement d'éléments identiques», dont Bruno Taut supposait également qu'il favorisait la formation d'un «sentiment collectif».
De tels raisonnements offraient évidemment, tout autant que l'apparence sobre des longues rangées de maisons avec leurs toits plats, suffisamment de terrains d'attaque à la critique des observateurs conservateurs. Les dommages faisant suite à la construction – notamment provoqués par la pénétration d'humidité – qui devaient régulièrement apparaître en raison du manque d'expérience avec les nouvelles

Dick Greiner
Maison communautaire de la cité-jardin Watergraafsmeer, Amsterdam, 1922–1926
Photo Klaus Frahm

W. Greve
Maisons de la cité-jardin Watergraafsmeer, Amsterdam, 1923–1925
Photo Klaus Frahm
Ce lotissement, qui devait être plus tard connu sous le nom de «Betondorp» était une expérience dans laquelle on avait travaillé pour la première fois, à grande échelle, en utilisant des éléments préfabriqués de béton. Sur les photos montrant les maisons dans leur état d'origine, sans crépi, on peut toutefois reconnaître nettement que l'on ne peut pas se représenter de construction composée de dalles, mais plutôt de la maçonnerie en béton. Le nom «Betondorp» souligne plutôt davantage le contraste par rapport aux autres lotissements d'Amsterdam de cette époque qui furent construits avec les matériaux de construction usuels.

Ernst May, H. Boehm, C.H. Rudloff
Lotissement Höhenblick, Francfort-sur-le Main, 1926–1927
Bâtisses de tête situées sur la Kurhessenstraße
Österreichische Ludwig-Stiftung für Kunst und Wissenschaft, Museum Moderner Kunst, Vienne

Les bâtiments corniers mis en valeur par leurs petits magasins encadrent l'accès au lotissement. Les façades sobres des maisons mitoyennes ne doivent pas induire en erreur quant à l'équipement en comparaison luxueux: avec cinq pièces, une «cuisine de Francfort» incorporée, le chauffage central, un jardin ou une terrasse sur le toit, ces appartements se situaient au-dessus du standard habituel du «nouveau Francfort». L'arrangement de couleurs soulignait en bleu clair les coupe-vent ornant les portes, les cadres des fenêtres étaient laqués dans des tons vifs et les constructions cornières produisaient un contraste plus sombre par rapport au reste de la rangée aux couleurs luisantes et claires.

méthodes de construction – furent triomphalement présentés comme preuves flagrantes du développement déclaré manqué. C'était justement d'amélioration de la situation d'hygiène qui constituait l'un des arguments les plus importants des nouvelles constructions: «De la lumière et de l'air pour tous», tel était leur slogan de bataille contre la tuberculose. La conséquence logique à en tirer était le refus des constructions s'ajoutant au bord des blocs fermés et de relayer ce type par la construction en rangées, qui était la seule à permettre une orientation égale de tous les appartements vers le soleil.
Ce qui distingua Francfort fut, outre la quantité énorme d'espace habitable nouvellement créé, le soin avec lequel les idées créatrices furent poursuivies jusque dans les moindres détails d'exécution et d'équipement – quincaillerie, poignées et fenêtres. Selon la devise «D'abord la cuisine – après la façade», on présenta une base ayant valeur de modèle pour une meilleure organisation des processus ménagers à l'aide de la «cuisine de Francfort» conçue par Grete Schütte-Lihotzky. L'éducation des locataires pour choisir un ameublement sobre, adéquat, eut des répercussions dans le «Frankfurter Register», un complément du magazine «Das Neue Frankfurt», qui

Bruno Taut, Martin Wagner
Lotissement Britz à Berlin, 1925–1927
Vue dans la Liningstraße
Landesbildstelle Berlin
Des façades rouges et bleues octroyaient une plus grande tension spatiale à l'arrangement de ce premier morceau de construction. Les surfaces murales très exposées, comme par exemple celles des magasins, furent réalisées en maçonnerie de briques vitrifiées.

Deuxième projet du plan topographique de 1925/1926
Akademie der Künste, Sammlung Baukunst, Berlin

Walter Gropius
Lotissement Törten, Dessau, 1926–1928
Axonométrie concernant la construction
Busch-Reisinger-Museum, Harvard University, Cambridge, Massachusetts
Le dessin montre que seuls les murs pare-feu en aggloméré de mâchefer ont une fonction portante. Les poutres de béton coulées sur le chantier sont parallèles à la façade. Dans le rapport de l'Institut de recherche concernant la rentabilité dans la construction et le logement, on reprocha le fait – de même que d'innombrables autres – que d'imprévisibles mouvements de tassement pouvaient se produire. Ceci est également valable pour les murs de béton ponce, de béton au gaz et de béton alvéolaire utilisés pour réaliser les surfaces des murs, dont on ne connaissait pas le comportement et qui devaient présenter, déjà peu de temps après l'achèvement, de graves fissures.

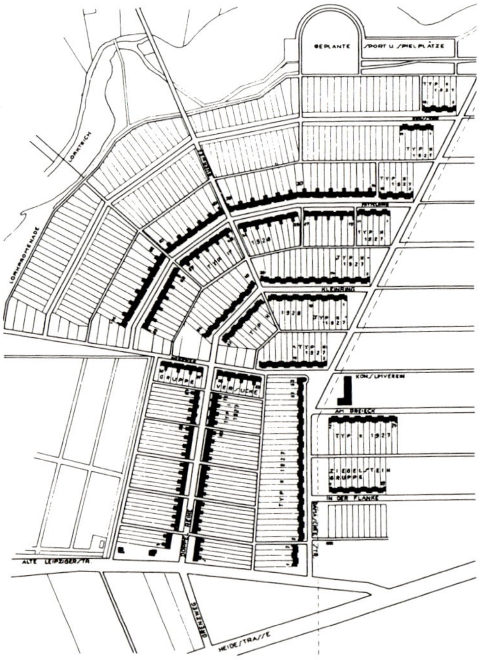

Plan de l'ensemble

publiait des meubles modèles, lampes, fours et autres objets utilitaires «adéquats et à la beauté utilitaire» tout en en nommant le fabricant et le prix.
De vastes projets d'expositions étaient censés faire fondre les réserves et en même temps, élargir le vocabulaire de la construction de logements dans la rencontre de diverses bases de décoration. Le Werkbund allemand s'engagea dans trois expositions importantes. La première eut lieu en 1927 à Stuttgart sous le titre de «Die Wohnung», où l'on pouvait voir une «colonie expérimentale pour fixer les bases de la construction moderne en série» sur le terrain de Weißenhof, mais où on trouva au premier plan, selon le concept de construction du directeur artistique Ludwig Mies Van der Rohe, outre son propre bloc d'habitation et les rangées de maisons de J.J.P. Oud et Mart Stam, de petites maisons individuelles. Pour le lotissement Dammerstock datant de 1929 à Karlsruhe, les auteurs du projet, Walter Gropius et Otto Haesler, dessinèrent sur leur plan des constructions en rangées placées selon un schéma très rigide. Pour Gropius, la grande maison n'était pas «un mal nécessaire, mais une saine formation d'habitation adaptée à la ville, correspondant à notre époque. . . Seule la grande maison à plusieurs étages – avec des espaces verts pour le jeu et la détente – peut faciliter et rendre agréable l'habitation à ses habitants grâce à des installations ménagères et des salles communautaires d'activités sociales centrales.» En raison des offres faites à la «communauté de la maison», le grand immeuble fournissait, par rapport au bloc d'habitation de cinq étages plus économique sur le plan purement mathématique, la promesse d'une utopie sociale. C'est également

Vue dans une rue avec des maisons du type amélioré de 1928
Photo Musche/Archives Bauhaus, Berlin
Etant donné que les plans standardisés ne tenaient pas compte de l'orientation de chaque maison, l'éclairage des pièces n'était pas toujours le plus favorable. Les fenêtres qui étaient accrochées, avant la fermeture de la façade, aux poutres transversales supérieures, avaient la particularité de ne pouvoir être ouvertes que partiellement et de plus vers l'extérieur, ce qui en rendait le nettoyage assez difficile. Selon le type de 1928, elles furent remplacées par des fenêtres tournantes qui laissaient une fente de dix centimètres pour passer la main et pour les nettoyer. Les maisons étaient peu pratiques à d'autres points de vue également. Les toilettes à sec selon le brevet «Metroclo» par exemple qui transformaient les matières fécales en engrais utilisable pour le jardin, n'étaient accessibles qu'en passant par la petite étable.

Wilhelm Riphahn
Lotissement Kalkerfeld à Cologne, 1927
Photo Werner Mantz / Rheinisches Bildarchiv, Cologne

Page de droite:
Ernst May, H. Boehm et C. H. Rudloff
Lotissement Römerstadt, Francfort-sur-le Main, 1927–1928
Vue du «bloc du cordonnier»
Historisches Museum Francfort-sur-le Main

Plan de deux appartements dans le «bloc du cordonnier»

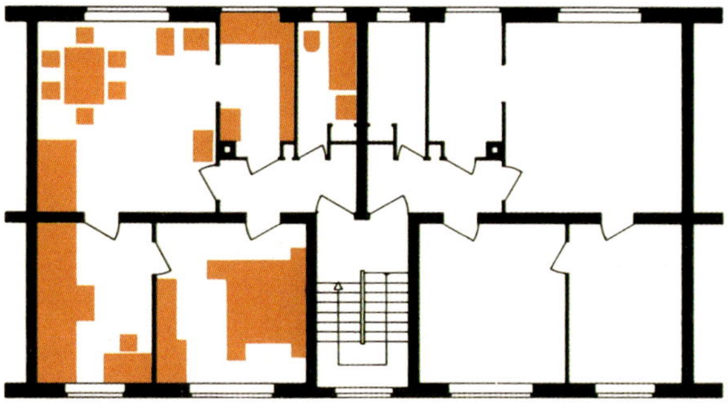

Adolf Rading
Bloc d'habitation à l'exposition du Werkbund «Wohnung und Werkraum» à Breslau, 1929
Kunstbibliothek, Staatliche Museen Preußischer Kulturbesitz, Berlin
La construction la plus spectaculaire et la plus controversée fut la «tour» de Rading. Prévue plus haute à l'origine, elle fut comprimée selon des proportions déséquilibrées. Deux ailes symétriques contenant deux appartements par étage chacune se rattachaient à une montée d'escalier éclairée par le jour passant au travers d'éléments de verre. Les larges corridors étaient censés encourager à la vie communautaire, explication quelque peu douteuse pour justifier l'espace gaspillé.

en 1929 qu'on ouvrit à Breslau l'exposition «Appartement et salle de travail», qui ne fut cependant pas en mesure de présenter un seul complexe logique. Les constructions, en partie tout à fait remarquables, demeurèrent des essais isolés et ne purent transmettre de nouveau modèle.
En revanche, les résultats atteints en 1930 par Max Ernst Haefeli, Werner M. Moser et Emil Roth et d'autres dans le lotissement de Zurich Neubühl du Werkbund suisse furent remarquables. On ne montra «pas des essais, mais des résultats», «aucun modernisme manifestant, mais pour ainsi dire consolidant» en tant que modèle d'habitation en coopérative pour la couche moyenne. Déjà le lotissement de Weißenhof avait en fait abandonné ses espoirs optimistes de réaliser une construction de logements objective et fonctionnelle pour la grande masse. Ici, le citoyen mieux nanti eut accès à ce nouveau type d'appartements. Le style parcimonieux des premières solutions utilitaires devait être relayé par la ville blanche idéalisée du «Style 1930».

Exposition du Werkbund «Die Wohnung» à Stuttgart, 1927
Landesbildstelle Württemberg, Stuttgart

Le bloc d'habitation de Ludwig Mies Van der Rohe avec 24 appartements domine le terrain et forme le point central du lotissement de Weißenhof. Cet élément-noyau de l'exposition de Stuttgart avait été construit selon les plans du directeur artistique Mies Van der Rohe. Dix-sept architectes autochtones et étrangers participèrent au projet des 21 bâtiments en tout. Le long de la Rathenaustraße sinueuse se succédaient, de droite à gauche, les maisons de Hans Scharoun, Josef Frank, Max Taut, Richard Döcker, Hans Poelzig, Ludwig Hilberseimer et Le Corbusier.

Plan de l'ensemble

Le Corbusier et Pierre Jeanneret
Maison jumelée La Roche et Jeanneret-Raaf
à Auteuil, Paris, 1923
Salle de séjour du banquier et collectionneur
d'œuvres d'art Raoul La Roche
Photo Christoph Bürkle

Des Machines à habiter

En 1921, c'est-à-dire deux ans après que Gropius eut formé le Bauhaus et après quatre ans d'existence de «De Stijl» aux Pays-Bas et sept ans après ses premiers projets du système »Dom-ino«, Le Corbusier introduisit un terme dans un article de la revue «L'Esprit Nouveau» qui ne désignait rien de moins que la réinvention de la maison: «La machine à habiter». «L'Esprit Nouveau» était la plate-forme qu'il avait lui-même créée et à partir de laquelle il agissait, en compagnie d'Amédée Ozenfant, contre l'Ecole des Beaux-Arts pleine de traditions, encore si dominante en France, contre «le faux, le maquillage et les intrigues des courtisans» qu'elle enseignait, contre les «fioritures stériles de leurs plans . . . les feuillages, les piliers et les faîteaux» dans lesquels elle se perdait. «Nous avons pris goût à l'air pur et au plein jour. . . La maison est une machine à habiter, les bains, le soleil, l'eau chaude et froide, la température que l'on peut régler à volonté, la conservation des mets, l'hygiène, la beauté grâce à de bonnes proportions. Un fauteuil est une machine à s'asseoir: Maple nous en a montré la voie. Les lavabos sont des machines à laver: Twyford les a inventés. Notre vie moderne, le monde de l'action, mise à part l'heure de l'infusion de tilleul ou de camomille, s'est fabriqué ses choses: les vêtements, le stylo-plume, la lame de rasoir, la machine à écrire, le téléphone, les magnifiques meubles de bureau . . . les valises «innovation» . . . la limousine, le paquebot et l'avion.»

Le Corbusier démontra dans de vastes projets dessinés comment on pouvait transformer son plaidoyer passionné pour une nouvelle architecture allant avec son temps. D'abord, il avait transformé le principe industriel des constructions de fabriques en un cadre de créations individuelles : dans la maison «Dom-ino», des colonnes placées selon un quadrillage et des plafonds de soutènement continus formaient une ossature permettant un nombre infini de variations dans l'arrangement du plan, à l'intérieur d'un système de construction constant grâce à la possibilité de rajouter des cloisons à volonté. En 1920, il dessina la «Maison Citrohan» où deux murs de soutènement limitent les côtés longitudinaux d'un parallélépipède entre lesquels il s'ouvre par de grandes fenêtres, et dont l'accès est résolu par des escaliers extérieurs. En 1922, Le Corbusier publia enfin le projet d'une nouvelle ville sous le titre «Une Ville contemporaine»: des tours abritant des commerces, placées selon un plan cruciforme, groupées autour d'un aérodrome, forment le centre commercial, entouré de galeries de boutiques décorées de verdure, des installations pour les loisirs et des châteaux destinés à l'habitation en forme de disques. Avec ses longues avenues prestigieuses et ses axes visuels en stricte symétrie centrale, l'ensemble du plan demeura cependant presque baroque et le tout une fantaisie utopique. Le Corbusier ne put, dans les années vingt, construire que des maisons individuelles avec lesquelles il parvint à former un lotissement uniquement à Pessac. Quant à l'idée des «immeubles-villas», il parvint tout de même, après de longues querelles, à mettre à exécution la maquette modèle d'une unité d'habitation à l'exposition

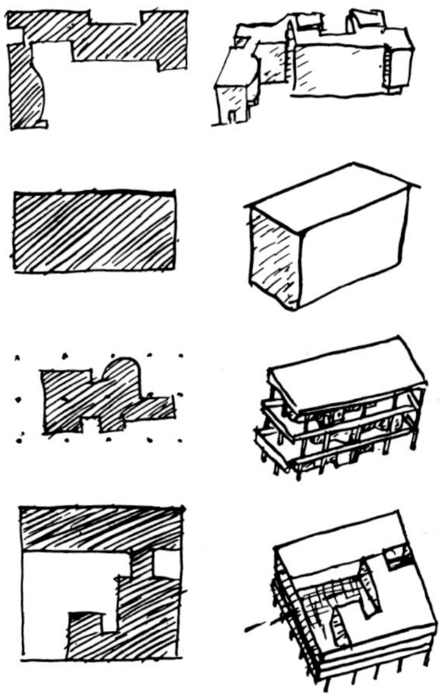

Le Corbusier
«Les quatre compositions», 1929
Les deux premiers croquis montrent la maison jumelée La Roche-Jeanneret, une composition «pittoresque, mouvement», comme le montrent les notes en marge, les deux suivant le «prisme pur» de la Villa Stein à Garches, la troisième rangée le système «dom-ino», l'ossature de béton armé quadrillée dans laquelle les plans peuvent s'épanouir sans contrainte, les deux derniers la villa Savoye à Poissy, le prisme lisse surélevé sur des colonnes avec une riche vie intérieure.

Le Corbusier et Pierre Jeanneret
«Pavillon de l'Esprit Nouveau» à l'exposition internationale des Arts décoratifs et industriels modernes à Paris, 1925
Vue intérieure
Musée des Arts Décoratifs, Paris
L'espace habitable réparti sur deux étages avec une galerie pour dormir avait été meublé à l'aide des «casiers standard» créés par Le Corbusier, des fauteuils Maple et des chaises Thonet. Le «Pavillon de l'Esprit Nouveau» avait été conçu en tant que prototype d'une «cellule d'habitation» pour les blocs de villa. Il fut ressenti comme affront par les organisateurs de l'exposition et caché derrière une haute palissade pendant les festivités de l'inauguration.

parisienne de 1925. Pour Le Corbusier, la seule base pensable d'une architecture artistique correspondant à un monde précis de machines était la géométrie : prismes, cubes, cylindres, pyramides, sphères en tant que «purs volumes». Comme dans les mathématiques, la conception et le rythme étaient censés suivre des équations, et des «régleurs de mesures» auto-imposés, maîtriser l'arbitraire qui ne faisait que mettre en danger l'«effet bienfaisant de l'ordre». Certes, les nouvelles formes inhabituelles de ses constructions et les détails expérimentaux éveillèrent des doutes chez les ouvriers réalisant ses plans et révélèrent en fin de compte souvent de considérables défauts, mais ils prouvèrent que l'architecture qui se plie aux prémisses mathématiques peut être davantage qu'une stéréométrie mécanique. En effet, on fait de l'architecture un «jeu savant, correct et magnifique des volumes assemblés sous la lumière», comme Le Corbusier le prétendit dans les «Trois rappels à ces Messieurs les Architectes».
En 1927, en relation avec les constructions pour le lotissement de Weißenhof à Stuttgart, Le Corbusier formula sa «nouvelle esthétique fondamentale», comme il la nommait lui-même sans modestie, dans un programme en cinq points résumant les éléments: les pilotis, les toits-terrasse, le libre arrangement du plan, la fenêtre en longueur, le libre arrangement de la façade. Au lieu des murs de maçonnerie apparaissaient des piliers indépendants: «Ils s'élèvent directement à partir du sol . . . et soulèvent le rez-de-chaussée . . . Le terrain de construction se cantonne au jardin . . . Sur le toit plat, on récupère cette surface . . . en tant que terrasse sur le toit.»

Vue extérieure
Musée des Arts Décoratifs, Paris

Le Corbusier
«Immeubles Villas», 1922
Croquis du projet d'un immeuble villa comprenant 120 unités
Fondation Le Corbusier, Paris

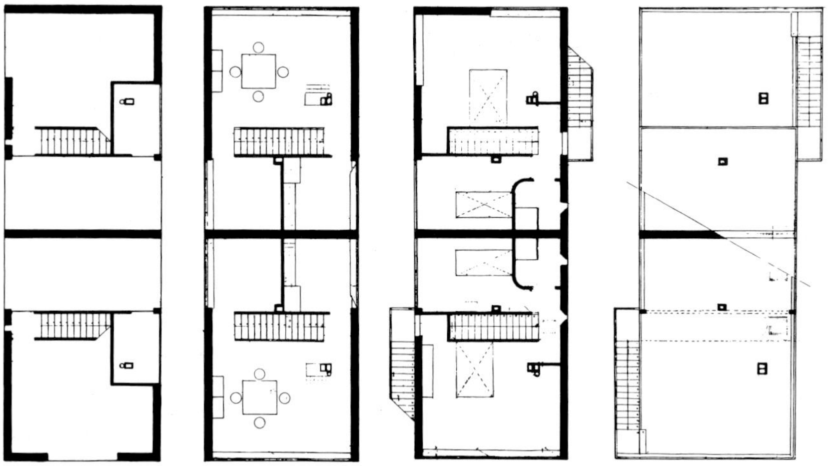

Le Corbusier et Pierre Jeanneret
«Quartiers Modernes Frugès» lotissement à Bordeaux-Pessac, 1925
Plans des maisons jumelées «gratte-ciel»
Le rez-de-chaussée est uniquement composé d'un garage, d'un débarras et d'une sorte de sous-sol qui a la même largeur que la maison. Au premier étage se trouvent la cuisine et la salle à manger, au deuxième étage les chambres à coucher, et au-dessus le toit-terrasse.

Vues des maisons jumelées «gratte-ciel» (en haut) et d'un type de maison plus plat avec toit-terrasse (en bas)
Fondation Le Corbusier, Paris
Les photos montrent les maisons, maçonneries à l'état brut crépies. La couche de peinture qui devait être donnée plus tard était, aux yeux des observateurs de l'époque, plutôt inhabituelle et déconcertante. «Les socles des maisons sont noirs, les murs en alternance terre-de-Sienne, bleu clair, ver marin clair, blanc, jaune clair ou gris. Les différents côtés d'une maison n'ont pas la même couleur: une face est par exemple marron foncé, l'autre vert clair, et ces couleurs se rejoignent sans transitions aux arêtes: c'est peut-être le moyen le plus fort pour faire paraître les murs immatériels. L'impression est bizarre et fantastique, mais aucunement chaotique» (Steen Eiler Rasmussen, 1926).

Le Corbusier et Pierre Jeanneret
Maison jumelée 14/15 du lotissement de Weißenhof à Stuttgart, 1927
Archives de Mercédès-Benz AG, Stuttgart
La construction est un cadre portant de béton armé, les murs ont été faits en aggloméré ponce creux et les cloisons de séparation en briques. Derrière le mur de soutènement, rendu nécessaire par le terrain en pente s'effondrant, on avait prévu à l'origine de construire un garage. Le Corbusier aimait que ses maisons soient photographiées en compagnie d'automobiles, comme ici une Mercédès de sport. Pour les photos dont il passait lui-même la commande, il tenait même à ce qu'une berline y figure également. Les automobiles, les avions et les paquebots constituaient pour lui des produits «supérieurs» du monde moderne de machines, «des types» de précision et perfection maximales qu'il plaçait au même rang que les produits «supérieurs» de l'architecture de l'Antiquité, comme par exemple le temple du Parthénon de Phidias.

Axonométrie des maisons 13 et 14/15 du lotissement de Weißenhof

ROPRIETE DE Mme DE MONZIE
879

Le Corbusier et Pierre Jeanneret
Villa Stein à Garches, 1927
Vue de la voie d'accès
Sächsische Landesbibliothek, Abt. Deutsche Fotothek, Dresde

Pour Le Corbusier, il n'était que pur anachronisme que de réserver la surface de la ville, à l'ère de la construction en béton armé, au «tête-à-tête des tuiles des toits avec les étoiles». Le contraste traditionnel du «devant» d'une façade exposée à la circulation et du «derrière» coincé dans l'étroitesse d'une cour devait être surmonté grâce à un partage entre le «haut» et le «bas»: «On retourne tout simplement le plan, on fuit la rue, on se tend vers la lumière.» Le Corbusier perça de plus en plus les plafonds intermédiaires continus pour organiser le plan autour de halles d'habitation ouvertes sur deux étages, les escaliers furent remplacés par des rampes, et c'est ainsi que l'on vit apparaître les «promenades d'architecture». Mais surtout, le mur extérieur perdit sa signification d'élément statique et devint «membrane d'épaisseur variable à volonté». Les fenêtres en longueur remplacèrent les traditionnelles fenêtres françaises en hauteur, ce qui – nous surprenant aujourd'hui – prit une place centrale en France dans le débat sur le modernisme, de manière semblable à la discussion autour du toit plat ou à fronton en Allemagne. Même Auguste Perret, pourtant si progressiste, insista pour que l'on reconnaisse qu'une fenêtre devait se dresser en hauteur «comme un homme». Pour Le Corbusier, la destruction de l'image habituelle de la façade alla bien plus loin: «Grâce à une saillie en forme de balcon du plancher au-dessus des piliers, on fait avancer toute la façade au-delà de la construction de la charpente. Elle perd ainsi sa qualité de soutènement . . . et possède ainsi un libre arrangement.» Une liberté dont les seules limites n'étaient plus fixées que par les possibilités techniques.

Page de gauche: dessin axonométrique
Fondation Le Corbusier, Paris

Le Corbusier et Pierre Jeanneret
Villa Savoye à Poissy, 1929–1931
Angle nord
Photo Maurice Babey/Artephot

Plans
Au rez-de-chaussée se situent le porche, les pièces pour le personnel et les garages; derrière les pentures de fenêtres du premier étage, se trouvent les pièces d'habitation qui s'ouvrent sur le jardin en terrasses par des murs coulissants de verre. Le toit avec les paravents galbés et les vues «encadrées» est un solarium. L'accès des étages se fait par une rampe et des escaliers en colimaçon.

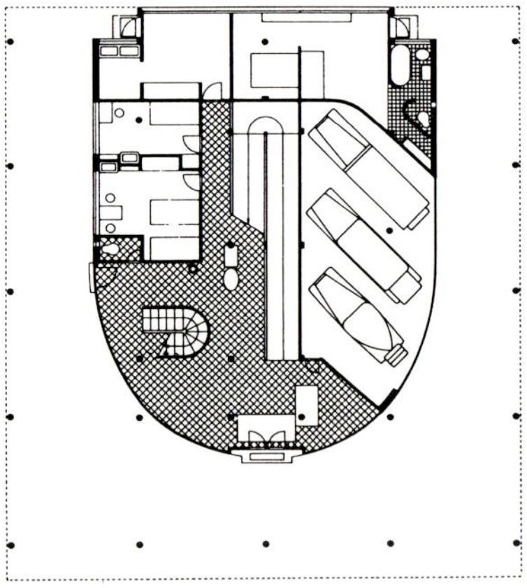

Jardin en terrasse avec la rampe conduisant
à l'étage du toit
Photo Maurice Babey/Artephot

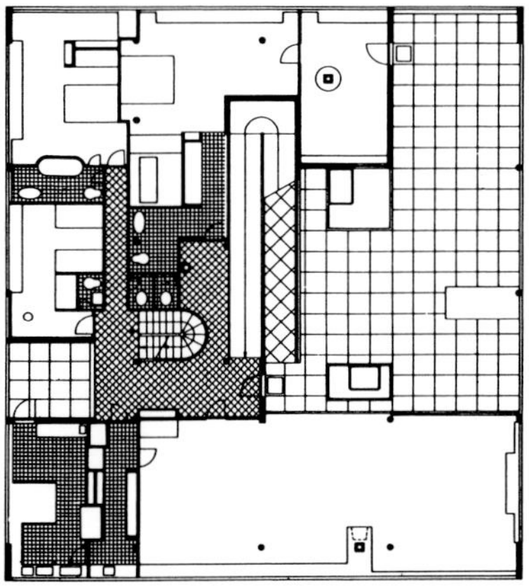

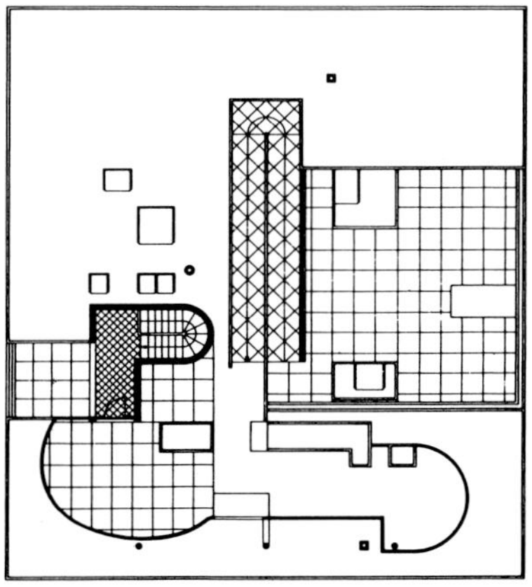

Ludwig Mies Van der Rohe
Pavillon allemand à l'exposition internationale de Barcelone, 1929
Cour intérieure
Photo Klaus Frahm
Le pavillon ne resta là que six mois; après, il fut démonté et toutes les pièces réutilisables furent vendues. Cette photo montre la reconstruction maintenant réalisée. Dans le bassin du patio aménagé en marbre se dresse le nu féminin «Le Matin» de Georg Kolbe.

Plan

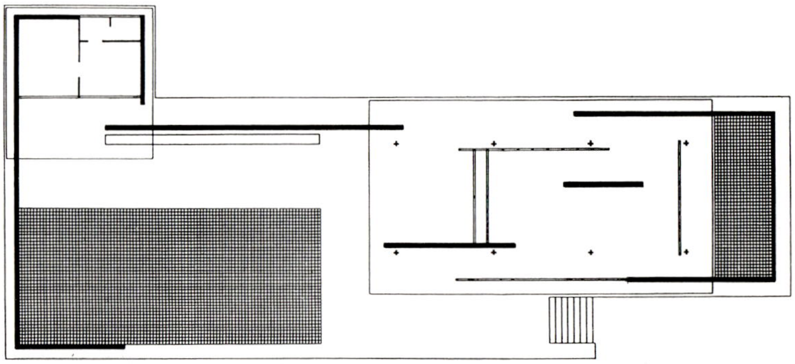

Le Style International

Grâce à l'exposition très discutée de Weißenhof à Stuttgart, Ludwig Mies Van der Rohe avait trouvé la reconnaissance du public qui le recommanda comme créateur de la contribution allemande lors de l'exposition internationale à Barcelone en 1929. Son «Pavillon du Reich allemand», lieu de spectacle de l'ouverture officielle par le couple royal espagnol Alfons XIII et Victoria Eugenia, était bien davantage, dans sa claire élégance généreuse, qu'une construction représentative. Devant ce bâtiment allongé, à la toiture horizontalement plate, on avait installé une large terrasse en travertin comprenant un bassin plat qui séparait habilement la bâtisse de la rue. Des tranches de mur en marbre précieux et des vitres de verre teinté de blanc, gris et vert, enchâssées dans du métal, articulaient la coulée du continuum des pièces, qui produisait l'effet d'être très spacieux grâce à une ouverture très habile donnant sur l'extérieur.

Le concept architectonique du pavillon de Barcelone fut transposé pour la première fois sur une maison d'habitation dans la villa Tugendhat. Une coupe de bois semi-circulaire qui protégeait le coin salle à manger, et un mur à découvert en onyx doré formaient les seules cloisons de l'espace de séjour d'une superficie de 250 mètres carrés environ. Vers le sud et l'est, la pièce s'ouvrait sur le jardin par de vastes surfaces continues de verre, alors que le côté donnant sur la rue semblait se tenir en retrait et fermé. La maison des Tugendhat passe pour être, à côté de la villa Savoye de Le Corbusier à Poissy, le summum de l'architecture moderne, mais son exclusivité luxueuse ne put certainement pas servir de modèle à une époque de dépression économique. Ceci demeura un privilège réservé aux bâtiments commerciaux tels que la maison Columbus de Erich Mendelsohn ou la maison Telschow des frères Luckhardt sur la Potsdamer Platz à Berlin. Ces deux signaux dynamiques de la grande ville et de l'efficacité correspondaient bien davantage à la recherche d'une architecture du présent économique et sûre d'elle. Et pourtant, toutes ces constructions avaient quelque chose de commun. Mais pour en nommer les caractéristiques communes et pour en extraire les critères esthétiques d'un nouveau style, il fallait manifestement prendre une certaine distance – et non pas seulement une distance spatiale –, dont Henry-Russel Hitchcock et Philip Johnson jouissaient en tout cas, de leur lointain New York. En 1931, ils préparèrent une exposition sur l'architecture moderne au Museum of Modern Art à l'occasion de laquelle parut en 1932 la brochure accompagnatrice intitulée «The International Style». «Le terme de style qui commença à dégénérer lorsque les historismes détruisirent les ordres du Baroque, a de nouveau gagné en réalité et fécondité. . . Le style de notre temps, répandu dans le monde entier, est uniforme et complet, non pas fragmentaire et contradictoire comme le furent tant d'œuvres des premières générations d'architectes modernes.» Une telle affirmation ne pouvait évidemment pas rencontrer un accord unanime en Europe. C'est ainsi qu'en 1935, Walter Gropius clarifia sa propre position des années vingt: «L'objectif du Bauhaus n'était pas de propager n'importe quel

Ludwig Mies Van der Rohe
Villa pour Fritz et Grete Tugendhat à Brünn, 1928–1930
Salle de séjour avec vue sur le jardin d'hiver
Bildarchiv Photo Marburg
Les colonnes de chrome brillant ont un rôle portant, le mur n'y a été que posé. Tous les meubles sont des modèles de Mies.

Plans
Au premier étage (à gauche) – au niveau d'accès de la maison, quand on vient de la rue – se trouvent les chambres et le solarium; à l'étage du dessous (à droite), on a les pièces du personnel, la cuisine et la grande salle de séjour ouverte d'une superficie approximative de 250 mètres carrés. Les éléments déterminant la répartition sont seulement un paravent semi-circulaire de bois d'ébène très veiné à l'emplacement destiné à prendre les repas et une cloison parée d'onyx brun doré entre le coin salon et la bibliothèque.

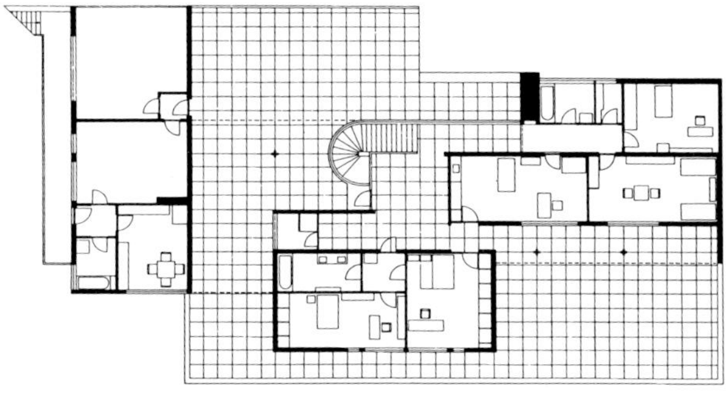

Côté jardin
Bildarchiv Photo Marburg
Une vitre sur deux du mur de verre continu allant jusqu'au plafond pouvait être baissée électriquement.

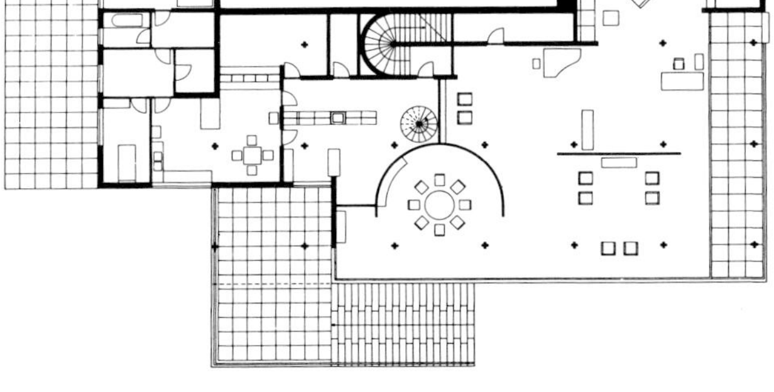

Hans et Wassili Luckhardt avec Alfons Anker
Villa Kluge, «Am Rupenhorn» à Berlin, 1928
Photo Arthur Köster / Akademie der Künste, Sammlung Baukunst, Berlin
La terrasse de la salle de séjour formant une forte avancée et la penture de fenêtre des chambres à coucher sont orientées vers l'ouest, avec vue sur le lac Strössensee.

Plans
La salle à manger s'étend sur tout le rez-de-chaussée (en haut); les chambres et pièces annexes ont été placées à l'étage supérieur ou à celui du socle (en bas).

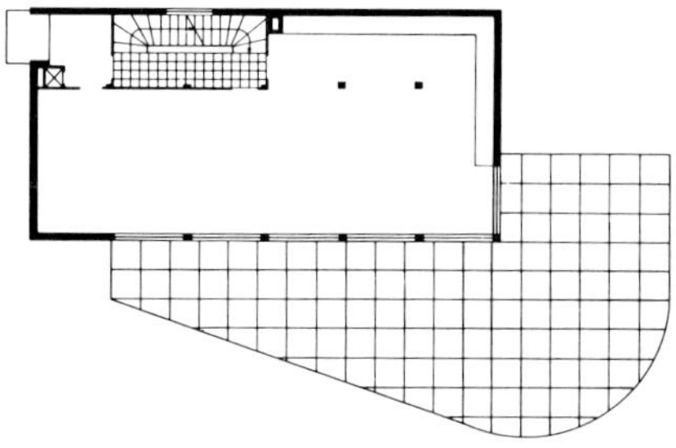

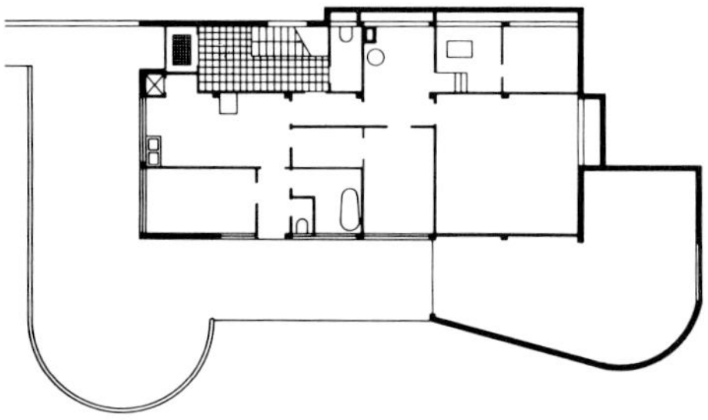

style, système, dogme, formule ou mode, mais seulement et uniquement d'exercer une influence stimulante sur la planification.»
Bruno Taut également, qui n'avait aucunement fait preuve de rigueur puriste dans ses travaux et qui avait utilisé au contraire la couleur et la forme de façon souveraine dans l'organisation de ses constructions, était resté éloigné des réflexions esthétiques en 1929, dans ses «cinq points de la nouvelle architecture». Pour lui, la beauté naissait seulement dans l'harmonie entre la construction et l'utilisation. Les matériaux et la construction devaient s'inscrire dans la meilleure utilisation possible comme seul critère, les détails n'étaient là que pour servir l'ensemble. En tant que «moyen artistique», il reconnaissait seulement la validité du principe de la répétition. Hitchcock et Johnson répondirent indirectement à cela en opposant qu'il était pratiquement impossible de «projeter et exécuter un bâtiment entier sans faire certaines suppositions qui ne sont pas complètement fixées par la technique et l'économie. . . consciemment ou inconsciemment, l'architecte doit prendre des décisions libres avant que ses plans soient achevés.» C'est ainsi que se différenciaient essentiellement la définition esthétique du Style International de celle du fonctionnalisme, sans pour autant, dans le détail, pouvoir présenter comme preuve des bâtiments de types différents. Le principe fonctionnaliste représentait plutôt les aspects techniques et sociaux de l'architecture moderne. Face à cela, les architectes italiens qui se regroupèrent d'abord en 1926 dans le «Gruppo 7», puis en 1931 dans le MIAR (Movimento Italiano per l'Architettura Razionale) préféraient, quant à eux, le terme d'architecture

Bibliothèque et salle de séjour
Photo Arthur Köster / Akademie der Künste, Sammlung Baukunst, Berlin
Les deux colonnes recouvertes font partie de l'ossature d'acier portante. Tous les éléments intégrés, comme par exemple les meubles en tuyaux d'acier du salon, sont des créations des frères Luckhardt.

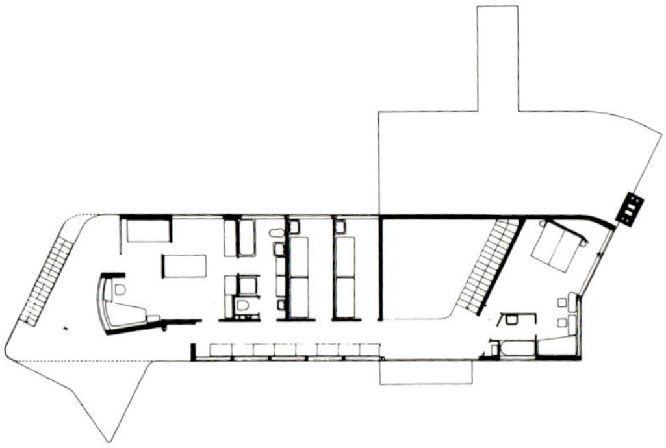

Hans Scharoun
Villa Schminke à Löbau/Saxe, 1933
Photos Akademie der Künste, Sammlung Baukunst, Berlin
En haut: vue dans le jardin d'hiver. La surface de verre a été placée en position inclinée pour permettre un meilleur ensoleillement des plantes.
A droite: vue du nord
Page de droite: la pointe nord-est de la maison. Des escaliers en échelle de coupée conduisent aux niveaux des terrasses. Les ouvertures circulaires dans la dalle du plafond sont des lampes de couleur qui se reflétaient la nuit dans le bassin.

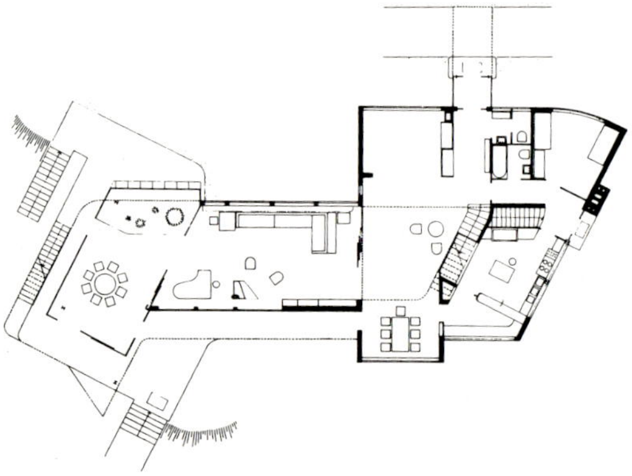

Plans du rez-de-chaussée (en bas) et du premier étage (en haut)
La forme du terrain fit que la construction fut placée en direction est-ouest. Au sud se trouvent la route et le complexe de l'usine de l'entreprise Fritz Schminke, et c'est pourquoi les pièces s'ouvrent au nord sur le vieux jardin anglais. L'entrée, le hall d'escalier et les salles du personnel ont effectué une rotation de 30 degrés vers le sud-ouest par rapport à l'axe, de même que la salle à manger vers le nord-est dans la salle de séjour sans cloisons.

Hans Scharoun
Foyer pour célibataires et jeunes mariés à l'exposition du Werkbund «Wohnung und Werkraum» à Breslau, 1929
Côté de l'entrée
Kunstbibliothek, Staatliche Museen Preußischer Kulturbesitz, Berlin

Plan

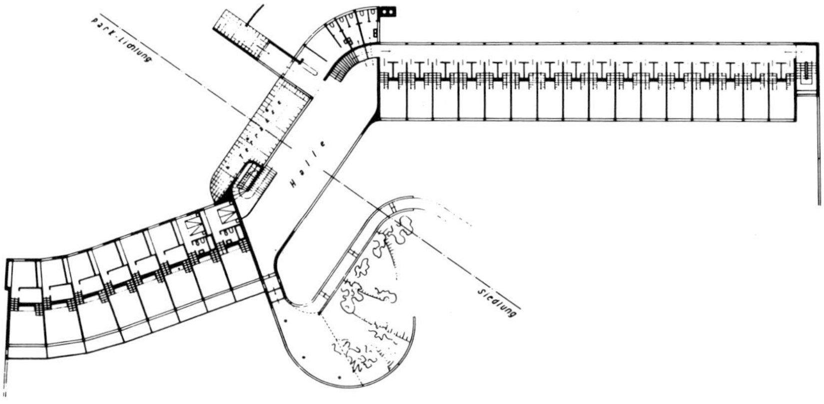

rationnelle. Certes, dans sa définition, l'esthétique est reléguée aussi à l'arrière-plan, mais il comprend plus que seulement des revendications fonctionnelles et se place clairement dans la tradition d'une architecture dominée par la raison et contrôlée par la société. Le «Gruppo 7» fit quelques essais pour fonder une construction moderne à partir de l'«esprit de la tradition», et le MIAR tenta de faire concorder l'architecture fasciste et l'architecture moderne, ce en quoi la «Casa del Fascio» à Côme de Giuseppe Terragni pouvait servir d'exemple. Ces deux approches n'eurent cependant pas de succès, bien que le fascisme italien n'ait rien pris de l'attitude anti-progressiste du national-socialisme allemand. En Italie aussi, on put finalement observer la tendance des comités officiels qui allait vers un néo-classicisme fait maison.

Les termes de rationalisme et de fonctionnalisme symbolisaient une compréhension de l'architecture qui voulait, dans une foi en une société meilleure, se détacher du principe de l'individuel, et mettait la création au service du progrès social. Les méthodes de construction industrielles, les façades sans décorations et les plans standardisés devaient y contribuer. Hitchcock et Johnson décrivaient en revanche les caractéristiques du Style International à l'aide de trois principes esthétiques surtout. Selon le premier, on conçoit l'«architecture en tant qu'espace enclos». Etant donné que la structure portante consiste de préférence en une ossature d'acier ou de béton, il n'y a pas que l'organisation du plan que l'on puisse développer plus librement, mais il est également possible de faire perdre à l'ensemble des murs de

Côté cour du foyer
Akademie der Künste, Sammlung Baukunst, Berlin

Johannes Andreas Brinkman et Leendert Cornelius Van der Vlugt avec Mart Stam
Usine de tabac Van Nelle à Rotterdam, 1926–1930

Vue de la voie d'accès
Nederlands Architectuurinstituut, Amsterdam
On a recouvert la construction de fer de façades transparentes et filigranes en verre réfléchissant – dans la zone du parapet en «torfoleum». Dans le balcon de verre situé au-dessus du bâtiment de l'usine, qui rappelle un peu la tour de contrôle d'un aéroport, on a placé une cafétéria. Et en effet, on pouvait voir de là le terrain d'atterrissage de l'usine réservé à l'avion privé du propriétaire.

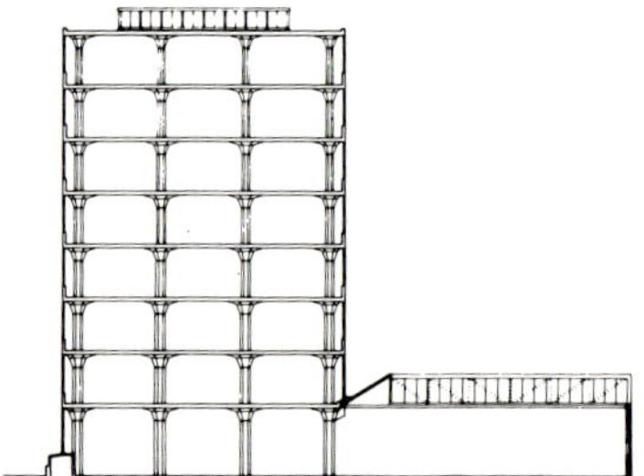

Coupe et plan

J.A. Brinkman, L.C. Van der Vlugt et Willem Van Tijen
«Bergpolder», immeuble à Rotterdam, 1933–1934

Vue du nord-est
Nederlands Architektuurinstituut, Amsterdam
Ce clair corps de construction linéaire fut placé au milieu d'un quartier d'ouvriers sans décoration de Rotterdam constitué de basses maisons de briques. Les appartements calculés pour être économiques sont accessibles par des pergolas. La construction de tête vitrée entoure les escaliers et un ascenseur – le premier dans un immeuble de cette catégorie.

maçonnerie leur signification traditionnelle. L'enveloppe extérieure ne représente plus qu'une protection contre les intempéries et le climat. Une peau si tendue est idéale quand elle est composée d'une façade de verre, telle que Mies Van der Rohe l'avait déjà représentée en 1922 dans son projet de tour. Elle ne repose pas sur les fondations, mais est suspendue à la charpente portante intérieure. L'effet d'une telle façade-rideau ou «curtain wall» pouvait être encore renforcé par la mise en retrait des piliers et la fixation des éléments de la façade à des dalles en saillie. L'«espace enclos» ressemble au «volume pur» dont avait déjà parlé Le Corbusier dix ans auparavant. Avec le refus des éléments décoratifs apposés à la façade, l'exécution des ouvertures de fenêtres se voit investie d'une nouvelle importance. Au lieu d'être lovées dans de profondes encoches, les vitres sont placées le plus possible en surface pour souligner le caractère de peau entourant la construction. Dans une explication de leurs bâtiments situés au Rupenhorn à Berlin, en 1930, les frères Luckhardt comparèrent les modifications de l'architecture avec celles apparues dans l'habillement: «Comme l'habillement, notamment de la femme, est devenu plus pratique et plus sain, et s'est adapté aux exigences de l'hygiène et au besoin d'exercer une activité sportive, l'architecture moderne veut, elle aussi, être l'expression de cette aspiration.» A partir de cela, ils déduisirent des exigences concrètes adressées

Alvar Aalto
Sanatorium pour tuberculeux Paimio, 1928–1933
Montée d'escalier principale
Photo Welin / Suomen Rakennustaiteen Museo, Helsinki

Page de droite: vue de l'ouest
Photo Welin / Suomen Rakennustaiteen Museo, Helsinki
Le sanatorium Paimio, une réalisation financière collective de cinquante communes différentes, a été construit dans la forêt, à un endroit éloigné de la Finlande du sud-ouest. Le concept avec lequel Alvar Aalto devait gagner le concours de 1928 était basé pour l'essentiel sur deux réflexions: d'une part, les zones destinées au personnel furent nettement séparées de celles des malades. Les infirmières, aides-soignants, médecins, les employés de l'administration et des services d'alimentation qui partageaient la solitude du lieu avec les malades se virent distribuer des domaines d'habitation et de séjour complètement différents par la direction de la clinique. D'autre part, Aalto attachait de l'importance à une amélioration de l'organisation esthétique de ce que l'on a appelé la maison des lits. Dans un immeuble étroit et élevé, qu'il fit se terminer en une aile comprenant une terrasse, il arrangea les pièces selon un ordre linéaire avec une ouverture maximale vers le soleil et l'air. L'équipement a été adapté aux longues périodes passées au lit par les patients, les plafonds ont été teintés de sombre, les éclairages sont indirects.
Le complexe s'étendant largement dans le paysage avec ses domaines fonctionnels si clairement définis devint un modèle mondial pour de nombreuses constructions d'hôpitaux.

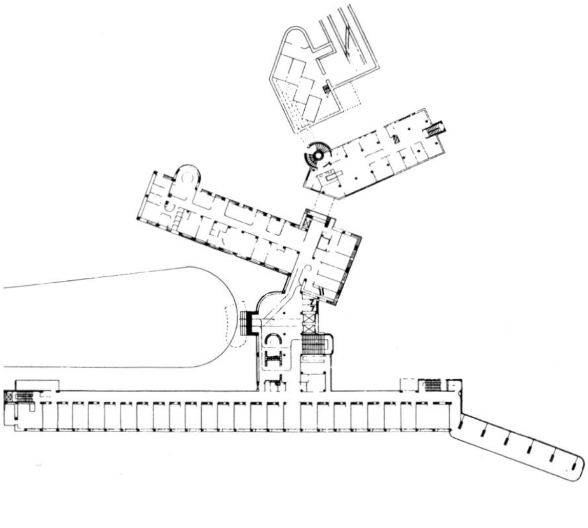

Plan
Dans cette aile principale très étendue se trouvent les chambres des patients, et derrière, le couloir reliant au deuxième bâtiment principal contenant les installations thérapeutiques et les salles communautaires, dans les deux bâtiments du fond la cuisine, le chauffage, les garage et d'autres installations techniques.

Le Corbusier et Pierre Jeanneret
Asile de l'Armée du Salut à Paris,
1929–1933
Côté sud
Fondation Le Corbusier, Paris
Devant le long bâtiment principal, on a placé divers corps stéréométriques. Partant du cube ouvert de l'entrée, un pont mène au bâtiment cylindrique de l'accueil, une sorte de loge de concierge sur-dimensionnée, avec une salle de séjour à la suite. Derrière la façade de verre hermétiquement fermée, on trouve des dortoirs et des salles communes pour d'abord 900, plus tard 1500 sans-abri. Aux fins de la ventilation, on installa un système d'aération qui se révéla cependant être insuffisant et ne put empêcher, en été, que la pièce ne soit chauffée comme une serre.

Plan du rez-de-chaussée

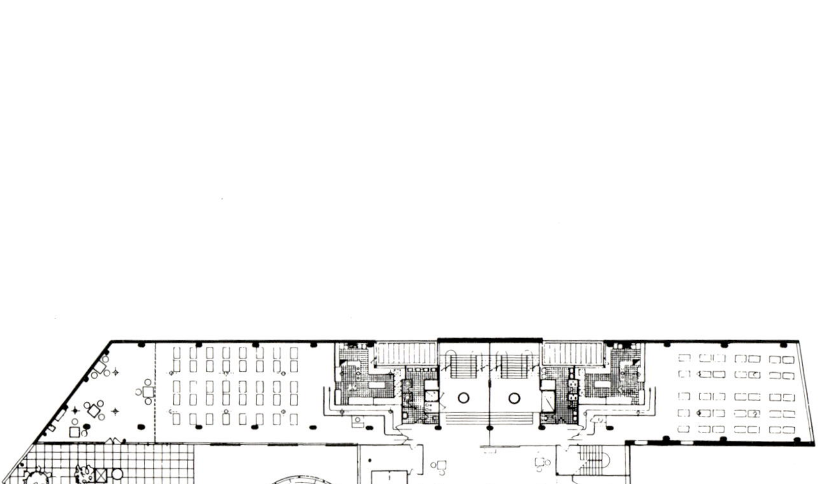

à une «nouvelle forme d'habitation» : «De la lumière et de l'air en quantités accrues, . . . le plan «mobile», qui permet de placer les cloisons intérieures selon les besoins individuels des habitants, . . . la possibilité d'organiser librement les murs extérieurs quant à leur taille et disposition.»
Hitchcock et Johnson déclarèrent que l'«aspiration à atteindre une régularité modulaire» constituait un deuxième principe. Le quadrillage régulier des charpentes naquit naturellement de l'uniformisation des éléments de construction et était d'usage dans l'architecture des tours américaines depuis longtemps, étant donné que des intervalles irréguliers dans la disposition des colonnes ne pouvait mener qu'à une augmentation des coûts. Ce principe remplaça la symétrie axiale en tant qu'ordre esthétique; il était relié à une accentuation du sens horizontal qui correspondait à des dalles d'étages comprenant des parapets et des pentures de fenêtres intercalés de même que des toits plats dominants. Le système de quadrillage rendait logiques des pièces à angles droits, mais c'est justement dans un usage habile de l'élasticité de cet ordre que résidait l'exigence des architectes. Des murs formés librement promettaient en particulier dans l'organisation des espaces intérieurs une «articulation favorable de l'espace disponible», les minces colonnes pouvant toutefois demeurer sans problème dans les pièces.
La très belle maison Schminke de Hans Scharoun, construite en 1933, nous montre à quel point les résultats atteints pouvaient être pleins de charme et de tension lorsqu'on utilisait des arêtes et torsions contrôlées. Contrairement à de nombreux

Eugène Beaudoin et Marcel Lods
Ecole en plein air à Suresnes, 1932–1935
Roger-Viollet, Paris
Les constructions à ossature portante d'acier sont constituées d'éléments de béton armé préfabriqués, qui furent développés avec la collaboration d'Eugène Freyssinet. Grâce à la possibilité de plier les murs vitrés coulissant en harmonica, les pavillons de cours peuvent être transformés en un tournemain en places abritées.

Rudolf M. Schindler
Maison de plage pour Philip Lovell à Newport Beach, Californie, 1925–1926
Mur vitré de la halle d'habitation en deux étages avec vue sur le Pacifique
Photo Tim Street-Porter

Vue du nord-ouest
Photo Julius Shulman
Le côté de la rue est dominé par cinq puissants cadres de béton armé constructifs. Derrière les parapets de bois recouverts de crépi et formant saillie, il y a des loggias servant de chambres à coucher.

résultats rigidement formels, il fit la démonstration des chances que possédait le vocabulaire formel de poursuivre son développement en refusant toute solution dogmatique et en dérivant des formes organiques à partir de contextes fontionnels. La maison refuse toute orientation claire, des axes tordus font changer le sens des directions. Scharoun fit face au sens horizontal accentué grâce à son majestueux escalier, évoquant la chute d'un cordage, situé au «bug» de la maison. Ici, la diversité des formes est sublimée pour constituer une composition osée de lignes agitées. La salle de séjour dans cette pointe est inondée d'une lumière entrant par des fenêtres dont la hauteur égale celle du mur et se détache largement de l'abri de la maison. Adolf Behne, de son côté, trouva qu'il était extrêmement bienfaisant que «les vitres soient rendues opaques en certains endroits, simplement là où l'œil en a besoin».
Et c'est ainsi que le troisième principe de Hitchcock et Johnson a été abordé, «éviter les décorations appliquées». Le subtil arrangement des cadres de fenêtres, des entrées, des auvents, des parapets et aussi des inscriptions remplaça les ornements traditionnels. Dans ce contexte, les auteurs traitent aussi la signification de la couleur. Certes, on préférait dans les années vingt les surfaces blanches cristallines, mais au moins dans les détails, l'arrangement des couleurs jouait un rôle essentiel et

Richard Neutra
«Health House», Villa pour Philip Lovell à Los Angeles, 1927–1929
Photo Julius Shulman
La base de cette maison située sur une pente raide du Canyon de Los Feliz est un léger assemblage de profilés d'acier sur des fondations de béton armé en saillie. Les balcons sont suspendus aux cadres du toit, les surfaces sont composées de béton et de verre.

Plan

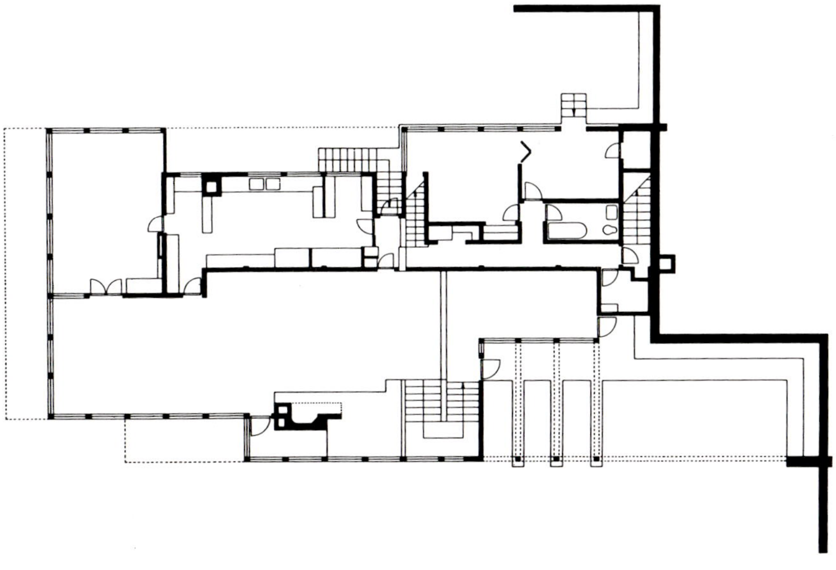

justement décoratif. George Howe et William Lescaze expliquèrent l'effet réciproque de différents matériaux à l'aide de l'exemple de la tour de la Philadelphia Saving Fund Society: «Il semble que la manière dont divers matériaux de construction ont été reliés en vue de la nature, de la structure de surface et de la couleur dans le but de produire un effet décoratif jouent également un rôle dans l'effet architectonique produit, et ceci sans utilisation de réelles formes de décoration. Les effets sont accentués lorsqu'on utilise largement la lumière artificielle et qu'on détourne les regards en effectuant de multiples réflexions et réfractions de la lumière, tout particulièrement dans les pièces exposées au public, où, en relation avec du marbre poli pour lui donner un brillant maximum, de l'acier inoxydable et du bronze jaune furent employés. Le marbre servait la plupart du temps de revêtement des grandes ou larges surfaces de murs. On préférait l'acier inoxydable aux autres métaux blancs en raison de sa résistance et de sa dureté, ce qui permettait surtout une mesure économique de tous les détails, un moyen de décoration utilisé jusqu'à l'extrême. L'aluminium était surtout utilisé dans les larges pentures de fenêtres des étages inférieurs, en outre pour les radiateurs, les ouvertures d'aération et les éléments d'éclairage.»

Si on fait abstraction des caractéristiques de style mentionnées dans les écrits de

Gregory Ain
«Dunsmuir Flats», complexe d'habitation à Los Angeles, 1937-1939
Photo Julius Shulman
Le côté nord des quatre unités à deux étages se présente comme la suite de cubes échelonnés avec de minces pentures de fenêtres situées en hauteur. Le côté sud s'ouvre par des balcons et terrasses sur des jardins privés.

Rudolf M. Schindler
Maison pour Victoria McAlmon à Los Angeles, 1935
Photo Julius Shulman

Hitchcock et Johnson, il nous reste, comme autre thèse essentielle, celle de l'internationalisme de l'architecture moderne. Alberto Sartoris avait également commenté son répertoire comprenant des centaines de bâtiments du monde entier sous le titre «Gli elementi dell architettura funzionale» en 1932 de la façon suivante: «La recherche d'un style contemporain avec des procédés de construction uniformes, mais devant permettre diverses applications et interprétations, constitue un autre aspect essentiel du fonctionnalisme. . . L'exigence de trouver des formes simples, sobres et utiles mène à la cristallisation d'une direction esthétique uniformisée.»
Les points communs que l'on pouvait constater par-delà les frontières, surtout dans les travaux des jeunes architectes, étaient frappants, de même que la propagation par à-coups de la nouvelle architecture. En Tchécoslovaquie, c'est Brünn qui devint en particulier le centre du modernisme. C'est là que des architectes tels que Bohuslav Fuchs, Otto Eisler et Jindřich Kumpošt étaient actifs. En Autriche, il faut prêter attention à Ernst A. Plischke et Lois Welzenbacher, au Danemark Arne Jacobsen, aux Pays-Bas surtout Johannes A. Brinkmann, L.C. Van der Vlugt, Willem Van Tijen et Johannes Duiker. Dans la tour Bergpolder, on tenta de mettre partiellement en application les idées de Gropius pour un immeuble de travailleurs. La construction était en acier, les plafonds intermédiaires, les portes et fenêtres toutefois en bois. Des lacunes

Frank Lloyd Wright
«Fallingwater», Villa pour Edgar J. Kaufmann à Bear Run, Pennsylvanie, 1935–1939
Photos Christopher Little
Le point de coordination des couches horizontales complexes est la tour en pierre naturelle avec son groupe de cheminées central. Les clairs parapets de béton des terrasses et vérandas ont été très avancés dans la nature sauvage non apprivoisée. A l'intérieur, les rochers du terrain font partie du décor.

Plan

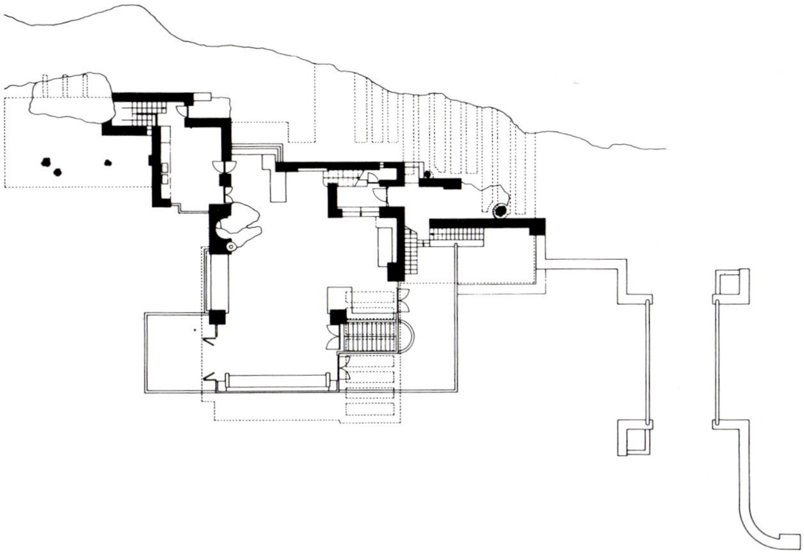

Amyas Douglas Connell
«High and Over», maison de campagne pour Bernard Ashmole à Amersham/Buckinghamshire, 1929–1930
Vue sur la villa depuis la vallée
Photo Felton / Royal Commission on the Historical Monuments of England, Londres
Les plans furent réalisés en étroite collaboration avec le maître d'œuvre. Il voulait profiter le plus possible du maigre soleil anglais, avoir la meilleure protection possible contre les vents rudes et une belle vue sur le paysage de la vallée du Misbourne. Connell réalisa ses idées dans une construction principale au tracé en forme de Y avec un patio vitré, de longues pentures de fenêtres et de grandes terrasses couvertes sur le toit. Dans les vitres aux grandes superficies, on introduisit de minces clappets pour permettre une aération régulière sans courants d'air. Au point le plus élevé du terrain, on érigea un château d'eau visible de loin avec un belvédère et un terrain de jeu de ballon protégé, dont le permis de construire ne put être obtenu de la part des autorités locales qu'après de longues et difficiles négociations.

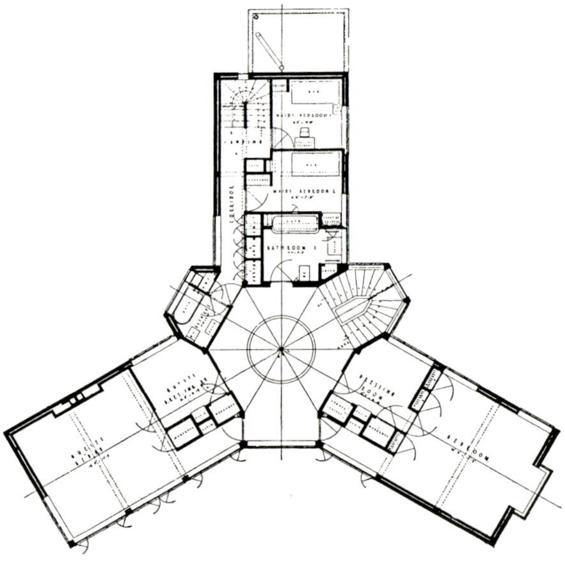

Amyas Douglas Connell et Basil Robert Ward
Villa pour Sir Arthur Lowes-Dickinson à Grayswood près de Haslemere/Surrey, 1932
Montée d'escalier
Photo Felton / Royal Commission on the Historical Monuments of England, Londres
La colonne portante de la montée est aussi la cheminée de chauffage de la maison; la peau de verre finement articulée ne sert qu'à clôturer l'espace.

dans l'isolation sonore, le bruit pénétrant dans les appartements en provenance des galeries à arcades et l'entretien onéreux des éléments métalliques à découvert en amoindrirent quelque peu le succès, mais la construction prouva la validité des maisons par tranches et encouragea à réaliser d'autres projets comparables. En Grande-Bretagne, ce furent surtout de jeunes architectes à l'esprit ouvert tels que Amyas Connell ou Berthold Lubetkin qui réalisèrent un travail de pionniers, alors qu'en France, une nouvelle génération comprenant Eugène Beaudouin, Marcel Lods et André Lurçat remportait des succès. En Californie, Richard Neutra et Rudolf Schindler avaient déjà, dans les années vingt, trouvé leur propre voie et une interprétation personnelle des volumes et de la lumière.
Le besoin de mettre en évidence les lignes communes et d'éveiller la compréhension à de nouvelles tendances architectoniques – et ainsi urbanistes – aboutit à la fondation des «Congrès internationaux de l'architecture moderne», les CIAM. Les points de discussion du premier congrès en 1928 furent la technique moderne, les normes, l'économie, l'urbanisme, l'éducation des jeunes ainsi que l'architecture et l'Etat. D'autres congrès mettant l'accent sur d'autres thèmes tels que «L'appartement pour le minimum vital» en 1929 à Francfort-sur-le Main et «Les méthodes rationnelles de construction» en 1930 à Bruxelles y succédèrent. Le quatrième congrès prévu à Moscou fut annulé en raison du virement de la politique soviétique du bâtiment qui prit à ce moment-là un cap académique, et eut finalement lieu au cours d'un voyage en bateau de Marseille à Athènes. Les points de base des négociations concernant

Giuseppe Terragni
Casa del Fascio à Côme, 1932–1936
Photo Heliograph / collection particulière

le thème «Ville fonctionnelle» furent fournis par des plans standardisés ainsi que par de nombreuses analyses réalisées dans des métropoles qui devaient permettre d'analyser des conditions concrètes. L'analyse de la fonction considérée comme moyen de réalisation des plans fut appliquée au niveau de l'urbanisme et déboucha sur la citation des quatre fonctions de base, notamment l'habitat, le travail, la détente et la circulation. Dans les «Constatations du quatrième congrès», on exigea alors que les domaines des villes correspondant aux fonctions soient organisés selon les lois et exigences respectives, et en outre mises en relation de telle sorte «que l'échange se perpétuant quotidiennement entre le travail, l'habitat et la détente, puisse aussi être effectué avec la perspective d'une grande économie de temps.» De nombreux points de détail précisèrent ces conséquences, et c'est ainsi que les rues étaient censées être differenciées selon les diverses utilisations: les rues d'habitation devaient conduire aux lotissements les plus calmes, des voies rapides sans croisements devaient permettre une circulation du trafic principal. La planification des quartiers résidentiels devait prendre la qualité et la situation du terrain à bâtir

Coin sud
Photo Heliograph/collection particulière
La construction fut commandée par les fascistes pour leur servir de maison du parti. La forme de base est un cube partagé en deux de 33 mètres de longueur d'arête et 16,5 mètres de haut. Les surfaces extérieures garnies de marbre blanc brillant de la construction en ossature de béton sont interrompues de façon plastique par l'alternance pleine de tension des surfaces ouvertes et fermées. Terragni avait à l'origine conçu la «maison du peuple» comme un fer à cheval s'ouvrant sur la Piazza dell'Impero. Finalement, on réalisa une cour intérieure avec une entrée spectaculaire, martiale: lors de manifestations officielles, les seizes portes aux battants de verre de la façade donnant sur la place s'ouvraient en même temps.

en considération et ne mener à une concentration des constructions que là où les nuisances provoquées par les échappements des usines ou par le brouillard et l'humidité du sol étaient réduites. Par principe, il fallait renoncer à construire le long des routes à forte circulation et aménager une ceinture de verdure autour des zones industrielles isolées. D'extrêmes difficultés se révélèrent cependant lorsqu'il fallut formuler les résultats du congrès. Le groupe français finit par publier en 1943 une édition commentée des «Constatations» sous le titre de «Charte d'Athènes»; dans des éditions ultérieures, on ne nomma plus que Le Corbusier comme auteur. Dans cette charte, on put déceler un dépacement des accents posés sur les points essentiels, et ainsi, la séparation des fonctions des domaines de la ville parut plus rigide et plus schématique qu'elle ne l'avait été en pensées au départ. La condition préalable décisive pour atteindre une planification urbaine sensée, notamment la socialisation des terrains et des sols ou plus exactement, leur détachement du champ d'action de la spéculation, ne pouvait de toute façon pas être mise en place dans les conditions sociales dominantes.

TAGBLATT
EBERHARDS
DROGERIE
STUTTGARTER NEUES TAGBLATT

Page de gauche:
Ernst Otto Oßwald
Tagblatt-Turm à Stuttgart, 1924–1928
Landesbildstelle Württemberg, Stuttgart
L'institut local de vérification des matériaux avait, au nom de cet «enrichissement osé» de l'image de la ville et après de longues expérimentations, préparé un mélange de béton spécial composé de sable du Rhin, de gravier du Rhin, de porphyre, de gravillons et de ciment de haute qualité, qui produisit un «bel effet de couleur».

Hans et Wassili Luckhardt avec Alfons Anker
Maison Telschow à Berlin, 1928
Vue de la Potsdamer Platz
Photo Arthur Köster / Akademie der Künste, Sammlung Baukunst, Berlin
La maison Telschow fut le résultat d'une transformation de trois maisons commerciales dont la face avant fut recouverte d'une façade galbée, indiquant une direction, tel un drapeau. Son apparence, par rapport à ses voisins sur la place, ne faisait aucun compromis. La surface lisse était en verre blanc opaque, les liens des fenêtres en verre noir brillant, la mince bande de mur latérale en bleu d'outremer.

Page de gauche:
William Lescaze et George Howe
Tour de bureaux de la Philadelphia Saving Fund Society à Philadelphie, Pennsylvanie, 1929–1932
Meritor Financial Group, Corporate Archives, Philadelphie, Pennsylvanie

Erich Mendelsohn
Maison Columbus, Berlin, 1931–1932
Bildarchiv Photo Marburg
La construction à ossature d'acier de dix étages avec une façade-rideau et un «toit suspendu» était une maison d'habitation et de commerces, avec des cafés, des restaurants et des magasins au rez-de-chaussée. Elle devait constituer le premier pas en direction d'une décoration tout à fait nouvelle de la Potsdamer Platz en une «Place occidentale». D'autres grands projets prévus – comme la maison cylindrique de la communauté d'architectes Luckhardt et Anker – ne furent cependant pas réalisés.

Plans

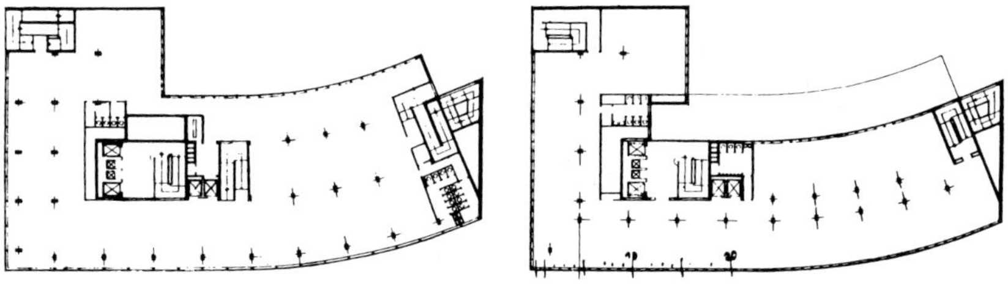

M. Belloc
Cinéma Gaumont à Paris, 1931
Salle des spectateurs
Musée des Arts Décoratifs, Paris

New Deal

Lorsque la débâcle boursière eut lieu, partant de Wallstreet à New York, en octobre 1929, secouant le monde des affaires et ruinant d'innombrables existences, la croyance dans les forces auto-régulatrices du système capitaliste s'effondra. L'Art Déco luxueux, culinaire, prit d'un jour à l'autre une allure de symbole d'une époque non heureuse. Son abondance gaspilleuse fut trop souvent assimilée à la décadence des profiteurs de la prohibition et à leur culture de cocktails. Les fiers projets de tours new-yorkaises comme celui de Chrysler ou le Empire State Building ou le Rockefeller Center furent encore achevés en raison des contrats déjà conclus; mais on ne devait plus voir pousser pour longtemps des constructions d'une telle envergure. Le Empire State Building des architectes Shreve, Lamb et Harmon demeura en partie sans locataires et on parla moqueusement du «Empty State Building».
Grâce à la politique du «New Deal» introduite en 1933 par Franklin D. Roosevelt, on était censé enfin combattre efficacement la «grande dépression» persistante. A ceci contribuèrent également de vastes mesures de construction financées par l'Etat et des projets d'aménagement tels que la régulation de la rivière Tennessee et des constructions de barrages dans l'Ouest des Etats-Unis. La relance naquit cependant surtout de la production des biens de consommation et fut essentiellement soutenue par l'électrification de tout le pays : si en 1917, seulement 24 pour cent des ménages avaient l'électricité, ils étaient déjà 89 pour cent en 1940. Ainsi, les radios purent être vendues aussi bien que les réfrigérateurs, aspirateurs, grille-pain et autres petits appareils. Ce n'étaient pas les articles de luxe qui étaient demandés, mais les produits fonctionnels et plaisants, et les fabricants commencèrent, dans leur lutte pour séduire le client, à s'intéresser de plus en plus à un design de leurs produits propre à en favoriser la vente. Des designers de produits industriels tels Walter Dorwin Teague, Raymond Loewy, Norman Bel Geddes et Henry Dreyfuss donnèrent un nouveau visage aux objets quotidiens et créèrent le style du «New Deal» : sensuel-insinueux et lisse-hygiénique en même temps. La favorable et aérodynamique forme de goutte pour les avions, les automobiles et les locomotives comme le Lockheed Orion de 1930, la Chrysler Airflow de 1934 ou la Burlington Zephyr de 1933 devint le modèle omniprésent. De même, les briquets, shakers pour cocktails, aspirateurs et même taille-crayons se mirent à correspondre à l'enthousiasme témoigné à la vitesse et au progrès technique. Tout fut équipé de coins arrondis et de baguettes décoratives en chrome.
Un nouvel intérêt pour les questions d'organisation artistique avait déjà été éveillé fin des années vingt par diverses présentations de design à l'initiative des musées. Certaines de ces combinaisons pleines d'ambition furent reprises par des chaînes de grands magasins et ainsi rendues familières à un large public. Contrairement à ce que Hitchcock et Johnson avaient réalisé en 1932 en faisant leurs cabrioles sur un vocabulaire de style aux arêtes aiguisées, le comité d'exposition d'une exposition de design présentée au New Yorker Art Center en 1929 avait revêtu la seule salle

Bernhard Hoetger
Maison «Atlantide» à Brême, 1931
Lustre
Photo Klaus Frahm
Dès les années vingt, l'industriel du café et mécène Ludwig Roselius avait acquis plusieurs propriétés dans la Bremer Böttcherstraße, autrefois, étroite ruelle d'artisans, pour y faire naître un «trésor de culture d'Allemagne du Nord». C'est l'artiste de Worpswede Bernhard Hoetger qui devint son architecte et qui donna à l'ensemble un centre bizarre dans la maison «Atlantide». Son iconographie se référait aux fantasmagories de l'historien Hermann Wirth et célébrait l'île engloutie légendaire comme étant la patrie de la race nordique. Odin, ancêtre des Ases, apparaît sur la façade dans le frêne universel, accompagné des Nornes Urd, Skuld et Verdandi, déesse de la fortune du présent et mère du «devenant». Des formes fluides aux fortes couleurs dominent à l'intérieur; des corps d'éclairage indirect donnent une lumière diffuse. La salle des combles est le terme et le summum de la suite des peèces complexes voûtée d'un ciel de dalles de verre bleues et blanches.

réservée à l'architecture de photographies de bâtiments d'Erich Mendelsohn. Dans ses simples arrondis des arêtes, on pouvait reconnaître aisément une ligne architectonique qui transmettait avec élan et sans décor superflu le message d'une époque moderne. Par la suite les formes claires de l'Avant-garde européenne furent de plus en plus reprises par les architectes américains, mais interprétées selon la mode dans leurs aspects stylistiques.

C'est ainsi que Norman Bel Geddes avait présenté en 1930 le prototype d'une «house of tomorrow» dans le «Ladies Home Journal», dans laquelle les éléments de l'architecture fonctionnelle avaient été remixés en un nouveau concept de style: des surfaces lisses formaient des courbes verticales et horizontales, les ouvertures des fenêtres avaient été simplement incisées, des auvents saillaient comme de ronds «sourcils» de la façade, les balustrades rappelaient des bastingages de navires. Si on complète ce tableau par des murs composés d'éléments de verre, des mâts apposés et une peinture aux couleurs pastel, on obtient ces constructions gaies, sans ambition, que l'on rencontre particulièrement dans ces lieux balnéaires tels que Miami, architecture de loisirs créant une certaine atmosphère.

Une attitude aussi légère et désinvolte était impensable en Europe où l'on débattait avec acharnement au sujet de l'architecture traditionnelle et moderne. Ici, c'étaient

Page de droite: escalier en colimaçon aux sculptures lumineuses
Photo Klaus Frahm

Page de gauche:
William van Alen
Chrysler Building à New York, 1927–1930
Photo Browning / The New York Historical Society
Le plan, réalisé à l'origine pour l'entrepreneur en bâtiment, William H. Reynolds, fut finalement vendu à Walter P. Chrysler qui désirait une construction provocante devant non seulement gratter les nuages mais encore passer au travers. C'est surtout grâce à son faîte qu'elle devint la star des Skylines new yorkaises avec ses 77 étages et jusqu'à ce que l'Empire State Building soit terminé, la plus élevée. Pour viser à une bonne formation mythique, van Alen avait imaginé un effet d'inauguration dramatique: le faîte, d'une hauteur de sept étages, avait été complètement construit à l'interieur de la maison avec un revêtement en acier et il fut hissé dans sa position définitive par l'ouverture du toit en une heure et demie où il fut ancré là, se présentant si soudainement comme une sensation complète.

Montée d'escalier
Photo Norman McGrath
Pour ce qui est de la décoration intérieure, van Alen semble avoir dépassé son but, déjà pour ses contemporains, comme Philip Youtz le remarquait en 1930 dans le magazine «Architectural Forum»: «Le système d'éclairage efficace est détruit par des surfaces murales à gros grains aux fortes teintes chocolat. La décoration du plafond qui semblerait intéressante est pratiquement invisible. Les teintes et veines du marbre utilisé sont tellement importunes que les murs des corridors semblent menacer de s'effondrer sur les gens.»

davantage des décorations intérieures de magasins, de cinémas ou de boîtes de nuit qui permettaient à ce mélange d'envie de décoration et d'élan moderniste de se déployer. Dans de nombreux bâtiments, une fantastique décoration devait demeurer dissimulée derrière un aspect extérieur plein de retenue. La scène américaine était en revanche tout à fait régie par des travaux de construction qui n'étaient pas obligés de prendre en considération les quelconques structures urbaines déjà installées. De toutes parts, on vit jaillir des stations-service, des snacks-bars et des cinémas sous des formes – souvent standardisées – au fort effet publicitaire, dans le but de s'adresser directement à une nombreuse clientèle motorisée: «Drive-in» devint un mot magique et le futur se transforma en but du voyage.
En 1933, on inaugura à Chicago la «Century of Progress Exposition», construite sur une langue de terre artificielle dans le lac Michigan. Cette exposition, prévue à l'origine pour durer cinq mois, fut en fin de compte prolongée d'un an; à la fin, 38 millions de curieux avaient visité ce paradis du monde de la consommation illuminé

ACADEMY
Academy
DAVIS
COLOR

Page de gauche:
S. Charles Lee
Academy Theater in Inglewood, Californie, 1939
Photo Julius Shulman / University of California à Los Angeles, Library
Lee réagit en fonction de l'importance croissante de la circulation de voitures dans la conception de ses cinémas. Des formes éloquentes recherchaient la faveur de ceux qui passaient en voiture. «The show started on the sidewalk». Pour la façade Streamline du théâtre Academy, il utilisa pour la première fois des dalles de verre et des profilés d'aluminium. La tour en spirale, aux couleurs fluorescentes, devint une marque de reconnaissance de loin la nuit grâce à un rayonnement de lumière noire.

E. H. Burnett, H. Burnham et J.A. Holabird
Travel and Transport Building à l'exposition «A Century of Progress» à Chicago, 1933
The Art Institute of Chicago
Dans l'ambiance de l'exposition de Chicago, le bâtiment qui avait la circulation comme sujet, était l'une des constructions dont l'architecture s'élevait au-dessus des autres. Douze tours en acier faisaient tourner les haussières auxquelles le toit métallique était suspendu pour créer une très vaste pièce intérieure sans piliers.

Frank Lloyd Wright
Bâtiment d'administration de S.C. Johnson and Son Co. à Racine, Wisconsin, 1936–1939
Vue extérieure
The Art Institute of Chicago
Wright a élaboré un monde en soi dans l'administration Johnson-Wax: le bâtiment de briques sans fenêtres remplit tout un bloc dans un environnement peu attrayant avec ses coins arrondis. L'accès proprement dit se trouve à l'intérieur du complexe, le long d'un passage.

Page de gauche: Vue de l'intérieur
The Art Institute of Chicago
Des tuyaux transparents en matière plastique remplissent la surface du toit entre des colonnes en forme de champignon. Ces mêmes tuyaux relient les murs extérieurs au plafond comme des traits de lumière et forment les cylindres de l'ascenseur.

par des milliers de néons multicolores. Les pavillons des grandes entreprises avaient dominé l'image d'ensemble. Leur architecture était censée attirer les acheteurs potentiels et les créateurs purent – même en perspective d'une prochaine démolition – donner libre cours à leur imagination. Des matériaux tels que l'aluminium, le verre teinté et la bakélite régnèrent sur l'architecture, outre les dalles d'amiante et autres nouveautés techniques. L'une des innovations très admirées fut les maisons Dymaxion de l'inventeur-entrepreneur Richard Buckminster Fuller fabriquées industriellement, qui pouvaient être montées sur le chantier en un tournemain. Le choix du nom fut dérivé du principe: dynamique pour une efficacité maximale.
Lors de l'exposition universelle de New York en 1939 au parc de Flushing Meadow, les rêves d'avenir optimistes atteignirent une fois de plus leur paroxysme. Notamment les konzerns de l'automobile firent une apparition très remarquée. Dans le pavillon de General Motors intitulé «Highways and Horizons», le designer Norman Bel Geddes montrait le modèle géant de la «Metropolis of Tomorrow», non pas comme la vision effrayante de Fritz Lang dans le film «Metropolis», mais comme un organisme urbain rayonnant, imprégné d'une circulation intense. L'Amérique manifestait ici qu'elle s'était définitivement libérée de la dépendance de l'Europe souvent qualifiée de «coloniale».

1944-1971

Charles Eames
Case Study House n° 8, maison créée pour Ray et Charles Eames à Pacific Palisades, Californie, 1945–1949
Photo Julius Shulman
Cette première charpente en acier du programme de Case Study House aurait normalement dû ressembler à une construction de pont. Mais lorsque Eames vit le matériau livré sur le terrain, il repensa ses conceptions: il lui semblait avoir prévu trop d'acier dans son premier plan. C'est ainsi que ce bâtiment plus vaste, qui compte deux étages, a été créé avec le nombre de poutres et de supports que l'on avait déjà fixé.

Case Studies

Les bouleversements peuvent favoriser ou entraver le progrès. A Los Angeles, après la Seconde Guerre mondiale, les signes étaient globalement positifs. Le port était devenu le point le plus important de la côte ouest américaine. De nouvelles entreprises aux idées neuves, l'industrie aéronautique par exemple, vinrent s'ajouter aux studios cinématographiques légendaires et aux centres d'exploitation de pétrole. Des centaines de milliers de personnes affluaient dans la vallée souvent ensoleillée qui connaissait le plus grand boom industriel de son histoire. Les orangeraies firent place à des rangées sans fin de maisonnettes familiales uniformes, à des entreprises d'exploitation dominant le marché dans le paysage planifié. L'organisation de la circulation dans le «man made environment» qui se développait à toute vitesse suivit un concept déjà créé en 1940 par la Regional Planning Commission de Los Angeles: un réseau généralisé d'autoroutes recouvrant toute la ville.
Lakewood Park, un quartier de la ville comportant 17 000 maisons pour environ 70 000 personnes, a été créé au début des années cinquante sur la demande de Louis Boyar, un des magnats des affaires de lotissement et c'est un exemple extrême mais pas inhabituel qui illustre la cadence et la dimension des activités de construction. On construisit tout d'abord une route longue de 133 miles dans la campagne et les maisons suivirent, bâties à la chaîne, de chaque côté de la route. Des petites équipes de travailleurs spécialisés étaient responsables des machines qui creusaient les fondations d'une maison en un quart d'heure. Les murs de bois et les plafonds étaient préfabriqués et n'avaient plus qu'à être montés sur place. Pour terminer, des bandes transporteuses traversaient les blocs pour placer les tuiles sur les toits. Il y avait même des machines pour accrocher les portes. On réussissait ainsi à construire jusqu'à cent maisons par jour. On en fabriqua 10 000 dans les deux premières années. Le résultat manquait d'inspiration: des maisons toutes semblables, au plan d'ensemble lamentable de monotonie et en rangées fastidieuses sur le terrain aplani jusqu'à l'horizon.
Au même moment une nouvelle génération, pour qui l'architecture était une tâche sociale et un élément essentiel de l'urbanisme moderne et démocratique, avait dessiné des plans qui restaient inutilisés dans les tiroirs. Les dessins s'orientaient moins sur l'idéal typique de la ville des années trente que sur des modèles concevables dans leur ensemble. Ils ne s'inspiraient pas de «la villa radieuse» de Le Corbusier ou de «Broadacre City» de Frank Lloyd Wright mais, par exemple, du bloc d'habitation que Ludwig Mies Van der Rohe avait créé à Stuttgart, dans le lotissement du Weißenhof: une ossature métallique, des plans d'ensemble transformables, une habitation ouverte et vaste.
On ne pouvait pas s'attendre à ce que l'aide vint du secteur public ou des entreprises de construction spéculatives. C'est John Entenza, un homme très engagé, propriétaire du magazine «Art & Architecture», qui aida à concrétiser ces idées toutes neuves. Il réussit à organiser le «Case Study House Program» sans subvention aucune. Il

Pierre Koenig
Case Study House n° 21 à Los Angeles, Californie, 1956–1958
Vue du nord
Photo Julius Shulman

commanda lui-même en janvier 1945 les huit premiers projets qui furent publiés comme prototypes afin d'être rendus accesssibles au public intéressé. Trois ans après, on avait construit six maisons familiales qui reçurent la visite de 370 000 personnes. Les résultats du programme représentent ce qu'on a bâti de mieux à cette époque en Californie, bien que les restrictions aient tout d'abord été importantes. Les matériaux développés ou améliorés pendant la guerre, et qu'on aurait voulu expérimenter, n'étaient pas sur le marché. On se replia donc au début sur le seul matériau disponible, le bois. Les plans intérieurs étaient encore réglementés et on est encore plus étonné de voir le niveau atteint par ces maisons économiques et sans prétention. Elles se détournaient de la route et s'ouvraient sur des cours intérieures à l'abri des regards, sans perdre leur lien avec le paysage. Les cuisines n'étaient pas des petites pièces à part, elles étaient intégrées dans la salle de séjour et faisaient donc partie d'un espace d'habitation ouvert. On développa des éléments de construction standardisés, mais comme il ne fut jamais question de grosse production de série, les dépenses n'en valaient pas la peine. L'utilisation de semi-produits industriels et commercialisés eut plus de succès.
La première construction à ossature métallique du programme «Case Study House» fut créée pour les stylistes Ray et Charles Eames au Santa Monica Canyon. Il n'y avait rien d'inhabituel à se servir d'éléments de construction industrielle, mais ce qui

Entrée
Photo Julius Shulman
Une passerelle plate au-dessus du bassin mène à l'entrée. L'abri de voitures se trouve à sa droite. Des plaques de tôle ondulée remplissent les cadres d'acier. On a évité les saillies du toit pour réduire les frais. Pour améliorer le micro-climat, l'eau est pompée sur le toit et coule dans des gargouilles jusque dans le «reflecting pool».

Pièce de séjour avec bloc-cuisine autonome
Photo Julius Shulman

Raphael S. Soriano
Maison créée pour Julius Shulman à Los Angeles, Californie, 1950
Vue du studio sur l'aile du bâtiment d'habitation
Photo Julius Shulman

Richard Neutra
Maison Atwell à Los Angeles, Californie, 1950
Chambre d'amis
United States Information Service, Bonn

était nouveau, c'était leur mise en valeur et l'élégance des résultats. Il ne faut pas sous-estimer l'importance de la décoration intérieure avec des meubles de Eero Saarinen et de Charles Eames.
Il y eut aussi juste après la guerre des modèles d'habitation sur une base de coopérative. Mais beaucoup de ces initiatives échouèrent à cause de la «Regulation X», un règlement qui voulait éviter la promiscuité des races dans les quartiers urbains et anéantissait donc ainsi les projets que les Blancs et les Noirs avaient élaborés en commun.
Des architectes particulièrement doués comme Craig Ellwood, Raphael Soriano, Pierre Koenig ou Richard Neutra trouvèrent quand même par delà ces projets des tâches qui n'étaient pas soumises à de telles restrictions. Neutra créa par exemple un nouveau type de villa qui fut très imité: des bâtiments clairs et bas, dont les vitrages spacieux, les réflecteurs solaires marquants et les murs-miroirs placés de manière avisée laissent la nature entrer subtilement à l'intérieur de l'habitat. Les entrées restent sobres et sans grande recherche architecturale; mais si l'on ouvre la porte discrète et souvent cachée, le regard traverse l'habitation et retrouve le paysage au travers de la paroi de verre qui lui fait face. Selon Neutra, on peut créer un «point d'ancrage de l'âme» en incorporant l'architecture à l'environnement; le bonheur n'est possible que dans un lieu qui «porte toujours en lui une parcelle d'éternité». La seule possibilité de faire naître l'art, même dans une architecture aux exigences sociales, étant de dédaigner tout ce qui est à la mode.

Richard Neutra
Maison du club Eagle Rock à Los Angeles, Californie, 1950–1954
Côté est
Photo Julius Shulman
Un hall polyvalent pour les fêtes, les manifestations sportives ou les représentations théâtrales a été complété par des pièces plus intimes pour la conversation et le bricolage dans la partie nord du bâtiment. Comme le montre la photo, on peut relever les murs extérieurs.

Richard Neutra
La maison Kaufmann à Palm Springs, Californie, 1946–1947
Vue du nord-est
Photo Julius Shulman

Accès au garage et toiture en terrasse
Photo Julius Shulman
Des lamelles d'aluminium orientables protègent la terrasse du soleil et du sable. La toiture a été recouverte de granulés en céramique réfléchissant la lumière pour éviter l'échauffement excessif.

Vue de la piscine
Photo Julius Shulman
Les planchers des pièces intérieures et le carrelage de la terrasse sont traversés de conduites d'eau, chaude ou froide selon la température.

Plan

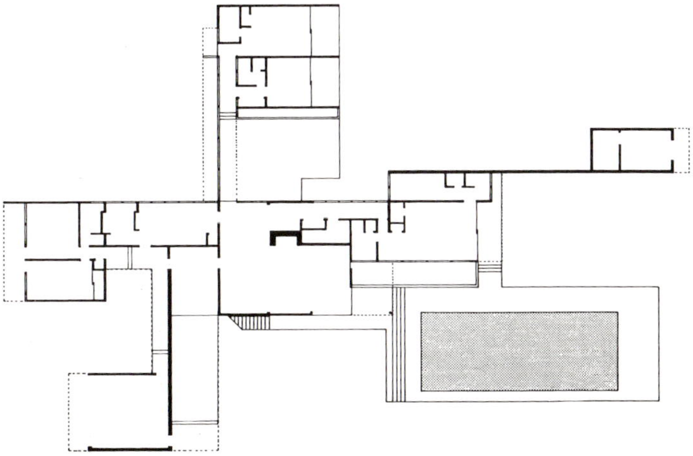

Ludwig Mies Van der Rohe
Crown Hall du Illinois Institute of Technology à Chicago, Illinois, 1950–1956
Photo Ezra Stoller/Esto

Moins, c'est plus

Après la Seconde Guerre mondiale, bizarrement, le progrès devint synonyme de perte d'identité. Le pragmatisme indifférent de la reconstruction régnait ici – en établir les structures de base revint aux communes – et une élite jalouse regardait la position que des émigrants tels que Ludwig Mies Van de Rohe, Walter Gropius et Marcel Breuer avaient atteinte. L'ambiance de l'après-guerre était à la restauration et des bâtiments modernes surgirent trop vite, trop brusquement. La restauration de monuments historiques et les reconstructions prudentes étaient plus appréciées (pas seulement pour l'habileté nécessaire) que la construction de bâtiments modernes. Les contours de la ville étaient flous et ces constructions recherchaient une identité en utilisant des motifs populistes, des arcades, des encorbellements et des pignons. Cette architecture moyenne des années cinquante, cherchant un équilibre entre le kitsch et l'art a toujours eu un caractère épisodique.

Contrairement à l'orientation artisanale de l'économie européenne du bâtiment contre lequel même des expériences réussies comme celle de Jean Prouvé ne purent se maintenir à la longue, les grands bureaux d'architecture des Etats-Unis avaient entre-temps développé une manière de pensée parfaitement industrielle. Construire des appartements était secondaire, on se penchait surtout sur la mise en forme de surfaces commerciales aux plans rigoureux et sur le prestige des entreprises. La demande concernait essentiellement deux variantes: l'immeuble au centre de la ville ou des exploitations étendues dans la plaine campagnarde. Les projets de Mies Van der Rohe pour le Illinois Institute of Technology de Chicago, où il enseignait, ont valeur de prototypes pour cette seconde variante, il sont suivis du complexe comparable que Saarinen avait conçu pour le centre de recherches de General Motors à Warren dans le Michigan. C'est après la présentation de quatre constructions terminées peu de temps les un après les autres que le nouveau type d'immeuble a commencé à se développer. Pietro Belluschi construisit en 1948 un bâtiment administratif à Portland, pour la Equitable Savings and Loan Association. Son ossature en béton armé était recouverte d'une peau de verre et d'aluminium, si bien qu'il n'y avait aucune saillie de plus de deux centimètres. A New York, Wallace K. Harrison et Max Abramovitz construisirent en 1950 le secrétariat des Nations Unies, un complexe commercial pour 3400 employés, créé d'après un plan immenses de Le Corbusier: un bâtiment en forme de disque avec deux façades de verre entre des petits côtés sans fenêtre en marbre blanc. En 1951, Gordon Bunshaft combina habilement l'immeuble étroit et le bâtiment de plain-pied: la cage de verre verte des Lever Brothers de Skidmore, Owings & Merrill. La même année, à Chicago, Mies Van der Rohe construisait les célèbres Lake Shore Drive Apartments pour le grand entrepreneur de construction Herbert S. Greenwald.

Après sa nomination à l'Armour – qui deviendre plus tard Illinois – Institute of Technology de Chicago, en 1938, Mies Van der Rohe se pencha sur le nouveau complexe universitaire à la périphérie de la ville. Il adapta ses conceptions formulées

Ludwig Mies Van der Rohe
Maison créée pour Edith Farnsworth, Plano, Illinois, 1946–1951
Côté sud
Photo Hedrich-Blessing
Huit poutres de métal peintes en blanc supportent la dalle de base et de plafond et élèvent ainsi la maison pour qu'elle soit en dehors de la zone d'inondation du fleuve. Devant, décalée par rapport au bâtiment, se trouve une terrasse; les niveaux sont reliés entre eux par de larges marches. La pièce intérieure, vitrée tout autour jusqu'au plafond, n'est divisée que par un noyau en bois précieux comportant les installations sanitaires et le bloc-cuisine. Des éléments de rangement séparent la pièce de séjour de la chambre à coucher.

Plan

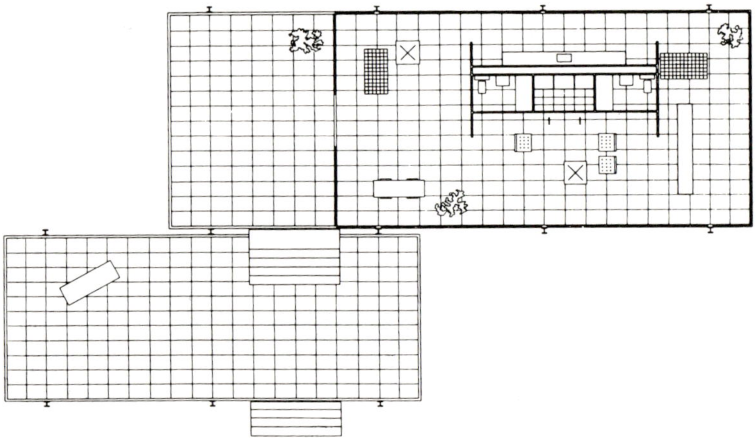

Philip Johnson
«Glass House», maison de l'architecte,
New Canaan, Connecticut, 1949
Photo Norman McGrath

Vue intérieure
Photo Norman McGrath
Mies Van der Rohe avait déjà conçu le divan au début des années trente pour l'appartement new-yorkais de Philip Johnson et les fauteuils pour le pavillon allemand de l'exposition internationale de Barcelone en 1929.

en Allemagne aux conditions américaines tout en devenant plus rigoureux et en jouant davantage avec la symétrie que dans ses quelques habitations d'avant-guerre. Comme la règlementation des incendies ne permettait pas de laisser la structure porteuse à l'air libre, Mies développa une esthétique d'acier, de verre et de brique qui remettait artistement cette ossature en surface. Il accorda une attention particulière aux éléments de fixation et aux raccords.

Mies persévérait dans la construction de deux types de base: le premier, un pavillon sans structure porteuse à l'intérieur et qui dans sa forme idéale devait ressembler à un espace «d'air flottant entre deux disques», qu'il a d'ailleurs parfaitement concrétisé dans la maison Farnsworth; le second, une ossature d'immeuble avec des étages identiques, recouverte d'une façade perfectionnée faite d'éléments de construction qui semblent diviser la surface de verre ininterrompue et lui ôtent le caractère membraneux du Curtain Wall habituel.

Des slogans comme «presque rien» ou «moins, c'est plus» ne suffisent pas à décrire ses constructions les plus importantes. Ces mots laissent entendre une relation avec la première école de Chicago dont il voyait chaque jour les témoignages. Mais les détails approximatifs de ces premiers immeubles et leur construction bon marché aux effets changeants, associant curieusement les notions de construction et d'apparence ne pouvaient satisfaire ses exigences. Si l'on recherche une référence typiquement américaine, il se serait plutôt inspiré des bâtiments industriels parfaits de son contemporain Albert Kahn; Mies transforma une immense fabrique de bombardiers en salle de concert à l'aide d'un collage de plaques murales et de plaques de plafond. Ces travaux confirmèrent à Mies que l'architecture devait se libérer des notions d'art et d'individualisme.

Pourtant ses maisons ont des traits classiques. Les deux tours d'habitation décalées l'une par rapport à l'autre des Lake Shore Drive Apartments se différencient déjà par les rapports des côtés de leurs plans d'ensemble – trois à cinq – des immeubles classiques de l'époque. Alors que leurs façades-rideaux – comme c'est le cas pour le Lever Building de Skidmore, Owings & Merrill – cachent leur structure, c'est celle-ci qui détermine l'apparence des immeubles de Mies. La construction se montre déjà dans le hall du rez-de-chaussée. La façade au sens propre commence d'emblée avec le premier étage, de fins profilés en I se trouvent dans les intervalles de la largeur des fenêtres sur leur hauteur totale. Une gros pilier de soutien ne se trouve que derrière un sur quatre de ces «mullions» répartis régulièrement. C'est pour cette raison que les deux fenêtres extérieures d'un secteur sont toujours plus étroites que celles du milieu. Les bandes de parapets et les meneaux horizontaux interrompent les verticales prononcées.

La construction rationnelle des Lake Shore Drive Apartments les rendait meilleur marché que des projets comparables. Les éléments de façade prémontés pour deux étages de hauteur et un champ d'appui de largeur étaient soulevés à l'aide d'une grue et soudés sur l'ossature. Ensuite, on fixait les fenêtres d'aluminium de l'intérieur. Mies était un perfectionniste et construisait de façon logique, il fit donc attention à ce que les supports en I soient remontés exactement dans l'ordre où ils avaient quitté le laminoir, ceci pour éliminer le plus petit risque d'erreur dans les mesures. Mies échoua uniquement en un point: les plans d'ensemble ouverts prévus, qui rappelaient le pavillon de Barcelone, parurent trop osés à l'acheteur, les petites pièces de l'habitat traditionnel semblaient plus faciles à écouler.

A Chicago, tout paraissait bien parcimonieux, mais le bâtiment administratif créé pour la Distillers Corporation Seagrams Limited fut l'accomplissement, noble – et cher –, de cette conception de la construction. La fille du président de la firme avait elle-même fait interrompre les délibérations sur le projet de construction et, sur le conseil de Phil Johnson, à l'époque directeur du service d'architecture du Museum

Skidmore, Owings & Merrill; Gordon Bunshaft
Bâtiment administratif de la Lever Brothers Company à New York, 1951–1952
Vue de la Park Avenue
Photo Ezra Stoller/Esto
Un bâtiment de plain-pied s'avance jusqu'à la limite du terrain. Le second bâtiment de 21 étages, réservé aux bureaux, se dresse sur lui. Les ascenseurs, les escaliers et les pièces secondaires sont concentrés sur le petit côté détourné de la rue. La façade-rideau en verre calorifuge vert et aux fins profilés en acier inoxydable enferme le squelette d'acier sans porte-à-faux et autres distinctions. Les bandes de parapets opaques marquent les étages, les rails du panier de nettoyage soulignent la verticale.

Page de gauche:
Ludwig Mies Van der Rohe avec Philip Johnson
Seagram Building, New York, 1954–1958
Vue de la Park Avenue
Photo Ezra Stoller/Esto
A la différence du Lever Building, le côté large du Seagram Building longe l'avenue. La caisse pure, idée de départ, est ici largement brisée. La façade arrière ressort au milieu autour d'un champ de support vers l'extérieur; des bâtiments plus bas et échelonnés forment une transition avec les constructions des rues latérales.

Détail de la construction de la façade

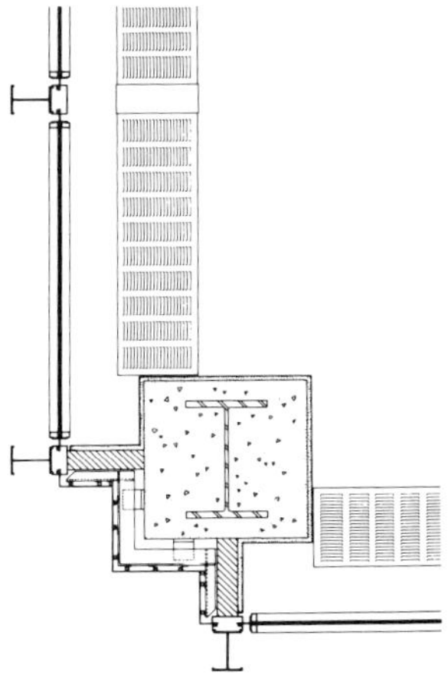

Ludwig Mies Van der Rohe
Appartements du Lake Shore Drive à Chicago, Illinois 1948–1951
Entrée
Photo Ezra Stoller/Esto

Détail de la construction de la façade
Contrairement aux façades du Lever Building, celles des immeubles de Mies Van de Rohe sont composées d'éléments de construction mis en valeur. Les critiques remarquèrent que les supports en I verticaux des fenêtres sont aussi posés sur le pilier d'angle, ce qui est parfaitement inutile pour la construction, et en conclurent que Mies avait renoncé au fonctionnalisme. Ils n'avaient pas compris que Mies ne s'intéressait pas à ce problème.

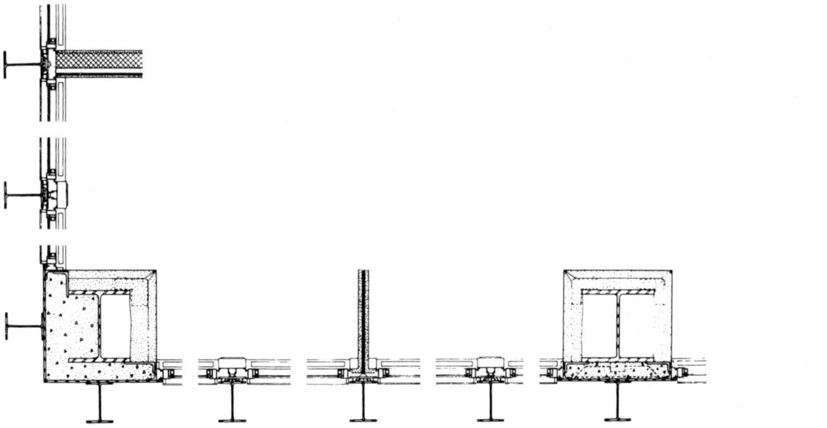

Eero Saarinen
Laboratoires de recherche de General Motors à Warren, Michigan, 1949–1956
Entrée du bâtiment principal du service de design, à l'arrière-plan, le dôme d'acier de l'auditorium qui en fait partie.
Photo Ezra Stoller/Esto

Le projet initial de l'immeuble administratif fut supprimé. Une grande fontaine et un château d'eau argenté placés dans le lac central artificiel devaient avoir pour but d'attirer les regards à sa place. Les bâtiments des cinq services du konzern, qui ne font pas plus de trois étages, se dressent autour de lui. Des plaques de métal émaillées, des bandes serrées en néoprène entre les éléments de la façade et des briques vernies multicolores et vives mettant en valeur les petits-côtés sans fenêtres du bâtiment pour en faire des «tableaux» dans le paysage d'art étaient des nouveautés.

Escalier dans le service de recherche
Photo Ezra Stoller/Esto

Galeries de communication entre les bâtiments du service de recherche
Photo Ezra Stoller/Esto

Plan de tout le complexe

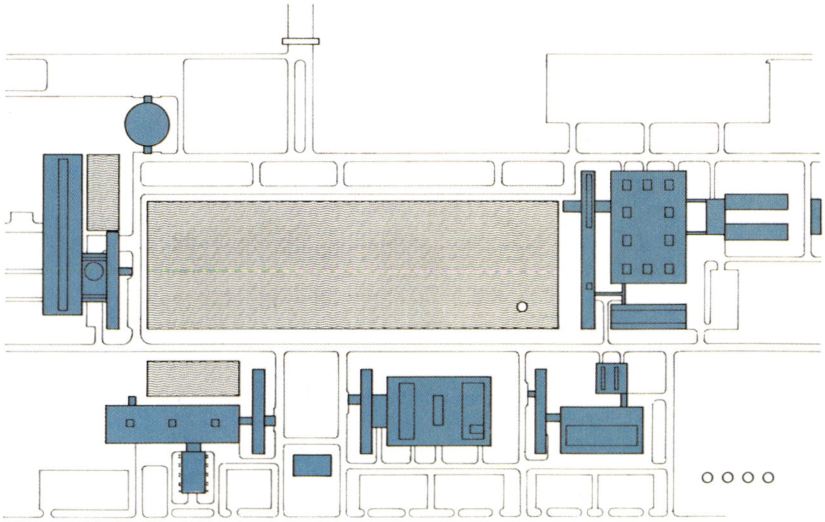

Page de gauche:
Helmut Hentrich et Hubert Petschnigg avec Fritz Eller, Erich Moser, Robert Walter et Josef Rüping
Bâtiment administratif de la Phoenix-Rheinrohr AG à Düsseldorf, 1955–1960
Photo Arno Wrubel/HPP
Le bâtiment, divisé en trois tranches, prend son essor, d'emblée, dans la pelouse de l'espace vert sous-lequel se cache un parking souterrain. La variabilité des plans des étages a été sacrifiée au profit d'une silhouette particulièrement élancée, car les extrémités de ces tranches qui ont l'air de former des compartiments séparés ne peuvent renfermer que des pièces exiguës.

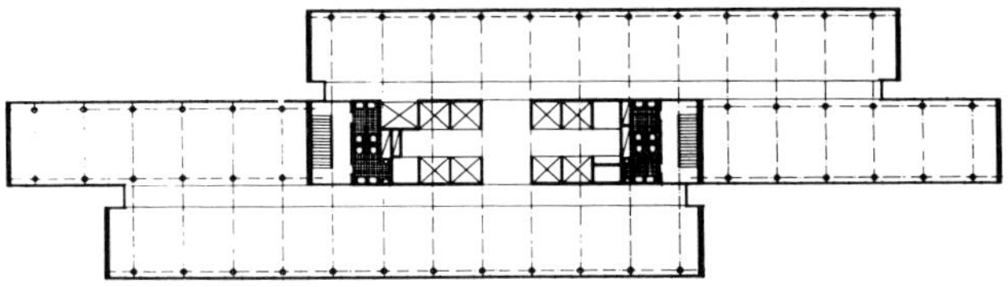

Plan typique de l'étage

Paul Schneider-Esleben avec Egon Schneider
Haniel-Garage à Düsseldorf, 1949–1950
Archives Schneider-Esleben
Cette construction de verre transparente était le premier parking allemand après la guerre. Les deux rampes d'accès – ou de sortie – extérieures ont été détachées de la structure porteuse en béton armé qui fait saillie. Le garage de cinq étages peut contenir jusqu'à 700 voitures.

Egon Eiermann et Sep Ruf
Pavillons de la République fédérale d'Allemagne à l'exposition mondiale de Bruxelles, 1954–1958
Bâtiment individuel avec galerie de communication
Institut für Baugeschichte der Universität Karlsruhe
Les huit pavillons reliés par des ponts se regroupaient autour d'un bouquet d'arbres. Les plafonds des galeries étaient particulièrement réussis: une étoffe légère en diolène était tendue sur des cadres d'acier comme dans les vieux avions.

of Modern Art, proposé Mies Van der Rohe. Le Seagram Building était nettement différent de tous les immeubles construits jusque-là à New York. Il était en retrait de l'alignement des rues de la Park Avenue et créait ainsi un espace urbain libre. Mais cette place déserte et pleine de courants d'air ne servait qu'à mettre en valeur la façade lisse se dressant abruptement et son entrée rigoureusement placée sur l'axe central. Les profilés divisant la façade ne furent pas posés sur la paroi en verre, comme à Chicago, mais insérés à l'intérieur et soulignés par des joints-écrans. Il ne s'agissait plus de produits industriels de série mais de constructions spéciales en bronze et cela permit aussi à Mies d'influencer sur leur section transversale. Il renforça l'arête étroite des supports en I pour les alourdir optiquement et rapprocha les meneaux les uns des autres. Les fenêtres vont du sol au plafond des étages sans pas transversaux. Cela donne à la façade un caractère absolument vertical et une toute autre apparence bien que la construction de base soit la même.
Par la suite, les bureaux d'architecture de C. F. Murphy et Skidmore, Owings & Merrill développèrent ce type de construction. On remarquait ces caisses de verre parfaites et économiques dans les villes modernes du monde entier. Mais la production en série tua l'originalité du concept ainsi que l'amour du détail qui avait été le point le plus important pour Mies et sans lequel une architecture du «presque rien» réduisait aussi ses prétentions à pas grand-chose.

Page de droite:
C. F. Murphy Associates; Jacques Brownson, Gene Summers
Richard Daley Center à Chicago, Illinois, 1965
Photo Hedrich-Blessing
Avec sa grille de soutien inhabituellement vaste et la forte accentuation des horizontales par les sous-poutres en saillie, ce tribunal est une transformation intelligente de l'original de Mies. Par sa reprise successive de la coupe transversale des supports, ingénieuse au point de vue fonctionnel, elle reprend la solution de Mies pour les supports en béton des Promontory Apartments à Chicago. Le matériau est de l'acier Corten non traité qui forme une patine rouillée en couche de protection.

Jørn Utzon
Lotissement Kingohusene à Helsingør, 1958–1960
Côté nord
Photo Keld Helmer-Petersen
Les bâtiments en briques jaunes aux cheminées hardies sont en enfilade le long de lignes serpentines. Ils s'ouvrent sur des cours intérieures et sont fermés sur la route.

Plan de tout le complexe

L'Amour de la pierre

Les caisses schématiquement fonctionnelles de l'après-guerre donnaient la primauté à l'angle droit. Mais orthogonal ne veut pas dire moderne. Et c'est pour cela que dans les années quarante Frank Lloyd Wright rechercha de manière intensive la construction organique. Avec les maisons Usonia il essaya de développer des constructions simples dans le style des maisons de la Prairie mais il continua aussi ses expériences commencées dans les années trente avec les maison rondes ou en nids d'abeilles. Son «testament», paru en 1957, rassemble les directives d'une nouvelle architecture. Il s'agit surtout d'un condensé de son œuvre développée depuis le début du siècle, mais les expériences de ses collègues y sont inclues de manière implicite. Neuf postulats esquissés peu clairement se rapportent aux problèmes de la construction urbaine comme la décentralisation, les normes du bâtiment, c'est-à-dire la conformité du matériel ou l'utilisation de consoles et de tractions et les questions concernant le caractère ou l'expression des bâtiments: «L'architecture devrait créer des œuvres qui, poétiquement, se suffisent à elles-mêmes et ne recherchent pas fatalement l'effet utile.»
La seconde maison Jacobs dans le Wisconsin montre que Wright s'est tenu à ses propres directives. La maison est protégée des vents froids par un remblai de terre. La construction semi-circulaire aux murs grossièrement assemblés et au toit plat se tasse dans le paysage. Les grandes baies vitrées ouvertes sur la cour intérieure abritée permettent au soleil de réchauffer les pièces; un plan d'eau divise ce mur sud et approfondit la relation avec la nature. Dans les pièces, le plafond se trouve à 2,10 mètres de hauteur, Frank Wright jugeant «chaque pouce supplémentaire exagéré», mais il faut dire qu'il était lui-même de petite taille. Au-dessus, détachée du toit, se trouve une galerie pour se coucher. La cheminée, toujours présente chez Wright, est le noyau central de ce refuge. Les formes de base géométriques, les murs nettement ouverts ou fermés et le toit plat en saillie participent à la «destruction de la caisse» qui prenait trop de place dans l'architecture selon Wright.
Le Finlandais Alvar Aalto parvint à des résultats comparables bien que ses références traditionnelles et culturelles fussent très différentes. L'architecture était pour lui «le jeu de formes libres et de surfaces en mouvement» en corrélation avec la tâche demandée et la surface du terrain. Ses projets étaient toujours basés sur des bâtiments clairement disposés, qu'il s'agisse d'une mairie, d'une école, d'une bibliothèque, d'une vaste maison de la culture ou d'une petite maison d'habitation. S'y ajoutaient des éléments flexibles, apparemment libres et semblant donc «naturels». Les foyers d'étudiants de Harvard nous donnent une idée de ce qu'apportent ces nouveaux éléments: les petites cellules en rangs serrés, meublées très sobrement, ne dégagent pas une impression de monotonie, la ligne serpentine de l'enfilade de pièces ne le permet pas. Aalto était certain que celui qui regarde par la fenêtre en direction de la Charles River percevrait le mouvement de la façade. Il pensait qu'on pouvait sentir, sans avoir la forme sous les yeux, que les axes visuels formaient ici des angles

Alvar Aalto
M.I.T. Senior Dormitory à Cambridge,
Massachusetts, 1947–1948
Façade du campus
Photo Ezra Stoller/Esto

Plan

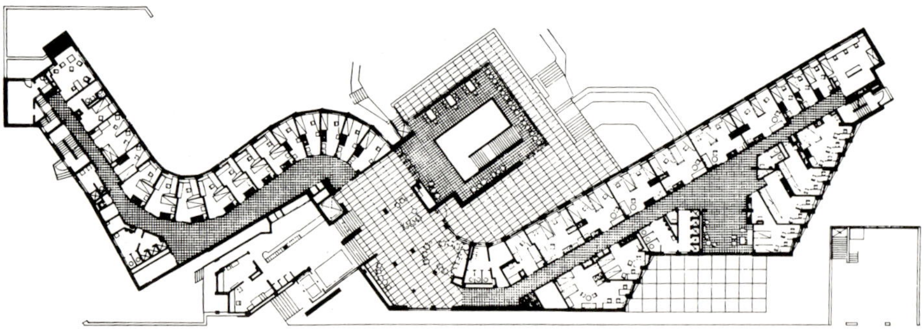

Alvar Aalto
Mairie de Säynätsalo, 1949–1952
Côté sud-est
Photo Kolmio/Suomen Rakennustaiteen Museo, Helsinki
Une cour intérieure surélevée est flanquée de quatre ailes. A l'ouest se trouve la bibliothèque au-dessus de magasins du rez-de-chaussée, à l'est la salle de conférence avec les bureaux administratifs et, entre-deux, des appartements. Les matériaux de la région ont été utilisés: les murs sont en brique rouge, les plafonds en bois et les toits en cuivre. Des pentures de fenêtres s'intègrent harmonieusement dans les façades grâce à des croisillons serrés.

Entrée ouest de la cour intérieure
Photo E. Mäkinen/Suomen Rakennustaiteen Museo, Helsinki

et n'étaient pas placés de manière stéréotypée l'un à côté de l'autre. On reconnaît distinctement les volumes cubistes initiaux dans la façade en zigzag. Mais la stéréométrie rigoureuse est rompue, ici aussi et d'autres éléments s'y superposent: sur le côté, on voit des saillies échelonnées et à l'entrée avancée, des escaliers qui rappellent des strates décalées les unes des autres. Pour la maçonnerie apparente, on a utilisé à dessein les tuiles courbées et plissées qui vont normalement au rebut: un mur lisse devient ainsi un paysage. On retrouve toujours des structures géomorphes dans les travaux de Aalto. Dans le pavillon créé pour l'exposition mondiale de 1939 à New York, toute la surface de présentation montrait les contours de lacs finlandais. La façon dont Aalto reliait la nature et la maison n'avait rien à voir avec l'utilisation de verdure expiatoire dont certaines constructions sont entourées, et qui est censée apporter médiation et délivrance à long terme. Pour lui, il s'agissait de remettre à l'«état de nature» une partie du terrain construit, par exemple l'escalier et la plate-forme intérieure de la mairie de la petite île Säynätsalo, et de la faire entrer comme un élément autonome dans la composition.
Des architectes plus jeunes, surtout dans les pays nordiques, suivirent son exemple. Les maisons avec patios de Jørn Utzon dans le lotissement Kingohusene à Helsingør suivent respectueusement les lignes naturelles du terrain. Les zones intermédiaires ne sont pas aménagées en sentiers et aires de repos ou de jeux, mais au contraire adaptées prudemment à l'environnement. Mais ce modèle d'habitation décentralisé et non urbain dépend en même temps de la mobilité des habitants et des infrastructures correspondantes. La réconciliation entre l'habitat et le paysage est une utopie charmante qui reste donc très exclusive.
La maison Bavinger de Bruce Goff est un exemple extrême de référence à la nature, c'est une architecture réalisée avec des détails «personnels» diffus, des matériaux en tout genre trouvés on ne sait où, et que le kitsch ne rebutait pas. La maison de 5000 dollars dont Goff dessina les plans avec le couple Bavinger, artistes de métier et horticulteurs passionnés, se place hors des normes et montre l'imagination plutôt tendancieuse de ses bâtisseurs. Les murs décrivent une spirale logarithmique. Des bandes de verre entre le toit en colimaçon et la maçonnerie soulignent la texture des pierres grossièrement empilées et des blocs erratiques; les ouvertures des

Alvar Aalto
Maison de la culture à Helsinki, 1955–1958
Hall
Photo H. Havas/Suomen Rakennustaiteen Museo, Helsinki
Le bâtiment conçu pour un syndicat est composé d'une vaste salle des fêtes et d'un bureau. Le mur extérieur du hall suit la courbe des rangées de fauteuils. Des petites briques carrées ont permis un travail exact sur les surfaces convexes.

Plan

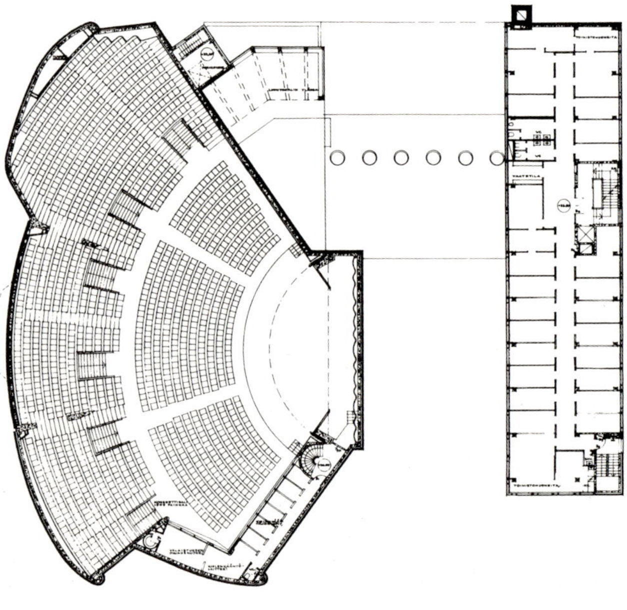

Frank Lloyd Wright
«Solar Hemicycle», maison créée pour Herbert Jacobs à Middleton, Wisconsin, 1944
Entrée
Photo Ezra Stoller/Esto
La maison est protégée au nord par un remblai et s'ouvre au sud sur une grande baie vitrée donnant sur le jardin situé plus bas. Le cylindre de pierre qui recoupe le demi-cercle du mur extérieur renferme la salle de bains et la cuisine.

fenêtres ressemblent à des fentes ou des crevasses. On voit d'abord la face arrière de la maison et on descend d'une petite colline pour arriver à une terrasse carrelée et protégée au-dessus du fleuve. Cette terrasse se poursuit jusque dans la maison et se transforme en rocaille à la végétation luxuriante. Des sentiers serpentent entre les grottes, les vasques où poussent les plantes, et les plans d'eau. Les pièces telles que nous les concevons n'existent pas, elles sont remplacées par des éléments circulaires et plats, des nez d'avions recouverts de velours. Dans la pièce, ils reposent comme des coupes de cocktail surdimensionnées ou ils sont pendus au plafond. Ils sont séparés par des intervalles réguliers et forment une seconde spirale dans le plan d'ensemble. Un léger escalier tournant relie les différents niveaux et aboutit à l'atelier ensoleillé au sommet de la maison. La surface utilisable et l'espace libre sont à peu près égaux.
La maison fit sensation et fut l'objet de nombreuses discussions enthousiastes. Les Bavinger se soumirent à la curiosité publique et procédèrent à de véritables visites organisées pour des milliers de personnes. Il ne s'agissait pas pour eux d'une vision épisodique mais d'une habitation durable. Ils durent uniquement faire remblayer quelques étangs qui devinrent des plates-bandes, car l'humidité de l'air était trop élevée et l'eau de condensation coulait du plafond.

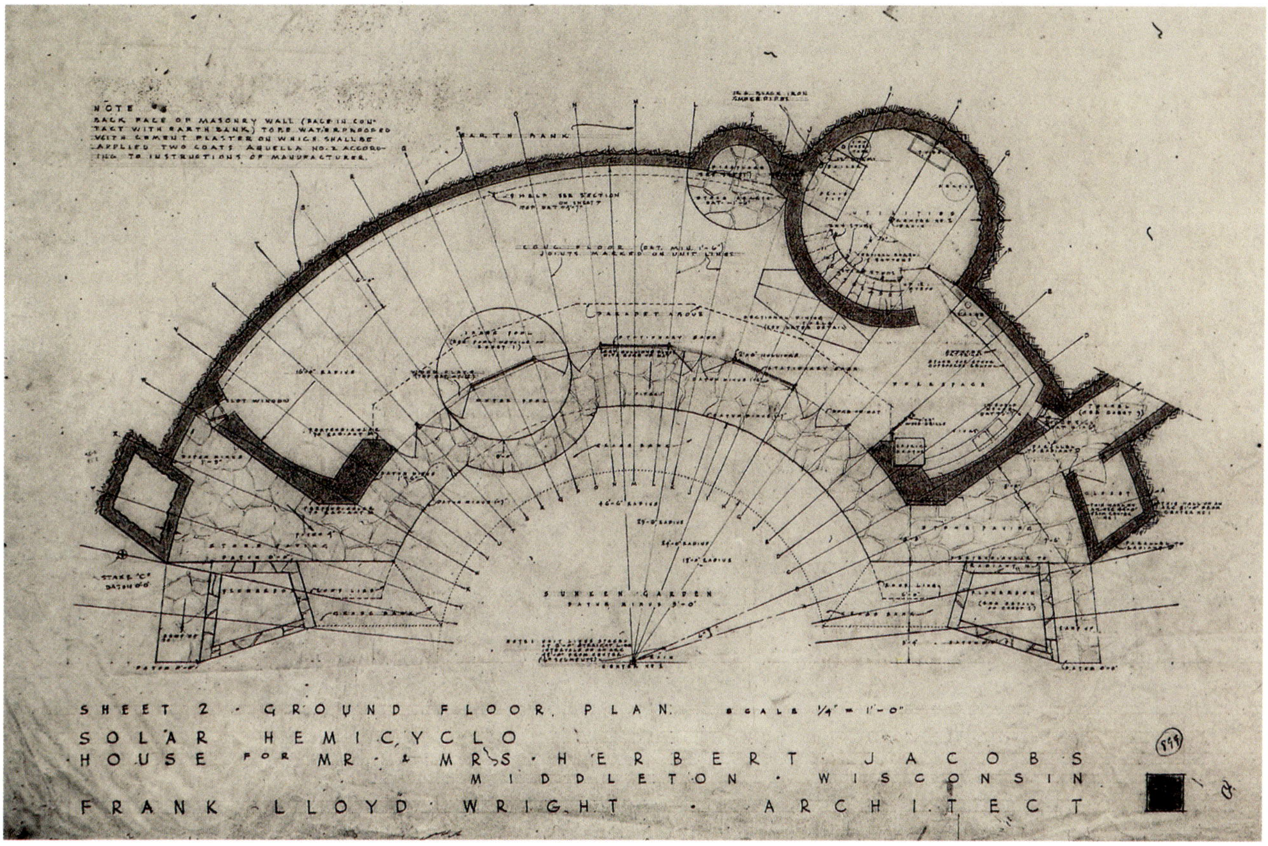

Plan du rez-de-chaussée
The Frank Lloyd Wright Foundation

Vue sur la cour intérieure
United States Information Service, Bonn

Bruce Goff

Maison créée pour Eugene et Nancy Bavinger près de Norman, Oklahoma, 1950–1955

Photo Julius Shulman

Le sculpteur Eugene Bavinger qui enseignait comme Goff à l'université d'Oklahoma et sa femme Nancy, ancienne étudiante des beaux-arts, avaient horreur des pièces traditionnelles, en forme de boîtes. Ils voulaient un espace non divisé et ouvert où ils puissent vivre librement et se livrer à leur occupation préférée, l'horticulture. Les frais ne devaient pas dépasser 5000 dollars, ce qui fut rendu possible par un grand travail personnel et l'utilisation de pièces de construction trouvées sur place, surtout des épaves d'avions. Le mât central, par exemple, est un tube de sondage pétrolier et le toit est suspendu à des entretoises de biplan.

Coupe

Bruce Goff
Maison créée pour Glen et Luetta Harder près du Mountain Lake, Minnesota, 1970–1971
Photo Julius Shulman
Trois cheminées massives faites de blocs erratiques semblent ancrer la maison au cadre de bois. Le toit, garni de moquette orange vif résistant aux intempéries, semble tendu comme une toile de tente. Les murs extérieurs sont garnis de bardeaux en cèdre. L'achèvement intérieur, également de la main de Goff, est un hommage au kitsch: au centre de la pièce d'habitation trône un parterre rond habillé d'étoffe et muni d'un jet d'eau. Des mosaïques multicolores de verre et de miroir sont insérées dans les charpentes apparentes en bois. Les Harder élevaient des dindes, ce qui fait que les tuyaux d'insémination sont devenus des éléments décoratifs.

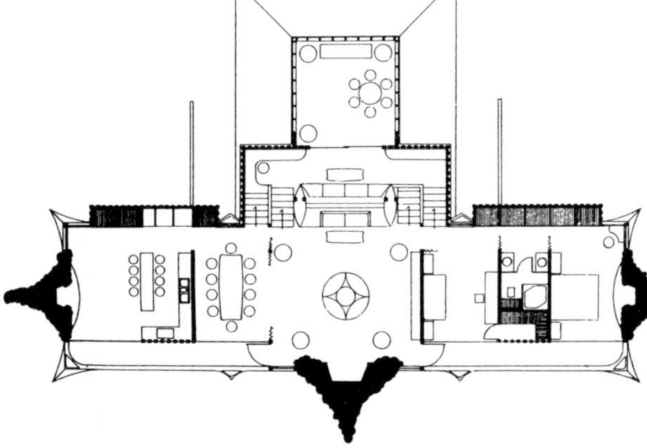

Plan

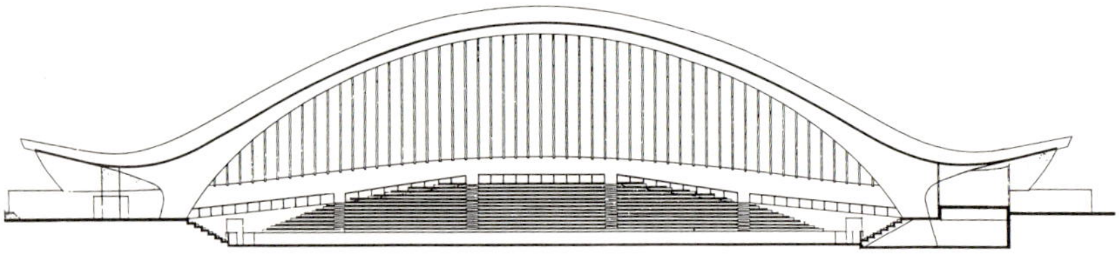

Eero Saarinen (arch.), Fred Severud (ing.)
David S. Ingalls Hockey Rink de l'université de Yale à New Haven, Connecticut, 1953–1959
Photo Ezra Stoller/Esto
Le toit de la salle de hockey sur glace, qui peut contenir 2800 visiteurs, est détaché des deux côtés de l'arc de béton central. La surface ne consiste qu'en un coffrage de bois sur des filins d'acier portants. Malgré l'alternance des formes concaves et convexes, le principe statique est simple et compréhensible et ce sont les deux extrémités recourbées du support qui donnent à la salle son aspect dramatique.

Coupe longitudinale de la salle

Le Toit volant

La Harley Earls Cadillac de 1959, la reine des berlines aux ailerons de requin, marque l'apogée mémorable d'une époque qui a connu les constructions opulentes et néo-baroques. La réalité avait rejoint les rêves des stylistes, c'était la fin des appareils monstrueusement garnis de chromes reluisants. Promu symbole de la mobilité moderne, le Boeing 707 à réaction, élancé comme une flèche, remplaça le Lockheed à hélice «Constellation» avec ses trois empennages d'altitude circulaires. La nouvelle ligne idéale se voulait fuselée et fonctionnelle.

En architecture ce sont surtout des toits en coque à l'envolée dynamique qui exprimaient un optimisme d'ordre culturel avec leur forme objective et froide. Au point de vue technologique, ils avaient déjà été étudiés dans les années trente par Dischinger, Finsterwalder et Bauersfeld; des coques simples, particulièrement des voûtes en berceau, furent d'abord réalisées. La statique se développa à l'aide de formes plus complexes comme celle des bâtières à double courbure. De telles constructions sont expressives et ce n'est pas un hasard si les possibilités déjà exploitées par les ingénieurs furent reprises dans les années cinquante. Eero Saarinen avait déjà posé une calotte argentée plate sur l'auditorium du service de design du centre de recherches de la maison Ford. En construisant une salle pour le Massachusets Institute of Technology il reprit cette idée avec une coupole reposant sur trois points. Mais le résultat n'était pas satisfaisant: on cherchait vainement un fronton bien défini et surtout la dynamique de l'ensemble. Il développa d'ailleurs un tout autre concept pour le stade de hockey sur glace de la Yale University construit un peu plus tard. Les toits s'élancent d'un arc qui couvre toute la longueur du bâtiment et s'arrêtent sur des cadres de béton de diamètre identique situés plus bas. Saarinen trouvait le toit trop affaissé, il le faisait penser à une tortue. Il allongea donc les extrémités de l'arc au-dessus de leurs supports et les courba vers le haut. Au-dessus de l'entrée, la longue pointe redressée se termine par une lampe sculptée de Oliver Andrews. La manipulation optique retrouva donc ainsi une justification fonctionnelle. Un joueur de hockey déclarant que l'arc de la salle l'encourageait en disant «Go, go, go» quand il était sur le terrain, confirmait exactement le but recherché par cette architecture: son effet dynamique. Mais ce bâtiment, contrairement au M.I.T., n'est pas mis en valeur sur un espace libre; il se trouve à l'étroit en ville et sa forme n'y trouve guère de références.

Le nouveau Terminal des Trans World Airlines à New York est aussi l'exemple d'une expérience formelle remarquable. D'une part, un bâtiment d'enregistrement pour les voyageurs laisse déjà imaginer des scènes futuristes, d'autre part, la concurrence des sociétés aériennes privées faisait rage et un bâtiment aux formes expressives était le bienvenu. Au-dessus d'un bâtiment de plain-pied arqué, tourné vers l'entrée, on voit s'élever le toit hardi du secteur des passagers. Il est en principe formé de quatre coques en berceau découpées de façon spectaculaire. Chacune d'elle repose sur deux pieds et leurs pointes se touchent au-dessus du centre de la salle. Des

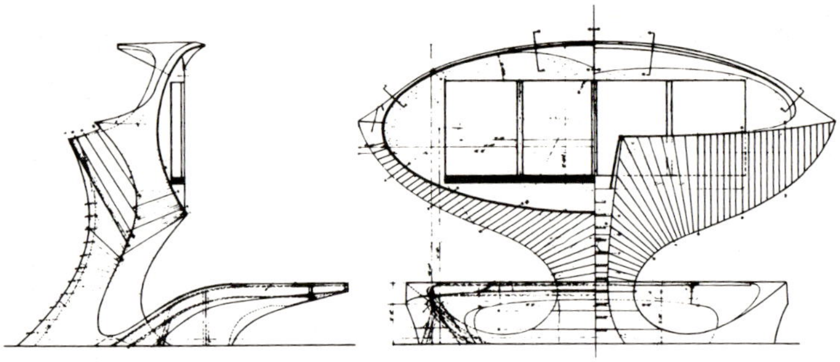

Eero Saarinen
Trans World Airlines Terminal de l'aéroport international de Idlewild, New York, 1956–1962
Salle d'enregistrement des bagages
Photo Ezra Stoller/Esto
«Toutes les courbes, les pièces et les éléments, jusqu'à la forme des panneaux et des tableaux d'information, des balustrades et des guichets d'enregistrement, devaient être en harmonie. Nous voulions que le passager tandis qu'il traverse le bâtiment, fasse l'expérience d'un environnement parfaitement bien agencé dans lequel chaque élément résulte d'un autre et que tout appartient au même monde des formes.» (Eero Saarinen 1959)

Dessin de construction du guichet d'information (voir en haut); Plan

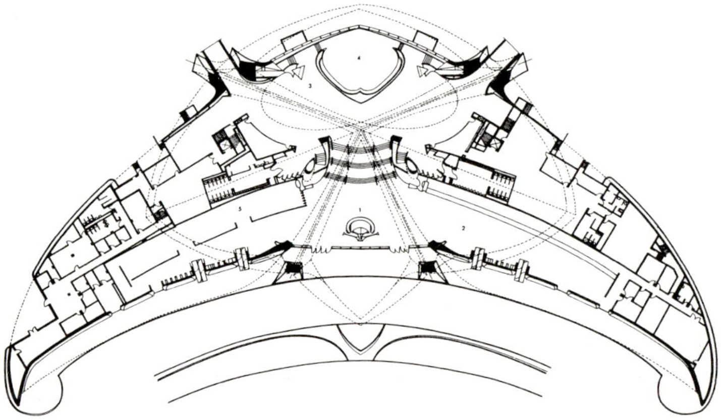

impostes situées aux jonctions soulignent l'autonomie des segments. Les extrémités épaissies des coques, transmettant la courbe dynamique du béton, soulignent le caractère organique de la construction. L'image de l'oiseau, à laquelle font penser les ailes déployées, est aussi confirmée par le bec du toit en saillie. L'agencement intérieur est réalisé dans des courbes prononcées et on retrouve jusque dans les détails le caractère dramatique du toit.

Un des problèmes non négligeables des grandes coques en béton armé réside dans le fait que les coffrages en bois correspondants peuvent valoir près de la moitié des frais totaux. C'est pour cette raison que Pier Luigi Nervi a travaillé avec des éléments préfabriqués sur le «petit» palais des sports créé pour les Jeux Olympiques de Rome. La calotte sphérique plate est composée de 1620 éléments préfabriqués en forme de caisson, qui dessinent à l'intérieur un motif plastique en losanges. Il est formé par les nervures dans lesquelles furent placées les armatures de liaison; leur tracé semblait organique mais ne suivait pas les véritables lignes de force. La configuration des extrémités était remarquable. Comme la charge inégale

Vue globale de la rampe d'accès
Photo Ezra Stoller/Esto
Quatre supports en forme de Y portent les quatre toitures arquées de la salle d'enregistrement des bagages.La forme est essentiellement l'idée de Saarinen, qui voulait que le toit ait l'air de décoller.

NO
PARKING

Pier Luigi Nervi et Annibale Vitellozzi
Petit Palais des Sports à Rome, 1956–1957
Une des huits entrées pour le public
Photo Giovanni Gherardi
Le bâtiment a été construit pour les Jeux Olympiques de Rome en 1960 et peut contenir 4000 à 5000 spectateurs. Le poids des dômes de 60 mètres de diamètre est transmis par 36 supports inclinés en forme de Y à un anneau de béton armé placé dans le sol.

aurait pu lui poser de graves problèmes d'ordre statique, Nervi trouva une nouvelle solution: des éléments de béton triangulaires transmettent la force à des supports, inclinés exactement en direction de la pression de la voûte. La surface de béton du toit se poursuit entre eux et se termine par un bord ondulé. La toiture se prolonge donc optiquement au-delà de la coque porteuse.

Des éléments préfabriqués ont également été utilisés pour le Dulles International Airport de Washington. Saarinen avait construit ici un immense toit suspendu, soutenu par des bras qui dressaient la surface tendue vers le ciel comme les porteurs de drapeaux pendant l'entrée des nations aux Jeux Olympiques. Des plaques de béton sont suspendues entre les filins métalliques et recouvertes d'en haut, comme c'est le cas pour le palais des sports de Nervi, d'un revêtement fermé de béton armé.

Le toit suspendu de Saarinen à Washington et la coupole de Nervi à Rome représentent encore de très simples formes géométriques. Ce qu'on appelle les «surfaces réglées», ces formes créées le long de deux lignes conductrices par le mouvement d'une droite, sont plus subtiles. Dans tous les cas, on trouve des figures à trois dimensions que l'on peut construire avec un coffrage et des planches droites. En ce qui concerne la paraboloïde hyperbolique, il y a même deux groupes de droites génératrices, ce qui fait que la jonction des planches de coffrage peut aussi être droite et que la charpente de bois est plus simple et moins coûteuse à fabriquer. De telles surfaces peuvent donner naissance au toit en coque normal comme au toit suspendu. Mais la théorie est une chose et la pratique en est une autre et une construction économique et évidente n'est pas si simple à réaliser. L'histoire de la Benjamin-Franklin-Halle de Berlin nous le montre bien. En 1957, les Etats-Unis l'offrirent à la ville à l'occasion du salon Interbau; elle devait être un lieu de rencontres, un endroit où parler librement et son apparence devait l'exprimer. L'architecte Hugh Stubbins qui la conçut, voyait un toit suspendu soutenu par deux supports arqués à l'extérieur et reposant de manière spectaculaire sur deux points uniquement. Il recouvrait seulement l'auditorium central, le reste du complexe se regroupait sous une plaque de béton carrée. Comme un toit reposant sur deux points est statiquement presque impossible, on trouva une solution qui fut vivement critiquée à l'époque: les murs de l'auditorium durent

Page de gauche:
Eero Saarinen (arch.), Amman & Whitney (ing.)
Dulles International Airport de Washington D.C. à Chantilly, Virginie, 1958–1962
Petit côté du bâtiment d'enregistrement
Photo Ezra Stoller/Esto
32 piliers inclinés supportent le toit fléchissant du bâtiment d'enregistrement qui présentait quelques nouvelles solutions en ce qui concerne l'organisation du flot des passagers: les arrivées et les départs furent rigoureusement séparés; des autobus aux cabines réglables en hauteur, pouvant directement s'amarrer aux machines, faisaient la navette entre les avions et l'aéroport. Un petit film tourné par Charles Eames facilitait le travail de persuasion auprès des sociétés aériennes.

Hugh A. Stubbins avec Werner Düttmann et Franz Mocken (arch.), Fred Severud (ing.)
Benjamin-Franklin-Halle à Berlin, 1957
Landesbildstelle Berlin

supporter le poids de la section du toit se trouvant entre eux, la lisière en arc, visible de loin ne portait que la «visière» qui dépassait, la véritable répartition des charges n'était donc pas celle que l'on croyait.

En 1980, la corrosion d'éléments en acier provoqua l'effondrement de la lisière de béton frontale. Lors de la reconstruction, on réussit à réaliser l'idée originelle et à poser vraiment un toit largement déployé sur deux bases. Il est maintenant complètement séparé du toit de l'auditorium placé sous lui et ses dimensions se sont légèrement transformées à cause des nouvelles calculations. Au point de vue esthétique cependant, le bâtiment est sujet à la critique avant comme après. Le tour de force architectural y est trop manifeste et domine les prétentions à la communication. L'intérieur de la salle n'est pas visible en un coup d'œil et tout est mal disposé; le foyer est défiguré par le drôle de ventre rebondi de l'auditorium situé au-dessus. Les plafonds parfois très bas rétrécissent les pièces et la salle de conférences est trop centrée sur une communication à sens unique. Les espaces ne sont pas assez maniables pour être utilisés de façon sensée et durable. Ce grand geste architectonique ne représente aujourd'hui que le monument d'une époque passée et c'est sûrement pour cette raison que la salle a été reconstruite.

Coupe de la salle après sa reconstruction en 1987

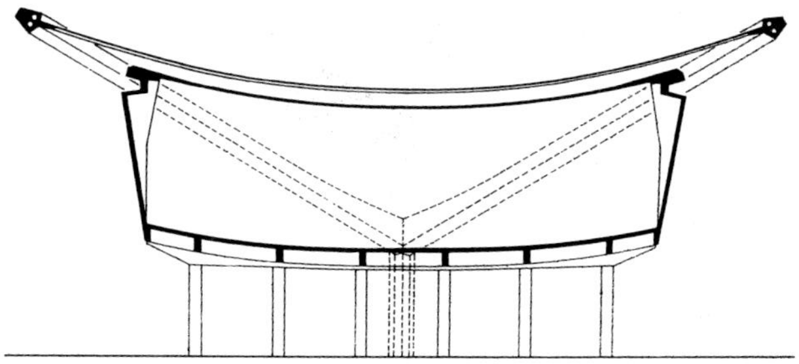

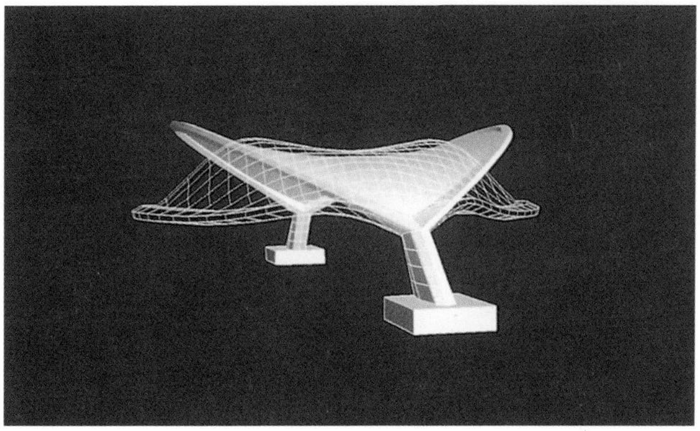

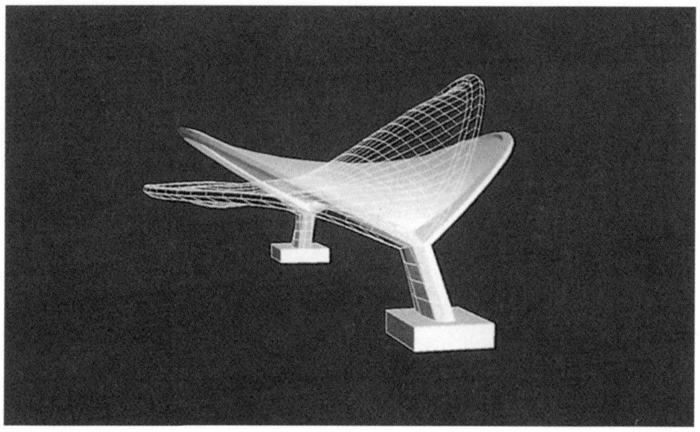

Déformations du toit de la salle des congrès après sa reconstruction, en simulation: à gauche en cas de charge, poids propre multiplié par 200, à droite en cas de charge, pression du vent et appel d'air multipliés par 200. C'est un programme d'ordinateur créé par Peter Jan Pahl, Rudolf Damrath et Wilhelm Cattes qui permet de telles images. Institut für Allgemeine Bauingenieurmethoden, Technische Universität Berlin

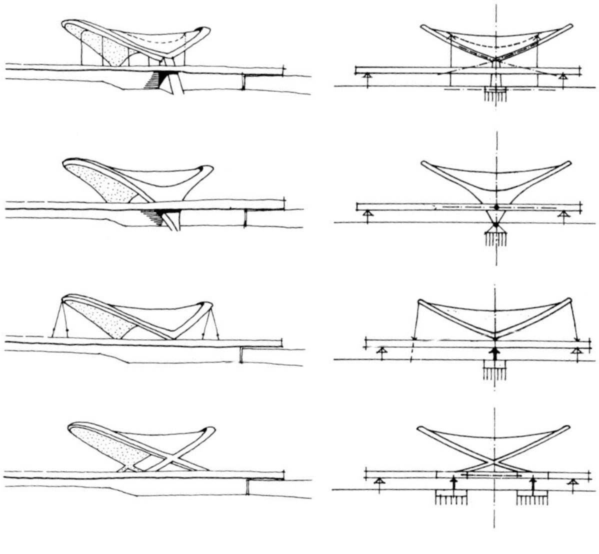

Diagramme des possibilités de l'ossature porteuse: en haut l'ossature réalisée, en bas stabilisation par des nœuds dans la plate-forme et la zone des fondations, au troisième rang haubanage des arcs au point culminant, en bas convergence des pointes et disposition sur quatre bases, d'après le modèle de la salle des foires de Raleigh.
Extrait de: Karl Heinz Schelling, Ein Nachwort; Baukunst und Werkform, 1958

Paul Rudolph
Art and Architecture Building de la Yale University à New Haven, Connecticut, 1958–1964
Photo Ezra Stoller/Esto

Les Conteneurs en béton

La «caisse de verre» avait permis à l'architecture d'entrer dans l'ère de sa reproduction technique et l'architecte semblait être devenu, comme l'écrivit Vincent Scully, un styliste de l'emballage. Une architecture vit le jour qui, refusant les façades brillantes et les déploiements à la mode, se souvint des matériaux «honnêtes», et rechercha les contours nets des domaines fonctionnels et une «expression» spiritualisée. C'est en particulier Le Corbusier, qui, en développant et redessinant des objets sculpturaux à partir d'éléments objectifs et fonctionnels au départ, le pilotis par exemple, confirma la recherche de solutions architecturales expressives, réagissant de manière individuelle aux dispositions fonctionnelles existantes. Le Corbusier accordait une préférence au béton de parement, rugueux de coffrage, qui avait pour lui «la dignité d'une face ravinée».

Louis Kahn, lui aussi, construisait presque exclusivement en béton. Selon sa théorie cryptique et ésotérique de l'architecture, la charpente en acier ne permet pas de «véritables» murs et supports, puisque de toutes façons, l'ossature porteuse disparaît toujours sous les revêtements anti-incendie. Les revêtements de brique ne cachaient que sporadiquement le béton de surface. Les plans, développés à partir du programme fonctionnel, devaient refléter la différence entre les espaces «qui servent» l'homme et les espaces «qui se servent» de lui; leur rythme apparaît extérieurement comme une alternance de tours fermées et de fenêtres ouvertes. Kahn, faisant allusion à Le Corbusier, concevait le plan d'ensemble comme une harmonie des espaces – et non des corps – sous la lumière, et refusait donc logiquement que les éléments individuels gagnent en autonomie. La composition de ses constructions suit la dualité entre la voie d'accès et le poste de travail, entre l'aspect public et l'intimité. Que ces principes évidents sur le papier ne fonctionnaient pas comme prévu dans la pratique, n'enlève rien à la qualité des bâtiments qu'il a créés pour les instituts et les laboratoires.

Une telle architecture, où les volumes ont la préséance sur les détails, nécessite une grande sensibilité dans le domaine de la mise en forme. Les conflits étaient surtout programmés là où un besoin égoïste d'affirmer des convictions architectoniques irritait la sensibilité des structures interurbaines. Le Art and Architecture Building, que Paul Rudolph a créé pour la Yale University à New Haven, est très risqué. De nombreux étages, plus que l'œil n'en soupçonne, sont réunis derrière une façade massive et en même temps décomposée de manière irritante. Le large tirant du sixième étage s'oppose à la force montante des tours sans fenêtres. La forme cyclopéenne qui s'en dégage est ressentie par les utilisateurs et attise l'agressivité, on ne saurait expliquer autrement le vandalisme dont le bâtiment fait l'objet, responsable de son triste état. Les «accents architectoniques urbains», que Rudolph créa par la suite, furent beaucoup moins subtils: son garage de New Haven, situé tout près de l'Institut, n'est qu'un conteneur de béton brutal et sans proportions.

Il semble que le béton ait rempli au mieux les conditions demandées au point de

Louis I. Kahn
Jonas Salk Institute of Biological Studies à La Jolla, Californie, 1959–1965
Montée d'escalier entre les bureaux et les laboratoires
Photo Julius Shulman

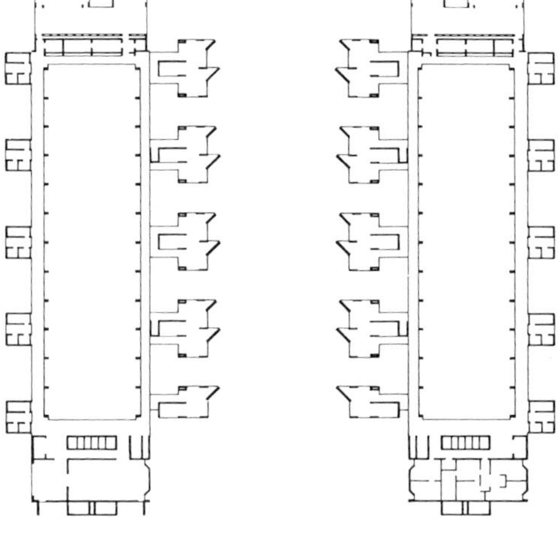

Plan des bâtiments renfermant les laboratoires
Les salles de travail des deux ailes n'ont pas de supports et ne sont pas divisées. Les escaliers, les bureaux et les pièces de service sont accolés dans des bâtiments disposés vers l'avant.

vue structure, construction, économie pour la constructions en masse de logements. Le Corbusier eut l'occasion de réaliser son idée d'une «ville verticale» à Marseille. L'unité d'habitation se présente comme un large complexe de béton, selon Le Corbusier une étagère à bouteilles gigantesque, un échafaudage où les logements sont glissés comme des tiroirs. Ceux-ci couvrent toute la profondeur du bâtiment et possèdent un demi-étage supérieur de demi-profondeur. Cela permet de créer un habitat à deux niveaux. Deux rangées d'appartements emboîtées habilement bordent chacune un couloir central commun, une galerie presque sombre et sans fenêtres, qui traverse la maison comme une route. Pour calculer les proportions, Le Corbusier avait utilisé son «Modulor» qui réunissait les systèmes de mesure continentale (métrique) et anglaise (anthropomorphe) et les classait en ordre de chiffres ascendant. La hauteur des pièces calculée ainsi est de 2,26 mètres.
Deux étages de magasins au septième et au huitième étage devaient devenir le centre du réseau routier intérieur et le cœur de cette unité autarcique. Mais même en partant du principe que toutes les familles qui habitaient la maison, étaient des

Entrée des laboratoires vue du parking des visiteurs
Photo Julius Shulman
Le complexe prévoyait un raccordement des trois zones fonctionnelles travail, habitat, communauté, dans trois bâtiments différemment construits. Le monde scientifique replié sur lui-même et concentré sur ses recherches se retrouve dans l'apparence hermétique du bâtiment où se trouvent les laboratoires.

Le Corbusier
Unité d'habitation à Marseille, 1945–1952
Terrasse de toit
Photo: propriété particulière
Les deux conduits d'aération du bâtiment se terminent par des constructions massives et plastiques qui dominent le toit et son paysage varié. Derrière, à gauche, se trouve la garderie et sa piscine, à droite, le parcours pour piétons, à l'avant, l'escalier qui mène au bar et à la terrasse non couverte.

Page de droite: dessin de Le Corbusier avec modulor
Fondation Le Corbusier, Paris

Vue de la rue
Photo: propriété particulière
Cette «ville de maisons verticale» haute de 56 mètres, longue de 137 mètres et profonde de 24 mètres, renferme 337 appartements. Chaque appartement possède une loggia ainsi qu'une partie sur deux étages avec galerie, et couvre, tel un tuyau, toute la profondeur de la maison. Les pièces ont une hauteur de 2,26 mètres ou de 4,8 mètres. Ces unités, dont la coupe transversale ressemble à un L, sont glissées l'une sur l'autre de telle façon, qu'il reste au milieu un espace pour le couloir d'accès. Le centre commercial et de communication au septième et au huitième étage se reconnaît à la structure différenciée de la façade.

Kenzo Tange
Bâtiment administratif de la préfecture
Kagawa à Takamatsu, 1956–1958
Terrasse sur le toit du bâtiment principal
Photo Ezra Stoller/Esto

Vue d'ensemble
Photo Ezra Stoller/Esto
Deux nouvelles constructions ont été ajoutées à deux bâtiments administratifs qui existaient déjà. Une aile contenant les salles de réunion repose sur un étage à piliers ouvert. Sur le bâtiment à neuf étages contenant les bureaux a été posé un cube avec salon de thé et terrasse panoramique.

Kenzo Tange
Centre de la presse et de la radio
Yamanashi à Kofu, 1964–1966
Archives Burkhard Verlag Ernst Heyer
Seize cylindres de béton de cinq mètres de diamètre chacun supportent les salles de travail suspendues et accueillent les aménagements servant à l'approvisionnement et à l'accès. La structure du bâtiment est une partie de la structure urbaine prévue par Tange; toutes deux forment un système cohérent et extensible à volonté.

clientes potentielles, il reste que 340 familles ne suffisaient pas à maintenir en vie une palette de magasins performants. Le passage devint vite un désert où seul un magasin subsistait. Des fautes graves dans la mise en pratique de l'idée de base sociale ont aussi été faites en ce qui concerne l'accès au bâtiment. La territorialité indéfinie du système de galeries ni publiques ni privées et l'obscurité qui y règne, font que quitter l'appartement devient une expédition en terrain ennemi et provoquent l'insécurité et la peur. Le sentiment d'attachement au nid qui était en fait l'idéal social de «l'unité» n'existe pas. La forme architectonique de la maison dressée sur ses pieds laisse le grand parking visible de tous les côtés: ce n'est pas le paysage qui se glisse sous la maison, mais les courants d'air et le bruit des moteurs.
Le jugement de Lewis Mumford dans le magazine «New Yorker» en 1957 fut impitoyable: «Avec 'l'unité', Le Corbusier trahit les besoins humains au profit d'un effet esthétique monumental. Le résultat fait preuve d'une extravagance égocentrique, est imposant comme une pyramide égyptienne qui promet l'éternité à un cadavre, et – au point de vue humain – aussi désespérant.» Cela n'empêcha pas cette expérience, répétée et modifiée plusieurs fois par Le Corbusier, d'influencer grandement toute une génération d'architectes, et l'élaboration impressionnante de la façade ainsi que la personnalité marquée du bâtiment méritent vraiment le respect. Mais il faut dire que les coûts de la construction étaient exceptionellement élevés.

Page de gauche:
André Studer
Lotissement à Casablanca, 1953–1955
Archives Burkhard Verlag Ernst Heyer

Moshe Safdie
«Habitat 67», bloc d'habitation à l'exposition mondiale de Montréal, 1966 – 1967
Archives Bavaria-Verlag
Le plan initial de cette gigantesque boîte de construction prévoyait 900 appartements et 158 furent réalisés. Les 354 conteneurs individuels préfabriqués sont empilés sans ordre apparent et reliés par des filins d'acier. Les avancées et les retraits sont agencés de telle sorte que chaque appartement possède un balcon aménagé sur le toit de l'élément voisin placé plus bas.

Le Japonais Kenzo Tange s'efforça également de structurer des constructions massives par des éléments individuels plastiques. Il cherchait, comme dans son centre de la paix à Hiroshima, à exprimer le langage architectural japonais à l'aide d'idées occidentales. Il créa ainsi les systèmes modulaires qui, bien qu'uniquement dans des réalisations fragmentaires comme le centre de communication de Cofu, permettent une organisation flexible du programme d'organisation de l'espace. Son architecture en conteneur répond aux exigences de densité de la construction, elle incita à réfléchir sur la corrélation entre la ville en développement et la logique fonctionnelle interne des bâtiments. On retrouve dans la structure cellulaire de tous ces modèles, le nid d'abeille que «l'unité» de Le Corbusier nous laisse concevoir.

Enrico Castiglioni et Carlo Fontana
Ecole d'apprentissage à Busto Arsizio, 1963–1964
Front de l'aile de bâtiment placée au nord
Archives Burkhard Verlag Ernst Heyer
L'école a été conçue comme un complexe symétrique à deux ailes. Les pièces de construction des deux moitiés se tiennent dos à dos, les salles de cours et les ateliers sont disposés en échelons vers la lumière. Dans l'axe central se trouve un couloir d'accès plat qui semble arquer le bâtiment. Les faces longitudinales sont incurvées dynamiquement à la verticale et la façade l'est aussi à l'horizontale.

Plan

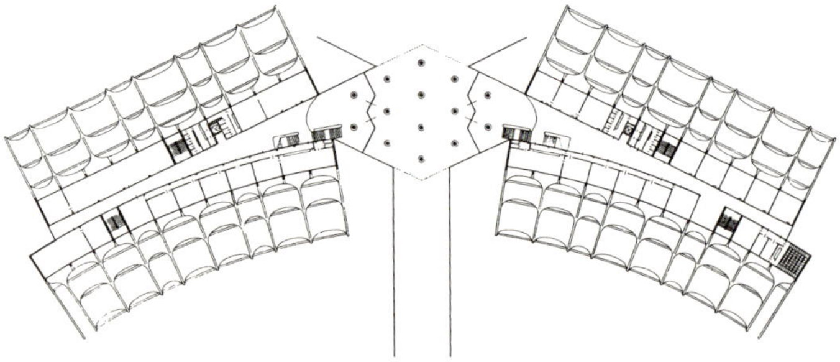

Oscar Niemeyer
Bâtiment du Congrès et tour administrative sur la Plaza dos tres Poderes à Brasilia, 1958
Photo C.W. Schmidt-Luchs/G+J Fotoservice

L'architecte Lucio Costà avait été chargé de dessiner les plans de la nouvelle capitale artificielle Brasilia. Les esquisses qu'il présenta, et qui lui firent gagner le concours limité, prévoyaient deux axes principaux se croisant en angle droit: un axe légèrement incurvé portant des habitations et l'autre droit, long de six kilomètres, allant de la place «des trois puissances» jusqu'à la gare, en passant par l'intersection sur laquelle se trouvait un centre de loisirs et de prestations de service. Le Palais des Congrès se trouve dans l'alignement, à l'extrémité de cet axe monumental.

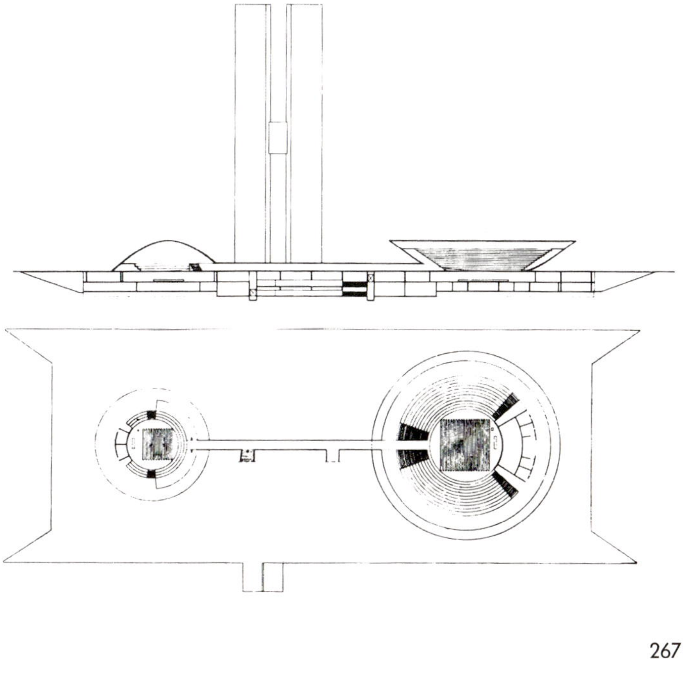

Coupe et plan du Palais des Congrès
La salle du sénat se trouve sous la coupole, à gauche, la salle des députés, dans la coupe, à droite.

1956-2000

Etre à bonne école avec Las Vegas

Il revint à Robert Venturi et Denise Scott Brown de redéfinir la mission de l'architecture à partir d'une compréhension sociologique de la communication visuelle. Ils analysèrent les caractéristiques de la «Main Street», type de la rue américaine radicalement commerciale. Cherchant de nouveaux principes architecturaux pour les espaces urbains à créer, ils s'orientèrent aux perceptions subjectives quotidiennes des passants et des conducteurs de voitures. Conformément à ces recherches, ils mettent à jour dans leur livre «Learning from Las Vegas» une corrélation entre le flot des panonceaux publicitaires et des réclames lumineuses et les symboles architectoniques. L'état chaotique de l'organisation urbaine nécessite, selon eux, plus que les solutions «simples» et «propres» de l'école fonctionnelle. Car l'architecture n'est pas un chef-d'œuvre suspendu dans un musée, elle est toujours perçue en relation avec la ville; elle ne peut échapper au contact direct et à la concurrence avec les signaux de la consommation et de la circulation.

La représentation formaliste du bâtiment est au premier plan. Le caractère symbolique de la façade est séparé au point de vue analytique des éléments constructifs et fonctionnels du bâtiment. Venturi et Scott Brown en déduisent qu'il existe deux formes architectoniques essentielles. «Là où la structure spatiale, constructive et fonctionnelle d'un bâtiment est recouverte ou altérée par une forme symbolique», ils parlent de «canard» – allusion à un petit restaurant Drive-In qui avait cette forme. La forme opposée est celle de «l'écaille décorée», dans laquelle «les systèmes relevant de l'espace et de la construction sont au service du programme et dont les décorations sont indépendantes de ces systèmes». Ils réfutent donc la compréhension «classique» de l'architecture moderne, selon laquelle c'est justement l'unité entre la construction et le programme qui fait la valeur d'un bâtiment.

La «Guild House», une maison de retraite de Philadelphie, nous montre clairement le jeu entre la façade et la forme. Le ressaut central rigoureusement axial avec son socle blanc, la colonne de granit devant l'entrée, la fenêtre cintrée et basse qui surmonte le tout et les ailes symétriques avec une fine lisière à la hauteur de l'avant-dernier étage divisent la façade en éveillant de nombreuses réminiscences historiques. Mais les balustrades de balcon en tôle perforée, les supports de béton armé qui apparaissent dans la découpure en arc et le nom en grosses lettres, tel qu'il pourrait exister au-dessus d'un magasin, les contredisent visiblement. Si on y ajoute les grandeurs échelonnées des fenêtres, qui inversent la perspective et les fines entailles dans le champ médian qui montrent que la façade en briques n'est qu'un mince écran, nous aurons décrit les formes architectoniques essentiellement utilisées par le bureau Venturi, Rauch & Scott Brown. Des éléments individuels sont détachés de leur contexte habituel et intégrés de telle manière à la composition, qu'ils sont comme des citations faisant allusion à des habitudes visuelles mais ne les approfondissant pas. C'est ainsi que dans la «Guild House», tout ce qui pourrait être un début de représentation et de monumentalité est entravé par des mesures

Charles W. Moore Associates et Urban Innovations Group avec August Perez Associates
Piazza d'Italia à New Orleans, Louisiane, 1974–1978
Plan
Le dessin du pavement tourne autour du point central formé par la Sicile. Une île dans la fontaine simule la botte italienne.

Page de gauche: vue sur l'Arc de Triomphe
Photo Norman McGrath
Dans les coins d'arc de la serliana ébauchée, les gargouilles ont le visage de l'architecte. Moore les nomme «Wetopes». L'encadrement rehaussé au second plan, de style antique non-classique, devait devenir l'entrée d'un restaurant.

Robert Venturi avec Cope et Lippincott
«Guild House», maison de retraite à Philadelphie, Pennsylvanie, 1960–1963
Vue du sud
Photo VRSB

La projection des ombres souligne les murs biseautés de l'entrée. La façade symétrique est couronnée d'une antenne stylisée; une allusion ironique au passe-temps des habitants qui dut pourtant dispraître bientôt.

Plan du rez-de-chaussée
A l'image de la façade échelonnée, le dessin des voies d'accès intérieures évite la tristesse des longs couloirs.

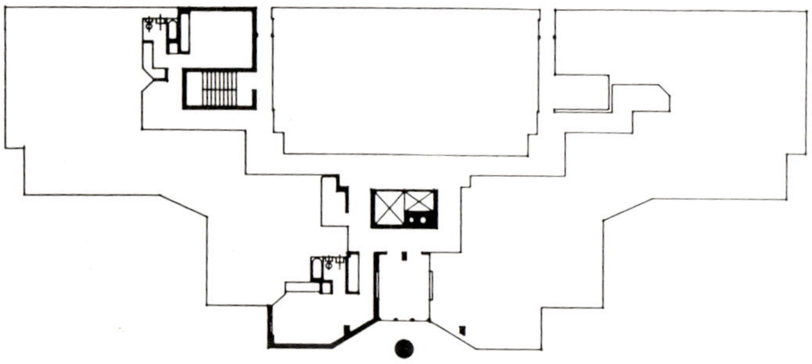

Robert Venturi avec Arthur Jones
Maison créée pour Vanna Venturi à Chestnut Hill, Pennsylvanie, 1962–1964
Plans du rez-de-chaussée et de l'étage
Comme c'est le cas pour la «Guild House», le mur menant à la porte d'entrée perpendiculaire à la façade est oblique. Les murs diagonaux du rez-de-chaussée forment une ellipse incomplète. Un escalier situé derrière la cheminée mène au premier étage. Là s'ouvre une porte sur un autre escalier, trop raide pour être accessible et qui ne mène à rien sinon aux confitures et aux conserves.

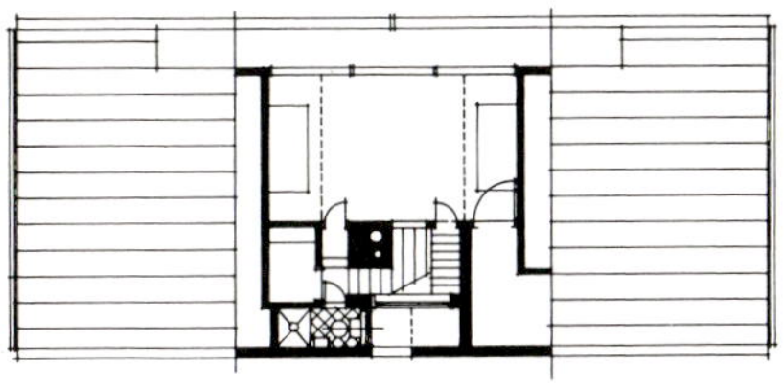

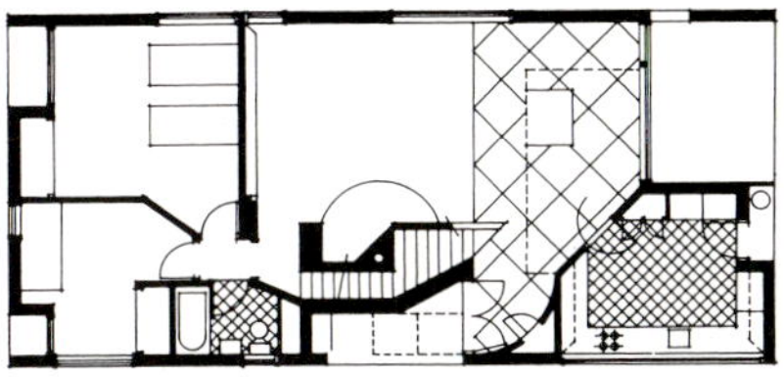

Vue de l'entrée
Photo VRSB
Robert Venturi nomme cette maison construite pour sa mère «une petite maison aux vastes proportions. . . A l'extérieur, les éléments en saillie, grands, peu nombreux, placés au centre ou symétriquement sont les signes des 'vastes' proportions; viennent s'y ajouter la simplicité de la silhouette facile à concevoir dans son ensemble». Les premiers écrits importants de Venturi «Complexity and Contradiction in Architecture » (parus en 1966) furent conçus pendant la construction de cette maison.

Vue de l'arrière avec le balcon incrusté
Photo George Pohl/VRSB

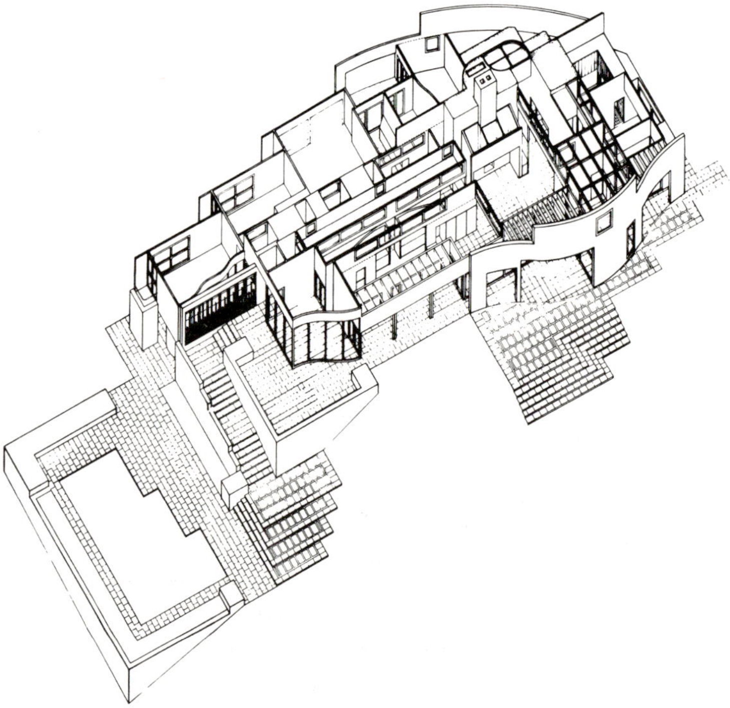

Robert A.M. Stern et John Hagmann
La maison Ehrman à Armonk, New York, 1975–1976
Côté jardin
Photo Edmund Stocklein
Robert Stern s'efforce ici à l'aide de collages déconcertants et de superpositions, d'interpréter sa conception d'une architecture associative et perceptionnelle. En ôtant des surfaces de la façade et en les tirant comme des coulisses devant les pièces, il efface les notions d'intérieur, et d'extérieur et le volume réel reste inconnu. La hauteur des pièces variable et les axes déplacés organisent le vaste espace intérieur et l'importance des pièces les unes par rapport aux autres reste en suspens. Dans cette maison, Stern a évité les citations architecturales par trop importunes et la rhétorique extérieure prétentieuse.

Axonométrie
Il faut s'imaginer l'entrée principale à droite en haut dans le dessin, derrière la cheminée. Elle mène au séjour central et jusqu'aux chambres à coucher en passant par un long couloir qui traverse toute la maison. Des barreaux d'allure singulière sont placés devant le vitrage ondulé de la dernière pièce.

Robert Venturi, John Rauch et Denise Scott Brown
La maison Brant à Greenwich, Connecticut, 1970–1973
Vue depuis la route d'accès
Photo VRSB
Ce bâtiment coûteux se distingue par quelques particularités: la façade ventrue symétrique aux pierres vernies vertes, dont la structure diagonale rompt la symétrie; l'accès au garage dénivelé; la position centrale de la cuisine et le déploiement de la salle de séjour dont le plan fait songer aux motifs art-déco, et qui donne indirectement de la lumière à la pièce. L'échelonnage des hauteurs qui se trouve dans le programme organisant l'espace montre bien l'influence de Adolf Loos, modèle reconnu de Venturi.

Plan du rez-de-chaussée

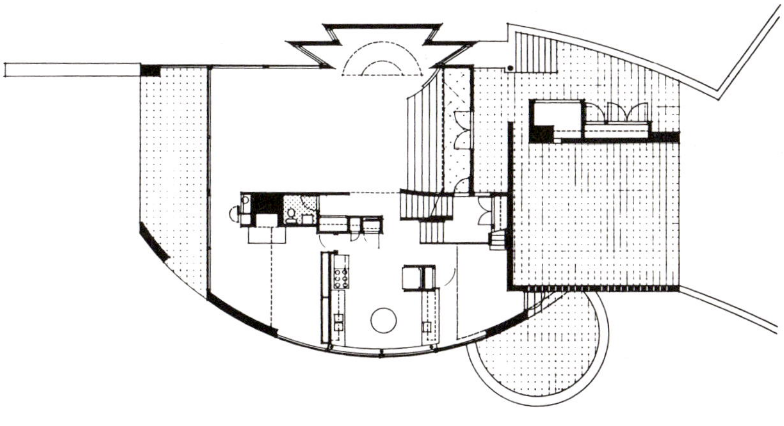

Robert Venturi et John Rauch
Dixwell Fire Station, New Haven, Connecticut, 1967–1974
Photo VRSB

Cette construction sobre donne un point de fuite dominant à ce croisement sinon amorphe. L'étroite penture de fenêtre, les portes technico-fonctionnelles et la réclame en lettres espacées rappellent l'architecture des années trente.

Steven Izenour avec John Case et Robert Venturi
BASCO-Showroom du «Oxford Valley Mall» à Bristol Township, Pennsylvanie, 1979
Le O du panonceau publicitaire
Photo VRSB
«Que faire d'un bâtiment haut de cinq mètres et long de 350 mètres, qui ne possède qu'une porte et pas une seule fenêtre? On nous demanda d'«enjoliver» ce Shopping Mall des années 50, délabré et inutilisé depuis des années. . . Le vaste espace du parking souligné encore par la banalité de l'architecture nous donna l'idée d'une mise en forme visant plus à la communication succincte qu'à l'expression subtile.» (Venturi et Rauch)

Page de gauche, en bas:
Denise Scott Brown
City Edges Planning Study, 1973
Des panonceaux de bienvenue avec des gratte-ciel et William Penn sur le Schuykill River Parkway à Philadelphie, Pennsylvanie
Montage photographique VRSB
Le thème de l'étude était l'enregistrement et le remaniement des signaux optiques existants sur deux grandes routes sortant de Philadelphie. A la suite de ces travaux, un «nouvel ameublement» aux symboles significatifs devait être conçu qui transmette aux passagers des voitures les caractéristiques sociales et historiques de la région – un aspect qui avait beaucoup d'importance dans le cadre des préparatifs aux fêtes du Bicentenaire des Etats-Unis – et qui de plus facilite l'orientation, rehaussant ainsi la sécurité routière.

visant à désillusionner le spectateur. Venturi opposait à une architecture contrainte à l'unitarisme et encore fanatique du «moins c'est plus», celle de «la complexité et du paradoxe» qui n'est pas à «confondre avec une architecture pittoresque ou une architecture subjectivement expressive». Les «pierres à bâtir» doivent correspondre objectivement à la tâche confiée et à la situation. Un élément décisif se rapportant à l'endroit s'y ajoute: une coulisse historique et les adaptations aux formes et aux matériaux locaux conduisent à une récupération des caractères d'identification de l'architecture, et peut-être de la «terre des ancêtres».

Ceci semble également s'appliquer à l'œuvre de Charles Moore dont le style très personnel est le produit d'une foule de motifs transmis par tradition. Il travaille avec de fausses façades en saillie souvent disproportionnées et des murs ajourés, développés à partir d'une conception ludique de «maison dans la maison». C'est le plaisir de construire qui se trouve au premier plan.

L'exemple parfait d'une telle conception de l'architecture est la «Piazza d'Italia» de Moore à La Nouvelle-Orléans. Des assemblages classiques de colonne manipulés avec esprit, accompagnent l'arrangement comme des coulisses de théâtre: de fins jets d'eau simulent les cannelures des colonnes doriques, les colonnes toscanes sont en acier surfin sculpté, des tubes néon entourent les chapiteaux. Les élisions déterminent la reproduction. Ce qui est absent est aussi significatif que ce qui est présent. Et cette place devient pour le critique d'architecture Charles Jencks un sujet typiquement postmoderne: «Un bâtiment postmoderne, pour en donner une définition brève, intéresse au moins deux catégories en même temps: les architectes et une minorité engagée qui s'occupent de problèmes spécifiquement architectoniques, ainsi que le grand public ou les visiteurs sur place qui s'occupent de questions se rapportant au confort, à l'architecture traditionnelle et à leur façon de vivre». Ce

SITE Projects Inc. avec Maples-Jones Associates
Indeterminate Facade Showroom dans le Almeda-Genoa Shopping Center, Houston, Texas, 1975
Vue du sud-ouest sur les ruines artificielles
Photo SITE

SITE Projects Inc.
Cutler Ridge Showroom à Miami, Floride, 1979
Perspective de la façade principale

SITE Projects Inc. avec Simpson/Stratta Associates
Notch Showroom dans le Arden Fair Shopping Center, Sacramento, Californie, 1977
Photo SITE
Le coin découpé (notch) est sorti sur des rails et libère ainsi l'entrée.

SITE Projects Inc.
Peeling Project à Richmond, Virginie, 1972
Entrée
Photo SITE
Le mur de briques – l'image de marque traditionelle des supermarchés BEST – semble se décoller du corps de béton. Il s'agit en effet d'un travail artisanal compliqué avec un mortier adhérent spécial.

«double codage» ne peut être couronné de succès que si les références imagées ne sont pas forcées grossièrement et si leur interprétation reste libre.
Le groupe SITE (Sculpture in the Environment), transformant les supermarchés pour les BEST Products, unit le paradoxe et la destruction; les architectes eux-mêmes parlent de «dé-architecture». Des façades en train de peler, de s'effriter, morcelées de manière apparemment insensée contredisent le travail de maçonnerie manuel, pénible et complexe qui leur a donné jour. Le chaos est justement discipliné. Le client reste en sécurité devant ces formes qu'il découvre «au second regard»: une promesse subtile dans l'environnement chaotique des Suburbs américains. Le caisson profane qui se trouve derrière la façade n'est pas touché par ces transformations, et le panonceau publicitaire, le plus petit dénominateur commun de cette irritante Corporate Identity, non plus.

Richard Meier
La maison Smith à Darien, Connecticut, 1965–1967
Vue du sud-est
Photo Ezra Stoller/Esto
Cette maison blanche et solitaire près du Long Island Sound a été la première maison de Meier qui fut publiée. C'est une construction en bois avec des supports en acier individuels; seule, la cheminée est en maçonnerie. L'axe s'oriente sur le chemin qui va de la fin de la voie d'accès au littoral.

Les Blancs

A l'occasion d'un symposium de la CASE (Conference of Architects for the Study of Environment) en 1969, le Museum of Modern Art de New York présenta dans une exposition cinq architectes peu connus du public: Peter Eisenman, Michael Graves, Charles Gwathmey, John Hejduk et Richard Meier, nommés d'après le titre de la publication d'accompagnement «Five Architects» brièvement «The New York Five». La presse, faisant allusion à leurs façades rayonnantes de blancheur, leur trouva bientôt un autre nom: «The Whites». Pour Richard Meier ce n'était pas une réduction, mais le meilleur choix possible: «Pour moi, le blanc est la plus belle des couleurs, on y reconnaît toutes les teintes de l'arc-en-ciel. . . De tout temps, le blanc a été le symbole de la perfection, de la pureté, de la clarté. C'est devant une surface blanche qu'on comprend le mieux les jeux d'ombre et de lumière, de pleins et de creux . . . J'essaie avec le blanc d'aiguiser la perception optique en architecture et de renforcer la puissance des formes visuelles.»

L'attention que reçurent les esquisses rigoureuses en noir et blanc des «cinq» et leurs premiers bâtiments était probablement due à la superposition du jeu d'idées mathématique et de la réalisation artistique. Leur orientation sur les classiques de l'ère moderne, surtout les villas des années vingt de Le Corbusier, mais aussi sur les constructions du rationalisme italien, celles de Giuseppe Terragni par exemple, était flagrante. Ils étaient donc intégrés par leurs œuvres à l'histoire de l'architecture, mais les théories qu'ils publiaient étaient plutôt difficiles à concevoir et éloignées de la pratique quotidienne.

Ce sont surtout les recherches théoriques de Peter Eisenman – pour l'essentiel la conséquence d'esquisses de transformation analytiques – qui reconnaissent de manière radicale une architecture autonome complètement libérée des critères de l'habitabilité. Le refus du caractère positiviste de la forme et de la fonction correspond à la «manipulation anastrophe», la transposition consciente des concepts du langage architectural. L'époque moderne – telle qu'il la conçoit – reflète le déplacement de l'être humain hors du centre du monde et ne peut donc être considérée comme terminée avant longtemps. L'objet devient le support des paradoxes sur lequel le projet réagit par des entrecroisements, des transmutations et des omissions. La ligne, la surface et le volume sont les grandeurs géométriques qui entrent en concurrence avec le support, le mur et la pièce. L'idée de projet est au premier plan, la maison vraiment construite n'est plus qu'une forme plus complexe de la représentation. Elle ressemble donc – d'après Eisenman – «à un modèle en carton et oblige à lire de manière conceptuelle. . ., l'esprit tournant l'objet comme il le ferait avec une maquette».

John Hejduk est considéré avec Eisenman comme l'autre théoricien des «cinq»: ses projets comme les «Diamond Houses» restèrent des expériences sur papier. La construction en plaques d'étages qui fait songer au «Système Dom-ino» de Le Corbusier, le réseau des supports et les aménagements tournés dans un angle de

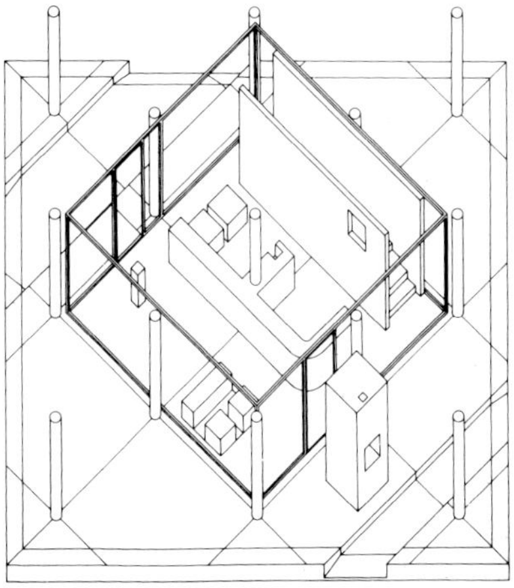

John Hejduk
Diamond-House A, projet, 1967
Isométrie du rez-de-chaussée
La maison de quatre étages est traversée de supports et de murs sur un quadrillage de 45 degrés. Alors que la salle de séjour décalée, aux larges baies vitrées, n'utilise pas complètement le cadre de la construction au rez-de-chaussée, les parois vitrées des étages supérieurs munies de pare-soleils obliques atteignent la ligne contour représentée.

Richard Meier
La maison Weinstein à Old Westbury, New York, 1969–1971
Passerelle entre le bâtiment principal et le bâtiment annexe
Photo Ezra Stoller/Esto
L'axe longitudinal de la maison se trouve sur la ligne nord-sud, avec un angle de déclinaison de 15 degrés, les chambres à coucher sont orientées à l'est, les pièces de séjour à l'ouest. Le vaste programme d'agencement de l'espace prévoyait entre autres onze chambres à coucher ainsi que les salles de bain correspondantes et le thème central devint donc l'accessibilité et la séparation simultanées des refuges personnels et des zones familiales.

Entrée
Photo Ezra Stoller/Esto
Une colonne d'acier libre prolonge le quadrillage des supports jusqu'au portail et marque le début du chemin piétonnier. La large échancrure au-dessus de l'entrée permet d'apercevoir tout le complexe en passant par la rampe centrale jusqu'à la passerelle qui donne accès au bâtiment. annexe.

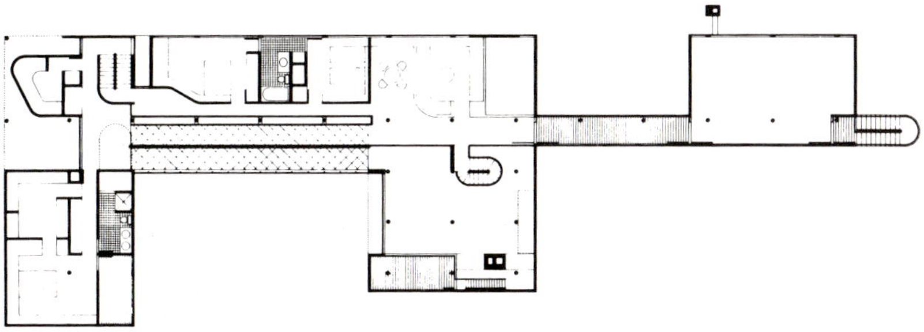

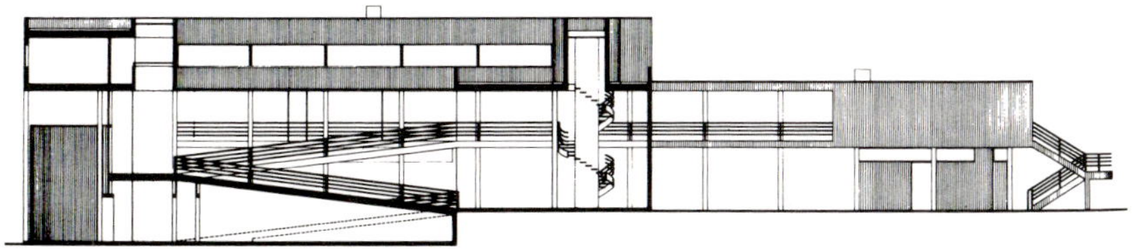

Côté ouest
Photo Ezra Stoller/Esto
Les deux cubes en avancée du bâtiment principal flanquent le bâtiment vitré muni d'une rampe qu'on ne voit pas sur la photo.

Plan du premier étage et coupe

Gwathmey Siegel & Associates
Villa Haupt, Amagansett, New York,
1977–1978
Vue de l'ouest
Photo Norman McGrath

Côté nord avec entrée et garage
Photo Norman McGrath
Derrière le mur nord se trouve la rampe d'accès; son inclinaison inférieure est montrée comme échancrure dans la façade. On reconnaît distinctement dans la lumière frisante les planches à languettes et rainures du revêtement en bois de cèdre décapé.

Côté sud avec piscine
Photo Norman McGrath
Le niveau de l'habitat dut être surélevé à cause des règlements de sécurité de la construction valables en zone de crue. La terrasse où se trouve la piscine occupe ce niveau, c'est-à-dire que le bassin a été placé dans un caisson plat. La chambre à coucher, reliée par un petit escalier à la surface libre, est décalée dans sa hauteur par rapport à la salle de séjour puisqu'elle se trouve directement au-dessus du garage.

Axonométrie

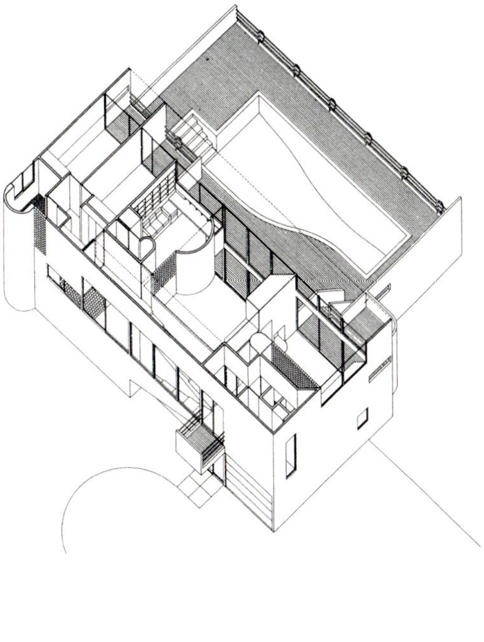

Michael Graves
La Maison Hanselmann à Fort Wayne, Indiana, 1967
Entrée
Photo Tom Yee

Plan du second étage
Le bâtiment cubique était théoriquement précédé d'un second cube qui devait être indiqué par une fausse façade. On l'avait prévue en tuyaux de gaz, mais elle ne fut pas réalisée, pas plus que le petit studio dessiné à sa droite. Graves parle d'une maison à trois façades: la seconde est le mur de la maison très fragmenté, la troisième, le mur arrière du séjour sur lequel se déploie une vaste peinture murale.

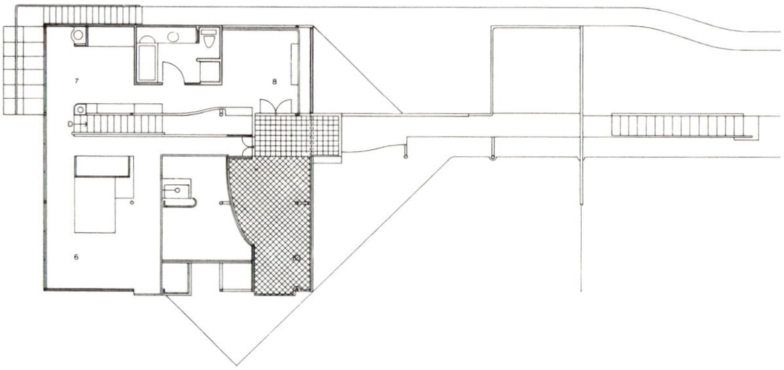

Intérieur
Photo Tom Yee
On parvient au balcon du second étage à l'aide d'une étroite passerelle. La paroi vitrée s'ouvre dans le hall ouvert.

Peter Eisenman
Maison III (la maison Miller), Lakeville, Connecticut, 1970
Pour Eisenman, ce bâtiment fait partie de sa phase formaliste: après s'être inspiré de Le Corbusier et Terragni, il essaya ici de trouver une expression architectonique qui ne «thématisait pas la fonction».

Axonométrie
Un cube est traversé par deux rectangles plus petits, l'un d'eux étant décalé de 45°. De nombreuses situations de recoupement «peu claires» en sont la suite logique.

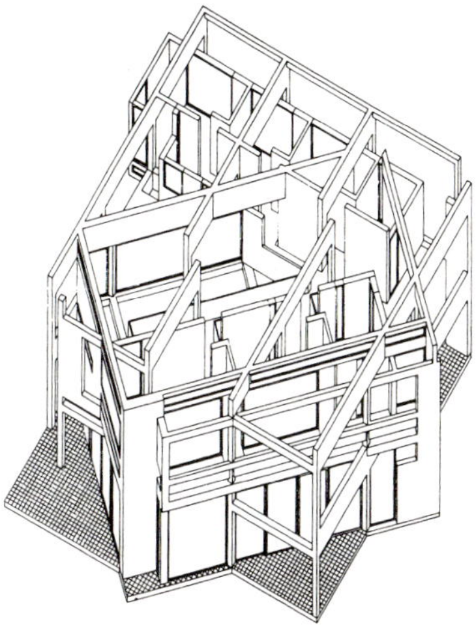

45 degrés à l'intérieur du cube sont les motifs superficiels de ses recherches sur la syntaxe architecturale: «Les mystères du central-périphérique-frontal-oblique-concave-convexe, . . .les arguments de l'espace bidimensionnel et unidimensionnel, . . .les idées de configurations, le statique et le dynamique: tout commence à prendre la forme d'un vocabulaire».
Charles Gwathmey et Richard Meier, par contre, n'ont pas seulement beaucoup construit, mais ils ont laissé aussi le jeu des surfaces murales et des éléments de construction, qui tournent et s'entrecoupent, très accessible à l'esprit. Meier base le projet sur trois couples de références: programme et situation, entrée et circulation, structure et couverture. L'environnement fixe les axes et les points de fuite auxquels le bâtiment réagit. Ceci se remarque particulièrement sur l'Atheneum construit par Meier, centre d'information pour les visiteurs de New Harmony, petite ville chargée d'histoire. En réponse au cours de la rivière et au réseau urbain, des panneaux de mur dans des angles de 5 à 45 degrés fracturent le cube, les échappées et les perspectives font des rapports mutuels le thème de l'architecture.
En ce qui concerne les logements, les rapports extérieurs ne sont pas thématiques à ce point et c'est l'organisation intérieure qui devient le leitmotiv. Elle est développée à partir de la mise en accès du programme d'agencement de l'espace et les rampes, les échappées et changements de niveau sont utilisés à dessein. Charles Gwathmey utilise les possibilités offertes par les couches de pièces superposées pour obtenir des constructions aux lignes très nettes. Le noyau du projet est souvent une «articulation» sur laquelle des éléments de construction décalés se rencontrent verticalement ou horizontalement. Parti de formes strictement cubiques et cylindriques, Gwathmey se tourna de plus en plus vers des formes spatiales, complexes et dynamiques, animées d'une grande tension intérieure.
Michael Graves n'avait que des contacts sporadiques avec le groupe et s'éloigna bientôt de la clarté cristalline de ses travaux. Il cultivait la «décoration construite» et des éléments particuliers, dignes de citation, se pressaient au premier plan. L'ancienne maison Hanselmann qui se distingue par le jeu positif-négatif des deux cubes d'habitat et sa façade «stratifiée», montre ses liens avec le programme des «Blancs», mais ses peintures murales qui font songer à des mutations pop de l'art cubiste ou puriste des années vingt, font sauter le cadre discipliné.

Peter Eisenman
Maison VI (la maison Frank), Cornwall, Connecticut, 1972–1973
Vue du nord-ouest
Photo Norman McGrath
Cette maison est parvenue à une certaine célébrité grâce à son escalier «placé à l'envers».

Vue du sud-est
Photo Norman McGrath

Page de droite: vue de l'intérieur
Photo Norman McGrath
Un escalier mène de l'entrée à l'étage et des paliers en gradins descendent jusqu'au séjour. Les différentes peintures veulent indiquer à quel système de références appartient un élément – ou une face d'un élément – de construction.

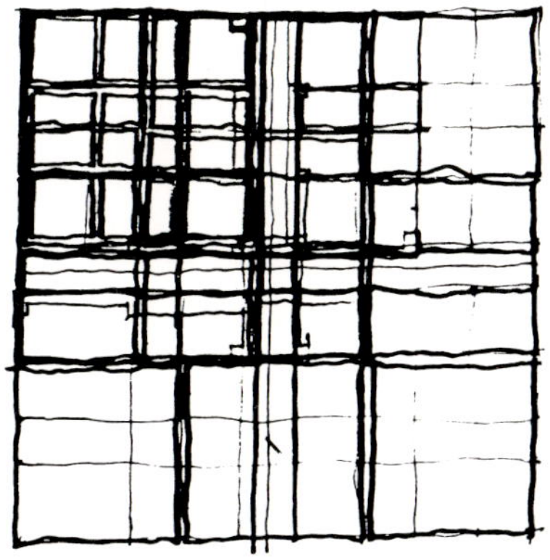

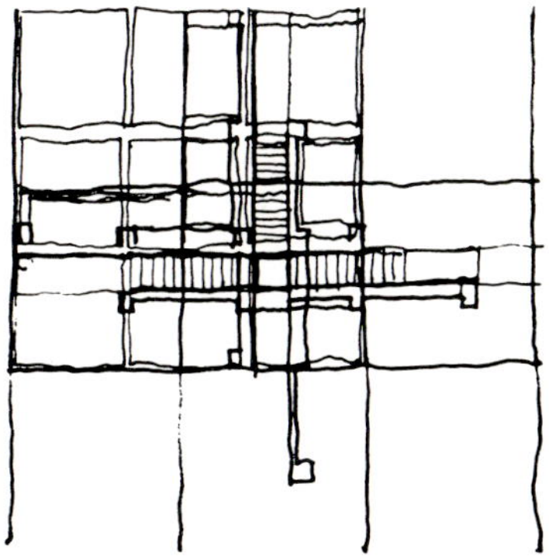

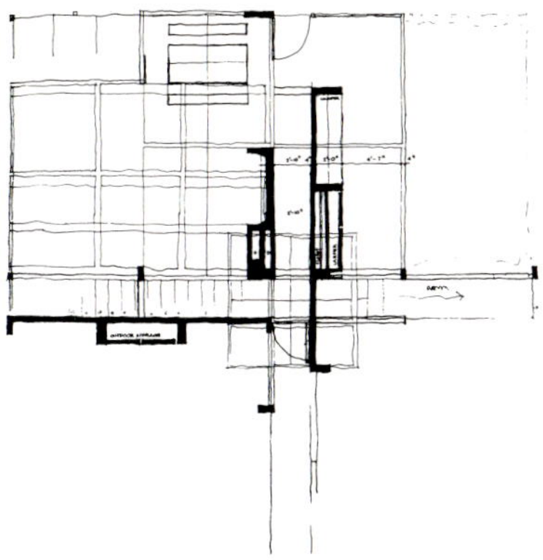

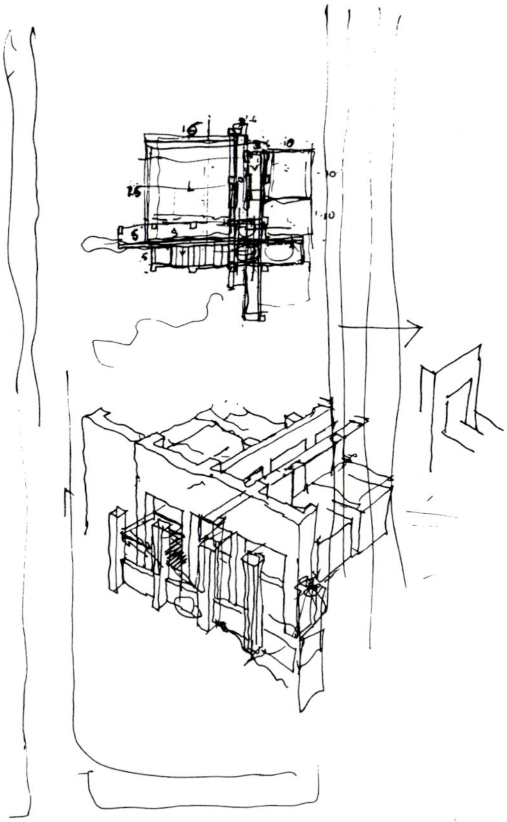

Esquisses de projet
Le plan est élaboré à partir d'une série de transformations géométriques et d'omissions qui détruisent progressivement la structure régulière d'origine.

Richard Meier
The Atheneum, New Harmony, Indiana,
1975–1979
Vue de la dépression où coule la Wabash
River sur le côté ouest et l'entrée principale
Photo Ezra Stoller/Esto

Côté est avec la rampe d'escalier
Photo Ezra Stoller/Esto
Les lignes du bâtiment renvoient nettement à celles de l'embarcadère de la nuière, de la ville et du parking. Le quadrillage de base est parallèle au plan de la ville et est coupé dans un angle de 5° par la longue rampe d'escalier qui mène vers les bâtiments historiques. Cette rotation de l'axe se poursuit à l'intérieur et devient une superposition de deux systèmes de références. Un vaste segment de mur au-dessus de l'entrée du côté ouest se replie dans un angle de 45° et se retrouve ainsi en position verticale par rapport au sentier qui vient du parking. Un élément du bâtiment fait les mêmes méandres que la rivière. De nombreuses rampes et des escaliers soulignent le caractère transitoire du bâtiment et permettent d'accéder à divers points de perspective. Les balustrades, tout comme les dalles de façade vernies en blanc qui recouvrent l'ossature métallique, rappellent les paquebots sur l'océan. Mais le complexe dans son ensemble ne soutient pas cette association, le bâtiment est trop cristallin et, dynamiquement parlant, ouvert dans de trop nombreuses directions.

L'Atheneum est le centre d'informations touristiques de New Harmony dont l'histoire fut marquée par la communauté harmoniste piétiste de Georg Rapp et la coopérative socio-utopique de Robert Owen. C'est ici que commencent les excursions à travers la ville historique. L'Atheneum se trouve à l'écart du plan strictement quadrillé de New Harmony et il fait suite à une série de bâtiments créés dans le cadre d'un programme de «réanimation» pour la ville et qui se trouvent libres à sa périphérie. L'Atheneum est le bâtiment le plus proche de la Wabash River, et comme le niveau de celle-ci est très variable, il a fallu remblayer les rives. Seule, une partie du programme de construction, l'auditorium et l'exposition de marquettes, a été réalisée bien que le projet initial ait été plus important.

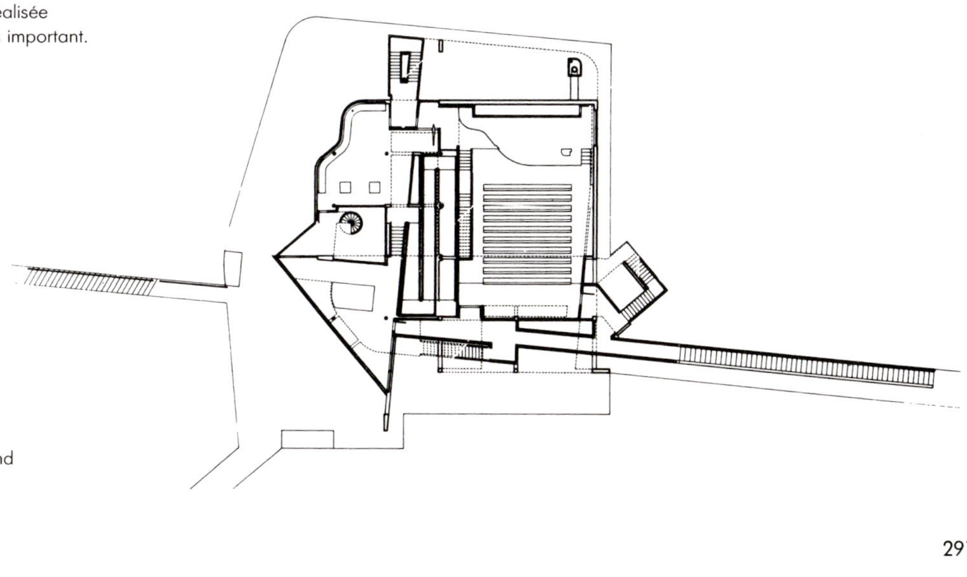

Plan du premier étage avec le grand auditorium.

Travailler à l'architecture moderne

Le 15 juillet 1972, jour mémorable, on a fait sauter le quartier Pruitt-Igoe à St. Louis, Missouri. Cette cité monotone, composée d'immeubles en disque de onze étages et construite vingt ans auparavant par Minoru Yamasaki, avait été un lotissement modèle et primé selon tous les critères de progrès de l'époque. On avait créé ici un habitat bon marché pour de nombreuses personnes, des logements en rangées disciplinées, entourés d'espaces verts. Mais le chaos régnait dans les longs couloirs entre les portes anonymes. Il était devenu impossible de contrôler le vandalisme et la délinquance. La démolition de l'ensemble fut pour l'architecte et critique Charles Jencks l'occasion d'annoncer la fin de l'architecture moderne, mais il fut aussitôt contredit: James Stirling et Philip Johnson insistaient sur le fait, selon Jencks, «qu'ils étaient des architectes modernes et encore bien vivants». Il ne suffisait pas, en effet, d'annoncer «la perte d'autorité de la triade sacrée: fonction, matériau et construction», comme l'a formulé Wolfgang Pehnt, pour organiser des funérailles. Un regard sur ces blocs dénués de toute imagination faisait douter des prétentions de l'architecture fonctionnelle, mais de nombreux architectes n'étaient pas du tout prêts à se laisser nommer postmoderne, moderne tardif ou après-moderne.

Entre-temps, l'architecture moderne s'était développée dans des directions très diverses, les tendances narratives et décoratives y étaient les plus importantes. Mais il y avait – et il existe encore – une tradition qui continua d'utiliser le vocabulaire mis en place et le compléta prudemment. Ses représentants ne recherchaient ni le spectaculaire, ni une intégration par trop défensive et à contre-cœur dans l'environnement urbain sujet aux changements. Egon Eiermann était l'un de ces architectes qui s'opposaient à la reprise des façades sculpturales et crevassées tout autant qu'à la tradition architecturale néoromantique: «Il faut constater», expliquait-il en 1964, «que l'architecture moderne se jette au cou du béton avec une force créatrice baroque pour ainsi dire prodigue, qui rappelle davantage la sculpture que l'architecture. Je suis moi-même un amoureux de l'acier et je voudrais dire que la construction en acier est pour moi le principe aristocratique dans l'art du bâtiment. Ici pas de bouillie qui, placée dans des coffrages, se laisse tordre et retourner, durcit lentement et ne reçoit sa colonne vertébrale que de l'acier. . .»

Pour Eiermann, se contraindre à adapter les bâtiments modernes à l'image ancienne de la ville, était trahir l'architecture moderne, d'autant plus que les objections de l'administration du bâtiment ne visaient que des détails superficiels. Des bâtiments comme l'administration centrale John-Manville au pied des Montagnes Rocheuses ou l'université de Lethbrige au Canada se dressent comme de gigantesques corps étrangers dans la nature, mais en même temps la clarté de leurs lignes généreuses, brutale en apparence, est aussi empreinte de respect pour le paysage. Les constructions de Cesar Pelli, celles du bureau de Kevin Roche John Dinkeloo and Associates et d'autres encore, appellent les mêmes constatations. Les bâtiments fermés ressemblent à des vaisseaux spatiaux sortis d'une épopée de science-fiction, qui, sereins

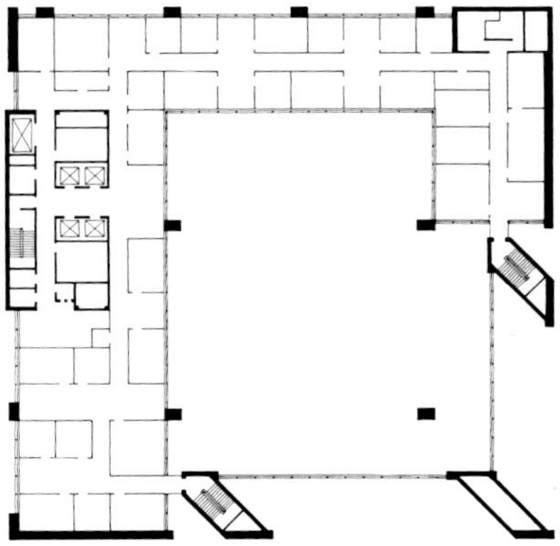

Kevin Roche John Dinkeloo and Associates
Centre administratif de la Ford Foundation, New York, 1963–1968
Vue de l'intérieur
Photo Norman McGrath
Le volume du bâtiment emplit complètement le terrain carré. Deux ailes de bureaux composées de douze étages font un angle autour de la cour intérieure vitrée et verdoyante, aussi haute que le bâtiment. Des galeries placées à une hauteur vertigineuse étreignent les robustes piliers verticaux et ferment le cadre du côté de la rue.

Plan

Egon Eiermann
Bâtiment de Josef Neckermann KG à Francfort/Main, 1958–1961
Photo Horstheinz Neuendorff/Institut für Baugeschichte der Universität Karlsruhe

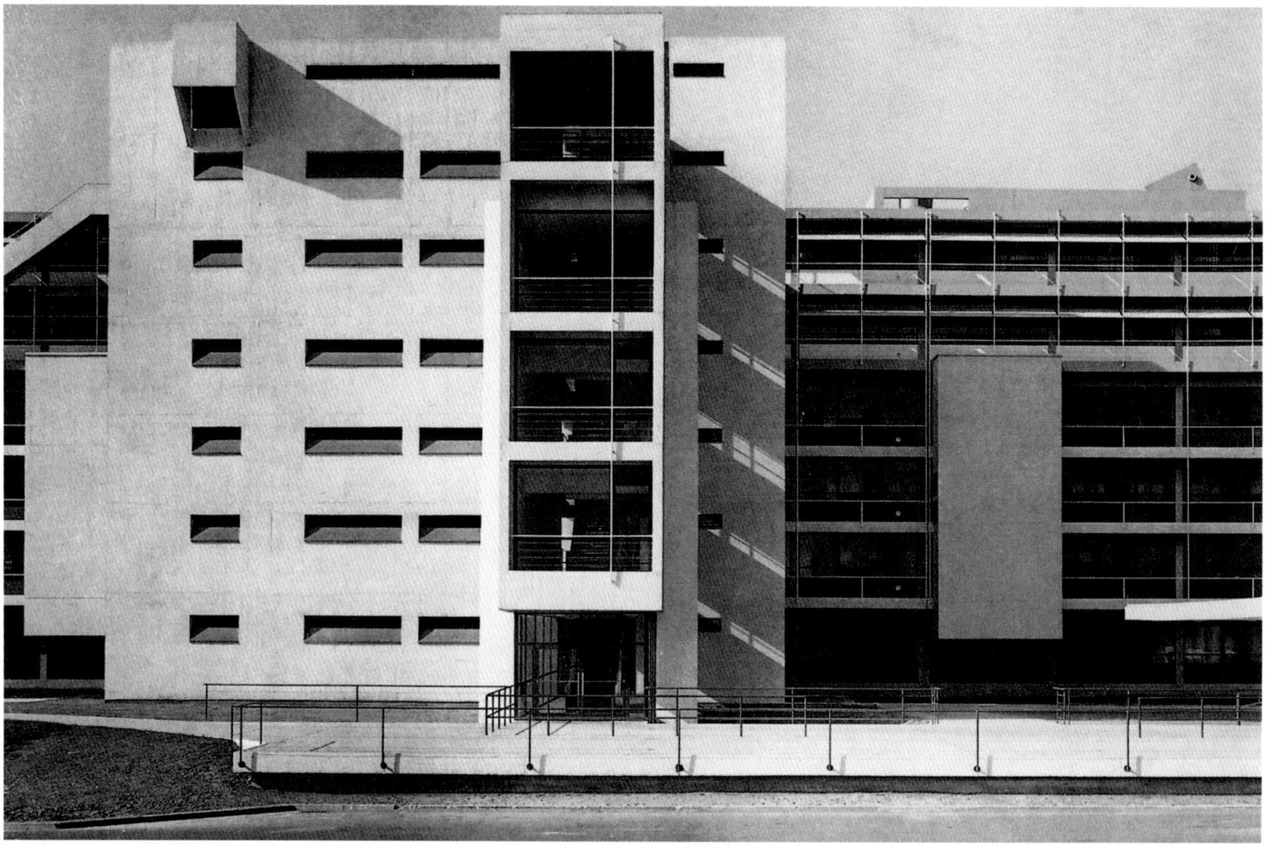

Cour intérieure au quatrième étage
Photo Horstheinz Neuendorf/Institut für Baugeschichte der Universität Karlsruhe
Le bâtiment, long de 257 mètres et large de 65 mètres, occupe un volume d'environ 400 000 mètres cube. Les piliers en béton armé forment un quadrillage de six mètres sur six. Les balcons de sauvetage, qui entourent la cour, sont aussi utilisés pour nettoyer les fenêtres et les tenir à l'ombre. Les couleurs contribuent à fragmenter les longues façades: le béton est gris clair, les balustrades blanches ou bleues, les stores extérieurs et les portes de sauvetage sont jaunes ou rouges.

Egon Eiermann
Centre administratif de Olivetti Allemagne à Francfort/Main, 1968–1972
Vue sur les tours
Photo Berengo Gardin/Institut für Baugeschichte der Universität Karlsruhe
Deux tours destinées à l'administration et aux appartements des invités sont contiguës à un bâtiment de plain-pied où se trouvent les locaux de vente et le centre de calcul et de formation. La forme de coupe, qui fait que les étages complets commencent seulement au sixième étage, a permis de resserrer les bâtiments individuels. Les balcons de sauvetage et les stores extérieurs sont soutenus par de légères tiges d'acier, comme c'est le cas pour le bâtiment Neckermann, ce qui donne aux façades un aspect technique et filigrané.

Coupe

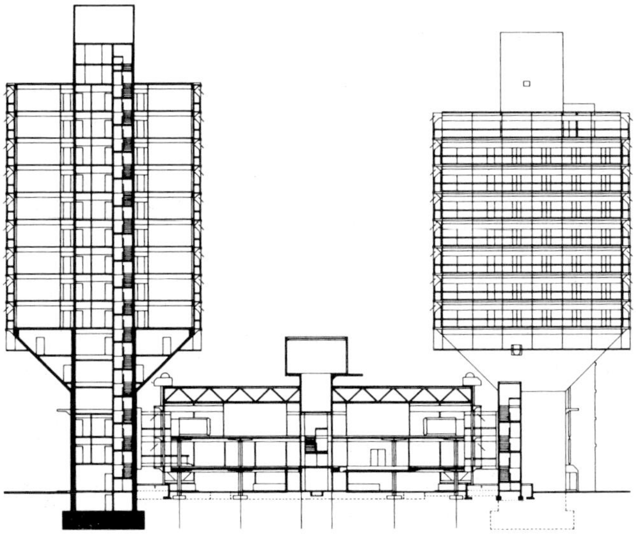

James Stirling et James Gowan avec Michael Wilford et Malcolm Higgs
Faculté des ingénieurs de l'université de Leicester, 1959–1963
Axonométrie
Une halle de vastes dimensions destinée aux ateliers a été reliée à une tour renfermant les bureaux et les laboratoires. De nombreux volumes sont échancrés dans un angle de 45° et la toiture en redents du bâtiment contenant les ateliers est également tournée à 45° vers les façades. Des carreaux en terre cuite recouvrent les surfaces de béton du bâtiment qui n'est soutenu que par des supports en acier.

Page de gauche: vue sur le parc municipal
Photo Richard Einzig/Arcaid

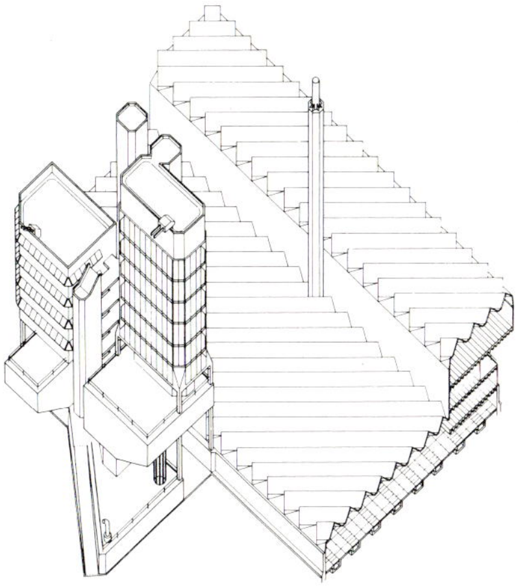

James Stirling avec Michael Wilford, Brian Frost et David Bartlett
Faculté des sciences historiques de l'université de Cambridge, 1964–1967
Entrée principale
Photo Richard Einzig/Arcaid
Les salles de séminaires et les bureaux sont placés dans deux ailes de sept étages. Elles forment un angle droit avec la salle de lecture au toit vitrée de la bibliothèque attenante au bâtiment de plain-pied où les livres sont entreposés.

Axonométrie

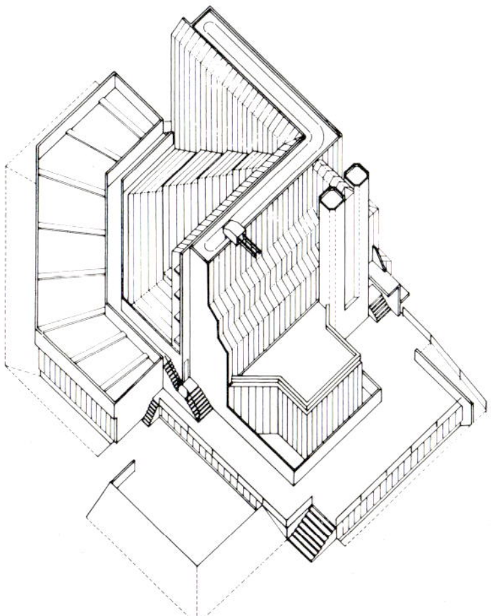

Vittorio Gregotti
Université de Calabre près de Cosenza,
1973
Archives Gregotti

Dessin en perspective

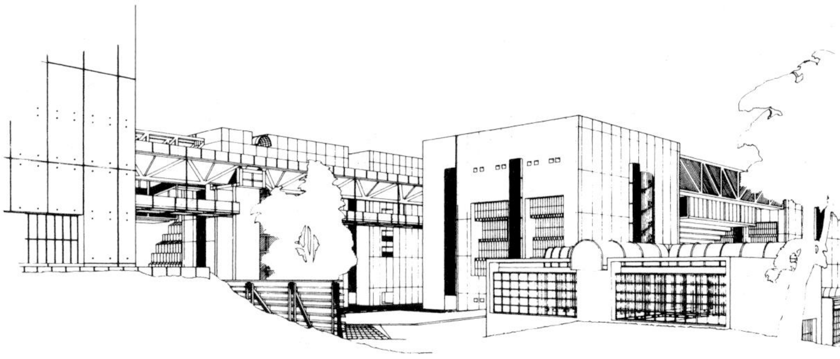

Adolfo Natalini
Banque à Alzate Brianza, 1985
Photos Gabriele Basilico
La construction en béton armé est complètement revêtue de plaques de granit. C'est l'alternance des pierres polies claires, chinées et gris foncé qui crée le dessin rayé.

Philip Johnson et Richard Foster
Tour des laboratoires de l'institut de biologie de la Yale University à New Haven, Connecticut, 1964-1966
Archives Burkhard-Verlag Ernst Heyer
La structure porteuse en béton reste cachée derrière les cylindres de brique; le motif des colonnes se poursuit dans la galerie de la cour avancée. La situation élevée de l'institut sur la colline offre une perspective attrayante au point de vue architecture urbaine si on le compare à la tour Knights of Columbus, située de l'autre côté de la ville coupée en son milieu par le Common Green.

et sûrs de leurs capacités, se seraient posés brièvement avec leurs robustes structures porteuses sur la terre pour repartir bientôt. La volonté de réunir toutes les zones fonctionnelles sous un revêtement commun mène à une perte des proportions, car le quadrillage homogène du Curtain Wall et l'importance des volumes n'offrent plus de points d'orientation. Certains architectes préfèrent que le bâtiment crée lui-même ses proportions et utilisent à cet effet des éléments de construction surdimensionnés; on le voit dans les grandes constructions de Kevin Roche et John Dinkeloo; d'autres ne s'occupent pas de la structure superficielle et le bâtiment disparaît sous un revêtement de verre miroitant ou opaque et coloré qui entoure le corps du bâtiment comme une feuille métallique, le Pacific Design Center de Cesar Pelli en est un exemple.

Des bâtiments aussi grandioses et impressionnants ont en eux quelque chose d'indéfinissable et le spectateur cherche des associations. La déformation des proportions ou les surfaces miroitantes les font finalement comparer à de petits objets qui seraient devenus gigantesques, les cubes du jeu de construction de Gulliver en quelque sorte. Dans le cadre d'un projet universitaire, les étudiants furent interrogés au sujet du Pacific Design Center de Cesar Pelli. La plus fréquente association, parmi les réponses nombreuses et très diverses, renvoyait au souvenir d'un enjoliveur de voiture.

Page de droite:
Kevin Roche John Dinkeloo and Associates
New Haven Veterans Memorial Coliseum et centre administratif Knights of Columbus à New Haven, Connecticut, 1965–1969
Photo Yukio Futagawa/Retoria
Les quatre cylindres corniers de la tour où se trouvent les bureaux sont en béton recouvert de tuiles, les sous-poutres sont en acier bruni, résistant aux intempéries. Les ascenseurs sont regroupés dans un noyau central, les escaliers de secours et les installations sanitaires sont placés dans les cylindres. Sur le terrain voisin, au bord de l'autoroute urbaine, se trouve le Coliseum avec l'arène de hockey sur glace et la salle polyvalente. Le parking pouvant contenir 2400 véhicules a été installé dans l'immense construction de quatre étages qui forme la toiture et deux rampes en spirale y donnent accès.

Coupe transversale

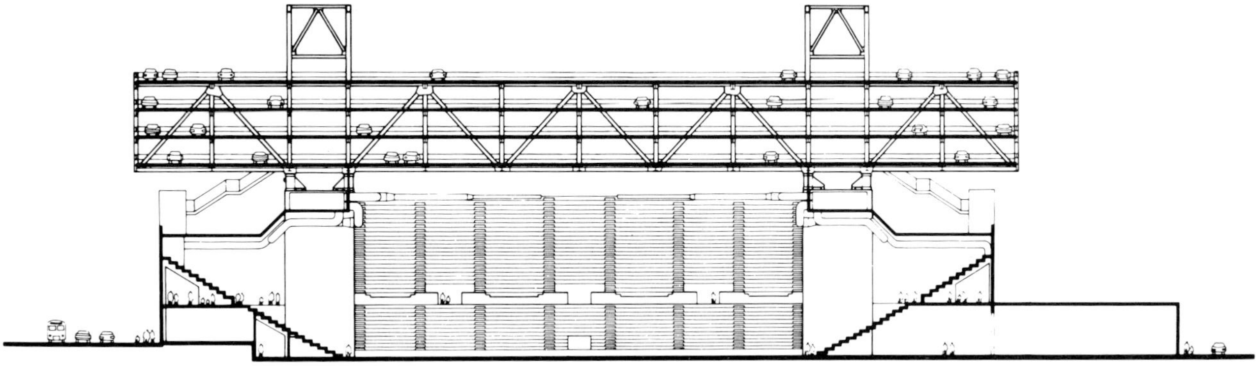

Victor Gruen Associates et Cesar Pelli & Associates
Pacific Design Center à Los Angeles, Californie, 1975
Photo Joe C. Aker/Aker-Burnette Inc.

La construction en acier recouverte de verre bleu opaque offre 67 000 mètres carrés de surfaces d'exposition et de vente aux entreprises de la décoration et du meuble. Des agrandissements ont été prévus dans les années 80. Le premier a été terminé en 1988: un cube de verre vert légèrement tourné, placé à l'arrière du bâtiment initial. Il doit être suivi d'un bâtiment rouge en forme de secteur d'ellipse. L'aménagement de la place menant au San Vincente Boulevard était inclu dans ces projets et une zone calme et bienfaisante avec une fontaine, un petit amphithéâtre et un pavillon d'exposition a été créée à cette occasion.

Plan d'ensemble

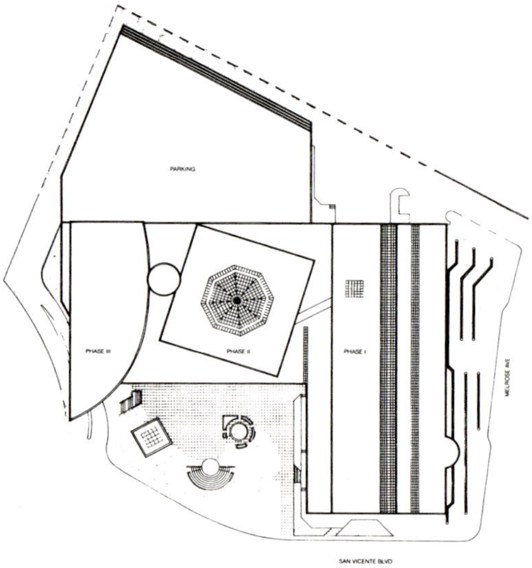

Kevin Roche John Dinkeloo and Associates
Centre administratif de la College Life Insurance Company of America, Indianapolis, Indiana, 1967
Photo Yukio Futagawa/Retoria
La capacité d'extension est une exigence courante et cela a conduit ici à la conception de neuf tours de bureaux, dont trois ont été réalisées dans la première phase de construction. Ce sont des corps autonomes légèrement décalés les uns par rapport aux autres, reliés par des ponts et des tunnels. Les façades de verre bleu profond «s'appuient» contre les angles de béton à l'air massif qui renferment les salles d'approvisionnement et de service.

Plan

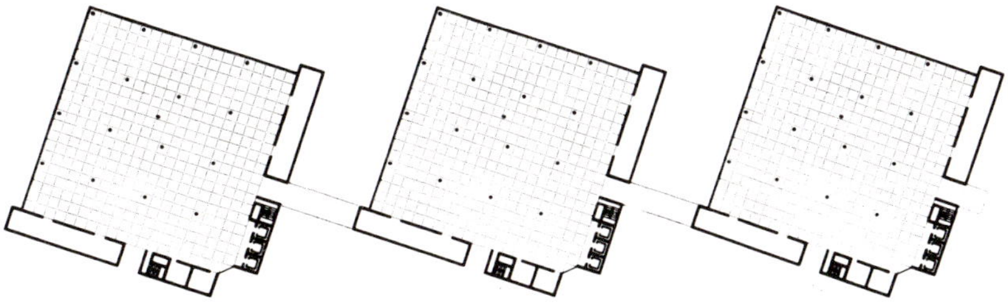

The Architects Collaborative Inc.
Centre administratif de Johns-Manville à Jefferson County, Colorado, 1973–1976
Photo Nick Wheeler
La façade de ce bâtiment long de 330 mètres au pied des Montagnes Rocheuses est faite de plaques d'aluminium et de disques réfléchissant la lumière. Ce projet fut retenu dans un concours au lieu de solutions présentant des bâtiments individuels en plus ou moins grand nombre parce que – ce sont les arguments du jury – il symbolisait de manière convaincante les exigences d'une firme mondiale tout en respectant le paysage par ses lignes claires.

Axonométrie
Les parkings nécessaires à l'énorme quantité de voitures ont été en partie placés sur le toit et sont accessibles par des tours portant des rampes.

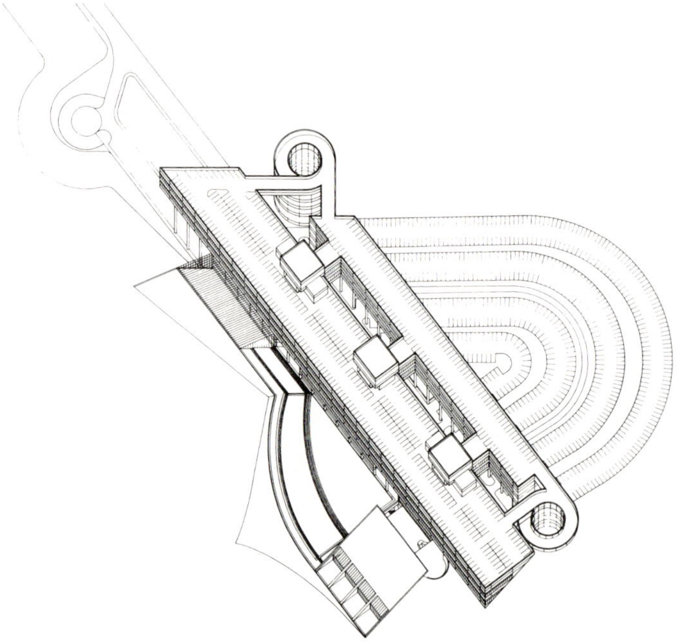

Comme nous l'avons vu, cette forme d'architecture s'efforce de réunir toutes les zones fonctionnelles dans un corps fermé, souligne la pellicule technique de ce corps et refuse une adaptation mesquine à l'environnement urbain ou naturel. Pour certain il s'agissait de conditions absolument nécessaires à l'architecture moderne, mais on remarque, par exemple dans les bâtiments de James Stirling, que le refus d'un corps unitaire techniquement lisse n'est pas synonyme de renoncement au vocabulaire de l'architecture moderne classique. Stirling l'a montré avec la faculté d'ingénieurs de Leicester: l'échelonnement et la séparation des bureaux et des ateliers reflètent la diversité des occupations qui existent ici et la convertissent en objectivité formelle. Un revêtement de briques est destiné aux surfaces en saillie, si bien qu'il apparaît vraiment comme une réelle «peau de protection» et appartient donc au même contexte fonctionnel que les façades habituelles en verre ou en métal.

Philip Johnson qui retourna lui aussi aux façades en pierre naturelle, expliquait dans son exposé sur les «sept Schibboleths de l'architecture»:«Nous avons parlé d'un progrès matériel et aussi que nous devrions utiliser les techniques et les matériaux les plus modernes – mais le granit et le bronze ne sont-ils pas encore et toujours les plus beaux matériaux?» Il est vrai qu'ils ne sont pas bon marché, mais il s'agit de se libérer de l'idée selon laquelle on peut obtenir une bonne architecture pour peu d'argent: il faut bien reconnaître que «des bâtiments magnifiques sont toujours très chers».

Arthur Erickson Architects Inc.
Université Lethbridge à Alberta, 1972
Photo Simon Scott
Toutes les installations servant aux cours et à la recherche ont été regroupées sous un toit avec les chambres d'étudiants: un vaisseau spatial de la science parfaitement autarcique.

Coupe transversale

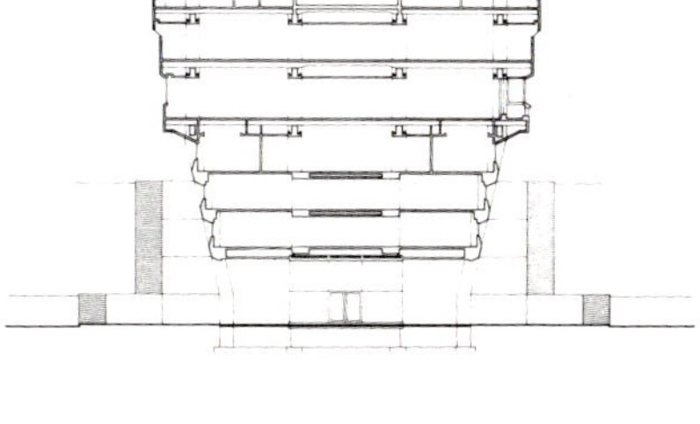

Alberto Campo Baeza
Ecole à Madrid-San Sebastián de los Reyes, 1983
Archives Baeza
Des cylindres fermés au comble à pignon plat, où se trouvent les pièces de service, sont annexés de manière strictement stéréométrique au parallélipipède qui renferme les salles de classe.

Le Rationalisme du sud

«Avec ses alignements d'arcades et ses façades presque infinis, avec d'amples lignes droites, avec des masses énormes, des couleurs simples, avec des clair-obscurs presque lugubres, il arrive à créer... l'impression de lointain, de solitude, d'immobilité et de rigidité que certaines pièces de théâtre éveillent aussi dans nos âmes endormies.» C'est avec ces mots que Guillaume Apollinaire présentait en 1914 le peintre Giorgio de Chirico dont les tableaux nous montrent des places et leur vide surnaturel ainsi que la vision d'un train dans le lointain, qui exposent le lieu de la communauté à une lumière inexplicable. Les arcades et leurs plaques martelées conjurent une ville métaphysique dans les coulisses de laquelle les hommes sont solitaires. L'architecture semble faire partie de «la conscience onirique collective» (Walter Benjamin), sa signification naît de la conjuration de signes éternellement valables, dont la communauté compose la ville – arcade et place, pignon et maison, colonne et temple, arc et pont, arbre et bosquet.
Les travaux d'Aldo Rossi se rattachent à de telles interprétations architecturales. Pour lui, les éléments géométriques originels, les formes de bases non réductibles comme le cube, le cylindre, la pyramide et le prisme, ont acquis un «sens précis» au cours de l'histoire. Le créateur – selon Rossi – place les pierres de construction du bâtiment prévu d'après les lois logiques de l'ordre, comme si les souvenirs étaient les cubes d'un jeu de construction. Le lieu de l'événement est la ville grandie dans l'Histoire, elle crée le scénario et les hommes ne sont que des êtres de passage qui s'y déplacent: ils entrent, marchent un moment et s'en vont. C'est pour cela que les monuments de Rossi ne portent aucune inscription, c'est la géométrie et non le langage qui demeure. La comparaison avec le théâtre coule de source, c'est une fenêtre sur une autre réalité qui permet de visualiser les excursions métaphysiques. La scène est la place de la ville, c'est ici que se concentre l'esprit poétique de la communauté. Rossi désire créer des places et refuse de construire des bâtiments solitaires et autonomes comme l'a fait Le Corbusier. L'art de la composition architectonique remplace un agencement basé sur des raisons quelconques et qui est pour lui trop ancré dans les contraintes matérielles actuelles et les idéologies en vigueur. A partir des fragments trouvés sur place et des signes rajoutés, il crée une nouvelle unité «en ce qu'il réduit ou multiplie tour à tour les possibilités formelles». C'est le contexte et le choix des signes construits qui font naître le contenu. Rossi le précise encore en citant son modèle Adolf Loos: «Si nous trouvons dans la forêt une colline, longue de six souliers et large de trois, dressée en forme de pyramide à l'aide d'une pelle, alors nous devenons graves, et quelque chose en nous nous dit: quelqu'un est enterré ici. C'est cela l'architecture».
Des travaux comme le monument en l'honneur des résistants à Segrate ou le projet pour le cimetière San Cataldo à Modène sont des prototypes de Rossi, même si leur réalisation est sujette à quelques restrictions. Les jeux d'ombre et de lumière sur les stéréométries grossières deviennent le catalyseur de sensations qui vont au-delà

Aldo Rossi avec Gianni Braghieri
Ecole à Broni, 1979–1982
Sortie donnant sur le terrain de sport
Photo Roberto Schezen/Agenzia Fotografica
Luisa Ricciarini

Plan
Les salles de classe forment un carré dans lequel la salle des fêtes se dresse sur un socle rond comme un corps de bâtiment octogonal autonome. Des galeries couvertes conduisent vers les quatre points cardinaux et divisent ainsi la cour intérieure.

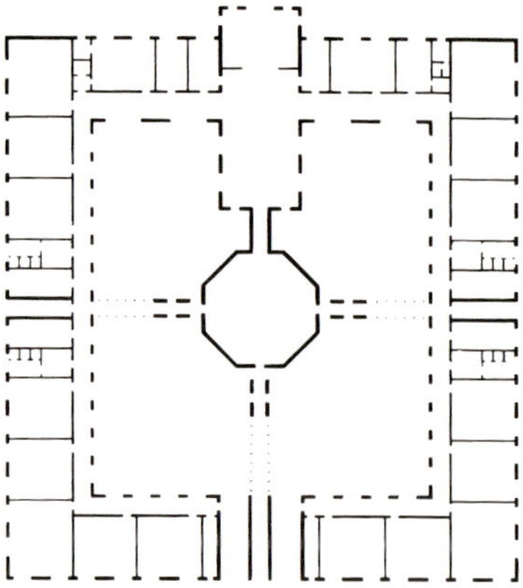

Aldo Rossi avec Gianni Braghieri
Cimetière San Cataldo à Modène,
1971–1984
Photo Maria Ida Biggi
La cour entourée de colombaires d'un cimetière du 19ème siècle a été complétée par une seconde cour dotée d'une salle pour les urnes. Un cube, que le premier projet de Rossi laissait déconcentré, devint l'ossuaire et forme le centre de cet élargissement. Les niches des fenêtres carrées vides symbolisent la paix de la mort. La galerie à colonnes de la photo, dont le premier étage renferme les niches destinées aux urnes, recoupe l'axe central des deux complexes.

de la simple organisation des éléments constructifs. Cette intention est souvent plus nette dans ses esquisses que dans la construction terminée, qui n'est pour lui que l'autre face de la même réalité de l'image. Les bâtiments perdraient de leur vitalité sans la forte lumière du sud: c'est bien «une architecture de l'ombre . . . Les ombres marquent le temps qui passe et le cours des saisons». Dans l'ombre des niches de fenêtres vides de l'ossuaire dans le cimetière de Modène, on retrouve aussi la mélancolie de Chirico: les morts reposent ici et le silence règne.
Dans la maison aux arcades de la Gallaratese 2 dans la cité milanaise Monte Amiata, Rossi avait rassemblé les petits logements en rangées et les avait regroupés dans un parallélépipède inhabituellement long, porté par des piliers, qui n'est découpé abruptement et nettement qu'à l'endroit où le terrain connaît un brusque changement de niveau. Les façades radicalement réduites – depuis il s'est expressément distancé de cette ascèse structurale – étaient des lignes monotones et sans

fin de disques de béton et d'ouvertures carrées uniformes. Les fils à linge et les marquises improvisées des locataires mirent de la vie dans ce monolithe. Rossi les considérait, même s'il s'agissait de petites interventions et transformations, comme un travail de prolongation décisif dans l'architecture et non comme la perturbation d'une forme définitive qui serait la seule valable.

D'autres architectes suivirent Aldo Rossi dans la voie de la réduction formaliste, Giorgio Grassi par exemple, qui évite presque encore plus radicalement les éléments imagés dans ses travaux: l'architecture devrait – ce sont ses mots – ne rien représenter d'autre que de l'architecture, ne laisser que des «signes de repère collectifs pour le futur». On voit donc, dans le foyer d'étudiants de Chieti, devant les rangées de chambres sur trois étages, de colossales rangées de piliers rassemblés en une marche muette qui nous glace et nous inquiète. Le renoncement à tous les éléments d'agencement individualistes caractérise aussi la «villa» de Grassi, créée lors de l'exposition internationale du bâtiment dans la Rauchstraße de Berlin. La maison est le pôle bienfaisant, équilibrant, de cette collection de bâtiments opulents, elle ne cache pas l'étroitesse des appartements par une décoration excessive, mais dévoile déjà à l'extérieur le programme sobre du maître d'œuvre. Une telle honnêteté peut sembler dépassée, mais elle est bien moins synthétique que la surcharge des décors présentée au même endroit.

Des pays du sud, autres que l'Italie, ont adopté les traditions d'une architecture rationnelle, stéréométrique et claire. En Espagne, Alberto Campo Baeza créa par exemple à partir de bâtiments cubiques et blancs, munis de rampes et de rambardes, des formes très individuelles. Les écoles qu'il a construites à Madrid s'affirment avec succès dans leur environnement incohérent comme des objet fermés sur eux-mêmes, discrets, sérieux et pourtant non dénués d'esprit. Au Mexique, on doit surtout mentionner le vieux maître Luis Barragán. La paroi et la couleur, la structure et la lumière sont ses thèmes. Des murs crépis et pigmentés entourent des cours et des espaces clairement découpés. Des formes élémentaires et des géométries simples et accessibles d'un coup d'œil déterminent la composition qui se réfère à l'architecture villageoise traditionnelle mexicaine, aux maisons précolombiennes ou aux églises de l'époque coloniale espagnole. Même lorsqu'il exécute des projets importants pour une clientèle aisée, il laisse derrière lui une poésie de la parcimonie. On la ressent le plus profondément dans le motif de la cour vide qui vit du contraste entre

Aldo Rossi
Aménagement de la place avec un monument à Segrate, 1965
Esquisse de projet
Bildarchiv Photo Marburg
Un projet assez important prévoyait l'aménagement de la place située devant la mairie de Segrate: il s'agissait d'un agencement comprenant de larges escaliers plats, des parois de mur avec des arcades les entourant, d'une série de colonnes basses et découpées et d'un monument en l'honneur des résistants de la Seconde Guerre mondiale. Seul le dernier point a été réalisé: le cercle, le triangle et le rectangle sont les formes géométriques à partir desquelles les corps détachés, apparemment placés les uns sur les autres, se sont développés.

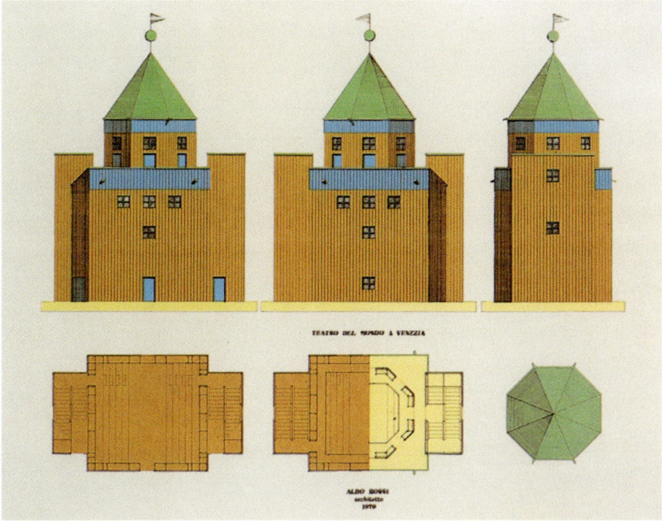

Aldo Rossi
Teatro del Mondo pour la Biennale de Venise, 1979–1980
Perspectives et plans
Bildarchiv Photo Marburg
A l'occasion de la Biennale de Venise en 1980, on fit revivre la tradition des théâtres flottants, qui, autrefois, jetaient l'ancre dans la ville à l'époque du Carnaval. Rossi remania la forme traditionnelle et s'orienta plutôt à la scène centrale de Shakespeare. Le théâtre-radeau, arche de Noé de la culture, se trouva à la Punta della Dogana, jusqu'à ce qu'il soit emmené à Dubrovnik pour être finalement démoli.

Giorgio Grassi et Edoardo Guazzoni
Villa dans la Rauchstraße à Berlin, 1982–1984
Esquisse de projet
Deutsches Architekturmuseum, Francfort/Main

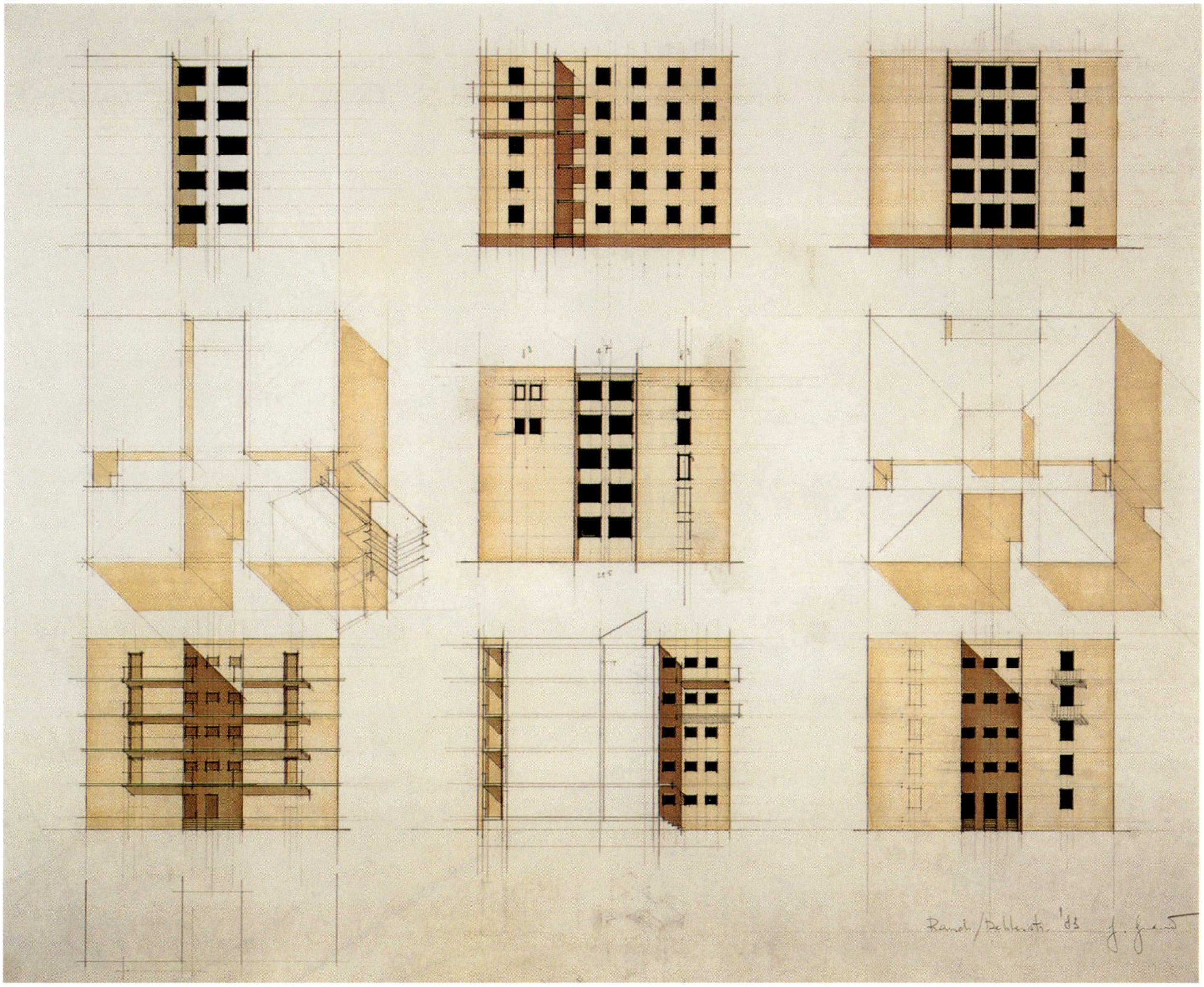

Mario Botta
«Casa Rotonda», la maison Médici à Stabio, 1980–1982
Photo Roberto Sellito

Mario Botta
La maison Bianchi à Riva San Vitale,
1971–1973
Photo Alo Zanetta
Cette maison individuelle, au bord du lac de Lugano, est construite comme une tour de quatre étages et est accessible par une passerelle d'acier à l'air fragile. Elle semble close et repliée sur elle-même. Derrière les surfaces échancrées et les fentes se cachent pourtant des terrasses qui assurent la transition entre l'intimité hermétique de la maison et l'étendue du paysage.

Axonométries des étages

Alberto Campo Baeza
Ecole à Madrid-San Fermín, 1985
Page de gauche: la cage d'escalier; en bas:
la cour
Archives Baeza

Axonométrie

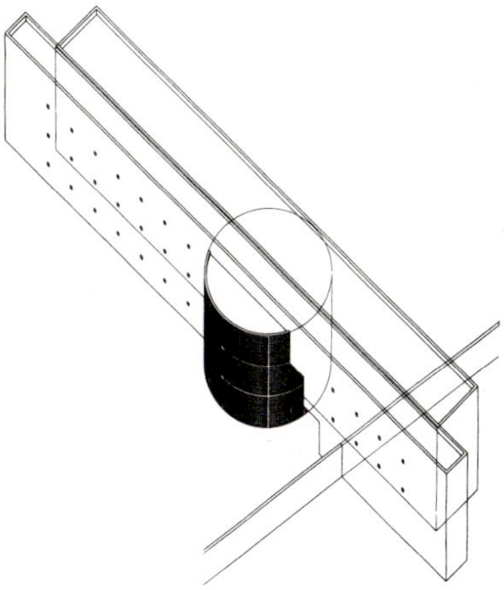

les couleurs vives et les durs contours d'ombre et de lumière. Selon lui, l'architecture moderne faisait une erreur en abandonnant «la protection des murs au profit de la transparence du verre. . . l'architecture qui n'éveille pas de sentiment de sécurité n'a pas rempli sa mission spirituelle». L'architecture de Barragán, tout comme celle d'Aldo Rossi, est chargée de réminiscences historiques. Ses figurations sont pourtant plus vitales et plus émotionnelles.
Comparées à l'art poétique de Barragán, les œuvres de Mario Botta, architecte suisse, semblent être les produits abstraits d'une table à dessin. Chez lui aussi le mur est archaïque et la forme absolument stéréométrique. Mais de vastes échancrures retirent à ses façades massives, souvent prismatiques ou cylindriques, leur statisme évident. Les fenêtres traditionnelles sont évitées au maximum, les pièces s'ouvrent derrière des rectangles, des entailles et des cercles découpés à la matrice, au-dessus de zones intermédiaires, sur l'extérieur. La géométrie est fragmentée, le continuum

Luis Barragán avec Andrés Casillas
«San Cristobal», haras pour Folke Egerstrom
à Los Clubes, Mexico City, 1967–1968
Photo Tim Street-Porter

Les Egerstrom élèvent des pur-sang qui subissent un entraînement pour devenir des chevaux de course. A côté de la maison, on a donc construit de vastes écuries autour d'un étang plat, alimenté par un puissant jet de fontaine. La cour est séparée du terrain d'entraînement par la longue paroi aux larges passages que l'on voit sur la photo. Les murs crépis grossièrement sont peints en rose, violet et rouille, leurs proportions bien calculées et leur calme archaïque en font la coulisse idéale pour les chevaux, acteurs principaux de la scène.

Plan général

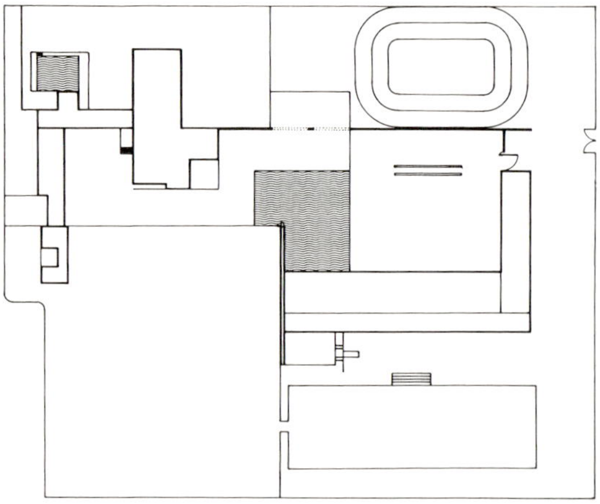

violé à dessein. Le maniement des matériaux est profondément artisanal. Des pierres habilement pivotées dans le mur visible, les alternances d'appareil ou les revêtements luisants, font naître des effets étonnants dans le détail. La masse formelle des grandes surfaces renforce le caractère monolithique qui rend les maisons de Botta si autarciques et si erratiques, lui-même les nomme «cavernes magiques». Pour Botta, «l'architecture et la nature sont antinomiques, l'architecture est un dialogue avec la nature. L'architecture est un facteur artificiel. La seule possibilité de reconnaître la nature est de s'y opposer, d'entrer en confrontation avec elle. . . L'architecture est une force qui menace le paysage, elle ne peut s'y intégrer et doit créer un nouvel équilibre». Aux critiques qui reprochent à ses constructions de ne montrer aucune considération pour le paysage, de n'avoir aucun rapport avec lui, Botta répond sèchement et implacablement: «Je crois qu'il est faux de se soumettre au premier environnement venu. Si des valeurs existent, elles seront intégrées. Mais je ne peux pas me référer à la bêtise qui règne aux alentours».

Ricardo Legoretta
Hotel Camino Real à Mexico City, 1968
Photo Armando Salas Portugal

G. Lippsmeier et F. Reiser
Halle présentée à l'exposition industrielle allemande de Khartum, 1961
Archives Mero-Raumstruktur

Des Structures ouvertes

«La maison futuriste doit être comme une machine gigantesque. L'ascenseur ne doit plus se cacher comme un ver solitaire dans la cage d'escalier; les escaliers superflus doivent disparaître et les ascenseurs doivent s'élancer vers le ciel comme des serpents de verre et d'acier.» Cette déclaration d'un manifeste de 1914, «Architettura futurista», refusait nettement toute enveloppe artificielle, quelle que soit sa forme. Antonio Sant'Elia écrivait que «la valeur décorative de l'architecture futuriste dépend uniquement de son usage et d'une utilisation originale du matériau brut, nu, aux couleurs vives». La technique, porteuse de l'utopie, livra les nouveaux éléments nécessaires à l'élaboration d'une esthétique de la machine, qui était en même temps messagère d'espoir et vision idéale. Elle s'oppose en principe à l'ingéniérie, puisqu'elle s'efforçe de réduire les éléments de construction et de rendre les calculs plus clairs. La maison est pour les deux tendances une œuvre artificielle techniquement organisée.

Le progrès effectif était l'œuvre des praticiens. L'ingénieur Max Mengeringhausen avait déjà développé pendant la Seconde Guerre mondiale un système de nœuds normalisés et de barres permettant le montage rapide de charpentes légères. Après la guerre, cette conception de construction en éléments mobiles, qui se distinguait par la récupération des pièces détachées industrielles, fut bientôt utilisée pour de nombreux échafaudages, ponts provisoires, pylones en treillis et grues. Ce système MERO, abréviation pour «Mengeringhausens Rohrbauweise», obtint son premier grand succès au Salon Interbau en 1957 à Berlin. Sous le titre «la ville de demain» on montra une salle claire, présentant le nouveau système architectural de construction, conçu par Karl Otto. Une pellicule textile formée plastiquement au-dessus du filet en treillis, était l'œuvre de Frei Otto.

Des constructions simples à partir de pièces de construction MERO reprennent souvent les éléments en barre standardisés dont les longueurs ont entre elles un facteur de relation $\sqrt{2}$, ce qui permet de former des carrés et les diagonales qui les renforcent. Mais les calculs assistés par ordinateur permettent même aux formes complexes, non cubiques, de rester économiques malgré les nombreuses fabrications hors-série. Ce sont des constructions extrêmement légères, on pourrait dire des bicyclettes dans la troisième dimension.

Une autre voie, satisfaisant à ce «principe de construction légère», est celle qui utilise des membranes et des suspensions capables de recouvrir de grandes surfaces pour un minimum de frais. Pour Frei Otto, les diatomées, les toiles d'araignées et les bulles de savon sont la préfiguration idéale des structures de l'espace, car la nature atteint son but en utilisant le moins possible de matériau. Les bulles de savon par exemple sont le meilleur exemple d'une tension superficielle équilibrée. Transférer ces possibilités sur de grands bâtiments n'est pas sans problèmes: les constructions naturelles ne fonctionnent vraiment qu'en statistique, quand une majorité des figures assurent la survie de l'espèce malgré les dégâts constants. Antonio Sant'Elia avait même décidé en 1914 – il s'agissait à vrai dire d'une conception esthétique – d'en

Frei Otto et Rolf Gutbrod
Pavillon allemand à l'exposition mondiale de Montréal, 1965–1967
Le filet-support avant le hissage de la membrane protectrice
Institut für leichte Flächentragwerke, Stuttgart
Le pavillon allemand suivait la devise de l'exposition «l'homme et son univers» en présentant un «paysage créé par la main de l'homme».

Le pavillon terminé
Institut für leichte Flächentragwerke, Stuttgart
Huit mâts côniques de près de 37 mètres de hauteur en tôle d'acier tiennent le filet en câbles d'acier de la toiture. Une pellicule de polyester transparent placée sous ce filet le rend hermétique et un dôme en treillis de bois le complète. 7700 mètres carrés au total ont été recouverts. Seule différence avec les anciennes constructions de Otto: le filet de câbles porteur et la membrane de revêtement ont été séparés. Ce concept a été repris à Munich pour le toit du stade des Jeux Olympiques.

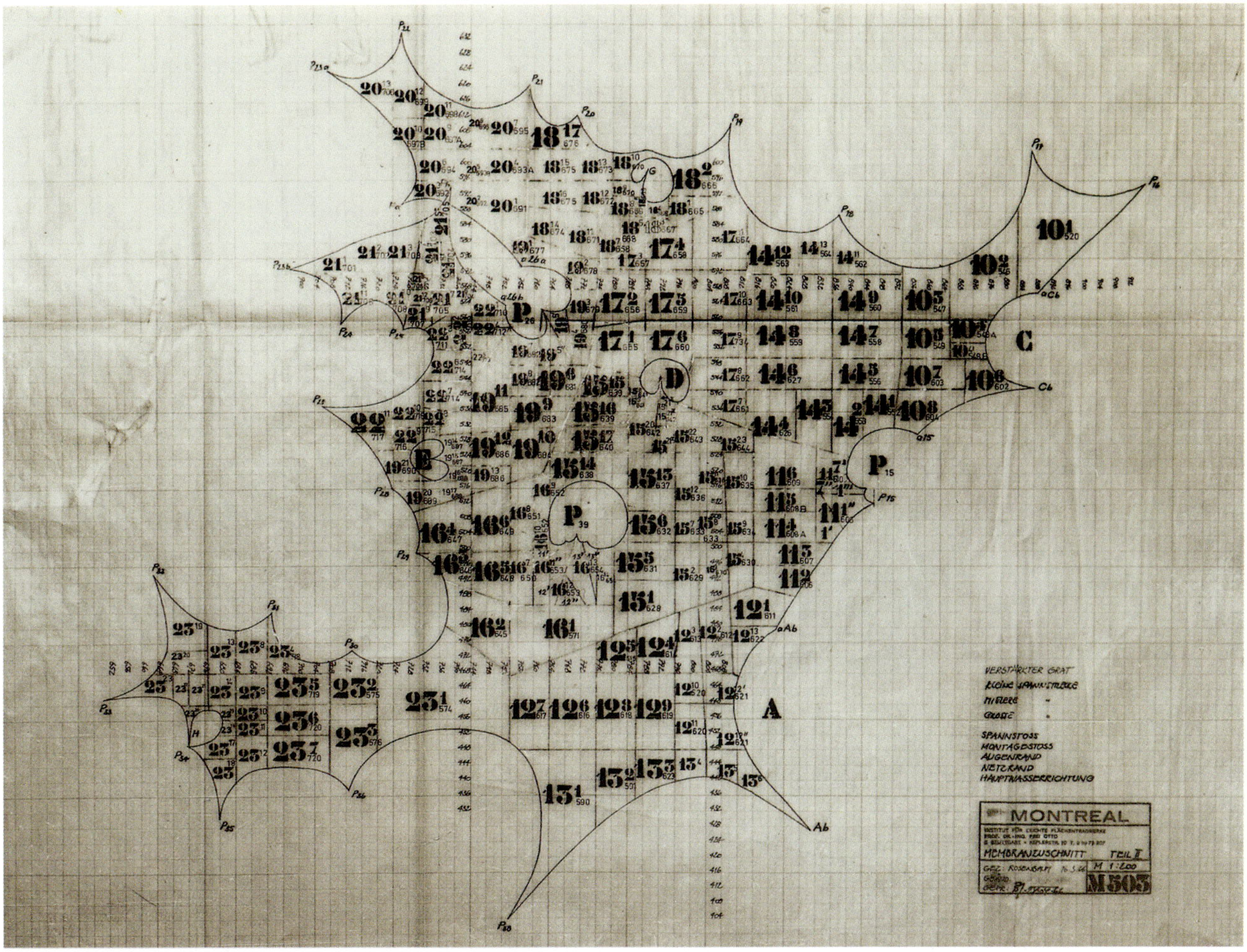

Patron de la membrane, seconde partie
Institut für leichte Flächentragwerke, Stuttgart

faire un programme: «Les maisons vivront moins longtemps que nous. Chaque génération devra bâtir sa propre ville».

Les «champignons», les «papillons» et les «tentes à quatre points» de Frei Otto, faits d'étoffe habilement drapée, ont été admirés mais n'étaient pas considérés comme de l'architecture. Il leur manquait probablement le facteur d'éternité. Le stade olympique de Munich devait encore être recouvert de lourdes plaques de béton. Le développement des constructions de membranes était plutôt possible sur des bâtiments temporaires comme ceux de la Bundesgartenschau et finalement l'exposition mondiale de Montréal. A Montréal, on utilisa un réseau de câbles au lieu de la membrane autoporteuse, qui fut seulement suspendue sous le filet. En même temps, on abandonna la base symétrique des anciennes tentes et on la remplaça par une combinaison libre de points placés en haut ou en bas. Pour la première fois apparaissait un «toit-paysage», susceptible de reproduire les formes de modèles de base simples et accessibles et qui donc simule le travail de construction de la nature. L'idée principale de Frei Otto est de s'approprier paisiblement le monde, et ses œuvres filigranées et sensibles diffusent l'optimisme: «L'architecture, c'est l'avenir vraisemblable», disait Otto en 1976.

Le Centre Pompidou créé à Paris par Renzo Piano et Richard Roger montre qu'en fait la direction du train était toute autre. L'aménagement des éléments techniques

Günter Behnisch und Partner, Frei Otto,
Leonhardt et Andrä
Tente olympique à Munich, 1968–1972
Photo Christian Kandzia
Pour les Jeux Olympiques de Munich, en plus des stades nécessaires, un espace de repos de grande banlieue a été créé, dans lequel les bâtiments, les voies de circulation et la végétation s'insèrent l'un dans l'autre; le relais de télévision et un amas de ruines ont été intégrés dans le concept architectonique de paysage.

Toitures des zones d'entrée situées au nord
Bildarchiv Photo Marburg
Le toit en bâtière est soutenu par des mâts haubanés. Il sert de «protection sur le paysage». Les carreaux en plexiglas transparents de la couverture laissent passer un maximum de lumière.

Renzo Piano et Richard Rogers
Centre Pompidou à Paris, 1971–1977
Photo Antonio Martinelli
L'ossature porteuse extérieure domine la construction. Des bras en porte-à-faux, fondus chez Krupp, sont suspendus aux supports verticaux. Les contreventements se trouvent six mètres devant ces supports. Des poutres en treillis, espacées de 13 mètres les unes des autres, embrassent une hauteur de 48 mètres sans appui, ce qui rend les espaces intérieurs extrêmement modulables. Les couleurs du pavillon français accentuent l'échelonnage en profondeur.

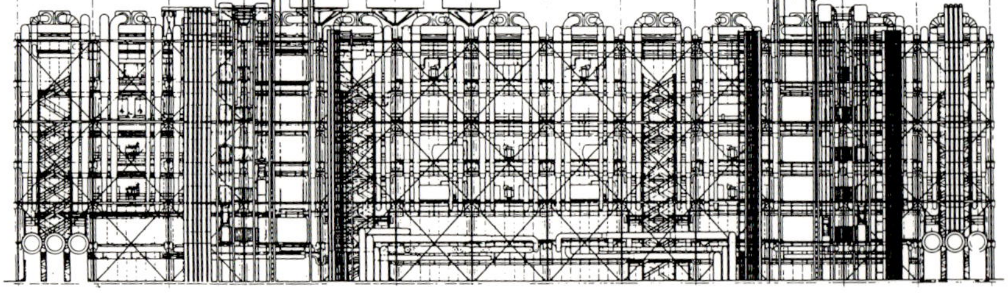

Vue sur l'arrière du bâtiment
Alors que la face tournée vers la place, avec ses tapis roulants dans des tunnels transparents, accorde le plus d'importance à l'accès du centre, la face arrière est destinée aux conduits d'alimentation.

Détail de la façade principale
Photo Yukio Futagawa/Retoria

passe au premier plan pour faire naître une machine culturelle musclée et gigantesque. L'utopie devient concrète. Le State of Illinois Center de Helmut Jahn est posé lui aussi comme un objet extra-terrestre dans le loop de Chicago. Sa forme est le résultat de l'entrecoupement d'un cône avec un cube conçu à partir de la surface carrée du terrain. L'impression change complètement quand on pénètre dans le bâtiment: un cylindre a été découpé de la grande forme et il sort de la surface du toit comme un élément positif taillé en biais. Les bureaux, répartis dans les galeries qui font le tour du bâtiment, aboutissent dans la salle intérieure spectaculaire dont les contours sont fondus de manière irritante par les couleurs vives de la construction d'acier visible et l'alternance de verre clair et de verre réfléchissant. L'ouverture complète de la salle intérieure en atrium souligne les exigences démocratiques des organes administratifs qui se trouvent ici, mais doit aussi inquiéter ceux qui y travaillent. Les escaliers, suspendus librement dans le vaste espace intérieur, sont en tout cas réservés, aux étages supérieurs, à ceux qui ne souffrent pas de vertige.
Avec cette forme de représentation personnelle d'institutions d'Etat ou d'entreprises industrielles, on découvre l'attrait d'une architecture moderne qui rappelle la présentation technique, et qui rentre au service des stratégies affirmatives. C'est ainsi que la valeur publicitaire de la centrale de distribution anglaise de Renault à Swindon prit une telle importance dans la société qu'elle fut le seul endroit utilisé pour la

Richard Rogers & Partners
Centrale de Lloyd's à Londres, 1979–1986
Tours d'escaliers bordant la rue
Photo Norman McGrath
Chez Lloyd's les contrats sont transférés par des intermédiaires à une infinité d'assurances qui prennent en charge des risques partiels. Ce système exige un espace gigantesque que l'on nomme «la salle des signatures», et où travaillent en ce moment 10 000 personnes en même temps. Le nouveau bâtiment devait satisfaire aux besoins d'expansion constante de l'entreprise et permettre des élargissements progressifs. La solution choisie est une haute cour éclairée sur laquelle débouchent les étages. Dans les étages encore inutilisés se trouvent des bureaux qui peuvent, en cas de besoin, être transformés en galerie ouverte pour les «boxes» de l'entreprise d'assurances.

publicité; on renonça même à monter l'emblème Renault, toujours obligatoire ailleurs. Aussi bien Rogers que Norman Foster continuèrent à développer leurs bâtiments-machines et à en monumentaliser les formes. Le nouveau bâtiment de Lloyd's à Londres, tout comme la banque Hongkong et Shanghaï à Hongkong, font partie des merveilles créées par leurs bureaux, et qui ont souvent fait sensation dans la presse. En principe, ce ne sont que des corps simples et droits accentués par des salles centrales et des «entrailles» de distribution techniques retournées vers l'extérieur. La construction soumise aux regards devient un élément stylistique, bien que les architectes ne le conçoivent pas ainsi. L'ambivalence de la construction et du style se poursuit à l'intérieur. Les salles hautes et étroites nous font songer aux cathédrales gothiques, mais elles ne peuvent soutenir la comparaison – d'ailleurs non intentionnelle – qui vint à l'esprit de nombreux critiques, à cause des nombreux étages horizontaux. Mais, s'il s'agit de cathédrales, alors ce sont celles du capital, comme l'écrivit Gert

Kähler dans le magazine «Werk, Bauen + Wohnen»: «On ne bâtit plus pour une société mais pour un maître d'œuvre, et c'est justement ce principe qui est exprimé ici». Cette architecture se différencie de manière décisive du constructivisme des années vingt. L'utopie sociale a fait son temps, il s'agit de soigner son image de marque.
La «plus belle banque du monde» devait être bâtie à Hongkong, il est certain que ce fut la plus chère. Selon le maître d'œuvre, elle a coûté cinq milliards de dollars Hongkong, c'est-à-dire environ cinq milliards de francs. La banque voulait un symbole de «la fécondité de l'entreprise», donc de sa puissance, en tout cas un signe optimiste se rapportant à la fin de l'administration britannique de Hongkong en 1977. Norman Foster s'intéressait aux exigences concrètes: l'éclairage du grand atrium par le soleil, les plans d'ensembles modulables, les possibilités d'élargissement des surfaces de base, l'ouverture totale du rez-de-chaussée et l'accès des salles pour le public à

Vue sur la halle
Photo Klaus Frahm
Le bâtiment vitré de douze étages à structure porteuse extérieure domine les ailes où se trouvent les bureaux. A la périphérie se trouvent les tours d'escaliers recouvertes de panneaux d'acier. Des grues bien ancrées dans le sol servent à entretenir la façade compliquée.

Murphy/Jahn Associates
State of Illinois Center à Chicago, Illinois, 1979–1984
Vue de l'intérieur
Photo Peter Gössel

l'aide d'escaliers roulants. Même les détails furent planifiés: les couvercles pour les bouches d'air du climatiseur, les robinets et les supports des rouleaux de papier hygiénique. On remarque la main de Foster dans les détails agréables, les coins harmonieusement arrondis et les surfaces parfaites. Mais les éléments constructifs de la banque de Hongkong et Shanghaï sont en partie disproportionnés face aux postes de travail qu'ils abritent et qui ont l'air perdus dans cette immensité; les structures de surfaces deviennent vite des quadrillages sans fin, qui évoquent la préfabrication, le monde industriel contrôlé que nous vivons chaque jour.
Dans les bâtiments de Gustav Peichl et les travaux récents de Ove Arup ou Santiago Calatrava, la construction technique retrouve un «visage humain». Unissant les formes astucieuses et réfléchies, ils parviennent à des solutions harmonieuses où la technique doit être au service de l'homme. Ils possèdent à nouveau, malgré un aménagement fonctionnel prudemment agencé, un sens qui va au-delà du bâtiment lui-même. Et même si le souvenir de navires, de pagodes et de palais de verre du 19e siècle n'était pas à l'origine de l'esquisse: ces allusions ont un charme tel que même la visite d'une station d'épuration devient un événement.

Foster Associates (arch.), Ove Arup and Partners (ing.)
Centrale de distribution Renault à Swindon/Wiltshire, 1981–1983
Vue sur une partie de la façade latérale
Photo Richard Davies
La longue halle est composée de 42 unités semblables de 24 mètres de côté, dont les toits sont suspendus à des poutres métalliques jaunes Renault de 16 mètres de haut. Tous les espaces fonctionnels – la centrale de distribution, le centre informatique, la salle d'exposition, le centre de formation technique et le restaurant – sont sous un seul toit. Le projet initial prévoyait des éléments de série en forme de parasol précédés de supports centraux encastrés; la façade était lisse. Ce n'est que lorsque la construction fut transformée en un cadre avec des murs extérieurs retirés derrière les supports de bordure, que la dynamique de la conception se fit jour. Le bâtiment ressemble à une addition de parasols, bien que le statisme ait été réglé d'une autre façon.

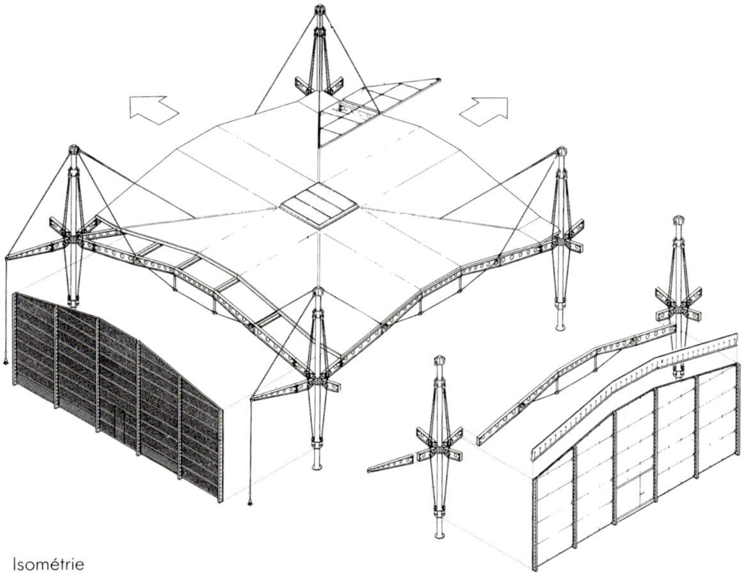

Isométrie

Foster Associates (arch.), Ove Arup and Partners (ing.)
Centre administratif de la Hongkong and Shanghai Banking Corporation, Hongkong, 1979–1986
Plan du 30e étage
La nouvelle conception renonce au modèle classique du noyau central et du revêtement-gaine de façade. Huit mâts composés de quatre tuyaux chacun soutiennent le bâtiment. Aux niveaux 11, 20, 28, 35 et 41, le bâtiment est divisé par des cadres de renforcement. Les étages sont suspendus à ces cadres. Sur les côtés se trouvent 139 modules pour les toilettes et les installations techniques ainsi que les escaliers et les ascenseurs.

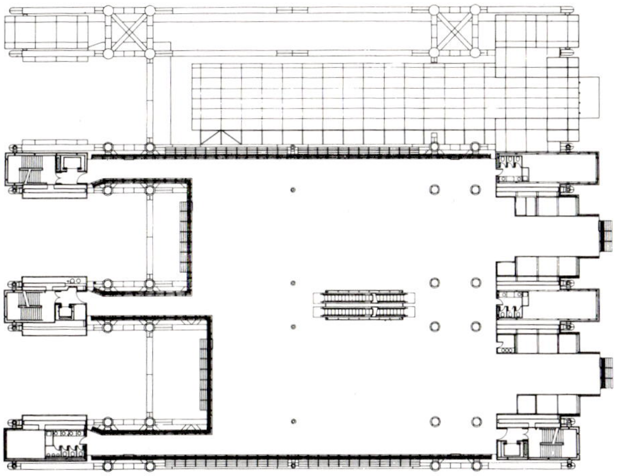

Vue de l'intérieur
Photo John Nye
La salle haute et étroite est alimentée en lumière du jour à l'aide d'un miroir commandé par ordinateur et des réflecteurs. Un toit suspendu en verre sert de barrière de climatisation au rez-de-chaussée ouvert. Des entretoises diagonales monstrueuses «freinent» la verticalité exagérée. Là où elles recoupent des salles de travail et de séjour, elles semblent menacer les petits hommes qui se trouvent sous elles.

Page de gauche: Vue générale
Photo Richard Davies

Gustav Peichl
Studio régional de la radio autrichienne à Graz, 1979–1981
Tribune dans le foyer rond situé à l'entrée
Photo Ali Schafler
Des tuyaux d'échappement en aluminium poli, gros comme des colonnes, flanquent l'escalier de cette salle centrale. A partir d'ici, on peut accéder aux bâtiments en forme de segment circulaire renfermant les studios comme aux éléments cubiques qui forment le bloc administratif. En 1972, on avait déjà fini de construire les quatre studios de l'ORF à Salzbourg, Innsbruck, Linz et Dornbirn; les nouveaux bâtiments de Graz et Eisentadt ont été construits d'après le même schéma de base, en pièces de béton préfabriquées. Chaque zone fonctionnelle peut être agrandie séparément vers l'extérieur car la structure du plan est segmentée radialement.

Vue du studio de Eisenstadt

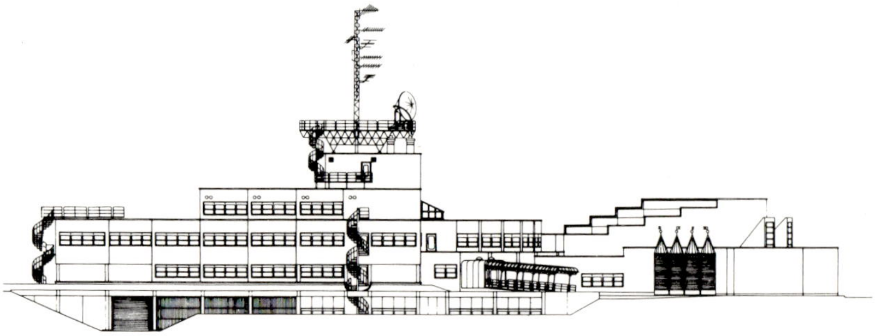

Gustav Peichl
Studio régional de la radio autrichienne à Eisenstadt, 1980–1982
Entrée; sous-sol
Photos Ali Schafler
Les gros tuyaux d'aération ont été transformés en tourelles à l'aide de dômes et de fanions; une plaisanterie architectonique des deux nouveaux studios.

Esquisse analysant le principe de construction

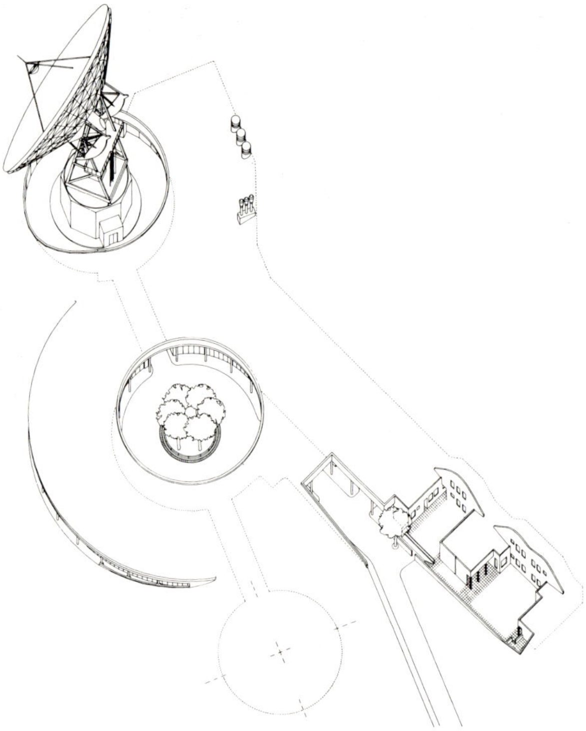

Gustav Peichl
Station de T.P.S à Aflenz,
1976–1980
Axonométrie
Un site protégé était l'emplacement le plus favorable pour ce récepteur des signaux de satellites. Les espaces techniques et les appartements des employés ont donc été construits sous terre pour respecter le paysage au maximum. De loin, on remarque uniquement la grande antenne parabolique.

Partie de façade à l'air libre du bâtiment en anneau recouvert d'herbe.
Photo Ali Schafler

Gustav Peichl
Installation pour l'élimination des phosphates à Berlin, 1979–1985
Archives Peichl
Ce complexe servant au traitement des eaux usées coulant dans le Tegeler See était un des bâtiments les plus importants de l'exposition de Berlin. Le programme technique d'agencement de l'espace imposé a été regroupé dans un corps-bateau avec passerelle. Elle offre une perspective sur les trois grands bassins de décantation.

Axonométrie

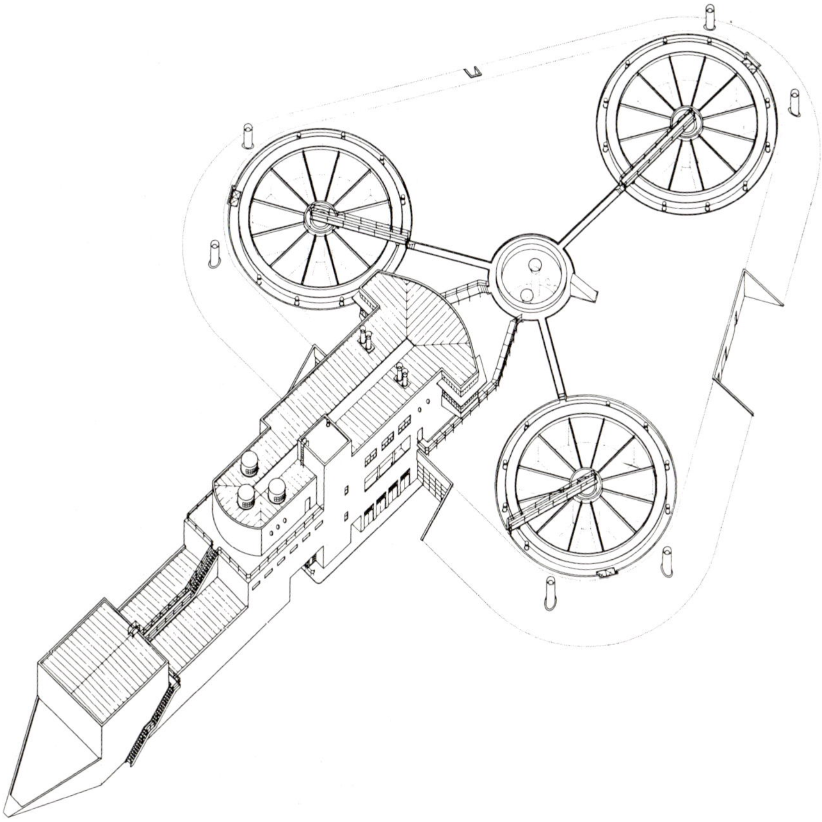

Santiago Calatrava, Bruno Reichlin et Fabio Reinhart
Usine de la firme Ernsting à Coesfeld/Lette, 1980–1986
Portails dans la façade ouest
Photos Paolo Rosselli
Chacune des façades a été agencée de manière différente. Le côté sud est reconnaissable à la pellicule ondulée qui la recouvre, la façade ouest est agrémentée de trois portails d'aluminium de 13 mètres sur cinq mètres chacun. Les charnières sont installées en faisant des courbes et les portails ouverts forment ainsi des auvents très particuliers.

Page de droite:
Arup Associates
International Garden Festival Hall à Liverpool, 1984
Archives Arup Associates
Cette salle, créée pour une exposition d'horticulture, devait pouvoir se transformer sans difficultés en centre sportif avec piscine. Deux demi-sphères fermant une voûte en berceau basse, forment la construction. Les coupoles des petits côtés sont revêtues d'aluminum, et la voûte centrale de plaques synthétiques transparentes.

Vue

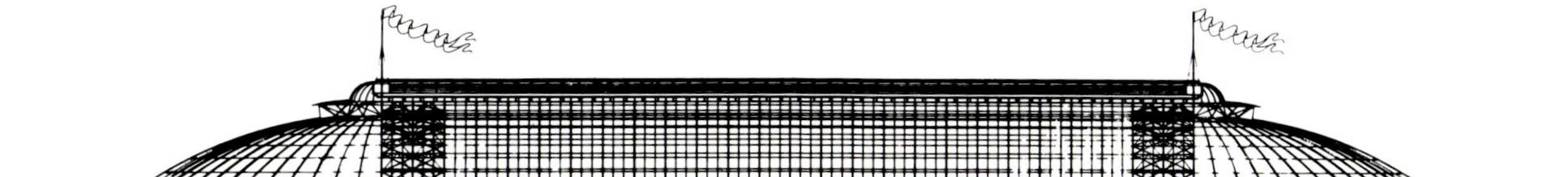

La Cité postmoderne

«Maintenant, il s'agit de décorer la caisse.» Beaucoup d'articles ont débuté par ces mots lorsque la nouvelle tour de bureaux de la société de téléphone AT & T à New York a été terminée. L'architecte Philip Johnson avait donné au bâtiment administratif haut de 195 mètres une façade individuelle et superbe à l'aide de 132 000 tonnes de granit rose. Au-dessus d'un étage de soubassement, accessible au public, et derrière l'immense portail cintré où trône le génie doré de l'électricité, 28 étages de bureaux identiques s'élancent vers le ciel, unis par des piliers profilés étroits en un élan dynamique. Mais le clou du bâtiment est une fente ronde dans le toit pointu qui se dresse de manière non conventionnelle sur les toits plats. Les travaux de Johnson ont redonné ainsi, après une longue traversée du désert, un caractère marquant aux gratte-ciel et ils ont fait revivre les idées de Louis Sullivan qui voyait un immeuble vraiment fractionné, avec «base, corps et chapiteau».

L'entrée de la compagnie AT & T correspond donc aux deux étages massifs inférieurs réservés aux affaires du Guaranty Building de Buffalo, construit de 1894 à 1896 par Adler et Sullivan. Le «office pile», la pile d'étages de bureaux qui s'élève au-dessus, est identique, même s'il est maintenant trois fois plus élevé. Le Guaranty est couronné par un écusson, derrière lequel ont été cachés divers équipements techniques. Chez AT & T, le pignon surhaussé est aussi au service de l'image de la firme, il est impossible de confondre le bâtiment avec d'autres skylines. Analysant les bâtiments créés par le bureau Johnson/Burgee, Marc Angélil et Sarah Graham ont décrit la séparation significative entre les décisions techniques et formelles: «En raison de facteurs économiques, il faut déterminer les volumes du bâtiment, la construction porteuse, les cages d'ascenseur, les installations, les hauteurs de plafond et autres. Le rôle de l'architecte consiste à rendre ce volume intéressant au niveau des formes et à définir l'agencement de la couverture extérieure».

En ce qui concerne le domaine public, au niveau de la rue, Philip Johnson – tout comme Edward Larrabee Barnes pour le IBM Building créé presque en même temps et le bureau Swanke, Hayden, Connell pour la Trump Tower – avait suivi, de plus, les directives de la nouvelle réglementation de la construction pour le Midtown Manhattan, entrée en vigueur en 1982. Pour des installations d'utilité publique, le maître d'œuvre a la possibilité d'augmenter le nombre des étages et donc la surface de bureaux utilisable. Pour conserver les parois ininterrompues donnant sur l'avenue, les places en avancée comme on les voit sur le Seagram Building, ne sont plus autorisées. Les bâtiments doivent s'avancer jusqu'à la ligne de construction mais aussi inclure les entrées de métro. En ce qui concerne l'utilisation du terrain à bâtir, un bonus est accordé aux places couvertes, aux cours fermées et aux passages. Des calculs compliqués doivent assurer l'éclairage suffisant des gorges étroites que forment les rues, car les réglementations schématiques du passé ont conduit à des créations d'escaliers non souhaités. Un maître d'œuvre utilisant toutes les possibilités peut obtenir une surface utilisable qui égale presque 22 fois la surface du terrain.

Richard Meier & Partners
Bridgeport Center à Bridgeport, Connecticut, 1984–1988
Vue de la voie rapide
Photo Jeff Goldberg/Esto
Le complexe est un groupement de volumes anguleux, reliés sans pièces rajoutées et resserrés de manière lisse, le tout recouvert de plaques d'acier blanc ou gris émaillé et de granit dans des teintes changeantes rouges-brunes. Les passages de la rue et du parking aboutissent dans un atrium entouré d'un bâtiment de cinq étages auquel on a accés de l'intérieur.

Page de droite:
Johnson/Burgee Architects
AT & T Building à New York, 1978–1982
Vue de la Fifth Avenue
Photo Peter Mauss/Esto
Les caractéristiques de ce flambeau de l'architecture des immeubles modernes sont un revêtement en granit rose, une verticalité fortement accentuée, le pignon ouvert et le hall d'entrée où l'on voit, doré et plus grand que nature, le génie de l'électricité derrière un arc en plein cintre monumental de 24 mètres de haut.

Skyline de Chicago avec le John Hancock Center de Skidmore, Owings & Merrill (1970) sur le bord droit de la photo et le Leo Burnett Company Headquarters (1989) de Kevin Roche John Dinkeloo and Associates devant à gauche, bien en vue.
Photo Peter Gössel

Les fenêtres du Burnett Building sont profondément incrustées dans la façade de granit vert; les poutres d'acier inoxydable luisent devant le verre sombre réfléchissant. Il reprend, comme d'autres immeubles construits à la même époque à Chicago, l'idée de base du building AT & T de New York. Ce qui distingue les bâtiments de Chicago sont les références à la tradition architecturale de cette ville. Il faut encore nommer le 190 South Lasalle Street de John Burgee et Philip Johnson aux pignons très pentus en souvenir du temple maçonnique de Burnham & Root, 900 North Michigan Avenue de Kohn Pedersen Fox Associates et ses quatre tourelles d'angle au sommet ou le nouveau AT & T Corporate Center de Skidmore, Owings & Merrill au revêtement de façade particulièrement recherché.

MY

Michael Graves
Public Services Building de Portland, Oregon, 1980–1982
Vue du parc
Photo Peter Aaron/Esto
Le volume principal en forme de cube est rehaussé par un socle et couronné de deux étages plats en gradins. L'administration municipale est répartie sur quinze étages de bureaux. Les applications de la façade devaient être beaucoup plus variées à l'origine: une statue de «Portlandia» décorait l'entrée principale, les rubans décoratifs des frontons étaient plus agités et plus volumineux. Le sommet devait être constitué d'un assemblage de petits bâtiments individuels.

Vue de la Madison Avenue sur la façade

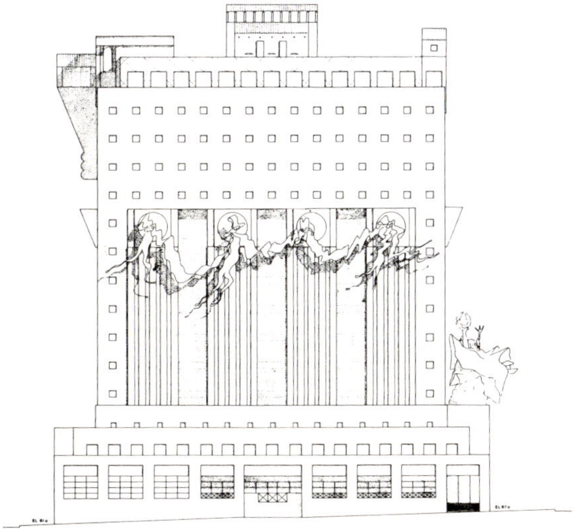

Page de gauche:
Michael Graves
Humana Building à Louisville, Kentucky, 1982–1986
Vue de l'ouest
Photo Peter Aaron/Esto

Arquitectonica
Les appartements «The Atlantis» à Miami, Floride, 1979–1982
Vue sur le côté sud
Photo Norman McGrath
L'immeuble de dix-huit étages sur la Biscayne Bay est – comme le prévoit la réglementation en matière de construction – un disque étroit. Les autres détails de ce corps nettement stéréométrique sont typiques de l'architecture d'Arquitectonica: le côté est arrondi, un carré de quatre étages a été «découpé» entre les façades longitudinales et des symboles géométriques aux couleurs vives sont placés sur la façade et le toit. Ils donnent à ce bâtiment économique un charme méridional; le nom donné à l'ensemble souligne la recherche d'identité.

La piscine au neuvième étage
Photo Norman McGrath

Du reste, on ne prévoit toujours pas de zones piétonnières dans Manhattan, mais on prête plus d'importance à la liberté de mouvements des piétons à cause de la concurrence croissante entre les véhicules et les passants dans les rues. L'espace réservé au public est intégré dans les bâtiments comme jardin d'hiver, galerie marchande ou passage piétonnier protégé. Les architectes répondent par des arcades, de vastes portails et des zones surélevées en avancée.
L'un des bâtiments qui se rapproche le plus de la nouvelle conception de l'espace urbain est le centre administratif de la Humana Corporation, société de distribution d'installations pour la santé à Louisville au Kentucky. Michael Graves a conçu une «public loggia» de huit étages, utilisable de manière privée et aussi accessible au public, avec des arcades avancées, qui était «une partie de la ville». Sa hauteur est adaptée à celle des maisons voisines, trois étages aérés placés au-dessus sont tournés du côté de la rue, le bâtiment renfermant les bureaux se dresse derrière. Le casque de la toiture, bien en évidence avec ses encorbellements et ses pignons en saillie, montre une confrontation variée avec les axes imposés traversant la Main Street et les avenues transversales. La taille élevée des éléments utilisés donne à la façade un visage presque anthropomorphe qui ne renie pas ses traits classiques. Beaucoup de bâtiments comparables ont en commun la préférence pour des matériaux coûteux, surtout le granit, les ouvertures de fenêtres accentuées au lieu d'être cachées derrière des quadrillages ininterrompus ou des parois vitrées, et la répartition claire.

Vue sur l'immeuble «Atlantide» dans sa totalité
Photo Norman McGrath

Hans Hollein
Städtisches Museum Abteiberg à Mönchengladbach, 1972–1982
Vue extérieure sur les salles d'exposition au niveau de la terrasse du toit
Archives Hollein
Les salles des cabinets en «trèfle» – comme les nomme Hollein – sont éclairées par des fenêtres en shed dirigées vers le nord. Le revêtement de tôle a une allure spartiate et industrielle. Comme les pièces particulières et carrées sont accessibles par les coins ouverts, cela crée d'intéressantes perspectives en diagonale et de larges panneaux muraux non interrompus.

Dans les villes peu accueillantes et délaissées sur le plan économique, on a essayé de créer une culture urbaine à l'aide de projets de construction coûteux, et ce aussi pour attirer de nouveaux investisseurs. Les communes américaines rivalisant pour le capital rendent plus d'un succès possible dans ce domaine, comme le prouve, par exemple, le Bridgeport Center de Richard Meier. Celui qui traverse l'endroit en voiture, se souvient de lui à cause d'un objet architectural frappant dont la façade est tournée vers l'autoroute qui traverse sur ses pylones le centre de Bridgeport. Le terrain est occupé par une addition complexe de volumes subtilement différenciés par leur couleur, qui se traversent et se recouvrent mutuellement et intègrent également une construction ancienne, un petit musée avec ses tours et ses coupoles à bulbe. De la place accueillante située devant la façade, le visiteur arrive dans un atrium bien éclairé dont les rampes et les échappées invitent à l'exploration.

En règle générale, les métropoles européennes sont soumises à d'autres exigences et les solutions américaines ne peuvent pas être simplement reprises. Et ces solutions n'abordent pas le problème du logement, domaine où les déficits du planning urbain se firent nettement remarquer. En Allemagne, l'Exposition Internationale d'Architecture de Berlin de 1987, en particulier, a donné des exemples d'architecture d'habitation qui auraient pu faire figure de modèles identificatoires si la phase d'urbanisation n'avait coïncidé avec le débat sur le postmodernisme et le retour de références évidentes à l'Histoire. Malheureusement, beaucoup de projets subséquents qui tentèrent d'aller dans ce sens se réduisirent à des blocs d'habitation sans originalité, auxquels une décoration architecturale quelconque donnait un semblant d'intimité.

Idées postmodernes et urbanisme se rencontrèrent pourtant, et même de façon géniale, dans le domaine de l'architecture muséale. Il est bien évident que le musée, lieu où sont rassemblés les témoignages de l'Histoire ou dans lequel flotte l'aura des œuvres d'art d'avant-garde, a un caractère élégant. Si de plus il s'intègre dans l'espace urbain avec le même bonheur que la Neue Staatsgalerie de James Stirling à Stuttgart ou le Museum Abteiberg de Hans Hollein à Mönchengladbach, l'architecture de prestige devient alors le modèle d'une revitalisation urbaine réussie.

Pavillon d'entrée
Archives Hollein
La division du musée en corps de bâtiments différemment agencés adapte le complexe de manière convaincante à l'environnement urbain fait de petites parties et s'oriente sur la pente de l'ancien jardin du cloître dont les terrasses ondoyantes montent doucement au-dessus des parties souterraines de la maison. Le visiteur atteint le célèbre pavillon de verre sur la surface praticable du toit. Du marbre blanc et des colonnes chromées font du petit bâtiment un point particulièrement attrayant.

James Stirling, Michael Wilford & Associates
Agrandissement de la Staatsgalerie à Stuttgart, 1977–1984
Terrasse avec les baies vitrées du hall d'entrée
Photo Klaus Frahm
Peter Beye, directeur de la Staatsgalerie, ne voulait pas voir l'endroit, critique au point de vue construction urbaine, rempli de «la structure d'une architecture en conteneurs qui transmet le principe de flexibilité totale de manière irréfléchie sur le complexe général du musée». Au lieu de cela, un «bâtiment public» au caractère presque polémique a été conçu à dessein. Les mains courantes extérieures des rampes sont devenues des balustrades-signes, bleu vif ou roses, qui guident le visiteur et renferment aussi les installations d'éclairage. Tout comme le corps de verre ondoyant de l'entrée, elles cassent la monumentalité du classique bâtiment en U, revêtu de lourdes plaques de pierre et ont pour sujet l'accès au bâtiment. L'apogée de ce collage architectural très allusif est la rotonde descendue dans la «cour d'honneur».

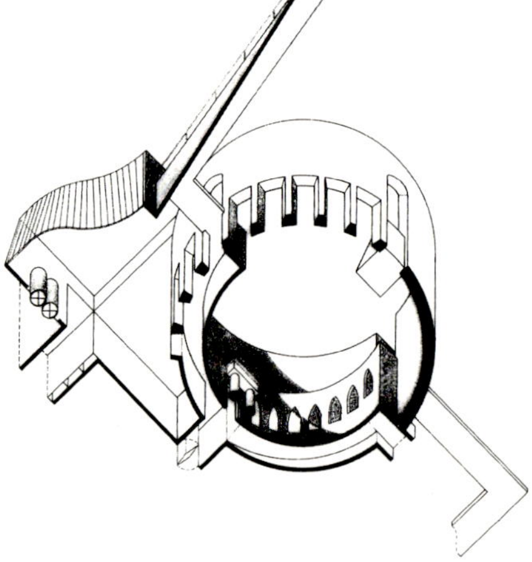

Salle d'exposition avec les figures du «Ballet des Triades» de Oskar Schlemmer
Photo Klaus Frahm
La lumière indirecte est dispensée par des appliques murales en forme de fragments de moulures, portées par de minces bras de console en acier: une des seules fantaisies que se permit Sterling dans les pièces plutôt austères et traditionnelles.

Axonométrie avec le passage public conduisant à travers le bâtiment

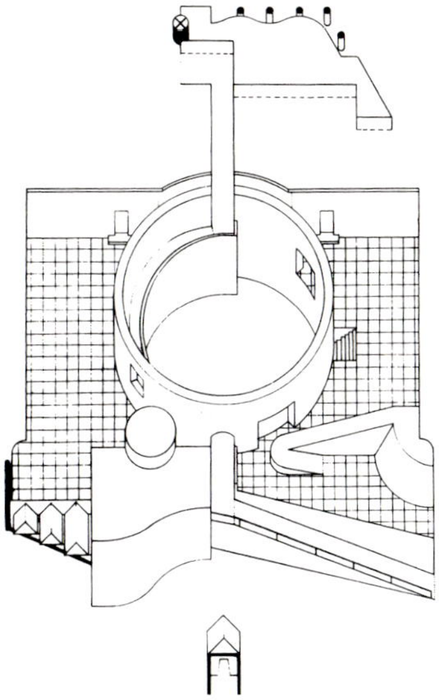

Suite de salles d'exposition avec des travaux de Sol Le Witt et Mario Merz
Photo Klaus Frahm
Comme dans les musées du 19e siècle – par exemple le prototype du «Alten Museum» de Karl Friedrich Schinkel à Berlin –, les cabinets d'exposition sont placés en enfilade, visibles d'un coup d'œil. Les chiffres en «sceau» dans les pignons des passages soulignent le cheminement à voie unique.

Page de gauche:
Axonométrie de l'entrée et de la rotonde

Bellevue

Une belle vue sur un paysage vierge, sur une nature domestiquée ou bien seulement sur des murs de béton bruts de décoffrage: dans un cadre, où il ne faut pas tenir compte des voisins et des règlements administratifs, la construction d'une maison familiale, tâche modeste en soi, peut présenter certaines exigences inattendues. Vu qu'il n'existe aucune tentative d'adaptation ou de subordination à la nature, il s'agit de poser de nouveaux systèmes de références pour la construction. La topographie, la direction des vents, l'incidence des rayons de soleil et en plus les prédilections du maître d'œuvre deviennent les facteurs déterminants.
L'environnement fait souvent l'objet d'une approche très abstraite, presque philosophique. L'architecte japonais Tadao Ando justifie ses formes ascétiques par l'aliénation des hommes face à la nature, que les jardins habituels ne font que démontrer selon lui. Pour lui, seuls le soleil et le froid, le vent et la pluie restent authentiques: «Des choses comme la lumière et le vent n'ont une importance que s'ils sont introduits dans une maison sous la forme d'extraits du monde extérieur. Les fragments isolés d'air et de lumière reproduisent toute la nature.» Ses maisons souvent parfaitement hermétiques sur l'extérieur, s'ouvrent donc sur des cours intérieures très sobres, des oasis de paix qui transmettent le rythme du jour et des saisons. Tadao Ando préfère, à l'intérieur comme à l'extérieur, le béton visible qui réagit aux rayons du soleil par des contours froids et durs ou des vagues douces. Tandis que la nature élémentaire est définie comme une partie intégrante de l'habitat, la relation envers la rue se caractérise par une retraite échelonnée avec des zones semi-publiques et publiques aux contours nettement définis. Délimiter l'indéfini est aussi le thème des maisons de campagne américaines: la maison est un château fort. Les voies d'accès, les lignes côtières et d'autres signes du terrain sont bien intégrés, mais leur situation concrète n'est que le fruit du hasard. Tod Williams explique sa maison créée pour Tarlo: «Au centre se trouve le microcosme orienté sur lui-même, une maison compacte, mûrement réfléchie. On pourrait la copier dans un loft de Soho et c'est, en fait, une maison dans une maison, bien que, dans ce cas-ci, le récipient extérieur n'ait pas été là au départ. Mais la rue et l'océan, tout comme les champs, étaient fixés. Un chemin dû au hasard, le mouvement du soleil et du vent et l'urbanisation forment l'enveloppe. Et on crée également ainsi un champ formel de références à l'extérieur, propre à ce terrain et qui permet diverses correspondances interactives.»
Ce qui à première vue ressemble à une idée purement formelle s'avère, en y regardant de plus près, une nouvelle définition du fonctionnalisme où le rigorisme du programme se trouve infléchi par toute une diversité d'axes qui lui impriment des orientations tout à fait intéressantes. La fluctuation du rapport intérieur/extérieur est à cet égard particulièrement enrichissante. Si à cela s'ajoute une vue grandiose, c'est sans doute très bien, mais il en faut tout de même un peu plus pour pouvoir parler d'un bâtiment de qualité.

John Lautner
Maison de Jeronimo Arango à Acapulco, Mexique, 1973
Photo Alan Weintraub/Arcaid

Tod Williams
Maison créée pour William Tarlo à Sagoponack, New York, 1978
En haut: vue du nord; en bas: côté sud
Photos Norman McGrath

Vue du sud-est
Photo Norman McGrath

Plan du rez-de-chaussée
A l'intérieur d'un cadre sur plan carré, parallèle à la route et à la côte, la maison est tournée en direction est-ouest. Alors que le haut mur placé au nord protège du vent et des regards, l'écran placé au sud apporte de l'ombre aux grandes baies vitrées. Un toit recouvrant la place de stationnement de la voiture relie les deux façades du nord échelonnées et crée un espace protégé où l'on peut s'asseoir. C'est ainsi que le bâtiment s'oriente au système de références qu'il a lui-même créé dans un environnement non délimité.

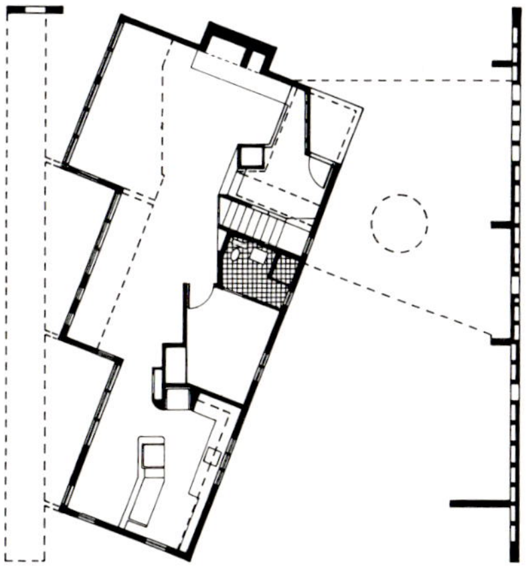

Tadao Ando
«Wall House», la maison Matsumoto à
Ashiya, Hyogo, Japon, 1976–1977
Côté rue
Photo Yoshio Takase/Retoria

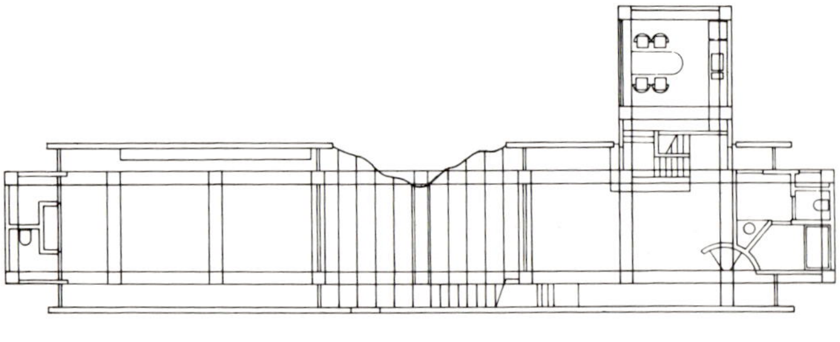

Plan
Un bâtiment au lourd cadre de béton – recouvert de demi-voûtes – structure la maison qui disparaît complètement derrière un mur hermétique du côté donnant sur la rue.

Tadao Ando
La maison Koshino à Ashiya, Hyogo, Japon, 1979–1981
Séjour
Photo Yoshio Takase/Retoria
Une fente étroite dans le plafond éclaire les canapés; les fenêtres, à l'opposé de la pièce, s'ouvrent sur une cour intérieure. L'ambiance est typique des bâtiments de Ando qui sont refermés sur eux-mêmes et incitent à la méditation.

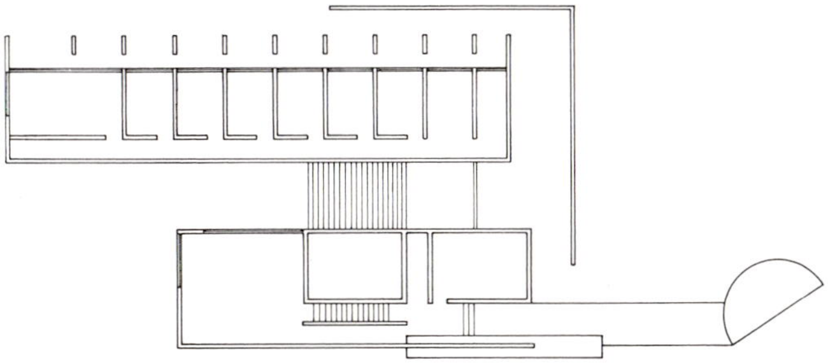

Plan
Six chambres d'enfants et une pièce pour les tatamis sont alignées dans la seconde aile qui, tout comme l'aile principale comportant la salle de séjour, la chambre des parents et la cuisine, est profondément enfoncée dans la terre. La galerie de communication est souterraine.

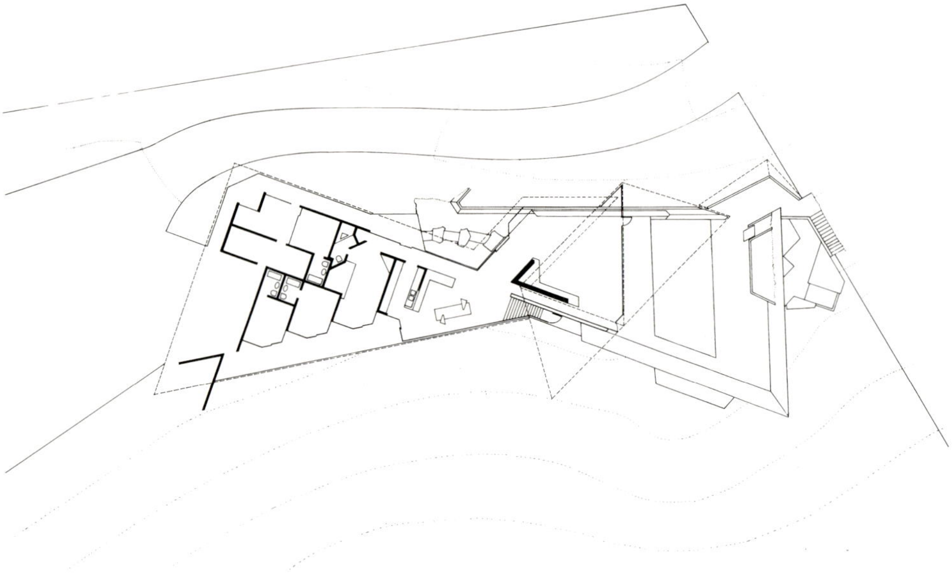

Ce qui caractérise les maisons de John Lautner, c'est l'équilibre qu'elles affichent entre un décor souvent impressionnant et la délicatesse d'un espace intérieur qui offre protection et sécurité. Si les combinaisons de cou-leurs, principalement des tons chauds, contribuent à cette impression, celle-ci est due en majeure partie au développement rigoureux, dans l'enveloppe extérieure, de différentes strates, parmi lesquelles la présence d'une façade vitrée n'est que l'une des éventualités.
Construite sur une pente escarpée surplombant le Pacifique, sa maison Arango, à Acapulco (1973), est agencée de façon à offrir à ses occupants le maximum de lumière, d'air frais, et à les faire profiter le plus possible de la vue. Ses formes courbes et fluides sont en béton armé, de même que le mobilier de l'espace ouvert d'habitation qu'est la terrasse, et que protège uniquement un toit en avancée. Au lieu d'un parapet, c'est un fossé rempli d'eau qui entoure cette terrasse, de sorte que le premier plan et la mer semblent se confondre. Les chambres à coucher sont protégées, presque cachées en-dessous de ce niveau d'habitation.
L'ouverture sur le monde extérieur connaît ici une illustration extrême que favorisent toutefois les conditions climatiques locales. Dans le «Curtain Wall House» de Shigeru Ban, à Tokyo, la façade, qui curieusement s'ouvre toute grande, laisse voir ce qui se passe à l'intérieur. Ce clin d'œil répond en réalité à la volonté du maître d'ouvrage qui souhaitait ainsi montrer ostensiblement qu'il n'avait rien à cacher. Les

John Lautner
Maison Goldstein à Los Angeles, 1963, rénovée par l'architecte en 1989
Photos Alan Weintraub/Arcaid
Sous le caisson de béton qui constitue le toit, le vitrage sans châssis, qui n'a été ajouté que plus tard, délimite un séjour qui, du côté de la piscine, s'ouvre sur le paysage, et du côté montagneux, sur l'entrée et la cuisine. Un mètre avant la fin de la terrasse, une légère boursouflure du sol, qui met en garde le visiteur imprudent, permet d'éviter la présence d'un parapet.

Plan

Shigeru Ban
Curtain Wall House à Itabashi-ku, Tokyo, 1995
Photo Hiroyuki Hirai
Ban a lui-même appelé cette maison de trois niveaux, construite sur un terrain de seulement 110 mètres carrés, «Case Study House 7».

deux côtés qui donnent sur la rue s'ouvrent complètement, et se ferment éventuellement par des rideaux clairs en été ou des parois vitrées en hiver. Les chambres ne sont elles-mêmes séparées que par de rares cloisons.
Sur un terrain en pente d'où la vue sur la Seine et sur la ville est en partie obstruée, les propriétaires de la Villa dall'Ava de Rem Koolhaas ont souhaité aménager une maison dans laquelle il leur serait possible, à eux et à leur fille, de vivre dans des locaux séparés. Problème que Rem Koolhaas a résolu en construisant deux pavillons reliés entre eux par une piscine située sur le toit. La zone d'habitation se trouve dans un corps de bâtiment tout en longueur et abondamment vitré et sur le toit duquel deux ailes, chacune à une extrémité, abritent les chambres à coucher. Perpendiculaires au rez-de-chaussée, ces ailes font très nettement saillie sur la façade. Les pièces de l'étage supérieur ont un revêtement d'aluminium ondulé, et l'une des ailes est portée par de minces pilotis inclinés. L'architecture intérieure se caractérise par une combinaison de matériaux hétérogènes – sols en marbre, panneaux de contre-plaqué, béton, un rideau de bambou et des panneaux de plastique ondulé. Il avait été prévu d'installer un panneau solaire sur le toit qui aurait fait contrepoint aux dures surfaces de tôle ondulée, équivalent extérieur du contrepoint qu'on rencontre à plusieurs reprises à l'intérieur dans la succession de bois, de marbre et de béton.

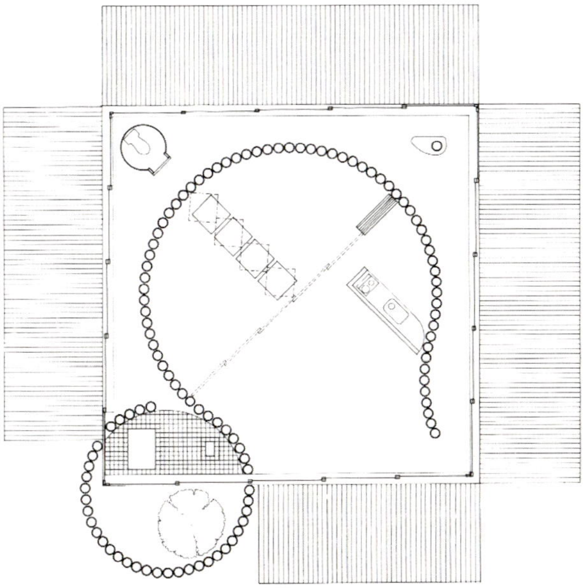

Shigeru Ban
Paper House à Yamanakako, Yamanashi Prefecture, 1995
Photo Hiroyuki Hirai
Plan Shigeru Ban Architects
Cette maison d'un étage, avec un toit en terrasse, est construite sur une plate-forme carrée surélevée. Elle est entièrement vitrée, et un mur en tubes de carton dessine un «s» qui sépare l'espace d'habitation de la partie sanitaire. La lumière qui passe entre les tubes projette des motifs sur les plafonds et les sols.

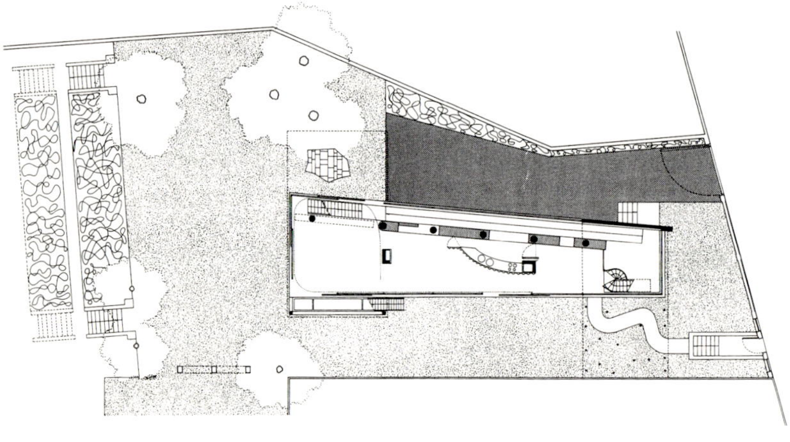

Rem Koolhaas
Villa dall'Ava à St. Cloud, Paris, 1991
Photo Peter Aaron/Esto
Plan de l'étage supérieur

Page de gauche:
Photo Hans Werlemann
Plan du rez-de-chaussée

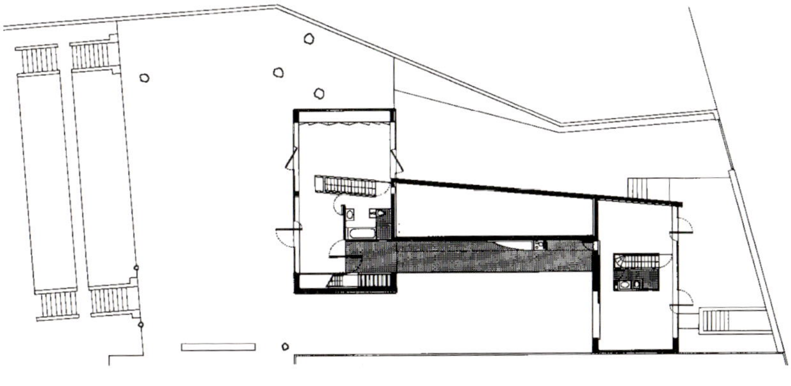

La Poésie du concret

Le courant intellectuel avait abandonné la vision du monde utopique des années vingt pour une herméneutique égocentrique ne connaissant dans sa critique de la «raison cynique» que des arguments également critiquables. Il semble que le Français Jacques Derrida se trouve au point d'intersection de la philosophie et de l'architecture: partant de travaux de critique littéraire, il découvrit son intérêt pour l'architecture lorsque Bernhard Tschumi l'invita à une conversation sur le parc de La Villette à Paris.

Les halles aux bestiaux du nouvel abattoir parisien ne furent jamais terminées et furent finalement transformées en Cité des Sciences et de l'Industrie. On organisa alors un concours international pour l'aménagement des 55 hectares de terrain vague aux alentours: il s'agissait de créer le «Parc du 21e siècle». L'architecte Bernhard Tschumi gagna le concours, sa stratégie prévoyait «un bâtiment discontinu, un tout fragmenté en bornes et réparti sur tout le terrain». Des galeries couvertes le long des axes principaux et des sentiers sinueux relient les points d'attraction du terrain, dont les plus petits éléments sont des pavillons rouges, les Folies. Des allées au tracé géométrique entourent les pelouses. L'espace libre entre les bâtiments, tout comme ceux-ci, est considéré comme un objet, la poésie du concret le veut ainsi, qui détermine aussi la manière dont les mots seront lus par des césures et des omissions. Et on peut vraiment dire que les parties du parc terminées sont poétiques. Derrida a formulé sa pensée dans un article dont le titre «Point de folie – maintenant l'architecture», a déjà un double sens. L'architecture devient pour lui un événement chargé de sens, mais en ce qui concerne le contenu, on «ne pourra donner de réponses en ménageant un accès à une signification quelconque dont l'accomplissement nous serait finalement promis. Non, il s'agit justement de ce qui arrive à cette signification». On peut lire les Folies de Tschumi, qui ne sont en fait que de frivoles pavillons destinés aux loisirs, dans ce contexte comme une contribution à la discussion à propos des transformations possibles de l'architecture dans un système de références autogène constitué de points, de lignes et de surfaces.

Derrida qualifie le point rouge dans sa «structure, comme ouvert aux substitutions combinatoires ou aux permutations, qui le font se référer autant à d'autres folies qu'à ses parties propres». Les Folies, qui rappellent les «follies» des jardins anglais, «déconstruisent tout d'abord, mais pas seulement, la sémantique appartenant à l'architecture». Derrida définit aussi le concept d'architecture en lui-même comme «un constructum habité, un héritage, qui nous englobe avant que nous ayons pu l'appréhender». Ceci signifie bien sûr que les manipulations entreprises par l'architecte ne peuvent être comprises que dans la mesure où l'héritage en question est présent chez l'observateur. La déconstruction devrait donc, pour développer un caractère critique, se référer à un langage formaliste établi, à une compréhension générale de l'architecture. Mais de nombreux critiques voient surtout l'héritage thématisé par Tschumi dans le constructivisme russe et, en particulier, dans les travaux de Leonidov

Behnisch & Partner; F. Stepper, A. Ehrhardt
Hysolar-Institut de recherches de l'université de Stuttgart, 1987
Photo Klaus Frahm

Frank O. Gehry
La maison de l'architecte à Santa Monica,
Californie, 1978
Photo Tim Street-Porter

«Une vieille maison ennuyeuse mais charmante» a servi de base aux manipulations de Gehry. La cuisine, la salle à manger et la terrasse ont été ajoutées de manière à ouvrir le vieux bâtiment et à l'envelopper en partie, tout en préservant son autonomie. La tôle ondulée, le grillage et le coffrage en contreplaqué donnent à la façade un caractère éphémère et fantaisiste, alors qu'à l'intérieur de vastes pièces ont été créées.

Esquisse du projet

Coop Himmelblau
Construction d'agrandissement du toit d'un cabinet juridique à Vienne, 1983–1988
Construction en coin avec salle de conférence
Photo Gerald Zugmann
«Pas de tourelles ni d'encorbellements» sur le toit; on ne voulait pas d'«un contexte de proportions, de matériau ou de couleurs mais une ligne d'énergie visualisée, qui, venant de la rue, recouvre le projet, casse le toit existant et, de ce fait, l'ouvre. En dessinant, nous avions pensé à un éclair inversé et à un arc tendu. Cet arc générateur d'espace. . . est la colonne vertébrale d'acier du projet. Et le maintien.»

Esquisse du projet

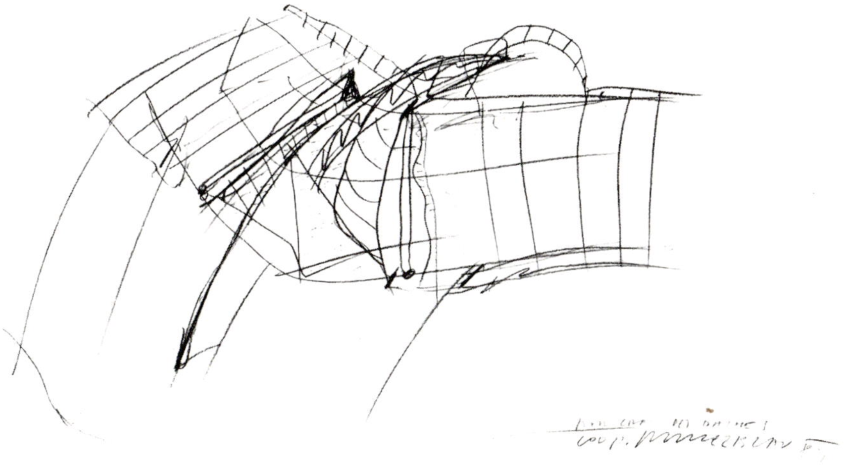

Frank O. Gehry
Loyola Law School à Los Angeles, Californie, 1981–1984
Vue de la rue
Photo Michael Moran

Escalier du bâtiment principal
Photo Tim Street-Porter
Le programme de construction comprenait les bureaux, les salles de séminaires, les salles de cours magistraux et une chapelle. Gehry ne les a pas compressés dans un corps de bâtiment compact, mais il n'a réuni que l'administration et des salles de cours plus petites dans un bâtiment de traverse qui ferme une cour menant sur le parking d'en face. Les salles de cours et la chapelle sont des bâtiments indépendants. La coordination crée un campus aux axes visuels intéressants et aux zones de repos bienfaisantes. La construction inhabituellement bon marché ne semble même pas adaptée au climat sec de la Californie, comme le montrent les dégâts visibles.

Page de droite: plan
«Ce n'est pas un plan. Je me suis donné le mal de le désorganiser; je ne voulais pas que le projet soit reconnaissable», expliqua Gehry.

Frank O. Gehry
California Aerospace Museum à Los Angeles, 1983–1984
Photo Michael Moran
A l'occasion des Jeux Olympiques de 1984, le Exposition Park fut complété par un musée de l'aviation. Des volumes anguleux ont été empilés devant un bâtiment ancien sans transition visible. L'entrée se cache au point de soudure des édifices. Un F-104 monté «hors bord» est le signe caractéristique de la façade principale close.

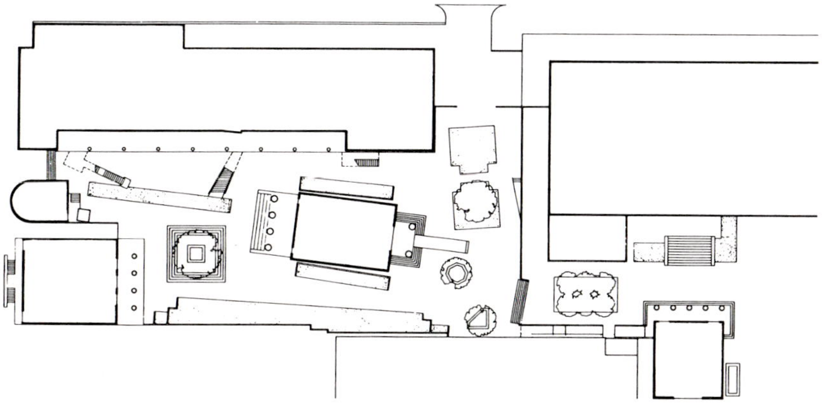

Frank O. Gehry
Edgemar-Center à Santa Monica, Californie, 1987–1988
Page de gauche: tours empilées
Photo Peter Gössel
Une ancienne laiterie a été transformée en un centre commercial réparti en petites unités avec un parking, des bureaux, un restaurant et le Santa Monica Museum of Art. Les éléments de construction conservés ont été soigneusement restaurés et complétés dans un but de mise en scène. Les corps de bâtiment créent une cour intérieure sympathique et accueillante, typique de Gehry.

La tour d'escalier avec ascenseur
Photo Peter Gössel
L'enveloppe en grillage crée un espace marquant, équivoque, qui souligne le caractère ambivalent de l'intérieur et de l'extérieur.

et Tchernikov. James Wines du bureau SITE a fait remarquer que, contrairement à cela, les ruines de maisons découpées et fendues du sculpteur Gordon Matta-Clark incarnent vraiment l'idée de l'archétype décomposé et évoquent donc ainsi une critique de la perception quotidienne de l'architecture dont la complexité n'est pas analysée.
On interprètera de manière semblable les bâtiments de Frank Gehry qui se réfèrent fortement au chaos urbain concret et aux traditions locales. La caisse en lattes de bois crépie est une charpente qu'on trouve communément à Los Angeles, et elle est recouverte de pièces industrielles simples et bon marché, ce qui fait qu'on ne peut rejeter entièrement les souvenirs d'architecture improvisée qui nous reviennent en mémoire. Mais Gehry travaille de manière si raffinée et avec des teintes si subtiles que l'intention artistique est immédiatement perçue. Lorsque la cour intérieure d'une université de droit emprunte certains éléments classiques du forum romain, cela va dans le sens du maître d'œuvre et c'est compréhensible. En même temps, les «citations», qui n'en sont pas, puisqu'elles ne font que suggérer et non citer, sont privées de leurs constituants originels et dévêtues de leur monumentalité, de telle sorte que le résultat se développe dans le même esprit que l'espace urbain qui l'entoure. Des panneaux de contreplaqué prévus pour le coffrage se transforment, joints à des profilés d'aluminium ridiculement minces et des bandes de plexiglas

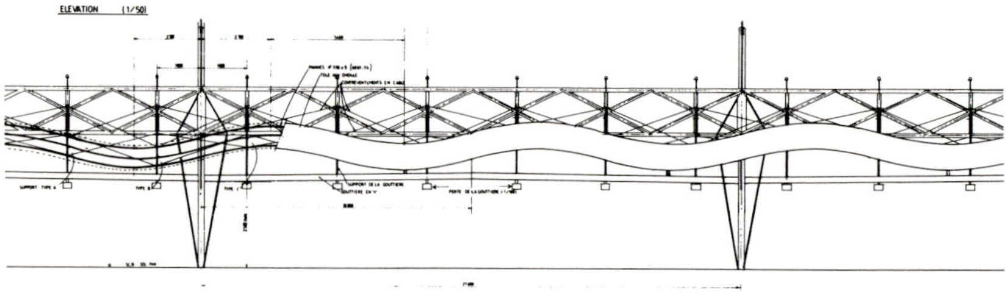

Dessin pour le projet de toiture de l'axe nord-sud

Bernard Tschumi
Parc de la Villette à Paris, 1982–1990
La folie numéro L5 au croisement de l'axe nord-sud avec le canal de l'Ourc et la folie numéro P7
Photos Peter Gössel
On ne remarque pas encore beaucoup les activités culturelles qui doivent se développer dans les pavillons nommés «folies». L5 est un restaurant et P7 un café. Des designers célèbres se sont penchés sur les détails. Philippe Starck a, par exemple, conçu les chaises tournantes en aluminium, fixées en petits groupes – une solution convaincante à côté des bancs habituels.

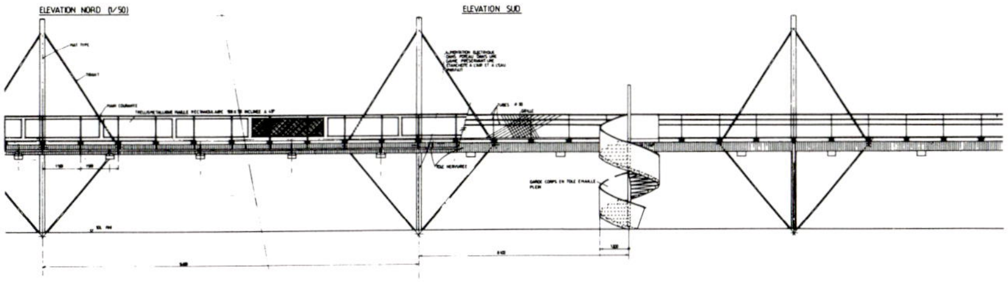

Dessin pour le projet de toiture de l'axe est-ouest

La folie numéro N7, un moulin stylisé avec un poste de la Croix-Rouge, et le numéro P6, une tour panoramique
Photos Peter Gössel

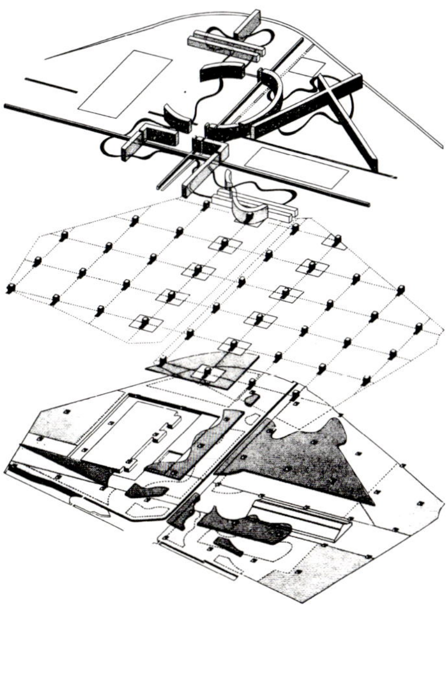

Représentation axonométrique
Le parc s'est développé à partir de la superposition de surfaces (la structure du terrain), de points (les folies) et de lignes (le réseau des chemins). Comme chaque système a son ordre géométrique propre, il y a des recoupements et donc des conflits que Tschumi considère comme des «moments dynamiques». Les folies rouge vif, modifications d'un cube de dix mètres de côté, sont placées tous les 120 mètres. Chaque figure pleine est composée de 27 parties de cube; les unités réalisées jouent avec l'omission et l'addition.

Coop Himmelblau
Usine Funder Werk 3 à St. Veit/Glan, 1988–1989
Vue générale
Photo Gerald Zugmann
La centrale énergétique et ses «cheminées qui dansent» est éloignée de la salle de production de l'usine de revêtement du papier et est reliée à elle par un «pont-média». L'entrée réservée aux camions est protégée par un toit volant recourbé.

Page de droite: l'entrée du personnel et sa «crête de coq»
Photo Gerald Zugmann

Axonométrie du complexe global

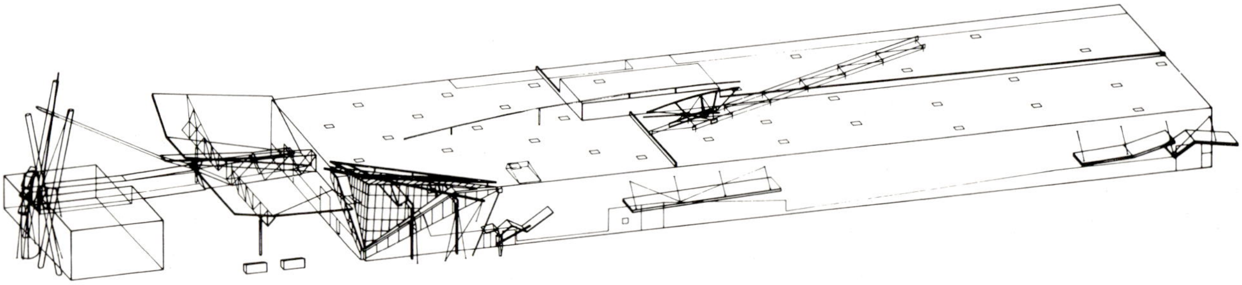

Page de droite:

Eric Owen Moss

Prittard & Sullivan Building à Culver City, Californie, 1995–1997

Photo Tom Bonner

Des parties de ces anciennes halles ont été conservées et réutilisées dans le nouveau bâtiment, comme les maîtresses-poutres de bois qui trouvent aujourd'hui la nouvelle façade de façon spectaculaire. A l'intérieur, de nouveaux cadres d'acier et de belles surfaces vitrées, régal des laveurs de carreaux, ont une telle prestance que les éléments architecturaux d'origine font presque figure d'antiquités, conférant ainsi à l'utilisateur, une entreprise de technologie d'images électroniques, un arrière-plan historique.

A gauche:

Eric Owen Moss

Samitaur Building à Culver City, Californie, 1990–1996

Photo Tom Bonner

L'extension d'un ancien bâtiment a pris ici la forme d'une superstructure construite au-dessus d'une rue. Tout en longueur, le corps de bâtiment repose sur des pilotis, et la forme rigoureusement cubique de l'entrée s'ajuste parfaitement aux dimensions réglementaires; à deux endroits cependant, l'édifice s'ouvre sur un jeu stupéfiant de volumes qui s'interpénètrent et se neutralisent.

Axonométrie

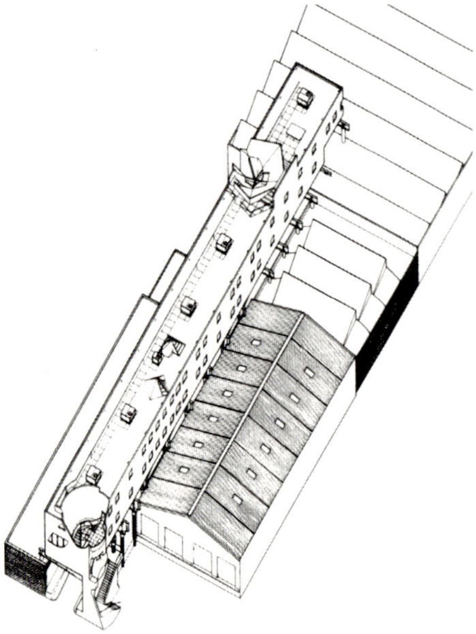

Morphosis
Maison Blades à Los Angeles, Californie, 1995
Photo Kim Zwarts
Le plan se développe autour d'un mur de béton curviligne qui entoure un espace extérieur protégé. A l'extérieur de la courbe sont aménagés ce que les Américains appellent les espaces «publics», à savoir le séjour avec ses 4,5 mètres de haut, la galerie de sculptures et l'atelier, réunis dans un parallélépipède rectangle. A l'inverse, l'autre côté abrite les espaces privés, parmi lesquels la chambre à coucher qui, tant en longueur qu'en hauteur, excède le volume du bâtiment et surplombe la piscine. Quand on traverse la maison, on a l'impression que les murs avancent et reculent et parfois, on croit même voir des trous dans ce qui est censé délimiter l'extérieur.

Plan

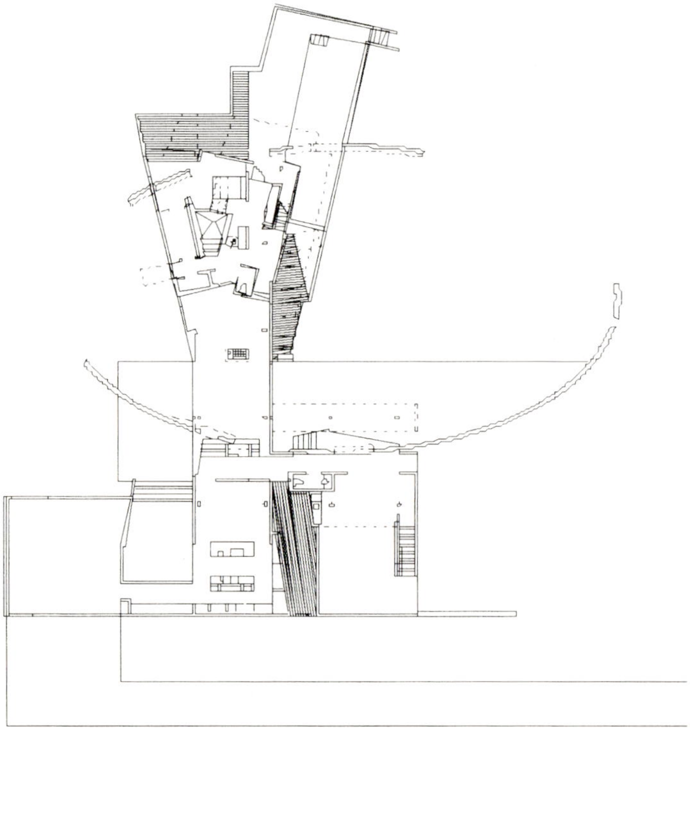

insérées, en une petite chapelle. Les colonnes perdent leurs bases et leurs chapiteaux; elles ne sont plus que des cylindres de béton ou de tôle galvanisée, leur importance n'est rendue claire que par leur position sur le terrain. A côté de cela, Gehry joue aussi – c'est le cas du Edgemar Center de Santa Monica – avec des décalages constructifs déroutants; quand il forme, par exemple, la corniche d'une tour avec un cube perspectivement tordu en cadres de métal. Des éléments architectoniques, secondaires à l'origine, commencent à avoir une vie propre: les cages d'escalier, les cheminées et les toits en avancée sont nettement suraccentués.
Partant de l'idée qu'il fallait redynamiser Culver City, Eric Owen Moss a réussi, avec quelques constructions majeures, à faire de cette ville plutôt insignifiante de la région urbaine de Los Angeles une Mecque de l'architecture. Avec l'aide de maîtres d'ouvrage fortement impliqués dans les projets, il s'est livré à des transformations et extensions de surfaces existantes, le plus souvent des anciens bâtiments industriels dans lesquels s'installent aujourd'hui des entreprises de presse et de communication. Dans le cas du Samitaur Building, il a rajouté une barre de 100 mètres de locaux construits au-dessus de la rue. Au coin, une entrée avec une cage d'escalier et au centre, une minuscule cour intérieure marquent une rupture franche avec le développement rationnel du corps de bâtiment. La cour en forme de pentagone abrite un bassin peu profond que surplombe une passerelle et par trois de ses côtés, elle fait saillie sur la façade. Moss parle de l'entrée et de sa forme sculpturale comme d'un objet changeant qui, au choix, peut être un cône ou un cylindre, à moins que ce ne soit une citrouille, mais il précise qu'à l'origine, c'était un sablier dont le sable à l'intérieur figurait le visiteur en train de monter les escaliers.
Dans le Musée Juif de Berlin de Daniel Libeskind, il est davantage question de

Zaha Hadid
Caserne de pompiers pour les établissements Vitra à Weil am Rhein, 1989–1993
Photo Paul Warchol
Ses dessins et études lui avaient déjà valu une notoriété internationale lorsque Zaha Hadid put enfin construire avec ce poste de pompiers, un bâtiment autonome. Sur un côté, des fenêtres continues sans cadre sont scellées dans le béton armé du bâtiment. Les différentes fonctions sont disposées en rayons.

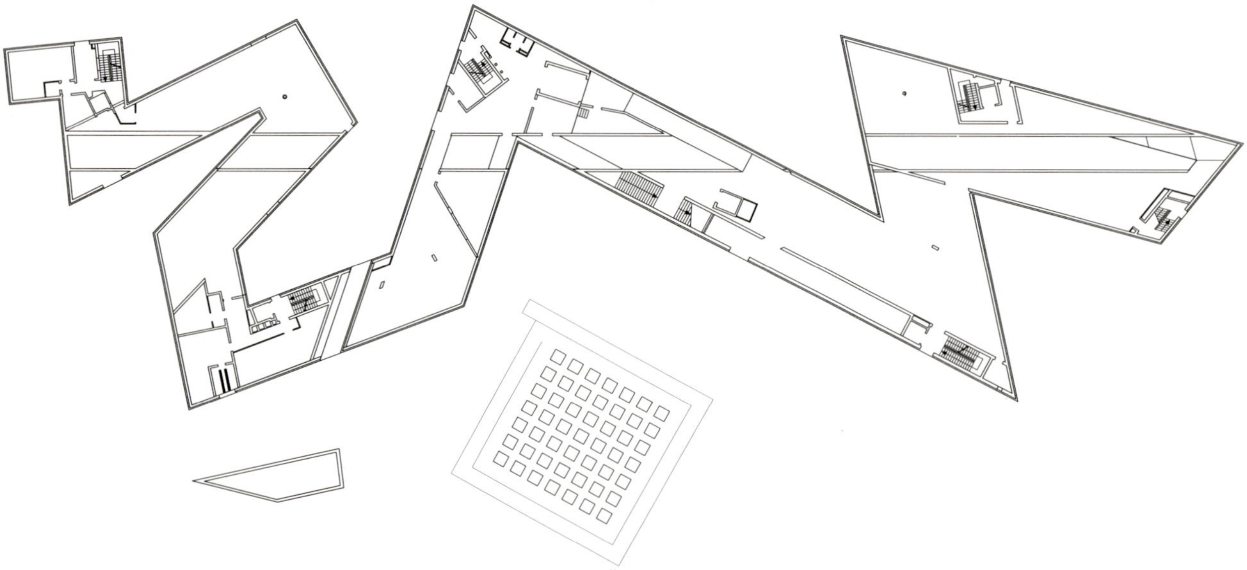

Daniel Libeskind
Musée Juif de Berlin, 1989–1999
Photos Bitter + Bredt Fotografie

Plan du rez-de-chaussée

contenus que de forme. Vue en plan, la forme de cette construction couverte d'un revêtement métallique est celle d'un éclair. Elle n'a pas d'entrée, mais est accessible par un souterrain à partir du musée voisin. A côté du bâtiment principal, Libeskind a construit une tour à cinq arêtes, la Tour de l'Holocauste. Là, comme du reste dans la maison principale, des fentes de lumière fortement découpées génèrent des atmosphères tout à fait particulières qui étayent l'idée d'un bâtiment construit autour d'une béance de l'Histoire, à savoir la destruction de la culture juive. «Cette nouvelle extension est conçue comme un emblème, un signe symbolique dans lequel le non-visible se manifeste sous la forme d'un invisible vide. Le musée doit être construit autour d'un vide qui traverse l'ensemble du bâtiment, un vide dans lequel le public doit entrer.» Pour Libeskind, tous les éléments de son œuvre sont signifiants, même dans un autre sens, leur emplacement sur le plan renvoie à ces références, et l'imprégnation est le maître-mot à partir duquel s'élabore sa syntaxe. Il dit ainsi des fenêtres qu'elles sont «les lignes topographiques réelles qui relient les endroits où habitaient les Allemands et les Juifs du voisinage et qui, à partir de là, rayonnent vers l'extérieur.» Pour comprendre cette architecture, le visiteur doit fournir un effort préalable de rigueur et de logique.

HERAS

Le retour du matériau

Dans le dernier tiers du vingtième siècle, beaucoup de grandes villes ont vu des aires proches du centre et jusqu'alors réservées à l'industrie ou aux activités portuaires se retrouver brutalement, à l'issue de la restructuration industrielle, à l'état de friches. Ce phénomène a connu une ampleur particulière dans des villes comme Londres, Rotterdam ou même New York. A Berlin, la chute du mur a entraîné dans son sillage une frénésie d'urbanisme dans le secteur de la Potsdamer Platz. L'augmentation des activités économiques dans le secteur tertiaire et l'informatique réclamait surtout des surfaces de bureaux, auxquelles les urbanistes ont souhaité adjoindre une part convenable d'immeubles d'habitation afin d'éviter la désertification bien connue de ces zones d'activité en-dehors des horaires de travail. A chaque fois, on a investi beaucoup d'idées dans la reconstruction; pourtant, les développements ont le plus souvent manqué de ce charme que le citadin aime à associer à son environnement. Les gros investisseurs ont exercé trop de pressions sur les urbanistes auxquels ils ont dicté des orientations motivées uniquement par le profit, les autorités se sont montrées à plusieurs endroits trop pointilleuses dans leurs directives et les hommes politiques trop frileux dans leur façon de loucher sur les coûts et de ménager la susceptibilité du patronat.

Parallèlement, l'image du métier d'architecte était en tain de connaître une transformation insidieuse. Au lieu du créateur que sa sensibilité artistique portait à prêter attention aux détails, on demandait de plus en plus de conducteurs de travaux qui s'y connaissaient en calcul de rentabilité, en adjudications de marchés publics, conduite de protocoles et négociation de prix. Travaillant aux côtés des urbanistes, ils avaient pour moindre mission d'exercer sur eux un contrôle. Rares sont ceux qui ont réussi a faire le grand écart entre des exigences aussi divergentes. Les concours et la presse spécialisée, eux, étaient pourtant en quête de projets clairs et précis. Les fins commerciales ne dispensent pas de la nécessité d'avoir une idée porteuse. Aussi ceux qui, dans des approches très strictes, faisaient valoir des points de vue résolument artistiques, ont-ils exercé une influence durable sur une jeune génération d'architectes. Et ce n'est pas un hasard si, dans le cadre de programmes d'aménagement de l'espace rigoureusement définis, la matérialité et la texture des constructions ont pris une grande importance, du moins au niveau des discussions.

Dans les thermes de Vals, construits par Peter Zumthor, la pierre vernaculaire gris-vert, découpée en fines plaques, est à la fois le moyen de traduire l'adaptation au paysage environnant et de signifier une distance par rapport à la médiocrité des constructions du voisinage immédiat. N'intervient pas seulement dans le choix des moyens de construction la question de trouver celui qui conviendra le mieux; il s'agit aussi de montrer comment le procès de décision, dont les critères vont au-delà de la seule fonctionnalité, est visible sur l'objet lui-même. Par exemple, on peut se contenter de voir dans l'ingénieuse distribution de la lumière qui fait presque ressembler cette piscine à une grotte, quelque chose qui s'accorde bien avec la re-

Benthem Crouwel
Salle de concert à Vitrolles, France, 1994–1995
Photo Arcaid
Des surfaces phosphorescentes triangulaires ont notamment pour effet de briser l'impression de bloc compact que produit la façade de béton foncé. Elles sont le reflet de l'endroit où ont lieu les manifestations d'une culture dominée par de sombres perspectives d'avenir.

Page de gauche:
Rudy Ricciotti
Salle de concert à Vitrolles, France, 1994–1995
Photo Paul Raftery
Des surfaces phosphorescentes triangulaires ont notamment pour effet de briser l'impression de bloc compact que produit la façade de béton foncé. Elles sont le reflet de l'endroit où ont lieu les manifestations d'une culture dominée par de sombres perspectives d'avenir.

Peter Zumthor
Thermes de Vals, Suisse, 1990–1996
Photo Margherita Spiluttini
Vue sur le bassin central

prise à l'intérieur de la pierre naturelle – d'autant que l'édifice est à moitié enfoncé dans la montagne. Mais si, comme ici, des installations sonores et de petites cabines laissent soupçonner un esprit presque ésotérique, ces thermes s'inscrivent alors dans une tout autre tradition que celle des bains publics des années vingt, pour lesquels la devise «de l'air et de la lumière pour tous» suffisait encore amplement. La lumière est ici un matériau tout aussi déterminant que la pierre, non seulement naturel, mais aussi artificiel, qui permet des effets raffinés et précis: ici elle est renvoyée par le scintillement de l'eau, là elle tombe à travers d'étroites ouvertures, ailleurs c'est la vapeur des bains chauds qui la réfracte de façon diffuse. Si l'utilisation récurrente de matériaux bon marché était typique de l'évolution de l'architecture moderne (raison pour laquelle les bâtiments se ressemblent souvent fortement), le début des années quatre-vingt-dix a vu apparaître des expériences qui faisaient intervenir toutes sortes de nouveaux matériaux, la couleur et la lumière. Il en a résulté des constructions surprenantes ainsi qu'une grande variété de structures au niveau des surfaces, qu'il s'agisse de façades externes ou d'espaces intérieurs. Si l'on se place toutefois dans la perspective du modernisme classique et de ses exigences, il faut voir là davantage une évolution qu'une rupture.

Page de droite:
Peter Zumthor
Pavillon de la Suisse à l'Exposition Universelle, Hanovre, 2000
Les allées vues à partir d'une cour intérieure
Photo Roland Halbe/artur
Sur une surface qui faisait tout de même 3000 mètres carrés, on a empilé des poutres de bois. On a renoncé à percer des trous dans le bois qui auraient empêché sa réutilisation. Au lieu d'un toit, seules quelques gouttières de tôle évacuaient les eaux de pluie, ce qui explique que le soubassement ait été dans son ensemble légèrement incliné.

Mikko Heikkinen et Markku Komonen
Villa Eila dans un village de Guinée, 1995
Photo Onerva Utriainen/Heikkinen/Komonen
Dans le cadre d'un ambitieux programme de construction de la Fondation Indigo qui cherchait à expérimenter des méthodes préservant l'environnement, une maison d'habitation a aussi été réalisée. Des espaces en briques de torchis sont disposés librement à l'intérieur d'une structure de bois qui porte également la toiture couverte de tuiles en fibrociment. Un mur de bois en treillis non seulement dispense de l'ombre, mais projette des jeux de lumière sur les murs intérieurs couleur terre.

Rem Koolhaas
Palais des congrès à Lille, France, 1990–1994
Enfilade d'escaliers menant de l'entrée au hall 2
Photo Hectic Pictures

Si l'utilisation du verre et de l'acier conduit à une franche démarcation entre le bâtiment et la nature et si on a pu un jour s'enorgueillir de l'industrialisation, la nature est aujourd'hui un partenaire du débat sur la construction, débat dans lequel le choix des matériaux en particulier occupe une place importante. Le fait que, pendant ces dix dernières années, le bois ait connu une renaissance en tant que matériau de construction et de revêtement, n'a à cet égard rien d'étonnant. A l'exposition universelle de Hanovre 2000, il y avait une chance pour que soient concrétisées, avec les pavillons des différents pays, des visions architecturales sur ce thème. Pourtant, seul le pavillon de la Suisse de Peter Zumthor sut convaincre. Empilées sur neuf mètres de haut, sans autre consolidation que des câbles d'acier, des poutres de mélèze et de pin formaient une structure qui servait de cadre à une autre idée: une partition réglait en effet les apparitions de musiciens pendant les heures d'ouverture, et des inscriptions lumineuses projetées sur les murs donnaient à lire des citations sur la Suisse. Au milieu des pavillons voisins, dont la présentation obtempérait impudemment au diktat de fiévreuses mises en scène médiatiques, le «Klangkörper» (corps sonore) de Zumthor faisait souverainement figure de contrepoint méditatif dont les qualités n'ont pas même souffert de l'affluence. Le fait que l'architecture de Zumthor, dont les espaces austères invitent plutôt à la méditation et manifestent par ailleurs un fort engagement en direction de l'environnement verna-

Jean Nouvel
Centre culturel à Lucerne, Suisse, 1992–1999
Photo Christian Richters

culaire, se soit affirmée de façon aussi brillante dans le contexte de déracinement de cette manifestation, est d'autant plus surprenant.
En ce qui concerne le contexte urbain, la confrontation à l'héritage moderne ressent cependant l'influence d'autres facteurs. L'œuvre de Rem Koolhaas joue à cet égard un rôle de premier plan auquel des publications comme «Delirious New York» ou «S, M, L, XL», qui l'ont fait connaître, ne sont pas étrangères. Dans le projet malheureusement non réalisé du Zentrum für Kunst und Medientechnologie (Centre d'Art et de Technologie des Médias), une façade sur le thème des médias jouait un rôle capital. Il ne s'agissait pas seulement de porter à l'extérieur les contenus de l'espace intérieur et de montrer ce qui s'y passait, mais bien davantage d'émanciper de sa fonction utilitaire l'enveloppe du bâtiment, et à travers elle d'exprimer de façon purement architecturale une réaction par rapport au conditionnement de l'environnement par les médias. La décomposition de l'objet architectural en éléments individuels devenait alors le cadre conséquent à l'intérieur duquel la composition scrupuleuse s'opposait au principe de désordre. Escaliers et passages, revêtements de plafonds et systèmes d'éclairage variaient d'un étage, d'un espace à l'autre. Dans le cadre du projet d'extension urbaine Euralille, Koolhaas a imaginé un palais des congrès ovale qui affiche une grande diversité de structures au niveau des façades. Des matériaux bon marché, comme des revêtements de plas-

Herzog & de Meuron
Bâtiment des usines et entrepôts Ricola à Mulhouse-Brunnstatt, France, 1992–1993
Photo Hisao Suzuki

tique ondulé et de contre-plaqué pour les murs, de linoléum brillant pour les sols ainsi que des grilles métalliques, déterminent l'agencement intérieur.
Le centre culturel de Lucerne, dû à Jean Nouvel, se distingue lui aussi par son aspect polymorphe. Le toit mince, avec ses arêtes vives, forme une grande avancée qui ombrage les façades de cette construction en trois blocs qui abrite la philharmonie, l'espace d'exposition et la salle de spectacles. La salle de concert se trouve dans une gaine de plaques de bois qui elle-même se trouve à l'intérieur de ce qui apparaît à l'extérieur du bâtiment. Avec sa surface lisse, cette enveloppe intérieure rappelle un instrument de musique, et sur les murs de la salle elle-même, des panneaux mobiles de lambris garantissent une excellente acoustique.
La pierre naturelle donne le ton du chai Dominus de Herzog & de Meuron, bâtiment rectangulaire tout en longueur construit au milieu des vignobles de la Napa Valley. Les murs de béton sont tapissés de petites cages de fil métallique remplies de roches basaltiques extraites dans la région qui protègent le chai des variations extrêmes de température et le font presque disparaître entre les hauts vignobles qui l'entourent. Elles sont disposées en couches plus ou moins épaisses qui laissent passer la lumière, naturelle dans les espaces intérieurs, artificielle à l'extérieur. Les architectes comparent l'enveloppe du bâtiment, avec ses degrés variables de transparence, davantage à une peau qu'à une structure de maçonnerie.

Herzog & de Meuron
Chai Dominus à Yountville, Californie, 1995–1997
Photo Timothy Hursley

Dans un autre projet, Herzog & de Meuron ont recours au verre, au béton et à l'acier, si ce n'est toutefois que leurs façades vitrées ne sont pas transparentes, mais translucides. Les structures internes sont simplement suggérées, et les façades laissent passer plus ou moins de lumière. Les façades avant et arrière de l'usine et des entrepôts Ricola, à Mulhouse, se composent, ainsi que le dessous de la toiture en saillie, de panneaux de polycarbonate sur lesquels est imprimé un motif végétal. Sur les côtés étroits en béton noir, la pluie laisse des traces qui produisent un effet raffiné: «Par temps humide, ce mur a l'air plus transparent que le mur en verre, un effet que nous aimons vraiment, pas seulement parce qu'il est beau, mais parce qu'il remet en question les notions de densité et de transparence.»
Il reste à ajouter que les systèmes modernes de ventilation et les verres feuilletés isolants, en contrôlant de façon précise la pénétration de la lumière, permettent d'éviter les problèmes d'échauffement excessif qu'on a connu naguère les jours de grand soleil. Mais même si un bâtiment entièrement transparent est techniquement réalisable, on peut se poser la question des vertus, outre la protection de la pluie et du froid, qu'en attend l'usager. Peut-être qu'une maison ne devrait pas être complètement muette, se contenter d'être une enveloppe technique, peut-être qu'elle devrait aussi dire quelque chose. Et si communication il doit y avoir, celle-ci ne peut passer que par sa peau, l'enveloppe du bâtiment.

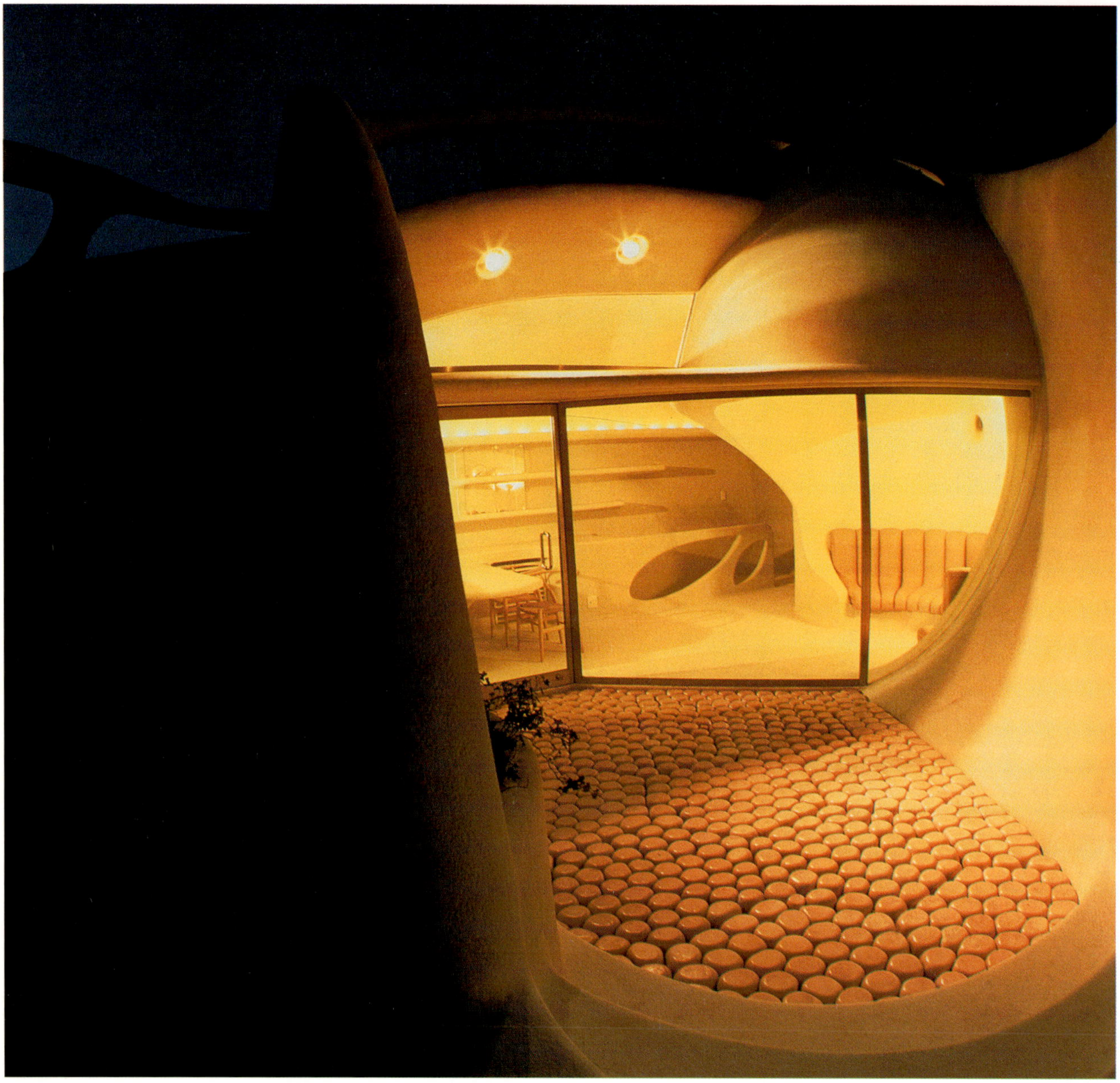

Quand l'espace s'incurve

Ushida Findlay Partnership
Truss Wall House à Tokyo, Japon, 1990–1993
Photo Kenji Kobayashi

Lorsqu'on évoque la globalisation et la mise en réseau qui caractérisent la culture mondiale de la fin du siècle, on se représente volontiers Internet comme un médium liquide dont les flux chaotiques feraient le tour de la planète. La circulation de l'information est investie d'une force créatrice qui se répercute également sur l'architecture, pourtant moins portée par nature à l'éphémère. «Le liquide global des ‹architectures molles› que sont les médias digitaux recouvre, traverse et infiltre de façon souterraine les ‹architectures dures›, locales et concrètes de nos villes contemporaines, créant un environnement indéterminé, ‹flottant›, un interface entre le public et le privé, le collectif et le subjectif, le vernaculaire et le planétaire», écrit Peter Zellner dans «Hybrid Space». Vue sous cet angle, l'architecture reproduit ce point d'intersection entre les deux univers, un quelque chose de fractal dans lequel l'utilisateur des nouveaux produits de la belle technologie high-tech, qui communique activement, organise ses interfaces. Rétrospectivement, on rencontre déjà cette idée de structures non linéaires qui se modulent sur le schéma orthogonal habituel, le transformant sans pour autant le remplacer complètement, dans les années vingt. Du moins s'agit-il là d'un principe qui, au niveau de la conception, n'a cessé de s'affirmer à côté de la culture dominante de l'angle droit et de la pure rigueur formelle. On a souvent intégré à l'architecture ces formes que le spectateur qualifie volontiers d'organiques, il n'en demeure pas moins que la concrétisation de ces idées s'est avérée souvent problématique. Dernièrement, les progrès des logiciels de conception et construction assistées par ordinateur non seulement ont donné lieu à une expansion incroyable des méthodes de modélisation, mais permettent de programmer des procédures complexes de réalisations par commande numérique. Ce qui se traduit, en particulier au niveau des surfaces-membranes, composées en tout et pour tout d'éléments individuels et différents, par des modes de production économiques. Le préfabriqué en béton, par exemple, offre lui aussi des possibilités d'intervention puisqu'il est désormais possible de découper mécaniquement des formes négatives complexes en mousse.

Mais c'est surtout le raffinement de plus en plus prononcé de la modélisation des projets qui influe sur le succès de ces nouvelles conceptions de l'espace. C'est souvent sa présentation en trois dimensions, générée par ordinateur, qui fait envisager une idée comme réalisable.

C'est à l'aide de dessins générés par ordinateur que le bureau néerlandais NOX a conçu, pour l'exposition de Neeltje Jans, Pays-Bas (1994–1997), un pavillon d'exposition en forme de boyau pneumatique, dans lequel les angles droits et les surfaces rectilignes bien définies sont remplacés par des formes fluides. Le visiteur donne l'impression de se trouver parachuté à l'intérieur d'un jeu vidéo. Privé de la perception visuelle, il doit s'en remettre à son seul sens du toucher pour évoluer à travers les surfaces lisses et brillantes, les couleurs étincelantes et l'absence de géométrie de cette exposition interactive. «Ce n'est pas une exposition sur l'eau, les

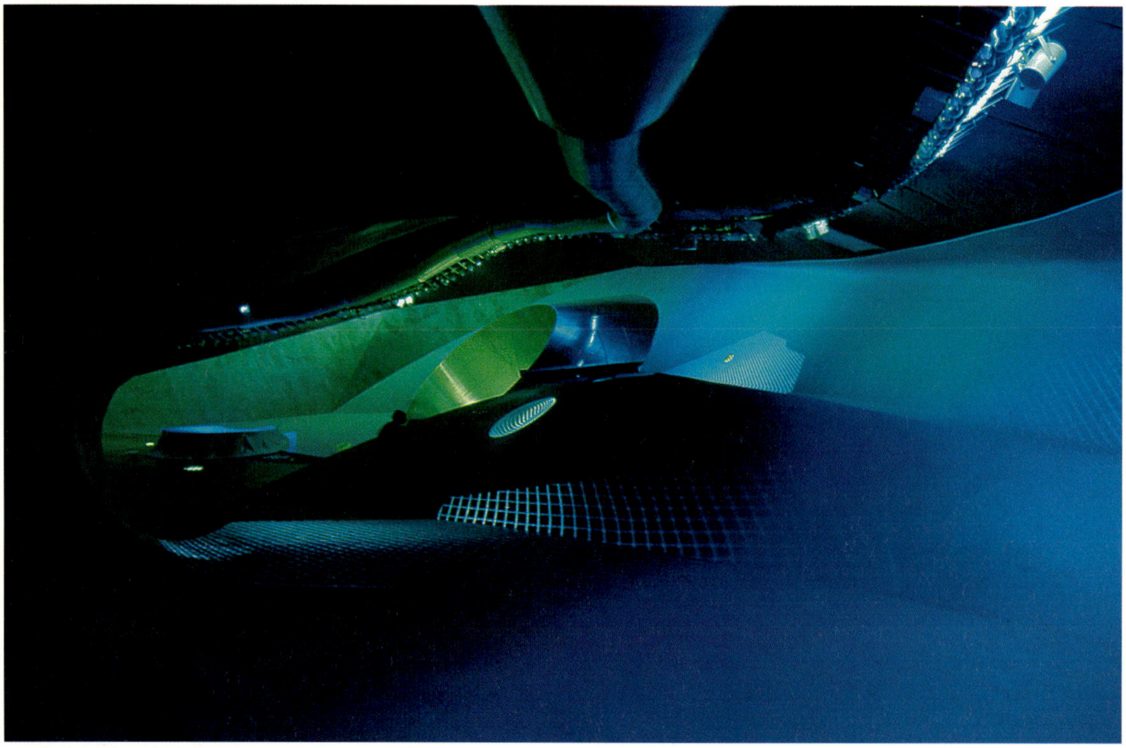

Page de gauche:
NOX
Pavillon d'exposition «freshH2O eXPO» à Neeltje Jans, Pays-Bas, 1994–1997
Entrée
Photos NOX architects
Le pavillon sur le thème de «l'eau douce» a été réalisé, ainsi qu'un pavillon analogue sur celui de «l'eau salée», à l'occasion d'une exposition. Du fait que le sol de l'espace intérieur suit les déformations de la coupe transversale, le parcours est malaisé. Cette difficulté est encore accentuée par les éclairages et les projections bleus qui réagissent aux mouvements des visiteurs.

NOX
Equipement de bureaux «V2 Lab» à Rotterdam, 1997
Photo NOX architects
Cette construction qui héberge une agence de communication a été conçue en analogie avec le rôle joué par Internet et le virtuel. Nous avons ici affaire à une organisation instable d'éléments spatiaux qui se distinguent par la présence d'une membrane transparente et la structure ondulatoire du sol.

Plan

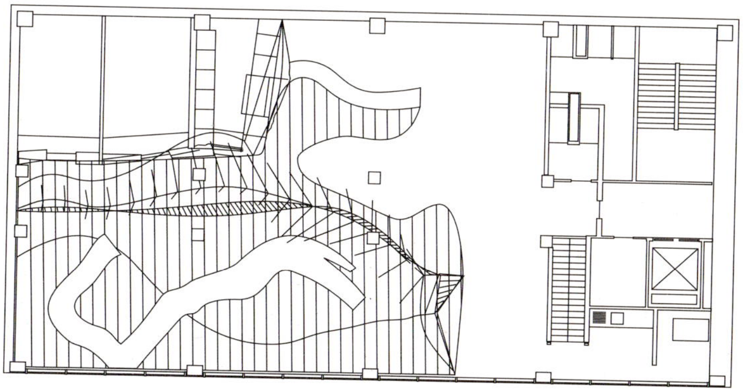

(EEA) Erick van Egeraat associated architects
Administration centrale de ING Bank & Nationale Nederlanden à Budapest, 1992–1994
Photos Christian Richters

visiteurs sont plutôt eux-mêmes une partie de l'eau, ils doivent adapter leur comportement à la transformation permanente de l'environnement.» L'enveloppe du bâtiment fait en même temps partie de l'exposition et inversement, les sons et les lumières réagissent de manière interactive aux mouvements des visiteurs, de telle sorte que bâtiment, exposition et visiteurs forment une même unité.
Dans sa «Truss Wall House» de Tokyo, le couple d'architectes écossais-japonais Ushida Findlay, dont le travail se veut «une domestication de la technologie et non de la nature», fait non seulement disparaître les limites conventionnelles entre sols, murs et plafonds, mais aussi la transition entre espace intérieur et extérieur, dans la mesure où les formes fluides coulées dans du béton armé constituent à la fois les murs intérieurs et extérieurs, ainsi qu'une grande partie du mobilier. La commande passée par le propriétaire, un entrepreneur spécialisé dans la construction en béton, stipulait qu'on devait tirer le maximum d'un terrain de 90 mètres carrés. La solution est une maison conçue comme un continuum spatial liquide qui serait retourné à l'état solide, dans lequel les détails ne donnent aucune indication d'échelle et où les murs et le plafond arrondis forment un cocon protecteur.

Frank O. Gehry
Musée Guggenheim à Bilbao, Espagne, 1991–1997
Photo Christian Richters

Page de gauche:
Photo Timothy Hursley

Page de gauche:
Frank O. Gehry
Deutsche Genossenschafts Bank à Berlin, 1995–2000
Vue de l'enveloppe vitrée d'un espace intérieur
Photo Gartner GmbH, Gundelfingen
Tandis que la façade qui donne sur la Porte de Brandebourg affiche, avec les surfaces lisses de ses piliers en grès et ses vitrages apparemment sans châssis, une structure tout à la fois austère et subtile, l'intérieur met en scène une suite complexe d'espaces vitrés au centre desquels une tête de cheval stylisée abrite une salle de conférences.

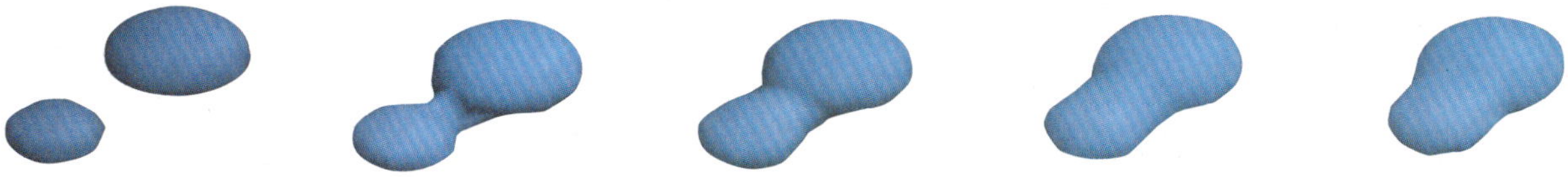

abb Architekten
Pavillon de la firme BMW à l'exposition internationale de l'automobile, Francfort-sur-le-Main, 1999
Photo Friedrich Busam/architekturphoto

Modélisation par ordinateur du mouvement de deux gouttes d'eau qui se rejoignent

Renzo Piano Building Workshop
Centre culturel Jean-Marie Tjibaou à Nouméa,
Nouvelle-Calédonie, 1991–1998
Photo Hans Schlupp/architekturphoto

Avec cet équipement appelé «Spring texture H», il s'agit pour l'architecte Shuhei Endo de jouer sur la définition d'espace intérieur et extérieur, idée qui dans une construction utilitaire comme celle-ci, connaît une concrétisation confondante qui suggère une possibilité d'accès de tous côtés. En outre, l'opposition sol, mur et toit doit se résorber dans la forme fluide.

Le concept spatial de la maison Möbius de Ben van Berkel s'inspire, comme son nom l'indique, du ruban de Möbius. Le plan irrégulier et l'interpénétration surprenante des espaces auraient pu difficilement être réalisés sans l'assistance de l'ordinateur. La maquette reflète le cycle du sommeil, du travail et des loisirs, du jour et de la nuit, et une circulation interne a été prévue pour circuler entre les niveaux d'utilisation. Les deux matériaux déterminants, le béton et l'acier, participent eux aussi de cette continuité. Le béton et les surfaces vitrées teintées de la façade extérieure se poursuivent en effet à l'intérieur avec les escaliers et le mobilier. Cette architecture s'affranchit de sa fonction purement utilitaire pour devenir une installation parlante qui ne se contente pas d'interagir avec ses occupants et son environnement, mais traite aussi des rôles qu'elle endosse au fil des jours et de l'Histoire.

Shuhei Endo
Springtecture H à Singu-cho, Hyogo, Japon, 1998
Photo Yoshiharu Matsumura
Cette petite construction qui abrite des toilettes publiques se trouve dans un parc où elle est entourée de bâtiments scolaires. A la différence de ce que suggèrent les photos, l'enveloppe en tôle ondulée n'est pas courbée en deux endroits, mais représente une seule et même forme, celle d'une spirale inclinée.

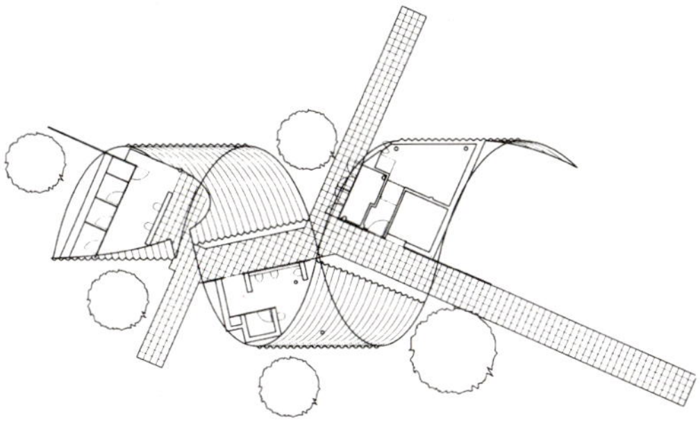

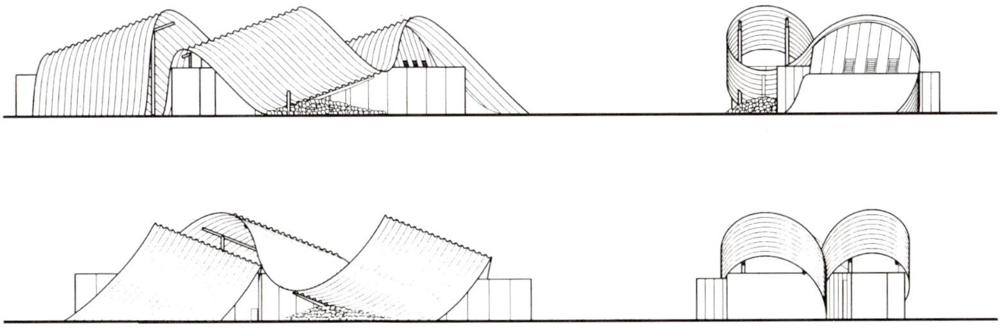

UN Studio/Ben van Berkel & Bos
Maison Möbius à 'T Gooi, Pays-Bas, 1993–1997
En haut: côté sud
En bas: côté ouest
Photos Christian Richters

Plan du rez-de-chaussée

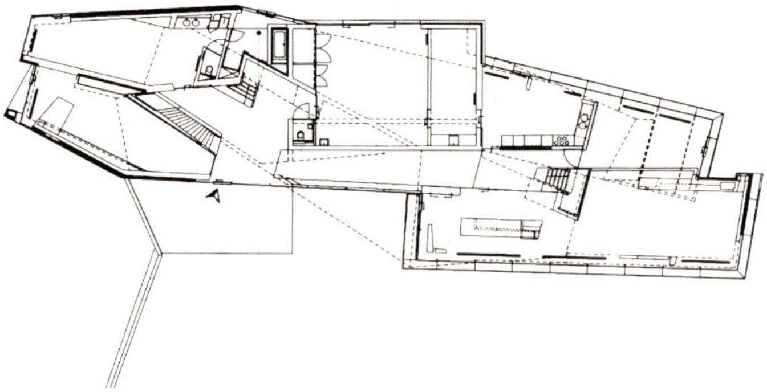

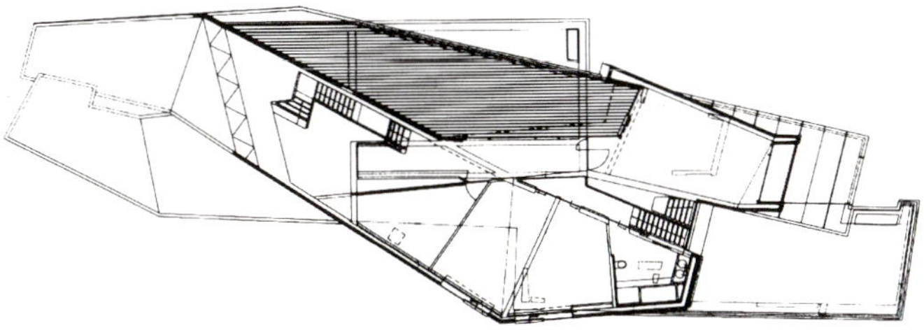

UN Studio/Ben van Berkel & Bos
Maison Möbius à 'T Gooi, Pays-Bas, 1993–1997
Vue du séjour sur l'escalier est
Photo Christian Richters

Plan de l'étage supérieur

Biographies

Premier congrès du CIAM, 1928
Photo de groupe devant la chapelle du château La Sarraz
De gauche à droite, debout: Mart Stam, Pierre Chareau, Victor Bourgeois, Max Haefeli, Pierre Jeanneret, Gerrit Rietveld, Rudolf Steiger, Ernst May, Alberto Sartoris, Gabriel Guevrékian, Hans Schmidt, Hugo Häring, Zavala, Florentin, Le Corbusier, Paul Artaria, Hélène de Mandrot, Friedrich Gubler, Rochat, André Lurçat, Robert von der Mühll, Maggioni, Huib Hoste, Sigfried Giedion, Werner Moser, Josef Frank
De gauche à droite, assis: Garcia Mercadal, Molly Weber, Tadevossian

Alvar Aalto

Hugo Alvar Henrik Aalto 1898–1976

Aalto a fait ses études d'architecture de 1916 à 1921 chez Armas Lindgren à l'Institut polytechnique de Helsinki. Après cela, il a voyagé à travers l'Europe et complété sa formation dans divers bureaux d'architecture avant d'ouvrir son propre bureau en 1923 à Jyvbskyla, dans lequel sa femme Aino a également commencé à collaborer à partir de 1925. Les travaux des débuts de Aalto qui ont vu le jour là-bas sont, d'une part, la Maisan des Ouvriers (1923–1925), et, d'autre part, le bâtiment des Associations patriotes, achevé en 1929. En 1927, il a transféré son bureau à Turku et a réalisé le bâtiment de la rédaction du journal «Turun Sanomat» (1927–1929), le sanatorium pour tuberculeux Paimio (1929–1933) ainsi que la bibliothèque municipale de Viipuri (1930–1935) dont la construction de la montée d'escalier complètement vitrifiée et située à l'extérieur devait inspirer de nombreux architectes après lui. En 1928, Aalto adhéra au CIAM. En 1933, il s'installa, ainsi que son bureau, à Helsinki. A l'occasion d'une exposition de ses travaux, il se rendit en 1938 pour la première fois aux Etats-Unis, où il décora aussi le pavillon finlandais de l'Exposition universelle de 1939 à New York avec un mur d'exposition élégamment incliné, et termina en même temps la première partie de la construction de l'usine de cellulose de Sunila. En 1940, Aalto obtint une chaire de professeur d'Architecture à l'Institute of Technology de Cambridge, Massachusetts. La seule construction qu'il réalisa paur un commettant américain vit le jour en 1947 et en 1948 sous la forme d'un foyer pour les étudiants de l'Institute of Technology de Cambridge. Dans le volumineux catalogue de ses œuvres, on trouve une liste de plus de 200 projets dont environ la moitié ont été réalisés, en grande partie des bâtiments publics tels que l'Hôtel de Ville de Saynatsalo (1949–1952), la «Maison de la Culture» à Helsinki (1955–1958), l'Institut Technique à Otaniemi (1955–1964) et le Centre paroissial et l'Eglise à Seinajaki (1958–1965). En Allemagne, il construisit un immeuble pour l'Interbau de Berlin (1957) et le complexe d'habitation «Neue Vahr» à Brême (1959–1962) sur un plan en forme d'éventail. Ce n'est que longtemps après sa mort que fut achevé l'opéra de Essen.

Tadao Ando *1941

Avant de fonder en 1969 son bureau Tadao Ando Architect & Associates à Osaka, Ando entreprit de longs voyages en Amérique du Nord, en Afrique et en Europe, et c'est en autodidacte qu'il acquit ses connaissances. Il enseigna en 1987 à Yale, en 1988 à la Columbia University et en 1990 à Harvard. Le dépouillement des formes et l'emploi du béton brut de décoffrage, tant à l'intérieur qu'à l'extérieur, sont les marques caractéristiques de son architecture. Entièrement fermées sur l'extérieur, des cours intérieures laissent percevoir les conditions atmosphériques grâce à leur généreux vitrage. La maison individuelle du quartier de Sumiyoshi, à Osaka, au Japon (1975–1976), se compose de deux ailes rectangulaires reliées par un pont, et qui entourent une cour intérieure de mêmes dimensions qu'elles. Seule une étroite entrée troue la façade de béton aveugle qui donne sur la rue. La maison Matsumoto à Ashiya, Japon (1976–1977), dite aussi «Wall House» (maison-mur), comporte un toit de béton voûté divisé en deux berceaux. Entièrement dissimulée par un mur de béton, la maison n'est pas visible de la rue. On retrouve ce caractère introverti des maisons d'Ando dans la Koshino House à Ashiya (1980–1981). Les deux ailes rectangulaires, profondément enfoncées dans le sol, ont été complétées par la suite par une annexe en forme d'éventail. A travers des fentes pratiquées dans le plafond et le long des murs pénètrent des rais de lumière très accentués. Citons encore parmi les réalisations d'Ando la Chapelle sur l'Eau de l'île d'Hokkaido (1988), l'Eglise de la Lumière d'Osaka (1988–1989) et le Musée des Enfants d'Himeji (1988–1989). Datent des années quatre-vingt-dix le Pavillon Japonais, construit presque exclusivement en bois, de l'Exposition Universelle de Séville en 1992, le musée et l'hôtel de Naoshima, Japon (1990–1992) et le musée de bois de Hyogo, Japon (1993–1994). L'axe d'une passerelle qui s'étire dans le paysage croise le bâtiment cylindrique aveugle, dont l'espace est rigoureusement structuré par d'énormes piliers de bois.

Arquitectonica

C'est en 1977 que les époux Bernardo Fort-Brescia et Laurinda Spear, les actuels propriétaires de l'entreprise, se sont associés avec Hervin A. R. Romney (jusqu'en 1984), Andres Duany et Elisabet Plater Zyberk, qui ont de nouveau quitté le bureau en 1979, pour fonder à Miami le groupe d'architecture Arquitectonica International Corporation. Parmi leurs premiers travaux, on compte

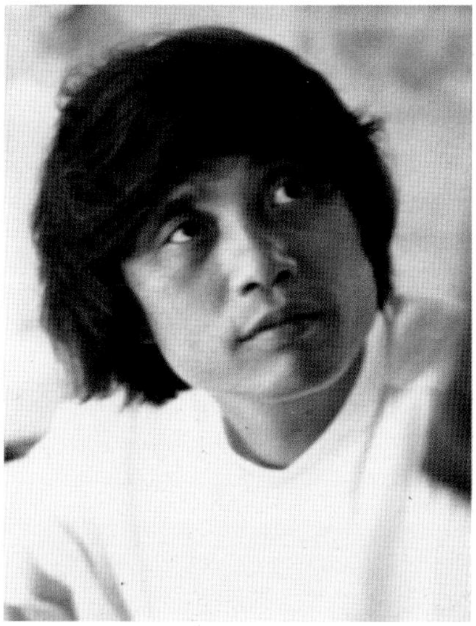

Tadao Ando

la maison des parents de Laurinda Spear à Miami (1977–1979), en Floride, une maison rose comprenant une cour et des formes géométriques claires. Ils ont également utilisé des couleurs pastel pour la Mulder House à Lima (1983/1984), encadrée de deux hauts murs circulaires se croisant à angle droit qui forment ainsi quatre compartiments diversement décorés. Les recoupements et pénétrations organisent également leurs grands immeubles de studios; au Helmsley Palace Hotel de Miami (1978–1980), Floride, une mince tranche de la tour est perpendiculairement transpercée par un corps architectonique formant un escalier. Le choix des noms et leurs références soulignent bien l'esprit dans lequel ont été pensés les projets, comme par exemple les constructions «Atlantis» (1979–1981) et «Babylon» dans la Biscayne Bay de Miami. Pour la Banco de Credito à Lima (1983–1988), Arquitectonica a élaboré un complexe de quatre étages entourant une cour intérieure dans laquelle il semble y avoir eu un glissement de terrain. Les exécutions détaillées et colorées des concepts de projets donnent l'impression que l'on observe des chefs-d'œuvre à part entière. On citera parmi leurs réalisations des années quatre-vingt-dix la Banque du Luxembourg (1989–1994) et l'ambassade américaine à Lima, Pérou (1993–1995), bâtiment rectangulaire compact qu'égaient la couleur et la variété de structure de sa façade. Aujourd'hui, Arquitectonica se voit confier des commandes du monde entier, à savoir de Londres, Paris et Milan, et dispose de filiales à Houston et New York.

Erik Gunnar Asplund 1885–1940

Asplund fit sa formation à l'Institut technique (1905–1909) et à l'Ecole indépendante d'Architecture de Stockholm. Après avoir occupé pendant deux ans la fonction d'assistant à l'Institut technique, en 1912 et 1913, il entreprit un voyage en Italie et en France. En compagnie de Sigurd Lewerentz il remporta en 1915 le concours de l'arrangement du cimetière de Stockholm. Faisant partie de ses premiers travaux indépendants, on compte la Villa Snellmann à Djursholm (1917/1918) ainsi qu'une chapelle forestière à Stockholm (1918–1920). Après le bâtiment du tribunal de Solvesburg (1917–1921) et de l'Ecole Karl-Johan à Goteborg (1915–1924), naquit la bibliothèque municipale de Stockholm (1920–1928): un cylindre central, en forme de fer à cheval, et entouré de trois ailes cubiques plus plates. De ce néoclassicisme qu'il avait interprété avec beaucoup d'imagination dans ces constructions, Asplund passa à un style moderne dépourvu de compromis. Agencé selon ses plans, on vit apparaître tout un complexe à la composition aérée à l'occasion de l'exposition de Stockholm de 1930. Les pavillons composés de beaucoup de verre, comprenant de minces profils d'acier et des volets multicolores aux accentuations variant selon les thèmes, représentent un summum du «Style 1930». De 1931 à 1940, Asplund enseigna en qualité de professeur à l'Institut technique de Stockholm. C'est de cette période que datent l'annexe aggrandissant le bâtiment de l'Hôtel de Ville de Goteborg (1934–1937), et le crématoire forestier situé dans le cimetière-sud de Stockholm (1935–1940).

Shigeru Ban *1957

Ban fréquenta le Southern California Institute of Architecture de 1977 à 1980 puis, de 1980 à 1982, il fit des études à la Cooper Union School of Architecture de New York auprès de John Hejduk. Jusqu'en 1985, date à laquelle il fonda son propre bureau à Tokyo, il travailla pour Arata Isozaki. Depuis 1996, il est professeur d'architecture à la Nihon University. Ban introduit souvent dans ses constructions des matériaux inhabituels comme par exemple le papier. Les pavillons qu'il construisit en 1995 pour les survivants du tremblement de terre de Kobe n'étaient du reste conçus que comme une solution provisoire. Le papier est encore prépondérant dans l'Odawara Festival Main Hall de Kanagawa, Japon (1990), la galerie de papier de Tokyo (1994) et l'église de papier de Kobe, Hyogo, Japon (1995). Dans la maison de papier de Yamanaka-See, Japon (1994–1995), une paroi en forme de «s» et formée de tubes de carton sépare un espace ouvert d'habitation d'une partie sanitaire assez restreinte. Les murs extérieurs, circulaires et vitrés, sont construits sur une plate-forme carrée. La maison sans murs de Karuizawa, Nagano, Japon (1997) fait partie d'une série de 9 maisons dites les «Case Study Houses». Encastrée dans un talus boisé, la dalle qui supporte le sol s'arrondit vers le haut jusqu'au moment de sa rencontre avec le mince toit d'acier. Les murs latéraux et la façade sont constitués de surfaces vitrées mobiles. Seules des parois coulissantes divisent l'intérieur de la maison. La Curtain Wall House de Tokyo (1995), maison de deux étages dont les grandes dalles qui supportent les niveaux reposent sur des piliers de béton blanc, est la 7e Case Study House. Complètement ouverte sur deux côtes, la maison se ferme par des rideaux blancs en été, et des parois vitrées en hiver. Ban a par ailleurs réalisé le Pavillon du Japon lors de l'Exposition Universelle de Hanovre 2000, construction dont le vaste toit en tubes de carton relevait de nouveaux défis statiques.

Günter Behnisch *1922

Behnisch fit ses études à l'université technique de Stuttgart, où il obtint son diplôme en 1951. Il y ouvrit l'année suivante un bureau avec Bruno Lambart. Il s'attira par la suite Fritz Auer, Winfried Büxel, Manfred Sabatke, Erhard Tränkner et Karlheinz Weber, et forma avec eux en 1979 la société Behnisch & Partner. Entre 1967 et 1987, Behnisch enseigna à l'université technique de Darmstadt, où il était titulaire d'une chaire. Au début de son activité, il s'employa surtout à construire des écoles, dans lesquelles dominaient des formes assez rigides, mais avec le temps, son architecture devint plus souple, plus ouverte et plus légère. Son œuvre maîtresse, qu'il réalisa en collaboration avec Frei Otto, Leonhardt et Andrä, est le parc olympique des jeux de Munich de 1972, dont le toit en forme de tente s'étire au-dessus du stade, de la piscine et du stade couvert (1968–1972). Constitué de vitres de plexiglas transparent garantissant une lumière optimale, ce toit est supporté par des mâts ancrés dans le sol. Citons également le lycée «Auf dem Schäfersfeld» à Lorch (1973), une maison de retraite médicalisée à Reutlingen (1977) et les bureaux et ateliers de production de la SA Leybold à Alzenau (1987). Installés dans des bâtiments de tête arrondis portés par des colonnes de béton bleues, les bureaux se reflètent dans un lac. A la fin des années quatre-vingt, le bureau Behnisch & Partner a conçu l'Institut Hypolar de l'université de Stuttgart (1987). Le caractère de ce bâtiment déconstructiviste, en partie improvisé, répond tout à fait à la vocation de l'établissement où sont mises en œuvre des technologies de pointe destinées à utiliser l'énergie solaire. Entre les containers en acier des laboratoires se trouve un couloir vitré qui se termine en pointe. D'autres projets tout aussi importants ont été le musée de la poste de Francfort (1990) et les bâtiments du Bundestag à Bonn (1992). L'utilisation de matériaux légers, combinée à la présence importante du verre — la grande salle ronde des délibérations est par exemple entourée d'un parallélépipède rectangle en verre —, confère au Bundestag une transparence qui est en même temps symbolique de la démocratie.

Peter Behrens 1868–1940

Behrens fit des études de peinture à Karlsruhe et à Düsseldorf avant de s'installer à Munich en 1890. En tant que peintre, dessinateur et designer, il fit partie en 1892 des membres fondateurs de la Sécession munichoise de même qu'en 1897, il devint membre des «Vereinigte Werkstätten fur Kunst im Handwerk» (Ateliers d'Art et d'Artisanat Réunis). En 1899, le grand-duc Ernst Ludwig de Hesse lui confia une chaire à la colonie d'artistes nouvellement fondée de Darmstadt, où il enseigna jusqu'en 1903. Il construisit sa première maison à l'occasion de l'exposition «Ein Dokument deutscher Kunst» (Une documentation de l'Art allemand) en 1901, un spectacle des activités de la colonie présenté à la Mathildenhöhe. A la suite de cela, il dirigea de 1903 jusqu'en 1907 l'Ecole des Arts et Métiers de Düsseldorf. En 1907, il fut chargé par Emil Rathenau, en tant que conseiller artistique pour la compagnie AEG à Berlin, de réaliser les projets de nouvelles créations allant du papier à lettres jusqu'à l'architecture, en passant par des produits industriels. C'est ainsi que naquirent, outre des brochures commémoratives, une lampe à arc et des chaudières à eau, d'importants bâtiments tels que l'usine de turbines (1908/1909). A cette époque, Le Corbusier, Walter Gropius et Mies Van der Rohe travaillaient à l'atelier de Behrens. En 1911 et 1912, il réalisa les imposants bâtiments de représentation pour l'administration des usines de tuyaux de Mannesmann à Düsseldorf ainsi que l'ambassade d'Allemagne à St. Petersbourg. Pendant les années d'après-guerre, il érigea entre 1920 et 1924 le bâtiment administratif du konzern IG-Farben chez Höchst: tout un complexe de 150 mètres de long avec un haut hall d'entrée digne d'une cathédrale, qu'il décora des couleurs de l'arc-en-ciel et couronna d'une coupole de verre prismatique. Tout en conservant son bureau d'architecte berlinois, il fut, de 1922 à 1927, le successeur d'Otto Wagner en tant que directeur du département d'architecture de l'Académie des Beaux-Arts viennoise. En 1927, il contribua à l'exposition du Werkbund au Weißenhof à Stuttgart en présentant une maison à terrasses et prit part, en 1929, au concours ayant pour objectif de recomposer l'Alexanderplatz à Berlin; on vit apparaître deux bâtiments de bureaux à huit étages en béton armé (1930/1931). En 1936, il reprit la direction de l'école de maîtres-artisans d'architecture de l'Académie Prussienne des Beaux-Arts de Berlin.

Hendrik Petrus Berlage 1856–1934

Berlage fit des études à l'Institut polytechnique de Zurich de 1875 à 1878 à la suite de quoi il voyagea à travers l'Italie, l'Allemagne et l'Autriche, pour retourner à Amsterdam en 1882, sa ville natale. Partenaire de Theodorus Sanders, il travailla à des projets tels que la maison commerciale pour Focke & Melzer à Amsterdam (1885) dans le style de la Néo-Renaissance. En 1889, il ouvrit son propre bureau. C'est au moment de la réalisation du bâtiment destiné à la compagnie d'assurances «De Algemeene» à Amsterdam (1893) qu'il se sépara des réminiscences de styles. Grâce à Carel Henny, le directeur des assurances «De Nederlanden van 1845», Berlage se vit offrir la possibilité de continuer à réaliser ses idées architecturales; il donna le jour à deux bâtiments de bureaux, tous deux construits en briques non

Mario Botta

crépies, entre 1893 et 1895 à Amsterdam, et en 1895 à La Haye. Ces relations lui permirent d'obtenir d'autres commandes au cours de sa carrière artistique, dont celle d'une maison pour Henny lui-même à La Haye (1898). Après 1896, il s'occupa du projet de la bourse d'Amsterdam qui avait fait, à l'origine, l'objet d'un concours. Parmi les œuvres les plus importantes, on compte en outre le bâtiment de l'association de la «Corporation néerlandaise générale des Ouvriers du Diamant» à Amsterdam (1899/1900). En outre, Berlage s'occupa de plans d'expansion urbaine pour Amsterdam (1902, 1925), La Haye (1908, 1924), Rotterdam (1922), Utrecht (1924), et Groningue (1927/1928), plans qui furent en partie exécutés. En 1911, au cours d'un voyage en Amérique, les bâtiments conçus par Louis Sullivan et Frank Lloyd Wright l'impressionnèrent particulièrement. A partir de 1913, il travailla pour le couple Kröller-Müller et s'installa à La Haye. Pour eux, il créa entre autres une villa qui ne devait pas être réalisée, un bâtiment de bureaux à Londres (1914–1916) ainsi que le château de chasse St. Hubertus à Otterlo (1915). Parmi ses publications les plus importantes, on compte «Pensées sur le Style dans l'Architecture» (1905) et «Bases et évolution de l'Architecture» (1908). A partir de 1924, Berlage enseigna en tant que professeur à l'Institut Universitaire Technique de Delft.

Mario Botta *1943

Le Suisse Botta a commencé sa formation en 1958 par un apprentissage en tant que dessinateur d'architecture chez les architectes Luigi Carmenisch et Tita Carloni à Lugano. De 1961 à 1964, il a fréquenté le lycée des Beaux-Arts de Milan. Lorsque la première maison créée par lui a été construite, à savoir le presbytère de Genestrerio (1961–1963), Botta n'avait que dix-huit ans. A partir de 1964, il s'est mis à faire des études chez Carlo Scarpa et chez l'historien d'art Giuseppe Mazzariol à l'Instituto Universitario di Architettura à Venise. En 1965, on le trouve dans l'atelier de Le Corbusier où, à côté de Julian de la Fuente et José Oubrerie, il travaille au dernier projet du maître, à savoir le nouvel hôpital de Venise. Vers la fin de ses études, il fait la connaissance de Louis Kahn. Il en résulte une collaboration qui se traduit par une exposition au Palazzo Ducale dans le cadre d'un projet de nouveau Palais des Congrès à Venise. En 1970, Botta ouvre son propre bureau d'architecture à Lugano. Deux ans plus tard, il travaille au projet le plus important qu'il ait jamais créé, le collège de Morbio Inferiore (1972–1977). De même, il a régulièrement conçu des maisons d'habitation individuelles dont les plans sont élaborés à partir de formes géométriques de base, comme la maison parallélépipédique de Cadenazzo (1970/1971), la tour d'habitation rectangulaire comprenant un pont d'accès de Riva San Vitale (1971/1973) et la construction cylindrique de la maison de Stabio (1980–1982). En outre, il faut citer la bibliothèque du cloître des Capucins de Lugano (1976–1979). Bien qu'étant située au-dessous du niveau du sol, elle bénéficie d'un généreux éclairage dispensé par un toit vitré ressemblant à celui d'une serre. Dans de grands projets ultérieurs tels que la construction de l'annexe de la banque nationale de Fribourg (1977–1982), Botta a tenté de faire une projection de sa géométrie claire dans le contexte urbain. En 1983, il a été nommé professeur titulaire à l'Institut Universitaire Fédéral de Lausanne ainsi que membre honoraire de l'Association des Architectes Allemands. Botta a réalisé ensuite la Maison du Livre, de l'Image et du Son de Villeurbanne (1984–1998) et la cathédrale d'Evry (1992–1995). Cet ouvrage en briques, construit sur un plan rond, a un toit fortement incliné et recouvert d'arbres, et un clocher en filigrane qui s'élance d'une ouverture circulaire pratiquée dans la façade et domine l'ensemble. A Ticino, Suisse, ont été réalisées récemment la chapelle Tamaro (1990–1996), construite à 2000 mètres de hauteur, et dont le revêtement de porphyre s'harmonise avec l'environnement, ainsi que l'église Saint-Jean Baptiste (1992–1998). Striée alternativement de bandes de marbre et de granit blanches et noires, cette église reçoit une lumière naturelle dispensée par un toit rond vitré.

Coop Himmelb(l)au

Le groupe d'architectes Coop Himmelb(l)au a été fondé en 1968 à Vienne par Wolf D. Prix (*1942), Helmut Swiczinsky (*1944) et Rainer Michael Halzer, qui devait le quitter en 1971. Les trois architectes travaillèrent d'abord à des idées et projets du domaine de l'architecture expérimentale, souvent sur la base de constructions d'espaces pneumatiques, par exemple au projet d'un nuage mobile, gonflable et habitable (1968–1972) et de décors de nuages pour le «Super été viennois» («Wiener Supersommer») (1976). Le passage à un langage plus agressif eut lieu au moment du

«Reiss Bar» à Vienne (1977). Un tuyau en acier inoxydable télescopique tendu entre les murs donne au visiteur l'illusion optique que la pièce a été étirée, faisant ainsi apparaître une fissure qui, avec 49 centimètres de large, semble traverser la totalité de l'espace, du sol au plafond en passant par le mur. De plus en plus profonde, cette fente se détache en noir sur le mur clair. Pour le projet d'un immeuble urbain intitulé «Hot Flat», ils créèrent un toit de verre ayant la forme d'une flamme jaillissante, qui fut installé sous forme de fragment à l'Université Technique de Vienne (1978/1979). «L'architecture doit être brûlante», tel est également le titre d'un ouvrage publié en 1980 à Graz. Les filiales HUMANIC à Mistelbach (1979) et Vienne (1980/1981) sont à considérer comme un pas en avant supplémentaire dans la transformation d'un concept d'architecture marqué par la blessure et la déformation. C'est à peu près au même moment qu'ils commencèrent le cabaret viennois «Roter Engel» (1980/1981), un café-théâtre conçu pour 120 visiteurs. Outre de nombreux projets non réalisés, on a assisté entre 1983 et 1988 à la construction d'une étude d'avocats à Vienne, à la transformation d'un toit dont les éléments empiètent sur la façade au caractère bourgeois et rendent bien évident l'acte de la transformation. C'est grâce à la construction de l'usine de contreplaqué Funder à Kärnten (1988/1989) qu'ils ont pu passer à une grosse commande industrielle. Ici, les cheminées dansantes et les toits crantés forment l'enveloppe turbulente d'un complexe fonctionnel. Pour le musée municipal de Groningen, (1990–1994), Coop Himmelb(l)au a imaginé un élément dont les sols vitrés, à travers lesquels on aperçoit, en-dessous, l'eau stagnante du canal, ne laissent pas de surprendre les visiteurs. Avec ses façades coudées et penchées qui semblent basculer, le Palais de la UFA, à Dresde (1996–1998), s'élève comme une gigantesque sculpture à côté des constructions environnantes. Le cinéma est fait en grande partie de béton brut de décoffrage, le foyer est vitré sur toute la hauteur de l'édifice.

Egon Eiermann

John Gerard Dinkeloo 1918–1981

Dinkeloo fit des études d'ingénieur en constructions jusqu'en 1942 à l'University of Michigan de Ann Arbor pour ensuite travailler dans le service de la création chez Skidmore, Owings & Merrill à Chicago. En 1950, il quitta son employeur pour entrer au service de Eero Saarinen à Bloomfields Hills, Michigan, dont il devint le partenaire en 1956. Après la mort de Saarinen, il continua à diriger le bureau avec Kevin Roche, alors à Hamden, Connecticut, et s'efforça d'achever les travaux de Saarinen. De nombreux projets communs furent réalisés, projets dans le cadre desquels Dinkeloo devait souvent employer de nouveaux matériaux inhabituels, par exemple du verre recouvert de vapeur métallique ainsi que de l'acier résistant aux intempéries. Parmi les plus importants travaux du bureau, on compte le Oakland Museum à Oakland, Californie (1961–1968), le bâtiment de la Ford Foundation à New York (1963–1968), la tour «Knights of Columbus» à New Haven, Connecticut (1965–1969), ainsi que le bâtiment annexe du Metropolitan Museum of Art à New York (1967–1985). Après sa mort en 1981, son partenaire Kevin Roche a continué à diriger le bureau.

Willem Marinus Dudok 1884–1974

Après une formation d'ingénieur à l'Académie militaire Royale de Breda, Dudok ouvrit en 1913 son propre bureau d'architecture à Leyde. En 1915, il fut chargé du poste de directeur des travaux municipaux de Hilversum, où il fut à l'origine de nombreux bâtiments publics et contribua aussi à l'élaboration de plans d'urbanisation. Dans les années vingt, il fit construire la piscine municipale (1920), l'école Dr.-Bavinck (1921), l'école Minchelers (1925), l'école Fabritius (1926), l'école Vondel (1928/1929) et l'école Valeris (1930). L'Hôtel de ville s'articulant en un corps de construction à différents niveaux (1928–1931), surmonté d'une haute tour se reflétant dans l'eau, ferme l'évolution d'un style s'orientant sur l'école d'Amsterdam vers un style moderne expressif. Remarquables sont également les constructions, toutefois pas à Hilversum, de la maison néerlandaise des étudiants dans le centre universitaire de Paris (1927/1928), le grand magasin à Rotterdam (1929/1930) ainsi que le théâtre municipal à Utrecht (1939–1941). A partir de 1934, Dudok travailla à la planification urbaine pour la ville de La Haye.

Egon Eiermann 1904–1970

Après ses études d'architecture à l'Institut Technique de Berlin chez Hans Poelzig de 1923 à 1927, Eiermann entra à l'atelier de construction de l'entreprise de grands magasins Karstadt à Hambourg et ensuite à la Compagnie d'électri-

Norman Foster

cité de Berlin. Certes, il put déjà, pendant les années trente, créer de nombreux bâtiments dans son bureau fondé en 1931 en collaboration avec Fritz Jaenecke, mais la phase la plus influente de sa création se situe pendant la période d'après-guerre. En 1947, on lui confia une chaire d'enseignement d'architecture à l'Institut Universitaire Technique de Karlsruhe. Ses constructions industrielles exécutées à partir d'une ossature d'acier prirent allure de modèle pendant les années de la reconstruction. De 1949 à 1951, il réalisa l'atelier de tissage de mouchoirs de Blumberg, usine à l'assemblage clair pour laquelle il obtint le prix Hugo-Häring. Au cours de voyages d'études aux Etats-Unis, il fit la connaissance, en 1950, de Walter Gropius, Marcel Breuer et Konrad Wachsmann, et en 1956 de Ludwig Mies Van der Rohe également. Pour l'Exposition Universelle de Bruxelles en 1958, il réalisa à l'aide de Sep Ruf un groupe de pavillons comportant huit élégants cubes de verre transparent. Pour l'entreprise Neckermann à Francfort, il créa une maison d'expédition (1958–1961) et remporta le concours portant sur l'église du souvenir Kaiser Wilhelm de Berlin (1959–1963). L'ambassade allemande à Washington (1959–1964) a été également conçue par lui en collaboration avec E. Brandl sous forme de complexe en terrasses. Tout comme la tour servant de maison des députés pour le Bundestag à Bonn (1965–1969), elle présente la structure caractéristique filigrane d'une sorte de deuxième enveloppe constituée de parois horizontales et de poutres portantes verticales. Parmi les constructions marquantes destinées à des administrations et datant de la dernière phase de sa création, on peut citer les pavillons des bureaux d'IBM à Stuttgart (1967–1972) ainsi que les tours d'immeubles se dressant sur des piliers de béton en forme d'entonnoirs de l'entreprise Olivetti à Francfort (1968–1972) qui ne furent achevées que deux ans après sa mort.

Peter Eisenman *1932

Eisenman a été formé aux universités Cornell à Ithaca, Columbia à New York et Cambridge en Angleterre. En 1957 et 1958, il travailla au sein du groupe d'architectes fondé par Gropius The Architects Collaborative (TAC). En 1967, il fonda à New York l'Institute for Architecture and Urban Studies, qu'il présida jusqu'en 1982. Sur la base de plans carrés, modifiés par translation ou rotation, Eisenman fit les plans d'une série de maisons qu'il numérota de chiffres croissants. Seuls les n° 1, le Barenholtz Pavillon à Princeton, New Jersey (1967/1968), n° 2, la Falk House à Hardwick, Connecticut (1969/1970), n° 3, la Miller House à Lakeville, Connecticut (1970) et le n° 4, la Frank Residence à Cornwall, Connecticut (1972), furent effectivement réalisés, avec un escalier rouge renversé, non utilisable. Dans les années quatre-vingt, Eisenman réalisa un immeuble situé au Checkpoint Charlie à Berlin (1982–1986) et le «Wexner Center for the Visual Arts» de la Ohio State University à Columbus, Ohio (1982–1989). Contrastant avec les façades blanches à fenêtres noires, dans lesquelles domine la forme carrée, les tours de briques entourent l'édifice de leurs formes diversifiées. Avec Michael Graves, Charles Gwathmey, John Hejduk et Richard Meier, Peter Eisenman a été assimilé au groupe des New York Five qui reprit les formes architectoniques des années vingt tout en développant, malgré tout, une propre théorie architecturale ésotérique, ce qui lui a valu, en 1988, de participer à l'exposition «Architecture déconstructiviste». Un grand projet que put réaliser Eisenman est le Greater Columbus Convention Center de Columbus, Ohio (1989–1993). Couvert d'un revêtement de plaques de métal, ce bâtiment est constitué d'éléments étroits et arqués de couleur, de taille et de forme variables, ce qui a pour effet de créer des espaces intérieurs tout à fait surprenants.

Norman Foster *1935

Foster fit des études d'urbanisme et d'architecture à l'Université de Manchester. Après ses examens en 1961, il obtint une bourse pour la très renommée Yale University à New Haven, Connecticut, où il passa son Master's Degree. De retour en Angleterre, il fonda un bureau d'architecture en compagnie de sa femme Wendy et des époux Su et Richard Rogers, «Team 4». On vit apparaître quelques projets de maisons, par exemple les maisons Mews à Londres (1965) ainsi que l'usine d'électronique Reliance à Wiltshire (1964–1966). Déjà à cette époque, Foster essaya de tenir compte dans ses plans des éventuelles modifications ultérieures d'utilisation en se servant d'éléments de construction modulaires ainsi que de cloisons mobiles. En 1967, il agrandit son bureau en accueillant de nouveaux associés. Foster Associates construisit alors la gare maritime pour la ligne de navigation Fred Olsen sur les docks de Londres (1970/1971) et l'administration principale de l'entreprise Willis Faber & Dumas à Ipswich

Richard Buckminster Fuller

(1974/1975), dont la façade convexe est constituées de parties vitrées fixes et sans châssis. Lors de la construction de la halle du Sainsbury Centre for Visual Arts à Norwich (1978), la construction de la carcasse portante fut placée avec le système d'alimentation dans l'enveloppe extérieure en deux couches. Pour la centrale des ventes du concessionnaire Renault en Angleterre, on développa en 1981 une construction composée de mâts de bois présentant des poutres portantes de métal coudées, accentuées par une peinture jaune lumineuse. La tour de la Hongkong and Shanghai Bank (Hong Kong) qui fut réalisée en l'espace de cinq ans seulement (1981–1986), devint un chef-d'œuvre de précision et de technique. L'année de son achèvement, Foster Associates comptait environ 160 collaborateurs. De nombreux projets furent réalisés depuis lors, comme le Stansted Airport de Londres, Grande-Bretagne (1981–1991), édifice transparent à deux niveaux dont la structure porteuse évoque les ramifications d'un arbre, et la tour de télévision de Barcelone, Espagne (1988–1992), tenue par des câbles d'acier. Lors de la transformation du Reichstag à Berlin (1993–1999), Foster Associates fut très attentif à la luminosité et à la légèreté au niveau des aménagements et de la construction du toit. Un dôme de verre couronne la salle du parlement, ce qui veut dire que même si le citoyen n'a pas vraiment de regard sur les événements politiques, il est en droit d'attendre une certaine transparence de ses représentants. Il manque à certaines des dernières réalisations de Foster, comme par exemple la Commerzbank de Francfort (1994–1997), l'originalité de ses débuts. Les travaux de transformation effectués au British Museum de Londres (1997–2000), en revanche, ne dotent pas seulement le vieux bâtiment d'un toit de verre époustouflant au-dessus de la cour intérieure; la circulation piétonne à l'intérieur de la capitale est dirigée à travers le centre de l'institution.

Richard Buckminster Fuller 1895–1983

Fuller a fait des études à la Harvard University à Cambridge, Massachusetts, de 1913 à 1915. En tant que soldat de la Navy, il fut décoré par la marine américaine pour avoir élaboré un mât avec flèche permettant de repêcher les hydravions. Avec son beau-père J. M. Hewlett, il fonda en 1922 l'entreprise de construction Stockade Building System, qui ne devait pourtant exister que peu d'années. Une maison individuelle dont les plans furent dessinés en 1927, prévoyait six pièces triangulaires dans un plan hexagonal; ce container d'habitation était traversé par un mât central aux canalisations d'approvisionnement intégrées. Le poids total de la maison, mobilier inclu, n'était que de 2227 kilos pour un diamètre de 15 et une hauteur de 12 mètres; elle était transportable, démontable et remontable en peu de temps. Plus tard, cette maison devint célèbre sous le nom de 4D-House et devait représenter le principe technique de base de Fuller consistant à atteindre une utilité maximale avec la plus petite quantité d'énergie et de matériaux possibles à l'aide de toutes les possibilités scientifiques et techniques. De 1932 à 1935, Fuller fut le fondateur, directeur et ingénieur en chef de la Dymaxion Corporation à Bridgeport, Connecticut. Pendant les années de guerre, il continua à développer le prototype de son container d'habitation Dymaxion de 1929. L'aspect extérieur fut caractérisé par un plan circulaire, des œils-de-bœuf ainsi qu'un toit en coupoles plates. Plus tard, Fuller se pencha de plus en plus sur l'examen systématique des constructions de structures portantes spatiales qu'il était possible d'englober dans des espaces les plus grands possibles, rapidement, à peu de frais et avec une surface la plus réduite possible. C'est ainsi qu'il élabora les coupoles géodésiques dont la base repose sur des surfaces multiples régulières. Pour la firme automobile Ford, Fuller bâtit en 1953 une construction circulaire en fibres de verre et plastique polyester. Un an plus tard, pour un restaurant à Woods Hole, il créa les plans d'un bâtiment à coupole composé de pièces de bois qu'il enroba d'un film de plastique transparent. Pour la compagnie Union Tank Car Company, à Baton Rouge, Louisiane, il coiffa 117 mètres d'une coupole haute de 36,5 mètres composée de 321 plaques d'acier hexagonales (1958). De même, à l'exposition américaine présentée en 1959 à Moscou, on put voir une construction géodésique à coupole de Fuller. C'est la sphère du pavillon américain de l'Exposition Universelle de 1967 à Montréal qui devait devenir sa construction la plus célèbre, sphère dont l'enveloppe de plastique prit feu et se consuma lors de travaux de réparation en 1976. Ainsi, son projet consistant à recouvrir les maisons de quartiers entiers de telles coupoles perdit pratiquement toutes ses chances d'être réalisé.

Antoni Gaudí 1852–1926

Antoni Gaudí i Cornet fit des études de 1874 à 1878 à Barcelone. Parallèlement, il travaillait déjà pendant cette période dans divers bureaux d'architecture, entre autres chez Francisco de Paula de Villar, dont il prit la suite en 1883 dans le cadre de la construction de la cathédra e Sagrada Familia. En 1878, il ouvrit son propre bureau à Barcelone, où il réalisa la plus grande partie de toute son œuvre. Un an plus tard, on entreprit les travaux de sa première construction, la Casa Vicens à Barcelone (1883–1885). La prédilection de Gaudí pour les pierres de carrière et les carreaux de céramique de couleur y était déjà manifeste. Il trouva un ami fidèle et un mécène en la personne du fabricant de textiles Eusebi Guell pour lequel il créa entre autres un palais de ville, le Palacio Guell (1885–1889). De 1888 à 1889, Gaudí fut chargé de poursuivre la construction du Colegio Teresiano. Dans ces deux œuvres, il employa pour la première fois des arcs en forme de paraboles. Suite à ses réflexions, la pression de la voûte était directement étayée par un pilier incliné de manière correspondante. Afin de mettre en évidence la répartition des forces pour l'église Colonia Guell, commencée en 1898 près de Barcelone, il créa par lui-même une maquette constituée de fils et de sacs de sable qui simulaient les charges respectives «à l'envers». Il employa également ce moyen pour réaliser les plans de la Sagrada Familia. De 1900 à 1914, on vit apparaître des éléments destinés au projet de parc d'habitation de Guell, le Parque Guell. Deux maisons d'habitations furent réalisées, ainsi que l'entrée, la terrasse et un réseau de chemins. Parmi les projets de maisons d'habitation de Gaudí les plus importants, on trouve la Casa Batllo (1904–1906) et la Casa Mila (1906–1910) avec leurs façades plastiques. Gaudí créa une construction arquée pour le toit et les murs de l'école attenante à la Sagrada Familia, achevée en 1909. Ce n'est qu'avec des coques de béton que l'on reprit ultérieurement des formes semblables. A partir de 1914, Gaudí se concentra uniquement sur la Sagrada Familia à Barcelone, projet qui l'occupa jusqu'à la fin de sa vie et qui devait demeurer inachevé.

Frank O. Gehry

Frank O. Gehry *1929

Gehry a fréquenté la University of Southern California de Los Angeles jusqu'en 1954 pour ensuite faire des études d'urbanisme à la Harvard's Graduate School of Design. Ensuite, il a travaillé entre autres dans les bureaux Welton Becket & Associates (1957/1958) et Victor Gruen (1958–1961) à Los Angeles ainsi que chez André Remondet à Paris (1961). En 1962, il a ouvert son propre bureau à Los Angeles, bureau qu'il dirige aujourd'hui en tant que propriétaire de l'entreprise Frank O. Gehry Associates. A la fin des années soixante-dix, il a fait ériger une série d'immeubles aux volumes ouverts et munis d'éléments préfabriqués pour l'industrie, comme par exemple la Spiller Residence à Venice, Californie (1979/1980), et sa propre maison à Santa Monica (1978). Entouré d'une enveloppe de plaques d'amiante roses, de tôles ondulées et de grillages de fil de fer, cet édifice donne une impression d'inachevé, d'instable et «d'artisanal». La plupart de ses travaux les plus remarquables et de plus grande envergure se trouvent à Los Angeles, comme par exemple la Loyola Law School (1981–1984), le California Aerospace Museum (1983–1984) et la Francis Howard Goldwyn Regional Branch Library (1986). Le restaurant Fishdance à Kobe (1987), Japon, ainsi que le musée, achevé en 1989, pour l'entreprise d'ameublement Vitra à Weil-sur-le Rhin témoignent de la tournure internationale que prend sa création, alors qu'il ne réalise en Californie que des maisons individuelles, comme la Schnabel House à Brentwood (1986–1989), pour lesquelles il aborde les diverses pièces comme des corps de bâtiment individuels. Citons encore parmi les projets réalisés de Gehry la tour de bureaux Chiat/Day située dans Main Street à Venice, Californie (1984–1991), dont l'entrée du parking à niveaux a la forme d'une paire de jumelles, et, attenant directement aux bâtiments voisins, le Nationale Nederlanden Building dans la vieille ville de Prague, République tchèque (1992–1996). Les fenêtres forment saillie sur la structure onduleuse de la façade en dalles de béton préfabriquées et, sur un côté, on peut voir les piliers porteurs à travers une peau en verre. Le musée Guggenheim à Bilbao, Espagne (1991–1997), œuvre d'art en soi qui tranche sur son environnement, impressionne par ses formes plastiques et son revêtement de plaques de titane qui, en fonction des variations de la lumière, évoquent des formes zoomorphes vivantes.

Nicholas Grimshaw

Irving John Gill 1870–1936

Gill, fils d'un constructeur en bâtiments, entra en 1890 dans le bureau de Dankmar Adler et de Louis Sullivan à Chicago, où il travailla entre autres en tant que dessinateur au Transportation Building pour la Columbian Exhibition de 1893 et fit la connaissance de Frank Lloyd Wright qui y était également employé. En 1896, il ouvrait son propre bureau à San Diego. Au cours des années suivantes, il créa de nombreux bâtiments en Californie, pour la plupart des maisons cubiques en béton, peintes en blanc, comme la Klauber House à San Diego (1907–1910) et le Wilson Acton Hotel à La Jolla (1908). Lors de travaux pour la Pacific Electric Railroad à Torrance (1912) ou dans le cas de la Christian Science Church à San Diego (1904), il plaça cependant aussi des arcs en plein cintre et des colonnes dans les surfaces blanches. De ce fait, il renoua avec la tradition des constructions de missions espagnoles. Parmi ses travaux les plus importants, on compte la Dodge House – aujourd'hui détruite – à Los Angeles (1914–1916) ainsi que les constructions de lotissements en groupements aérés des Lewis Courts à Sierra Madre (1910) dont on retrouvera plus tard l'agencement dans les Horatio West Court à Santa Monica (1919–1921).

Vittorio Gregotti *1927

Après avoir obtenu le diplôme de l'Institut polytechnique de Milan en 1952, Gregotti a fondé avec Lodovico Meneghetti et Giotto Stoppino le bureau Architetti Associati à Milan. Parmi les constructions issues de cette communauté de travail, on observe entre autres un immeuble à Cameri (1956/1957) reprenant des éléments de la villa classique. En 1968, cette équipe a achevé la fabrique de textiles Bossi à Cameri composée de corps de construction stéréométriques se pénétrant les uns les autres, ainsi que le nouveau centre d'étude de Calabre à Arvacata. Après l'entrée de Pier Luigi Cerri et de Hiromichi Matusi, le bureau a pris le nom de Gregotti Associati. En collaboration, ses membres ont travaillé à un immeuble (1982–1986) destiné à l'Exposition internationale de la construction à Berlin qui, comme les bâtiments universitaires calabrais, passe comme un pont au-dessus de rues transversales. Outre la direction de son agence, Gregotti est toujours actif en tant que journaliste. En 1980, il est devenu le directeur de la revue «Rassegna», depuis 1982 il dirige également «Casobella-continuità».

Nicholas Grimshaw *1939

Grimshaw commença ses études au College of Art d'Edimbourg, en Ecosse, et les termina à l'Architectural Association de Londres en 1965. Il travailla ensuite comme architecte en association avec Terry Farrell, et fonda après leur séparation en 1980 le bureau Grimshaw & Partner. Le projet de la «tour de service» de Londres, Angleterre (1967), date de sa collaboration avec Farrell. Il s'agissait de six immeubles d'habitation sans installations sanitaires qui devaient servir de foyer d'étudiants. La solution consista à leur ajouter une tour d'alimentation viabilisée par une rampe hélicoïdale. Les maisons du lotissement Grand Union Walk de Camden, Angleterre (1988), ont un système d'éclairage peu commun: alors que leur côté sud est aveugle, celui qui donne sur le canal contraste par ses parois incurvées de métal et de verre, et des vasistas ronds font tomber une quantité suffisante de lumière. En matière d'architecture industrielle, d'autres projets importants sont ceux qu'il réalisa pour l'entreprise Miller de Bath (1976), pour l'usine de meubles Vitra de Weil sur le Rhin (1981), et l'imprimerie du Financial Times de Londres, Angleterre (1988). Pour l'Exposition Universelle de Séville en 1992, Grimshaw a conçu le pavillon britannique, «cathédrale de l'eau» comprenant une cascade, un toit en voiles de bateau équipé de piles solaires, et dont l'intérieur futuriste et technoïde est une étonnante combinaison de high-tech et de pensée écologique, comme il se doit à notre époque. Grimshaw utilise fréquemment des éléments préfabriqués et montre la structure porteuse ouverte, ce qui est notamment le cas dans la maison mère et l'usine de Cologne de la SARL Igus (1993), où des parties de toiture sont suspendues à deux pylônes jaunes en treillis qui ont une forme de bananes. Il réalisa la même année le bâtiment des Western Morning News de Plymouth, Angleterre (1993), et l'extension de Waterloo Station à Londres (1993). Un projet qui n'est pas encore achevé est le projet Eden en Cornouailles, Angleterre (1990–2001). Différents végétaux y sont exposés dans des capsules transparentes et climatisées, faites de nids d'abeilles en acier inoxydable et de coussins pneumatiques en plastique. L'objectif de ce projet Eden est d'illustrer de manière concrète la dépendance de l'homme par rapport au végétal et à sa diversité.

Walter Gropius 1883–1969

Gropius réalisa ses études d'architecture de 1903 à 1907 à l'Institut Universitaire Technique de Berlin puis de Munich. Ensuite, il entreprit comme il était d'usage à cette époque – des voyages d'études dans divers pays européens. Il acquit ses connaissances pratiques à l'atelier de Peter Behrens. En 1910, il ouvrit un bureau avec Adolf Meyer. Les plans de l'usine d'embauchoirs Fagus à Alfeld an der Leine (1910–1914) devaient être le fruit de cette collaboration. En 1914, les deux partenaires construisirent une usine modèle pour l'Exposition du Werkbund à Cologne. Après la guerre, Gropius fut nommé sur proposition de Henry Van de Velde directeur de l'Ecole grand-ducale des Arts et Métiers de Weimar et de l'Institut Universitaire grand-ducal des Beaux-Arts. En 1919, Gropius réunit ces deux établissements de formation pour en faire le Bauhaus national. Lorsque cette institution fut forcée de déménager, il fit les plans d'un nouveau complexe pour le Bauhaus à Dessau (1925/1926). A ceci s'ajoutèrent des immeubles d'habitation pour les maîtres et pour le directeur (1925/1926). Entre 1926 et 1928, Gropius réalisa son premier grand projet de lotissement, le lotissement Torten près de Dessau, pour lequel on utilisa en partie des éléments de béton armé préfabriqués. A Dessau, on vit apparaître en outre en 1927 le Konsumverein (Association pour la consommation) et le «Arbeitsamt» (Agence pour l'emploi) (1927/1929). D'autres bâtiments suivirent dans le cadre du lotissement modèle Dammerstock à Karlsruhe (1928/1929), dont Gropius se chargea de l'ensemble de la direction. Parallèlement, il créa un concept pour Erwin Piscator concernant un théâtre total comprenant une scène tournante qui pouvait se transformer en scène en profondeur, en avant-scène ou en scène centrale (1927). En 1928, il remit la direction du Bauhaus à Hannes Meyer et s'installa à Berlin où il prit la direction du projet Siemensstadt (1929/1930) et créa lui-même deux blocs, des tours d'habitation en forme de tranches avec des pergolas. Après la prise de pouvoir national-socialiste, il émigra en 1934 vers l'Angleterre et travailla jusqu'en 1937 avec l'architecte Maxwell Fry, participant entre autres à la maison Ben Levy à Londres (1935) et au Impington Village College dans le Cambridgeshire (1936–1940). Le jour où une chaire de professeur lui fut proposée à la faculté d'architecture de la Harvard University à Cambridge, Massachusetts, Gropius se rendit aux Etats-Unis. S'ensuivit une étroite collaboration avec Marcel Breuer, entre autres dans le cadre d'un lotissement d'ouvriers à New Kensington (1941). Plus tard, il travailla avec Konrad Wachsmann au développement des maisons industriellement fabriquées (1943–1945). En 1946, Gropius fonda, avec l'aide de jeunes architectes, la communauté de travail TAC, The Architects Collaborative. L'un des résultats excellents de ce travail d'équipe se révéla être le Graduate Center de la Harvard University érigé en 1949/1950, avec ses sept foyers d'habitation et un centre communautaire. Parmi les travaux les plus importants de son œuvre tardive, on compte en outre le Building de 59 étages et en forme de prisme en acier, béton prémoulé et verre conçu pour la PAN AM à New York (1958–1963) et réalisé avec la participation de TAC, Pietro Belluschi et Emery Roth and Sons, ainsi que les immeubles industriels de l'usine de porcelaine pour Rosenthal à Selb (1965–1967) et l'usine de verre Thomas à Amberg (1967–1969). Gropius a exposé ses théories sur l'architecture dans de nombreux écrits tels que «Internationale Architektur» (1925), «Bauhausbauten Dessau» (1930), «The New Architecture and the Bauhaus» (1935).

Walter Gropius

Hector Guimard 1867–1942

Guimard suivit les cours de l'Ecole des Arts Décoratifs à Paris de 1882 à 1885 et continua ses études à l'Ecole des Beaux-Arts. Sa première commande fut un café sur le Quai d'Auteuil en 1886. Il parvint à éveiller plus d'intérêt grâce au Castel Béranger parisien (1894–1898), un immeuble pour 36 familles. Lors d'un voyage en Belgique en 1895, il rencontra l'architecte Art nouveau Victor Horta. A la suite de quoi on vit apparaître à Paris la Maison Canivet, le Castel Henriette à Sèvres, la Maison Coilliot à Lille ainsi que les entrées et constructions surplombant les bouches de métro de Paris constituées d'arcs métalliques aux formes végétales et de rampes décorées de masques ornementaux préfabriqués. Dans le cas de l'auditorium du bâtiment de Humbert de Romans réalisé en 1902 à Paris, Guimard utilisa une construction de soutènement de fer ressemblant aux branches d'un arbre et qui, posée sur un socle de pierre, portait la coupole centrale. Son utilisation d'éléments en éternit, évoquant des tuyaux, constitua une innovation après la guerre; ces élément, entrèrent dans la réalisation d'une maison de campagne. Il passa les dernières années de sa vie à New York.

Herzog & de Meuron

Jacques Herzog (*1950) et Pierre de Meuron (*1950) étudièrent tous les deux l'architecture à l'Université technique fédérale de Zurich auprès d'Aldo Rossi. En 1978, soit trois ans après l'obtention de leur diplôme, ils fondèrent ensemble un bureau à Bâle. Ils enseignèrent à plusieurs reprises, en tant que professeurs invités, à la Harvard University de Cambridge, Massachusetts. Depuis, ils se sont fait un nom sur le plan international par le minimalisme austère de leur architecture. Ils travaillent avec différents artistes (notamment Rémy Zaugg), mais se défendent catégoriquement de «transposer l'image de l'art dans l'architecture». Ils ont à leur actif la Galerie für die Kunstsammlung Goetz de Munich (1992), le foyer d'étudiants Antipodes I de l'Université de Bourgogne à Dijon (1992), l'usine et les entrepôts de la firme Ricola à Mühlhausen (1993) et un poste d'aiguillage de la gare de Bâle (1995). Ce parallélépipède rectangle de six niveaux en béton porte un revêtement de cuivre. Les bandes de cuivre, d'une largeur de 20 cm, se tordent vers le milieu, ce qui permet à la lumière de pénétrer à l'intérieur du bâtiment. En même temps, ce revêtement de cuivre dissimule aux regards la structure de l'édifice. Herzog & de Meuron ont conçu en 1988 le chai Dominus à Yountville, Californie, bâtiment de basalte gris-vert bas et allongé. Les pierres de basalte, qui servent à protéger du soleil, sont retenues par du fil métallique. L'intérieur du chai, dans lequel on accède par de grandes ouvertures rectangulaires, se caractérise par des murs de béton brut et un aspect très minimaliste. La commande la plus importante qu'ont reçue les deux architectes est la transformation de la centrale électrique de Bankside, située au bord de la Tamise, en un lieu destiné à abriter la collection d'art moderne de la Tate Gallery de Londres (1995–1999). La façade en brique de l'ancienne salle des turbines et la haute cheminée qui la surplombe sont restées en grande partie telles quelles. L'intérieur est agencé de façon claire et sobre.

Robert Van't Hoff 1887–1979

Van't Hoff fréquenta l'Ecole des Beaux-Arts de Birmingham de 1906 à 1911 avant de suivre les cours de l'Architectural Association School de Londres (1911–1914). Lors d'un séjour d'un an aux Etats-Unis, il rencontra Frank Lloyd Wright et travailla à dresser l'inventaire de ses œuvres. De retour en Hollande, il réalisa la maison estivale Verloop (1914/1915) à Huis ter Heide près d'Utrecht ainsi que la Villa Henny (1915–1919), l'une des premières constructions européennes en béton armé. Parallèlement, il s'engagea dans le mouvement De Stijl. Avec Pieter J. C. Klaarhammer, il développa en 1918 et 1919 un concept pour la construction d'un lotissement, avant de quitter le groupe De Stijl suite à des désaccords entre Theo Van Doesburg et lui-même. Après cela, on n'entendit plus parler de lui.

Josef Hoffmann 1870–1956

Après avoir fréquenté l'Ecole nationale des Arts et Métiers de Brunn, Hoffmann travailla pour l'office d'urbanisme militaire de Würzburg. En 1892, il se rendit à Vienne où il fit des études chez Carl von Hasenauer et Otto Wagner à l'Académie des Arts plastiques. Une bourse en relatian avec le «Prix de Rome» lui permit de passer un assez long séjour en Italie. Une fois de retour, il entra au bureau d'Otto Wagner et y fit la connaissance de Joseph Maria Olbrich. En compagnie d'autres artistes, il fonda le «Siebener Club» (Club des sept) en 1895 et la «Wiener Secession» (Sécession viennoise) en 1897, que Hoffmann devait cependant quitter dès 1905 avec le groupe de Klimt. Dès 1899, il fut chargé de cours à l'Ecole des Arts et Métiers de Vienne et créa la décoration d'un intérieur pour l'Exposition universelle de Paris en 1900. Lors de la réalisation de plusieurs maisons situées sur la Hohe Warte, Hoffmann put enfin, outre ses activités sur le plan de la pure décoration intérieure, travailler sur le plan architectonique. En compagnie de Koloman Moser, il fonda en 1903 les «Wiener Werkstätte» (Ateliers Viennois), pour lesquels il créa de nombreux meubles et objets d'utilisation courante. Il créa la maison de santé de Purkersdorf (1904–1906), sa première grande œuvre architectonique, et en fit un bâtiment allongé et sobre, aux proportions issues de longues réflexions, avec des ouvertures de fenêtres symétriquement ordonnées ainsi qu'un toit étonnamment – pour l'époque – plat. Peu de temps après, Hoffmann fut à l'origine, grâce à son Palais Stoclet de Bruxelles (1905–1911), d'un pa-

Hans Hollein

roxysme du Jugendstil le plus choisi avec de précieux intérieurs et des mosaïques artistiques de Gustav Klimt. La villa présente aussi sa richesse vers l'extérieur: des rubans métalliques dorés encadrent le revêtement de marbre blanc. En 1912, Hoffmann participa à la fondation du Werkbund autrichien. Pendant la période qui suivit, son style devint plus austère, comme on pouvait le reconnaître à la façade de piliers de la Maison Primavesi de Vienne (1915). Pour l'Exposition du Werkbund qui eut lieu à Vienne en 1932, il élabora quatre maisans mitoyennes présentant en alternance des escaliers surélevés en forme de tour et des corps de bâtiment cubiques. Il s'agit d'une courte incursion dans le Style International, car pour la Biennale de Venise en 1934, Hoffmann conçut de nouveau un bâtiment strictement symétrique, de style néoclassique, qui correspondait certainement davantage à l'esprit dominant de l'époque.

Steven Holl *1947

Holl étudia jusqu'en 1976 à l'Université de Washington et à l'Architectural Association de Londres, puis fonda un bureau à New York. Après avoir été chargé de cours à l'Université de Washington et à celle de Pennsylvanie, Holl est depuis 1981 professeur à la Columbia University de New York. Font partie de ses premières réalisations le Hybrid Building de Seaside, Floride (1988), une construction de logements expérimentaux à Fukuoka, Japon (1991) et la Stretto House de Dallas, Texas (1992). Typique de Holl, le jeu avec la lumière et ses infimes variations s'affirme tout particulièrement dans les bureaux de l'agence immobilière Shaw à New York (1992). Dans le mur du secteur cubique de l'entrée sont pratiquées des ouvertures anguleuses et des fentes. Des surfaces de couleur non visibles par le spectateur renvoient une lumière colorée dans l'espace. En 1994, Holl a conçu en collaboration avec l'artiste Vito Acconci la façade extérieure, sans portes ni fenêtres, de la galerie Art & Architecture à New York (1994). Cette façade s'ouvre par des plaques de différentes dimensions, qui pivotent verticalement ou horizontalement. L'architecte a réalisé dernièrement la chapelle St-Ignace de Seattle, Washington (1997) et le musée d'art contemporain d'Helsinki, Finlande (1998), dont la coupe est tout à fait étonnante. En effet, une aile du bâtiment, qui a un mur extérieur incurvé et un toit arrondi, rencontre l'autre aile dont le toit est plat et le mur extérieur vertical. Le revêtement de la façade est fait de verre, d'aluminium, de briques et de zinc.

Hans Hollein *1934

Hollein a d'abord fait des études à Vienne à l'Ecole fédérale des Arts et Métiers puis, jusqu'en 1956, à l'Académie des Arts plastiques chez Clemens Holzmeister, ensuite au Illinois Institute of Technology à Chicago. C'est à la University of California de Berkeley qu'il a achevé ses études d'architecture en 1960. Au cours des années suivantes, il a créé des séries de collages visionnaires en couleur dans lesquels des formations de pierres et des machines de construction sur-dimensionnées se dressent sur des échasses au-dessus des horizons urbains de Vienne ou de New York. Les dessins qui datent de sa collaboration avec Walter Pichler contiennent eux aussi les prémices d'une architecture nouvelle et autonome. Ses premiers travaux pratiques ont été des travaux d'agrandissement et de transformation, comme dans le cas du magasin de cierges Retti à Vienne (1964/1965). Ses façades présentant souvent d'étroits parapets se détachent spectaculairement de leur environnement. Le point d'attraction optique de la Richard Feigen Gallery de New York (1967–1969) par exemple était une colonne double chromée située près de l'ouverture asymétrique de l'entrée ménagée dans la façade frontale blanche et lisse. De 1967 à 1976, Hollein a été chargé de cours à l'Académie nationale de Düsseldorf. Il a réalisé la décoration intérieure des locaux de l'entreprise Siemens à Munich (1970–1972). En 1974, les travaux de la joaillerie Schullin ont été achevés à Vienne: une fissure «brisée» dans le revêtement extérieur qui se poursuivait jusqu'à la porte d'entrée était une vraie sensation optique. Au Städtisches Museum situé sur le Abteiberg à Mönchengladbach (1972–1982), Hollein a réuni en complexe divers compartiments de construction enfoncés dans la pente de la colline. Depuis 1976, il est professeur à l'Institut Universitaire des Arts Appliqués de Vienne. C'est au cours de la même année qu'il a commencé la décoration du siège principal du syndicat d'initiative de Vienne (1976–1978), où il a placé des éléments évocateurs de pays étrangers, déformés de manière spirituelle, tels que des palmiers dorés et des morceaux de colonnes antiques, dans un pavillon recouvert d'une coupole de verre. Mais cet établissement, de même que la filiale new-yorkaise de la maison de couture Ludwig Beck dans la Trump Tower (1981–1983), a été entre-temps détruit. Au Museum Moderner Kunst de Francfort (1982–1990), un gros

Helmut Jahn

morceau de gâteau présentant des ouvertures de fenêtres placées comme des dessins remplit le terrain triangulaire. Dans les façades de l'immeuble Haas à Vienne, Autriche, érigé sur un plan en éventail (1985–1990), se reflète la cathédrale Saint-Etienne. L'aménagement intérieur de cette construction à plusieurs niveaux qui comprend des boutiques, des bureaux et un restaurant, se distingue par son faste et son apparat. Hollein ne s'est pas seulement engagé dans les domaines de l'architecture, du design et de l'art, mais aussi dans celui de la conception d'expositions. Il faut songer ici à l'exposition de papier au Wiener Design Zentrum (1971–1972), à «Man Transforms» au Musée Cooper Hewitt de New York (1974–1976), à «Die Türken vor Wien» et à «Traum und Wirklichkeit» (1985) au Wiener Künstlerhaus à Vienne.

Victor Horta 1861–1947

Horta commença par faire des études aux Académies des Beaux-Arts de Gand et de Bruxelles. En 1880, il entra comme collaborateur au bureau de l'architecte Alphonse Balat. Après divers petits travaux, il réalisa en 1892 et 1893 l'Hôtel Tassel à Bruxelles. C'est ici que l'on employa pour la première fois, et de manière visible, de l'acier en tant qu'élément de construction et en même temps de décoration dans le domaine de la construction d'habitations privées. A ce projet succédèrent des travaux similaires, tels que l'Hôtel Autrique (1893) et l'Hôtel Winssinger (1895/1896). A la fin du siècle dernier, l'Hôtel Solvay (1895–1900), qui fut aussi aménagé complètement par Horta, de même que la maison municipale pour le Baron Van Eetvelde (1897–1900) furent achevés. Il se vit chargé de nouvelles et plus amples commandes lorsqu'on lui confia la construction des bâtiments administratifs et de réunion du Parti Socialiste belge, la «Maison du Peuple» (1896–1899) et du grand magasin «A l'Innovation» (1901). Tous ces bâtiments furent construits à Bruxelles. A partir de 1897, Horta fut chargé de cours à l'Université Libre de la même ville, fut nommé professeur de l'Académie des Beaux-Arts en 1912 et directeur du même établissement en 1927. Pendant les années tardives de sa vie, il devint plus rigide dans ses tendances, comme on peut par exemple le constater dans la construction en béton armé du Palais des Beaux-Arts bruxellois (1922–1928).

Helmut Jahn *1940

Après l'obtention de son diplôme à l'Institut Universitaire Technique de Munich, Jahn a travaillé jusqu'en 1966 chez Peter C. Seidlein et a complété sa formation en 1965 et 1966 au Illinois Institute of Technology de Chicago. En 1967, il entrait au bureau C. F. Murphy Associates comme assistant de Gene Summers. Après le départ de Summers, en 1973, il reprenait sa position et devenait directeur du département des projets et du design. En 1981, il est devenu co-propriétaire de l'entreprise, alors rebaptisée Murphy/Jahn, et en a obtenu la présidence en 1982, avant d'en reprendre la direction exclusive en 1983. En 1975, il a fait construire en un très court laps de temps et à frais réduits la Crosby Kemper Memorial Arena à Kansas City, Missouri, conçue pour 1800 visiteurs. Son plafond est soutenu par deux colombages maîtres en tuyaux cylindriques placés à l'extérieur. Des panneaux de métal revêtent les façades. Pour le gymnase du St. Mary's College à South Bend (1977), Indiana, la lumière entrant de côté empreint la pièce comprenant des piliers rouges et des conduites de tuyauterie bleues et jaunes d'une atmosphère joyeuse. Entre 1979 et 1984, il fut à l'origine du complexe à 17 étages du State of Illinois Center de Chicago avec une surface utilisable de 103 500 mètres carrés. Depuis 1981, Jahn enseigne en tant que professeur d'architecture à la Harvard University. Au début des années quatre-vingt, il a dessiné pour la ville de Chicago le bâtiment d'agrandissement de la Bourse (1979–1982), le gratte-ciel One South Wacker Drive (1980–1982) et le North Western Atrium Center. Citons simplement, parmi ses nombreuses dernières commandes, la tour du parc des expositions de Francfort (1985–1991), ainsi que le Sony Center de Berlin (1995). Cet énorme complexe qui abrite notamment des bureaux, des boutiques, un centre culturel et un hôtel, s'articule autour du Sony-Forum, lui-même couvert par une légère construction de verre, de câbles et de toile à voiles.

Philip Cortelyou Johnson *1906

Johnson a commencé par faire des études de philologie à la Harvard University de Cambridge, Massachusetts. De 1930 à 1936, il a dirigé le département d'architecture du Museum of Modern Art de New York et a fait paraître en 1932, avec la collaboration de Henry-Russel Hitchcock, la publication si influente intitulée «The International Style: Architecture since 1922» à l'occasion de l'exposition du même nom. En 1940, il a commencé des études d'architecture de trois ans auprès de Walter Gropius et de Marcel Breuer à Harvard, où il a travaillé à partir de 1942 en tant qu'architecte à son compte. En 1946, il a repris la direction du département d'architecture au Museum of Modern Art et a organisé en 1947 une exposition consacrée à Mies Van der Rohe avec lequel il entretenait d'étroits rapports depuis un voyage en Allemagne en 1930. Dans son propre immeuble, la «Glass House» à New Canaan, Connecticut, qu'il avait créé peu de temps après la maison Farnsworth de Mies Van der Rohe, la fonction de modèle de ce dernier était on ne peut plus évidente. A New Canaan, la maison Hodgson (1951) et la maison Wiley (1953) virent aussi le jour, ainsi que le très réussi jardin de sculptures Abby Aldrich Rockefeller du Museum of Modern Art (1953). Alors que Johnson travaillait encore avec Mies Van der Rohe au Seagram Building, il abandonna son sérieux fonctionnel pour se tourner vers une création de formes maniéristes et frivoles. Dans la salle principale de la synagogue de Port Chester (1954–1956), il plaça un plafond de plâtre à arcs ainsi que des fentes de fenêtres colorées, et à la galerie d'art Sheldon de l'Université du Nebraska (1963), des rangées symétriques d'arcs en plein cintre. Ce sont de lourds corps compacts qui ont caractérisé ses constructions des années soixante, comme c'est le cas de la Kunsthalle de Bielefeld (1968). Après cette phase, on voit apparaître des gratte-ciel vitrés, tel le IDS Center à Minneapolis (1973), Pennzoil Place à Houston (1970–1976) et le si remarqué American Telephone and Telegraph Building (AT&T) à New York (1978–1982), avec son portail arqué et son fronton brisé, ainsi que le Pittsburgh Plate Glass Building et ses réminiscences néogothiques où, derrière les citations architecturales et le maquillage des façades, se dissimule l'intérieur standardisé des bâtiments administratifs. Dans des constructions publiques comme par exemple la bibliothèque municipale de Miami, Johnson a eu recours à des atriums et autres emprunts à l'architecture romaine pour donner une identité à des bâtiments utilitaires. Dans les années quatre-vingt-dix, il a conçu la Gate House, située à New Canaan, Connecticut (1995), dont les façades lisses, rouge vif et grises, sont quasiment aveugles, à l'exception de quelques ouvertures aux formes étranges. Avec son absence d'angles droits et ses très rares lignes droites, cette maison fait un peu l'effet d'une sculpture.

Albert Kahn 1869–1942

Kahn, né en Allemagne, émigra en 1880 avec ses parents à Detroit. Là, il travailla dans divers bureaux d'architecture, d'abord chez John Scott, plus tard chez Mason and Rice, où il parvint à s'élever en 1885 au niveau de dessinateur de constructions. C'est dans la très complète bibliothèque de l'entreprise qu'il acquit ses connaissances théoriques d'architecture. En 1896, il fonda une entreprise avec George W. Nettleton et Alexander Trowbridge. Parmi leurs premières commandes, ces architectes furent chargés de réaliser l'hôpital pour enfants de Detroit (1896). Après le départ de Trowbridge et la mort de Nettleton, il s'associa provisoirement avec George D. Mason, son ancien employeur. Ensemble, ils construisirent le Palms Apartment House à Detroit (1901/1902). En 1903, il embaucha son frère Louis Kahn comme ingénieur en chef; avec son aide, il développa la construction de béton de la Michigan University à Detroit. Albert Kahn doit surtout sa notoriété à ses nombreuses constructions d'usines. Pour Henry B. Joy, il réalisa le complexe de la Packard Motor Car Company à Detroit. En 1910 il entreprit de construire divers bâtiments de production et d'entrepôt pour la Ford Motor Company. C'est aussi pour Ford que Kahn réalisa les nouveaux bâtiments d'usine à Dearborn, Michigan, avec l'immense halle de verre de 1924. Pour la Chrysler Corporation, il fit construire en 1928 l'usine de Plymouth à Detroit. Après qu'une délégation russe eut visité les halles de l'usine de Detroit, Kahn se vit chargé de la construction d'une usine de tracteurs à Stalingrad, commande qui fut exécutée en 1930. Suite à cela, on lui confia la direction de la construction de tous les bâtiments industriels en Union soviétique. Grâce à l'aide de son frère Moritz Kahn, on forma de nombreux ouvriers russes, et en l'espace de deux ans, an vit apparaître les plans de 521 usines. Même après son retour aux Etats-Unis, les complexes industriels continuèrent de constituer le point fort de l'œuvre de Kahn. On peut citer ici, comme l'un des exemples les mieux réussis, celui de la Ohio Steel Foundry Company – Roll and Heavy Machine Shop à Lima (1938). A la fin des années trente, la participation de Kahn à l'ensemble des constructions industrielles américaines était d'environ dix-neuf pour cent. Pendant la Deuxième Guerre mondiale, il fit construire en priorité des halles pour l'industrie aéronautique, comme l'usine de bombardiers pour la Glenn L. Martin Company à Omaha, qui fut achevée en 1943.

Louis Isidore Kahn 1901–1974

Kahn fréquenta de 1920 à 1924 la University of Pennsylvania à Philadelphie et travailla là-bas chez Paul P. Cret (1929/1930) ainsi que chez Zantzinger, Boire and Medary (1930–1932). Ensuite, il réalisa un voyage en Europe avant d'ouvrir son propre bureau à Philadelphie en 1937. Au début des années quarante, il s'associa à George Howe et Oscar Stonorov. En commun, ils établirent entre autres le remarquable projet de lotissements Carver Court Housing à Coatesville, Pennsylvanie (1941–1944). En 1947, il fut chargé de cours à la Yale University et y réalisa la construction de l'annexe de la Art Gallery, également avec Douglas Orr. Cette construction-type visible, arborant des plafonds à la structure composée de tétraèdres, caractérisait ce premier bâtiment moderne de New Haven. Entre 1953 et 1957, il élabora diverses maquettes relatives à des constructions composées d'éléments structurels produits en série, maquettes qui influencèrent entre autres le plan du Center of Philadelphia (1956–1962). C'est avec rigidité et régularité, plaçant quatre toits pyramidaux, qu'il créa le complexe centralisé cruciforme de la maison de bains du Jewish Community Center de Trenton, New Jersey (1954–1959). Parmi ses travaux importants, on trouve aussi le Alfred Newton Richards Medical Research Building de la University of Pennsylvania (1957–1961) ainsi que les bâtiments des laboratoires du Jonas Salk Institute à La Jolla, Californie (1959–1965). En collaboration avec Preston Gerne and Associates, il fit construire le Kimbell Art Museum à Fort Worth (1967–1972). De vastes travaux d'urbanisme étaient liés au plan conçu pour le quartier gouvernemental de Dacca, Bangladesh, qu'il avait déjà commencé en 1962. Leur réalisation n'eut lieu qu'entre 1973 et 1976. Kahn traita l'Institute of Management de Ahmedabad (1962–1967) comme un château fort massif et compact.

Rem Koolhaas *1944

Avant d'entreprendre des études d'architecture à l'Architectural Association de Londres en 1968, Koolhaas a travaillé comme journaliste et scénariste. Ses publications The Berlin Wall as Architecture (1970) et Exodus, or the Voluntary Prisoners of Architecture (1972), datent de ses années d'étudiant. Koolhaas partit ensuite à New York. Avec Madelon Vriesendorp, Elia et Zoe Zenghelis, il y fonda, en même temps qu'à Londres, l'Office for Metropolitan Architecture, et travailla à l'ouvrage qui devait lui valoir un renom international, Delirious New York (1978). Fasciné par New York, Koolhaas analyse dans ce livre l'influence de la civilisation urbaine sur l'architecture et incrimine la tentative de vouloir contrôler le développement des grandes villes par l'architecture. Sa publication S, M, L, XL date d'une époque récente (1995). Koolhaas a enseigné dans plusieurs universités américaines, à l'Université Technique de Delft et à l'Architectural Association de Londres. Dans les années quatre-vingt, il a conçu le musée d'art de Rotterdam (1987–1992) et le centre chorégraphique néerlandais de La Haye, Hollande (1984–1987).

Rem Koolhaas

Les différentes parties du bâtiment font appel à des matériaux et des formes divers: un toit oblique contraste en effet avec d'autres toits ondulés, droits et ronds. L'intérieur et l'extérieur de l'édifice se caractérisent par des couleurs vives. La Villa dall' Ava à St Cloud, France (1985–1991), est une combinaison de tôle ondulée, de verre, de marbre et de béton. Sur son toit plat se trouve une terrasse avec piscine, et une partie du niveau supérieur est portée par de fins piliers obliques. Dans le cadre du projet d'extension urbaine Euralille, dont on lui a confié la direction, Koolhaas a imaginé, à partir de matériaux bon marché comme le plastique et le contre-plaqué, la forme ovale du Grand Palais, le palais des congrès de Lille, France (1990–1994). Le projet d'aménagement de studios de Nexus World, Fukuoka, Japon, date de 1991, et l'Educatorium de l'université d'Utrecht, Hollande, dont la particularité réside dans la disposition oblique des niveaux et dans la paroi arrière arrondie de l'amphithéâtre du niveau supérieur, de 1995–1997. La partie inférieure de la maison d'habitation qu'il a construite à Bordeaux, France (1994–1998), est encastrée dans la colline et donne sur le jardin. Le niveau moyen est une sorte de boîte de verre d'où l'on a une belle vue sur Bordeaux, et au niveau supérieur, des fenêtres rondes disposées de façon irrégulière sont encastrées dans un revêtement de cuivre. Au centre, un élément mobile du sol, de la taille d'une pièce et actionné par un système hydraulique, permet à son propriétaire d'accéder confortablement à tous les étages ... et à la totalité de sa bibliothèque.

John Lautner 1911–1994

Avant la fondation de son bureau à Los Angeles en 1940, Lautner apprit l'architecture auprès de Frank Lloyd Wright, qui le fit travailler chez lui à Taliesin West en 1933. Lautner construisit plus d'une centaine d'édifices, des maisons particulières pour la plupart, qui toutes traduisent une forte individualité et de grandes capacités inventives. Toute sa vie, Lautner a recherché des formes et des types de construction nouveaux ; la maison devait être en harmonie avec ses occupants et intensifier, par la circulation de l'air et de la lumière, leur qualité de vie. Malgré des éléments spectaculaires, les occupants éprouvent toujours un sentiment de bien-être et de sécurité générateur d'équilibre. Organisée autour d'une piscine qui se prolonge jusque dans le séjour, la Carling House de Los Angeles, Californie (1947), avec ses portes coulissantes en verre qui vont jusqu'au plafond, une cloison pivotante et démontable et un ensemble canapé et fauteuils intégré est l'une de ses premières maisons, de même que la Foster House de Sherman Oaks, Californie (1950). Là, un corps de bâtiment rond et partiellement isolé, pourvu d'une terrasse couverte, débouche sur une partie rectangulaire, couverte également d'un revêtement de bois. La façade rue n'est traversée, en guise de fenêtres, que par d'étroites fentes. Une autre réalisation particulièrement audacieuse de Lautner est la Malin House («Chemosphere»)

John Lautner

d'Hollywood, Californie (1960), construction octogonale reposant sur une colonne de béton. Le toit en pente douce, qui déborde largement, se déploie comme un appentis sur l'édifice, vitré sur tous les côtés. Lautner réalisa ensuite la Sheats/ Goldstein House à Los Angeles, Californie (1963, transformée en 1989), avec un système de vasistas qui s'ouvrent et des meubles encastrés en verre, en béton et en cuir, ainsi que la Stevens House dans la Malibu Bay Colony, Californie (1968), composée de deux corps de bâtiment formés par des coques de béton placées l'une contre l'autre et qui, sur le petit côté, s'ouvrent sur l'océan. En 1973 fut réalisée l'Arango House, construction de béton armé, à Acapulco, au Mexique. Le séjour principal, situé à l'étage supérieur, n'a pas de murs, mais seulement un toit de vaste envergure dont la forme évoque celle d'un bord de chapeau relevé. Au lieu d'un parapet, c'est un fossé rempli d'eau qui entoure cette terrasse, de sorte que le premier plan et la mer qu'on voit au loin donnent l'impression de se confondre.

Le Corbusier 1887–1965

Charles-Edouard Jeanneret-Gris entreprit en 1900 un apprentissage de graveur-ciseleur auprès de Charles L'Eplattenier à l'Ecole des Arts et Métiers en Suisse, à La Chaux-de-Fonds, sa ville natale. Dès 1905, il y fit élever sa première œuvre de construction, la villa Vallet, pour un membre de l'Ecole des Arts. Après cela, il visita l'Italie, Budapest et Vienne, avant d'obtenir un aperçu des possibilités offertes par les constructions en béton armé chez August Perret à Paris (1908/1909) et de faire diverses expériences chez Peter Behrens à Berlin (1910/1911). Parmi ses premiers travaux, on peut citer le concept des maisons Dom-ino, un système de construction élaboré en 1914/1915, permettant une production industrielle en série en béton armé, et la villa Schwob à La Chaux-de-Fonds (1916), une construction en béton armé dans une enveloppe classique. En 1917, Jeanneret s'installa à Paris et troqua son nom contre Le Corbusier. C'est là qu'il fit aussi la connaissance du peintre Amédée Ozenfant, avec lequel il publia le manifeste «Après le cubisme» (1918) et à partir de 1920, la revue «L'Esprit Nouveau». Entre 1920 et 1922, il créa les Maisons Citrohan, des constructions en forme de boîtes intégrant les murs porteurs dans les côtés longitudinaux. En 1922, il s'associa à son cousin Pierre Jeanneret, travailla à la Villa Ozenfant à Paris et développa le concept d'une ville de trois millions d'habitants. En 1923, Le Corbusier fit rééditer l'ensemble de ses articles de «L'Esprit Nouveau» sous le titre de «Vers une Architecture». Par la suite, il construisit entre autres la maison jumelée La Roche et Jeanneret à Auteuil (1923), un lotissement d'habitation à Pessac (1925), la maison Cook à Boulogne-sur-Seine et la villa Stein à Garches (1927). Son Pavillon de l'Esprit Nouveau à l'Exposition parisienne de 1925 représentait le modèle de l'élément de construction d'un grand bloc d'immeubles. Enfin, des tours dominaient son Plan Voisin d'un nouveau Paris (1925). En 1927, il participa au Concours du Palais genevois de la Société des Nations et à l'Exposition du Werkbund à Stuttgart-Weißenhof avec deux maisons en essayant de mettre en pratique son programme camprenant cinq points d'une architecture nauvelle, adaptée aux temps modernes: des piliers (pilotis), des toits-terrasses, un plan libre, des fenêtres allongées et un agencement libre de la façade. Un an plus tard, Le Corbusier devint membre fondateur des Congrès Internationaux d'Architecture Moderne (CIAM). Il plaça la Villa Savoye à Poissy (1929–1931) sur de minces piliers, prisme blanc avec des rampes et des percées surprenantes vers l'intérieur, puis réalisa la Cité de Refuge de l'Armée du Salut à Paris (1929–1932) et le pavillon suisse de la Cité Universitaire de Paris (1930–1932). Pour le projet du palais des Soviets à Moscou (1931), il élabora une halle accrochée à un vaste arc parabolique la recouvrant. En 1935, il se rendit pour la première fois aux Etats-Unis et publia un autre projet d'urbanisme sous le titre de «La Ville radieuse». Ses plans concernant un bâtiment ministériel à Rio de Janeiro et la centrale des Nations unies à New York furent finalement exécutés par Costa, Niemeyer et Reidy, ou encore Harrison et Abramowitz. Les premiers travaux préliminaires au modulor, système de mesure développé par Le Corbusier selon le principe mathématique du partage d'une ligne en moyenne et extrême, basé sur les proportions du corps humain, eurent lieu en 1942. En 1944, il publia la Charte d'Athènes, réflexions et exigences au sujet d'une ville fonctionnelle, adaptée à l'époque, qui avait été élaborée en 1933 par les CIAM et poursuivie par Le Corbusier en 1941. Il réalisa une expérience importante dans le domaine de la construction massive d'habitations en faisant construire à Marseille (1945–1952) l'Unité d'Habitation, un complexe de tours juchées sur de gros pilotis comprenant 337 unités d'habitation, une rue commerçante, des équipements pour les loisirs et pour la communication. D'autres unités furent construites à la suite entre autres à

Nantes-Rezé (1952–1957), à Berlin (1956/1957) et à Meaux (1957–1959). Parmi les œuvres tardives de Le Corbusier, comprenant des constructions sculpturales, façonnées de manière très expressive et n'ayant plus les mêmes prétentions de prototypes que ses œuvres d'avant-guerre, on peut citer l'église de pèlerinages Notre-Dame-du-Haut à Ronchamp (1950–1954), le couvent dominicain Sainte-Marie-de-la-Tourette à Evreux-sur-L'Arbresle (1957–1960) ainsi que le palais de justice de Chandigarh (1950–1956). Dès 1950 et 1951, il commença à travailler avec Maxwell Fry et Jane Drew à un plan d'utilisation des sols pour cette ville d'Inde. En Amérique, il ne fit ériger que le Visual Arts Center à Cambridge, Massachusetts, qui fut achevé en 1964. Le Corbusier ne fait pas seulement partie des architectes les plus importants du XXe siècle, il a été en outre un théoricien et peintre de grande importance.

Adolf Loos

Daniel Libeskind *1946

Libeskind a d'abord étudié la musique en Pologne, son pays natal, puis l'architecture à la Cooper Union School de New York de 1965 à 1970, avant de faire ensuite des études d'histoire et de théorie de l'architecture à l'Université d'Essex en Angleterre entre 1970 et 1972. Il enseigna notamment à l'Architectural Association de Londres, à Yale, Hambourg et Harvard. Il est depuis 1994 professeur à l'Université de Californie de Los Angeles. Ses deux bureaux se trouvent à Berlin et Santa Monica, Californie. Libeskind fait partie des représentants les plus innovateurs du Déconstructivisme et, tout comme Zaha Hadid, il se fit davantage connaître par ses croquis, ses plans et ses écrits théoriques que par ses projets, dont très peu ont été réalisés jusqu'ici. Son projet majeur, réalisé celui-ci, est le Jüdisches Museum (musée juif) de Berlin (1989–1998). Vue en plan, la forme de cette construction couverte d'un revêtement métallique évoque celle d'un éclair. Elle n'a pas d'entrée, mais est accessible par un souterrain à partir du musée voisin. Est adjointe au bâtiment principal une tour à cinq arêtes, la tour de l'Holocauste. Là, comme du reste dans la maison principale, les angles vifs que taillent les fentes de la lumière génèrent des atmosphères étranges qui étayent l'idée d'un bâtiment construit autour d'une béance générée par l'Histoire. Libeskind a conçu pour la ville d'Osnabrück le tout aussi exceptionnel Felix-Nußbaum-Museum (1996–1998), extension du Kulturgeschichtliches Museum (musée d'histoire des civilisations) de la ville. Ce musée se compose de trois parties qui s'interpénètrent et dont les façades sont totalement différentes: un revêtement de chêne fait face en effet à un revêtement de zinc et à des dalles de béton brut. Au centre se trouve l'allée de 46 m x 3 m qui abrite les toiles du peintre juif Felix Nußbaum, mort à Auschwitz en1944. En 1993, Libeskind a construit un complexe de bureaux à Wiesbaden, il a participé au concours pour la Philharmonie de Brême (1995), et il travaille actuellement aux projets de l'Imperial War Museum de Londres, du Jewish Museum de San Francisco et des University-Colleges of Public Administration de Gaudalajara, Mexique.

Adolf Loos 1870–1933

Loos fréquenta la Staatsgewerbeschule (Ecole Royale des Arts et Métiers) à Reichenberg, avant de commencer des études en 1890 à l'Institut Universitaire Technique de Dresde. Après cela, il passa trois ans aux Etats-Unis, visita l'Exposition Universelle de Chicago et parvint à survivre grâce à des travaux occasionnels, entre autres également de maçon, poseur de parquets et dessinateur de constructions. En 1896, il rentra et s'installa à Vienne. Il parvint d'abord à gagner une certaine influence grâce à son activité d'écrivain. A partir de 1897, il publia des articles surtout dans la «Neue Freie Presse» viennoise. C'est sous les titres de «Ins Leere gesprochen» (1921) et de

Le Corbusier

«Trotzdem» (1931) que ces articles furent publiés plus tard sous forme de recueil. Sans cesse, il lutta contre l'ornement décoratif appliqué qu'il jugeait superflu et dépassé. La défense radicale de ses thèses et l'article polémique intitulé «Die Potemkinsche Stadt» finirent par provoquer sa rupture avec les architectes à la tête de la Sécession viennoise, Josef Hoffmann et Joseph Maria Olbrich. Il remporta ses premiers succès notoires grâce aux travaux de transformation du «Café Museum» de Vienne, qui fut surnommé «Café Nihilismus» en raison de son aspect froid et dépourvu d'ornements, et grâce à la décoration intérieure élégamment disciplinée de l'atelier Knize. En 1907, il fut chargé de réaliser le «Kärntner Bar», un petit établissement habilement agrandi par des miroirs, qui se qualifiait d'«American Bar» sur une façade spectaculaire: quatre pilastres de marbre soutenaient le toit incliné paré d'une bannière étoilée en verre coloré. En 1908, il publia ses célèbres écrits «Ornament und Verbrechen», plaidoyer passionné pour la belle forme fonctionnelle. Par la maison sur la Michaelerplatz (1909–1911), il démontra ce qu'il voulait dire par là: ce projet fut violemment controversé et, sur ordre de l'office de l'urbanisme, continuellement interrompu. Parallèlement, Loos travaillait à la Villa Steiner à Vienne, qui cachait sa taille du côté de la rue derrière un toit en berceau plongeant bas vers le sol. Sans autorisation de l'Etat, il fonda en 1912 une école d'architecture où il donna bénévolement des cours à ses élèves, dont faisaient aussi partie Richard Neutra et Rudolf M. Schindler. En 1920, Loos fut nommé architecte en chef de l'office des lotissements à Vienne, pour toutefois abandonner cette position dès 1922 et partir s'installer à Paris. Il tint des conférences à la Sorbonne et réalisa la maison-atelier du dadaïste Tristan Tzara (1925/1926). En 1928, il fit, pour Joséphine Baker, les plans d'une maison d'angle avec un revêtement de marbre composé de rayures blanches et noires; le projet ne fut pas réalisé. Parmi les constructions les plus importantes de la fin de la vie de Loos, on compte la maison Moller à Vienne (1927/1928) et la maison Müller à Prague (1930), où il produisit de nouveau de l'effet grâce à la tension s'établissant entre le matériau précieux et la forme rigide.

Hans et Wassili Luckhardt 1890–1954/1889–1972

Hans Luckhardt fit ses études à l'Institut Universitaire Technique de Karlsruhe, Wassili à Berlin-Charlottenburg. Les deux frères s'engagèrent dans le «Arbeitsrat für Kunst», dans le «Novembergruppe» et dans l'association d'architectes «Der Ring». A partir de 1921, ils travaillèrent en étroite collaboration et s'occupèrent, pendant les premières années d'après-guerre, de travaux de projets, tels que celui du musée de l'hygiène de Dresde (1921) et le concours pour une tour d'habitation dans la Friedrichstraße à Berlin (1922), projets qui étaient encore fortement marqués par l'expressionnisme. A partir de 1924, les frères Luckhardt travaillèrent aussi en collaboration avec Alfons Anker. Au cours des années qui suivirent, on vit apparaître de nombreuses œuvres, surtout à Berlin: les rangées de maisons mitoyennes le long de la Schorlemer Allee construites entre 1925 et 1929, les établissements Hirsch (1926/1927), les établissements Telschow sur la Potsdamer Platz (1928) ainsi que les villas sur le Rupenhorn (1928). A côté de cela, ils réalisèrent des projets pour le réaménagement de la Alexanderplatz (1929) et l'Université de médecine de Preßburg (1933). En 1952, on proposa à Hans Luckhardt une chaire de professeur à la Faculté des Arts plastiques de Berlin qu'il accepta. Après sa mort en 1954, Wassili continua à diriger le bureau et réalisa un complexe d'habitation dans le quartier Hansaviertel pour l'exposition «Interbau» en 1957. Parmi les derniers travaux de Wassili, on compte l'Institut de physiologie végétale de l'Université libre de Berlin-Dahlem.

Charles Rennie Mackintosh 1868–1928

Lorsqu'en 1884, Mackintosh commença à travailler au bureau d'architectes de John Hutchison après avoir suivi les cours de la Glen's High School, il avait seize ans. Grâce à des cours du soir de la Glasgower School of Art, il continua à s'instruire à partir de 1885. En 1889, il fut embauché comme dessinateur par l'entreprise de construction Honeyman & Keppie. Parmi les prix et les distinctions que Mackintosh remporta à cette époque, il obtint également une bourse pour l'étranger qui lui permit de réaliser des voyages en Italie, en France et en Belgique. En 1897, il remporta le premier prix du concours concernant les nouveaux bâtiments de l'Ecole des Beaux-Arts de Glasgow. Ils furent construits en deux phases, à savoir de 1897 à 1899 et de 1907 à 1909. Cette sobre construction parallélépipédique de briques se caractérise par une façade à l'organisation asymétrique et par des fenêtres à grandes surfaces. Pour aérer le contour de ce bloc, il utilisa des ornements filigranes

Wassili Luckhardt

composés de barres de fer. A peu près à la même époque, Mackintosh s'occupait de la décoration de salons de thé dans la Buchanan Street (1896) et dans la Argyle Street (1897–1898) sur ordre de Catherine Cranston. Ensuite, il travailla à la maison de campagne Windy Hill à Kilmacolm (1899–1901) et au vaste complexe de la Hill House à Helensburgh (1902/1903). Cependant, la notoriété internationale dont jouit Mackintosh à la fin du siècle est surtout à imputer à ses meubles et décorations d'intérieurs. En 1902, il eut l'occasion de présenter les boiseries qu'il avait créées pour la maison de thé Cranston à Glasgow à l'Exposition des arts et métiers de Turin et d'ériger le pavillon écossais. L'aile de la bibliothèque, maintenue dans un style sévère, qui devait compléter en 1907/1909 l'école des Beaux-Arts de Glasgow, fut la dernière construction de Mackintosh. En 1913, il s'installa à Londres et ne créa plus que des meubles et des étoffes. A partir de 1923, il s'installa à Port Vendres, en France, où il se consacra essentiellement à sa peinture à l'aquarelle.

Ernst May 1886–1970

May commença ses études au University College de Londres en 1908, pour les continuer ensuite à l'Institut Universitaire Technique de Darmstadt puis enfin les terminer en 1912 en tant qu'élève de Friedrich von Thiersch et de Theodor Fischer à l'Institut Universitaire Technique de Munich. A partir de 1913, il travailla comme architecte indépendant à Francfort. Pendant les années d'après-guerre, de 1919 à 1925, il occupa le poste de directeur de la Landesgesellschaft de Silésie à Breslau et à partir de 1921, de directeur technique de la société de lotissements d'intérêt public «Schlesisches Heim». En 1925, il accepta le poste de conseiller municipal d'urbanisme à Francfort-sur-le Main, poste qu'il conserva jusqu'en 1930. Pendant ces cinq années, May créa et réalisa, avec l'aide de Martin Elsässer et une grande équipe de collaborateurs, toute une série de lotissements pour le «Nouveau Francfort». Malgré un style de construction simple et grâce à une disposition flexible des corps de construction, il parvint à obtenir de nouvelles variations de l'ensemble du complexe, par exemple dans le cas du lotissement Praunheim (1927–1929) où les maisons sont alignées à angle droit, dans celui du lotissement Römerstadt (1927/1928) arrangé en arrondi, ou dans celui du lotissement de la Bruchfeldstraße (1926/1927) surnommé «Zick-Zack-Hausen» (maisons en zigzag). Cette manière de construire à l'aide d'éléments préfabriqués constituait une innovation, de même que les plans d'un tracé rationnel avec la «Cuisine de Francfort» créée par Grete Schütte-Lihotzky. En 1930, May réalisa des travaux en Union Soviétique, avant d'émigrer en Afrique en 1934 où il vécut en Tanzanie jusqu'en 1953. De retour en Allemagne, il travailla jusqu'en 1961 dans la société d'intérêt public pour la construction d'appartements et de lotissements «Neue Heimat» à Hambourg, plus tard en tant que chargé de planification de la Ville de Wiesbaden. Il occupait parallèlement une chaire de professeur à l'Institut Universitaire Technique de Darmstadt depuis 1957.

Richard Alan Meier *1934

Meier a obtenu un diplôme universitaire de la Cornell University en 1957 et a travaillé entre autres chez Skidmore, Owings & Merrill et chez Marcel Breuer. Lors d'un voyage en Europe, il fit aussi la connaissance de Le Corbusier. En 1963, il ouvrait son propre bureau d'architecte à New York. Meier a commencé par construire surtout des maisons individuelles rappelant la légère élégance des «villas blanches» des années vingt et trente. Parmi les plus importantes, on compte la Smith House à Darien, Connecticut (1965–1967), la Saltzman House à East Hampton, New York (1967–1969), la Weinstein House à Old-Westbury, New York (1969–1971), ainsi que la Douglas House située sur un terrain pentu et boisé à Harbor Springs (1971–1973), Michigan. C'est au début des années soixante-dix qu'il est devenu célèbre grâce à l'exposition collective du Museum of Modern Art de 1969 et à la publication du même nom, «Five Architects», qui présentait des travaux de Meier à côté de ceux de Peter Eisenman, Michel Graves, Charles Gwathmey et John Hejduk. Il a pu réaliser la construction de vastes complexes à New York, à savoir les lotissements Twin Parks Northeast Housing (1969–1974) ainsi que le Bronx Developmental Center (1970–1977). Parmi les œuvres les plus réussies de Meier, on compte l'Atheneum réalisé entre 1975 et 1979 à New Harmony, Indiana. Depuis 1983, il est professeur de l'American Academy et de l'Institute of Arts and Letters. Depuis les années quatre-vingt, il s'est particulièrement occupé de constructions de musées tels que le High Museum of Art à Atlanta, Georgia (1980–1983), et le Museum für Kunsthandwerk à Francfort/Main (1979–1984). On lui doit également le musée d'art contemporain de Barcelone,

Richard Meier

Espagne (1987–1995) où, à côté de grandes surfaces vitrées, c'est encore une fois le blanc qui domine, et le Getty Center de Los Angeles, Californie (1984–1997). Cet immense complexe de bâtiments aux formes très diverses entoure des espaces verts et des places ouvertes. Des surfaces rugueuses de travertin contrastent çà et là avec l'aspect très lisse des façades de verre et de panneaux blancs.

Konstantin Stepanovitch Melnikov 1890–1974

C'est à Moscou que Melnikov reçut sa formation, qu'il termina en 1917, au collège de peinture, sculpture et architecture. Après la révolution, il travailla à l'atelier d'architecture des Soviets de Moscou et fut collaborateur du département d'architecture du Commissariat populaire de la Culture. En 1921, on lui confia une chaire de professeur aux «Hauts Ateliers technico-artistiques» (WCHUTEMAS). Au début des années vingt, Melnikov élabora de remarquables projets pour un quartier ouvrier moscovite (1922) et pour le siège du journal «Leningradskaja Prawda» (1923) se trouvant là-bas. En 1924, on fit construire le marché Sucharewsky à Moscou selon ses plans. Pour l'exposition internationale de 1925 à Paris, Melnikov fit construire le pavillon soviétique. Sa maison personnelle, extraordinaire, à Moscou était constituée de deux cylindres s'interpénétrant, l'un avec de grands marceaux de verre, l'autre avec de drôles de fenêtres hexagonales. C'est parallèlement que furent entamés à Moscou les travaux de cinq maisons de clubs d'ouvriers qui devaient être achevées en 1929. A côté de cela, il conçut un théâtre syndical et le Commissariat populaire de l'industrie lourde moscovite (1934). Après cela cependant, mises à part quelques transformations d'intérieurs, Melnikov ne se vit pratiquement plus confier de commandes.

Erich Mendelsohn 1887–1953

De 1908 à 1910, Mendelsohn fit des études à l'Université Technique de Berlin-Charlottenburg, puis jusqu'en 1912, chez Theodor Fischer à l'Université Technique de Munich. Ses premiers travaux furent des dessins de visions architectoniques fantastiques d'acier et de verre, en outre aussi des créations de costumes et d'affiches. Après avoir été soldat, il ouvrit son propre atelier à Berlin en 1918, fit partie des membres fondateur du «Novembergruppe» et fut membre du «Arbeitsrat für Kunst». La première construction qui lui attira de la considération publique fut la tour Einsteinturm, observatoire et Institut de physique astrale à Potsdam (1920–1921). Des entrepreneurs ouverts tels que le fabricant Gustav Hermann, l'éditeur Rudolf Lachmann-Mosse et le propriétaire de grand magasin Salman Schocken devaient être ses prochains commettants. En 1921, il travailla à la reconstruction de l'usine de chapeaux Friedrich Steinberg, Hermann & Co. à Luckenwalde et exécuta, en compagnie de Richard Neutra et du sculpteur Rudolf Henning, la transformation de la maison d'édition Rudolf Mosse (1921–1923). En 1924, Mendelsohn fit partie des fondateurs de l'association d'architectes «Der Ring». Lors d'un voyage aux Etats-Unis financé par la maison d'édition Mosse, il fit la connaissance de Frank Lloyd Wright; suite à ce voyage, il se rendit plusieurs fois en Union Soviétique. Les volumes composés de manière aérodynamique, les suites horizontales de murs et de fenêtres ainsi que les choix d'angles élancés sont caractéristiques de son langage formel. On put en voir des exemples notamment dans les bâtiments destinés à Schocken, tel le grand magasin de Stuttgart (1926–1928) aujourd'hui rasé et le bâtiment de Chemnitz (1928–1930). De 1927 à 1931, il réalisa un projet sur le Kurfürstendamm de Berlin pour la société Wohnhausgrundstücksverwertungs-AG, projet comprenant un café, un restaurant, une rue commerçante, un théâtre pour fumeurs, un hôtel, un bloc d'habitation et, devant servir de modèle pour beaucoup d'autres cinémas, l'Universum. Le Pavillon Rudolf Mosse pour la «Pressa» de 1928 à Cologne, sa propre maison «Am Rupenhorn» à Berlin (1928–1930) ainsi que la Maison de Colomb à Berlin (1931–1932) sont également dignes d'être cités. En 1933, il traversa la Hollande pour émigrer en Angleterre où il travailla avec Serge Chermayeff. Parallèlement, il dirigeait un bureau en Palestine qui devait construire en 1937/1938 l'hôpital de Halfa, et de 1937 à 1939 les bâtiments de l'Université hébraïque de Jérusalem. En 1941, il émigra aux Etats-Unis. Il passa les dernières années de sa vie à San Francisco où il réalisa surtout des bâtiments pour des communautés religieuses juives.

Erich Mendelsohn

Ludwig Mies Van der Rohe 1886–1969

Après avoir fréquenté la Domschule d'Aix-la-Chapelle et l'Ecole des Arts et Métiers de la même ville (1899–1901), le jeune Mies se mit à créer des ornements en stuc pour une entreprise de décoration intérieure. En 1905, il se rendit à Berlin où il commença par travailler chez Bruno Paul, puis chez Peter Behrens (1908–1911). A cette époque, Walter Gropius et Le Corbusier travaillaient également chez Behrens. En 1911, il se chargea de la direction des travaux de construction de l'ambassade allemande à Saint-Pétersbourg. La même année, il s'installa à La Haye, fit les plans d'une maison de campagne pour les époux Kröller-Müller, qui ne furent d'ailleurs pas exécutés, et fit la connaissance de Hendrik Berlage. En 1913, il retourna à Berlin, ouvrit son propre bureau et se retrouva en Roumanie pendant la guerre. A l'occasion du concours de construction d'une tour à Berlin en 1921, il remit le plan-programme d'une tour de verre qui plaçait des ailes, à peu près triangulaires dans le plan, autour d'une conduite d'accès; une construction à ossature d'acier comprenant des murs extérieurs complètement en verre sans aucune articulation vers le haut. En 1922, il devint membre du «Novembergruppe» et se fit alors appeler Mies Van der Rohe. En compagnie de Van Doesburg, Lissitzky et Richter, il publia en 1923 la revue «G» (signifiant «Gestaltung» c.-à-d. création, décoration, arrangement) et se pencha sur les plans de deux maisons de campagne en briques rouges dont les murs en avancée et les plans dissous révolutionnaient la typologie de la maison d'habitation. En 1926, il fut nommé vice-président du Werkbund allemand, reprit en 1927 la direction de l'exposition à Stuttgart-Weißenhof et créa pour cela un bloc d'habitation comprenant une ossature d'acier. Pour le fabricant de soie Hermann Lange, il construisit de 1927 à 1930 une villa à Krefeld et ensuite le pavillon allemand de l'exposition internationale de Barcelone en 1929. En 1930, il acheva de construire la villa Tugendhat à Brno (1928–1930) où il réalisa pour la première fois dans une maison d'habitation la libre décomposition des espaces du pavillon de Barcelone. Après 1930, il dirigea le Bauhaus de Dessau jusqu'à sa fermeture en octobre 1932. Ses tentatives de perpétrer cette institution à Berlin furent un échec. En 1938, il émigra aux Etats-Unis et devint Directeur de la section d'architecture qui devint l'Illinois Institute of Technology de Chicago. Pour le réaménagement du terrain de l'IIT, il présenta en 1940 le plan global d'un sévère complexe orthogonal avec divers bâtiments variés placés dans le quadrillage de ce plan, destinés à l'enseignement et à la recherche, bâtiments qui furent successivement réalisés jusqu'à la fin des années cinquante. C'est complètement en verre que Mies conçut l'enveloppe de la résidence secondaire d'Edith Farnsworth à Plano, Illinois (1946–1951). Parmi ses plans de maisons de verre, on peut encore citer la Maison Caine (1950) et la «50 by 50 House» carrée (1950/1951). Parallèlement, il fit construire des gratte-ciel d'acier et de verre, comme le célèbre immeuble de studios situé sur le Lake Shore Drive à Chicago avec des façades en rideaux quadrillées, suivi de l'immeuble sur la Commonwealth-Promenade et les 900 Esplanade-Apartments. Parmi les réalisations les plus remarquables de Mies Van der Rohe, on compte de plus le Seagram Building de New York (1954–1958), réalisé avec Philip Johnson, et la Neue Nationalgalerie de Berlin (1962–1967).

Charles Willard Moore 1925–1995

Après des études d'architecture à la University of Michigan à Ann Arbor, Moore a passé une thèse de philosophie en 1957 à la Princeton University. De 1959 à 1962, il a enseigné en qualité de professeur d'architecture à la University of Berkeley. Ensuite, il a ouvert là-bas un bureau d'architecture avec Donlyn Lyndon, William Turnbull et Richard Whitaker, bureau qu'il ne dirigea plus qu'avec Turnbull de 1965 à 1970. En 1970, il a fondé l'entreprise Charles W. Moore Associates dans l'Essex. Parmi les premières œuvres de Moore, sa propre maison située dans l'Orinda, Californie (1962), se distingue particulièrement par son toit en forme de pyramide. Deux petits édicules placés sur de vieilles colonnes de bois accentuent le domaine d'habitation et la salle de bains à l'intérieur.
Le lotissement de maisons de vacances en bois (1963–1965) ainsi qu'un club de sport (1966) au Sea Ranch à Sonoma County, Californie, constituent d'excellents exemples de construction s'harmonisant au paysage. C'est avec un faible budget qu'ont été réalisés les bâtiments d'habitation de la Church Street à New Haven, Connecticut (1966–1969), de même que les H. L. M. Maplewood-Terrace à Middletown, Connecticut (1970/1971). A la même époque, il acceptait une chaire de professeur à la Yale University, où il devait enseigner à la faculté d'architecture de 1970 à 1975, avant de partir pour la University of Cali-

Ludwig Mies Van der Rohe

fornia de Los Angeles. Sur un terrain situé en forêt, il a fait ériger le Kresge College (1966–1974) pour l'université californienne à Santa Cruz, une suite théâtrale de coulisses, transformant en star le banal mobilier de la rue. A l'aide du Urban Innovation Group, Moore a réalisé de 1974 à 1978 les coulisses italiennes de l'opéra de la Piazza d'Italia à La Nouvelle-Orléans. Ce qui est également remarquable, c'est le projet qu'il a élaborén 1980 concernant un complexe d'habitation et de loisirs situé près du port de Berlin-Tegel. Parmi les nombreuses commandes qu'il a reçues au cours des dernières années, il faut citer le University of Oregon Science Building à Eugene (1985), le San Antonio Arts Institute à San Antonio, Texas, ainsi que le projet, élaboré avec la collaboration de Skidmore, Owings & Merrill, destiné à l'exposition universelle de 1992 qui aura lieu à Chicago.

Morphosis Architects

Thom Mayne (*1944), le fondateur de la communauté d'architectes Morphosis à Santa Monica (fondation en 1971), a fait des études à l'University of Southern California et à Harvard. Entre 1976 et 1991, il s'est associé avec Michael Rotondi (*1949), qui a créé entre-temps sa propre agence, RoTo. Mayne a enseigné à l'University of California de Los Angeles, à Yale, Harvard et au Southern California Institute of Architecture, dont il est l'un des cofondateurs. Leurs projets, qui ont des côtés assez déconcertants, prennent le contre-pied de la simplification et de l'uniformisation qui ont cours en architecture. Leur but est en effet d'abolir les frontières entre intérieur et extérieur. Leur méthode d'analyse et de retouche de leurs projets une fois ceux-ci achevés est quelque chose de tout à fait exceptionnel. L'œuvre de Morphosis comprend notamment la Lawrence House en Californie (1981), le Cedar's Sinai Comprehensive Cancer Care Center de Beverly Hills, Californie (1987) et la Crawford Residence à Montecito, Californie (1987–1992). Si de l'extérieur, le restaurant Kate Mantilini, à Beverly Hills, Californie (1987), a l'air plutôt anodin, il recèle quelques surprises à l'intérieur, où une grosse ouverture ronde avec une maquette du système solaire a été encastrée dans le plafond. Cette construction d'acier qui semble figée dans son mouvement se termine au sol par une flèche qui désigne le plan du bâtiment. Le lien entre nature et architecture est particulièrement sensible dans la Blades Residence, à Santa Barbara, Californie (1991–1997). Son tracé s'étire dans tous les sens, sans ordre apparent. Des parties de ce bâtiment aux arêtes vives sont enterrées, et sans même toucher le sol, un côté s'élance en oblique vers le ciel. Morphosis Architects a construit dernièrement l'Hypo Alpe Adria Center à Klagenfurt, Autriche (1995–1998) et la Sun Tower à Séoul, Corée (1995–1997).

Eric Owen Moss *1943

Moss a obtenu sa maîtrise d'architecture à l'UCLA en 1968, à Harvard en 1972. Il est depuis 1974 professeur de design au Southern California Institute of Architecture. Son propre bureau de Culver City, Californie, où il a élaboré la majeure partie de ses projets, existe depuis 1976. Croisements et recoupements des espaces, qui, surtout quand ils ont à voir avec une substance architecturale ancienne déjà existante, prennent une orientation sculpturale passionnante, sont les marques distinctives de son travail. Il construisit en 1989 le Central Housing Office de l'University of California at Irvine (1989), auquel succédèrent de nombreux autres projets à Culver City. Il reçut la plupart de ses contrats de rénovation de bâtiments existants et de construction de bâtiments nouveaux de l'entrepreneur Frederick Norton Smith, et il réalisa entre autres la Lindblade Tower (1989), la Paramount Laundry (1989), le Gary Group (1990), l'IRS Building (1989) et «The Box» (1994), sorte de chapiteau construit sur le toit d'un banal entrepôt. C'est un programme de réhabilitation exceptionnel que réalisa Moss avec le Samitaur Building de Culver City (1996), à partir d'un ancien entrepôt qu'il a transformé. Rehaussés et entièrement restructurés, les locaux sont disposés en longues barres qui surplombent l'espace de la rue, tandis qu'un escalier au coin et une minuscule cour intérieure au centre rompent très nettement le côté rationnel du corps de bâtiment. Dans le cas du Pittard Sullivan Building, à Culver City, un ancien entrepôt a été là encore surélevé et transformé en bureaux, et les entretoises historiques de bois qui trouent cet équipement de bureaux font figure d'éléments décoratifs. Avec le Stealth Building gris sombre (1996–2001), c'est une construction aux arêtes dures se confrontant aux formes stéréométriques, qui complète ce groupe.

Eric Owen Moss

Pier Luigi Nervi 1891–1979

C'est en 1913 que Nervi obtint son diplôme d'ingénieur en constructions à l'Université de Bologne; à la suite de quoi, il commença à travailler dans le département technique de la Société de constructions de béton à Bologne et à Florence. En 1920, il fonda sa propre entreprise, la Società Ing. Nervi e Nebbiosi. La première œuvre qui devait éveiller un intérêt international fut le stade municipal de Florence avec ses 35 000 places: une construction en béton visible, réalisée à frais réduits, avec des escaliers en colimaçon saillant fortement. A partir de 1932, il poursuivit la direction de son bureau avec Giovanni Bartoll. En 1935, il remporta le concours de conception de hangars pour avions à Orvieto, hangars qui, conçus en structures géodésiques et éprouvées à l'aide de maquettes en celluloïde, furent achevés en 1938. Dans le cas de hangars pour avions à Orbetello et à Torre del Lago (1940–1943), il continua à créer des constructions légères avec certains éléments de béton préfabriqués. De 1946 à 1961, il occupa une chaire de professeur de construction technique et de sciences des matériaux à la faculté d'architecture de Rome. En 1948 et 1949, il réalisa les plans et construisit le palais des expositions de Turin. Parmi ses constructions les plus célèbres, on compte en outre la salle des fêtes de Chianciano Terme dotée d'une voûte ressemblant à un filet (1950–1952), le siège de l'UNESCO à Paris (1953–1958), réalisé en collaboration avec Marcel Breuer et Bernard Zehrfuss, ainsi que la tour Pirelli de Milan (1955–1958) à laquelle il a travaillé avec Gio Ponti. De plus, il faut particulièrement attirer l'attention sur les deux stades de sport réalisés avec Annibale Vitellozzi pour les Jeux Olympiques de 1960 à Rome. Nervi a également rédigé de nombreux traités scientifiques tels que «L'Art et la Science de la construction» (1945), «Le Langage architectonique» (1950) et «Nouvelles constructions» (1963).

Richard Joseph Neutra 1892–1970

Neutra poursuivit des études à l'Université Technique de Vienne de 1911 à 1917, et parallèlement, à l'école d'architecture d'Adolf Loos. Pendant les premières années de l'après-guerre, il travailla chez un paysagiste de Zurich. En 1921, il fut embauché par l'office municipal des travaux publics de Luckenwalde, où il fit la connaissance d'Erich Mendelsohn. Il partit avec lui pour Berlin et devint assistant dans son bureau. En 1923, Neutra se rendit aux Etats-Unis, où il travailla d'abord chez William Holabird et Martin Roche à Chicago, puis plus tard chez Frank Lloyd Wright à Taliesin. A Los Angeles, il travailla avec Rudolf Schindler entre autres au projet du Concours du Palais genevois de la Société des Nations (1927). En 1926, il ouvrit son propre bureau et commença par construire l'immeuble de studios Jardinette à Los Angeles (1926/1927), une construction en béton armé avec des fenêtres en longueur. A côté de cela, il créa des maisons préfabriquées, qu'il appela «One plus two», et travailla au projet concernant une ville du futur, la «Rush City Reformed». En 1927, il publia son livre «How America Builds» et fut chargé de construire la maison Lovell à Los Angeles (1927–1929). La charpente d'acier qu'il développa à ces fins pouvait être installée en quarante heures seulement. En 1928 et 1929, Neutra fut fondateur puis professeur d'architecture de l'Académie d'Art moderne de Los Angeles. De 1931 à 1933, il fit construire sa propre maison, la «Maison expérimentale Van der Leeuw», dont les coûts furent pris en charge par la fondation du même nom. Pendant les années trente, il fit des essais avec des nouveaux matériaux et constructions. C'est ainsi qu'on vit apparaître en 1936 une maison modèle construite en contre-plaqué ainsi que la maison Joseph von Sternberg, détruite maintenant, dans la vallée de San Fernando en Californie, comprenant des surfaces extérieures en métal et un bassin d'eau rotatoire. Pendant la Deuxième Guerre mondiale, en 1942, lorsqu'il devint impossible de se procurer des matériaux modernes, Neutra utilisa du bois rouge, des tuiles, et du verre pour réaliser la maison Nesbitt à Los Angeles et le lotissement Channel Heights à San Pedro. Les réalisations les plus significatives de Neutra au cours des années quarante sont la Kaufmann House (maison du désert) à Palm Springs (1946/1947), la Tremaine House à Santa Barbara (1947/1948) et la Holiday House Motel à Malibu (1948). De 1949 à 1959, il travailla en collaboration avec Robert E. Alexander à de grands projets publics tels que des églises, des écoles et des grands magasins: à l'école élémentaire de la Kester Avenue à Los Angeles (1953), la Chapelle Miramar à La Jolla (1957) et au bâtiment de la Ferro Chemical Company à Cleveland, Ohio (1957), avec des tuiles plates en avancée et les piliers minces devenus caractéristiques de Neutra. Il a exposé ses idées concernant une architecture plus adaptée à l'homme dans son ouvrage «Survival through Design» de 1954.

Joseph Maria Olbrich 1867–1908

Olbrich jouit d'une formation dispensée par Camillo Sitte et Julius Deininger à l'Ecole Nationale des Arts et Métiers de Vienne, formation qu'il termina en 1886. Ensuite, il travailla en tant qu'architecte et chef de construction auprès de l'entreprise de construction August Bartel dans sa ville natale, Troppau, avant de commencer des études d'architecture en 1890 chez Carl von Hasenauer à l'Académie des Arts plastiques de Vienne couronnées en 1893 par le «Prix de Rome». Après son retour d'Italie et d'Afrique du Nord, il travailla jusqu'en 1898 au bureau d'Otto Wagner, entre autres au projet des bâtiments du tramway et participa en 1897 à la fondation de la «Sécession viennoise». Il en créa aussi le bâtiment d'exposition (1897/1898), un immeuble sobre surmonté d'un globe tranché formé de feuilles de laurier de fer doré. En raison de sa nomination à la colonie d'artistes de Darmstadt, il s'installa en 1899 en Hesse et se chargea pendant huit ans de la direction de la construction sur la Mathildenhöhe. Jusqu'en 1901, il donna naissance à sept maisons dont la sienne, la petite et la grande maison Gluckert ainsi que le bâtiment réservé à l'art plan et les constructions pour les présentations temporaires. En 1908, la «Hochzeitsturm» («Tour nuptiale») fut offerte par la ville de Darmstadt au grand-duc Ernst Ludwig, tour à laquelle était rattaché un vaste bâtiment d'exposition. Tout en conservant son atelier de Darmstadt, Olbrich partit la même année pour Düsseldorf. Là, il changea les plans du grand magasin Tietz et fit tendre son style vers un néo-classicisme monumental modéré. Il mourut de leucémie peu de temps avant l'achèvement de ce projet.

Richard Neutra
avec le photographe Julius Shulman

Frei Otto *1925

C'est en 1947 que Otto a commencé ses études d'architecture à l'Université Technique de Berlin. Après l'obtention de son diplôme, il s'est installé en 1952 à Berlin où il s'est mis à exercer la profession d'architecte à son compte, et s'est particulièrement penché sur l'étude des constructions légères, publiant en 1954 son rapport de thèse sur le thème du «Toit suspendu». A l'aide de constructions de tentes installées aux expositions fédérales horticoles de 1955 et 1957, il a mis ses nouvelles formes architectoniques à l'épreuve. En 1957, Otto a fondé les «Ateliers de développement pour la construction légère» à Berlin. En 1961, il a fait la connaissance de J. G. Helmcke, biologiste et anthropologue. Ensemble, il ont fondé le groupe de recherches «Biologie und Natur» afin d'étudier les diverses constructions biomorphes des diatomées, ce qui devait communiquer une impulsion importante aux structures et constructions propres à Otto. A partir de 1964, il a enseigné à l'Université Technique de Stuttgart et a fondé l'«Institut pour charpentes légères de surfaces». Le propre bâtiment de l'institut à Stuttgart-Vaihingen, exécuté de 1967 à 1968, consistait en une transformation de la maquette qui avait été réalisée pour mettre à l'épreuve le pavillon allemand de l'Expo 1967 à Montréal. Pour des piscines et des théâtres de plein air, Otto inventa le toit transformable, amovible: un mélange composé d'une enveloppe d'étoffe avec un mât creux et d'une construction de filins d'acier qui, selon le temps, pouvait être fermé ou ouvert. On en trouve un exemple entre autres au théâtre en plein air de Bad Hersfeld (1968). Un nouvel objectif de développement résidait dans la tentative de rendre acceptables les conditions de travail et d'habitation dans des circonstances climatiques extrêmes. C'est ainsi que sont nés les projets d'une ville située sous une enveloppe pneumatique, la «Ville en Arctique» (1970/1971) et les «Ombres dans le désert» (1972). Divers grands bâtiments ont été construits en collaboration avec d'autres bureaux d'architectes. Avec Günter Behnisch et Cie, il a réalisé de 1968 à 1972 la toiture du terrain de sport principal du stade olympique de Munich.

Jacobus Johannes Pieter Oud 1890–1963

De 1904 à 1907, Oud fréquenta l'école des Arts et Métiers Quellinus à Amsterdam où il entra ensuite au bureau de Petrus J. H. Cuypers. Plus tard, il compléta sa formation à l'Ecole Nationale de Cours de Dessin d'Amsterdam et ensuite à l'Université Technique de Delft. Sur l'initiative d'Hendrik Petrus Berlage, il travailla chez Theodor Fischer à

Gustav Peichl

Munich avant de s'installer à son compte comme architecte en 1912 à Purmerend et plus tard à Leyde. Avec son ami, l'artiste et architecte Theo Van Doesburg, il créa en 1916 la maison Geus et fonda le groupe de travail «De Sphinx». En 1917, tous deux faisaient partie, comme Piet Mondrian, Vilmos Huszar et Antony Kok, des fondateurs du célèbre groupe d'artistes et de la revue «De Stijl», que Oud devait cependant quitter dès 1920 en raison de ses divergences d'idées avec Van Doesburg. On put observer des tentatives de mettre en pratique la théorie de «De Stijl», par exemple, dans le projet des maisons mitoyennes de Scheveningen (1917) et dans le café, maintenant détruit, «De Unie» à Rotterdam (1924/1925). En 1918, Oud fut nommé architecte municipal de Rotterdam et réalisa de vastes projets tels que celui des lotissements Oud-Mathenesse comprenant 343 unités d'habitation sur un plan en triangle équilatéral et celui de De Kiefhoek, ainsi que le complexe d'habitation situé à Hoek van Holland (1924–1927). Ses maisons mitoyennes du lotissement Weißenhof à Stuttgart (1927) firent partie des constructions qui furent particulièrement remarquées par les spécialistes en raison de la solidité de leur réalisation. Après cela, le silence se fit autour de Oud, et il refusa une chaire de professeur à Harvard. Au lieu de cela, c'est Gropius qui reprit la chaire à Cambridge. Le bâtiment Shell à La Haye (1938–1942) qu'il fit ériger après une longue période sans commandes, ne prolonge plus la ligne de clarté de ses anciens travaux.

Gustav Peichl *1928

Peichl a été élève à l'Ecole nationale des Arts et Métiers de Vienne-Mödling ainsi qu'à l'Ecole fédérale des Arts et Métiers de Linz avant de faire des études d'architecture, jusqu'en 1953, chez Clemens Holzmeister à l'Académie viennoise des Beaux-Arts. Avant d'ouvrir son propre bureau d'architectes en 1956, il a travaillé chez Roland Rainer. Parmi les premiers travaux de Peichl, on compte l'école avec cour intérieure Krim à Vienne (1962–1963), une construction en béton brut de décoffrage avec des pentures de fenêtres extrêmement étendues à l'horizontale, ainsi que le couvent des sœurs dominicaines construit de manière analogue de 1963 à 1965 à Hacking. Il a élaboré le centre de rééducation pour personnes ayant subi des traumatismes crâniens de Meidling (1965–1967) à partir d'un plan en forme d'étoile avec des terrasses rectangulaires en porte-à-faux. Là encore, Peichl a utilisé principalement le béton brut de décoffrage. Dans la Diesterweggasse à Vienne, il a réalisé de 1969 à 1978 un complexe scolaire composé d'éléments de construction fabriqués en série. En 1969 également, il a remporté le concours concernant les studios de la Radio autrichienne (ORF) dont la réalisation lui a permis de devenir célèbre sur le plan international. Jusqu'en 1982, il a pu faire construire six complexes développés à partir du même type de base, à Linz, Salzbourg, Innsbruck, Dornbirn, Graz et Eisenstadt, dont la forme est directement fixée par les phases de production. Ces bâtiments construits pour la majorité à partir d'éléments préfabriqués peuvent ainsi être complétés sans difficultés. De 1973 à 1995 Peichl a enseigné à l'Académie des Beaux-Arts de Vienne. La station d'émission de Aflenz (1976–1980) a été en grande partie placée sous terre, et ce sont des incisions circulaires réalisées dans la terre qui permettent de réaliser un éclairage des salles de travail. Dans le cadre de l'exposition internationale du Bâtiment de Berlin, Peichl a présenté un projet concernant une centrale d'élimination de phosphates à Berlin-Tegel (1979–1985). Avec les complexes de la Bundeskunsthalle de Bonn (1986–1992) et de l'extension du Städel Museum de Francfort (1987–1990), nous avons affaire à des formes closes et compactes auxquelles ont été ajoutés des ingrédients moins austères comme des calottes côniques poour faire passer la lumière et de petites salles hypostyles. Des façades en pierre de taille blanche et un toit de cuivre caractérisent cette discrète extension du musée, qu'un pont relie au bâtiment principal de style néoclassique.

Auguste Perret 1874–1954

Perret fréquenta l'Ecole des Beaux-Arts de Paris avant de fonder en 1905 l'entreprise de constructions Perret Frères Entrepreneurs avec ses frères Gustave et Claude. Sa première œuvre importante fut l'immeuble parisien de la rue Franklin (1903), la charpente de construction était en béton armé et le revêtement décoratif de carreaux présentait un motif fleuri. Il utilisa également une construction avec charpente et de grandes surfaces de verre pour la réalisation de son objet suivant, le garage de la rue Ponthieu (1905). Il faut mentionner en outre le Théâtre des Champs-Elysées à Paris (1911–1913), conçu à l'origine par Henry Van De Velde, et qui, avec des arcs de 20 mètres de large, recouvrait l'atelier du couturier Esder (1919). Il réalisa les murs extérieurs de l'église

Notre-Dame du Raincy à Paris (1922/1923) à l'aide d'éléments de béton préfabriqués avec des grilles de fenêtres filigranes. Il participa ensuite aux projets du concours concernant le Palais genevois de la Société des Nations (1927) et du Palais des Soviets à Moscou (1931) et fit ériger le Musée des Travaux Publics (1937) avec un escalier suspendu ondulé. Pendant les années d'après-guerre, il s'occupa surtout de la reconstruction du Havre. C'est également dans cette ville que se trouve le dernier ouvrage de Perret, l'église Saint-Joseph, une construction à plan central.

Hans Poelzig 1869–1936

Pendant ses études à l'Université Technique de Berlin-Charlottenburg, Poelzig travaillait déjà au bureau de construction de Hugo Hartung. Après ses derniers examens en 1899, il entra à l'Office Prussien de l'urbanisme. Un an plus tard, il fut nommé professeur de stylistique à l'Ecole des Arts et Métiers de Breslau dont il fut le directeur de 1903 à 1916. Dès 1911, il construisit là-bas une maison commerciale dont l'organisation était étonnamment claire. L'angle donnant sur le carrefour de la rue était arrondi, les pentures de fenêtres se poursuivaient sans interruption: un prototype de grande construction réalisée à l'intérieur de la ville. La même année, il fit transformer un château d'eau pour Poznan en une halle de marché construite sur un plan à seize côtés. Des coupoles aplaties caractérisaient ses vastes constructions pour l'exposition de Breslau en 1913. En 1916, Poelzig quitta son poste pour aller s'installer à Dresde en tant que conseiller de l'urbanisme municipal et professeur à l'Université Technique. Parmi ses plus brillantes réalisations, il faut citer la transformation des vieilles halles du marché berlinois utilisées par le cirque Schuhmann pour en faire le grand théâtre de Max Reinhardt. A partir de 1920, il enseigna à l'Académie Prussienne des Beaux-Arts et après 1924, parallèlement, à l'Université Technique de Berlin-Charlottenburg. En 1924, il fit ériger le cinéma berlinois «Capitol» et à la fin des années vingt, en collaboration avec Martin Wagner, il aménagea le nouveau parc des expositions et la nouvelle maison de la radio située en face. C'est à peu près à la même époque que l'immense complexe administratif de IG Farben a été construit à Francfort. Vers le milieu des années trente, il a réalisé quelques projets en Turquie. Il est décédé avant d'avoir pu émigrer, comme il l'avait prévu, à Ankara, pour y occuper une chaire de professeur à l'université de cette ville.

Gerrit Rietveld

Gerrit Thomas Rietveld 1888–1964

Rietveld a d'abord effectué un apprentissage à l'atelier de menuiserie de son père à Utrecht avant de trouver une place de dessinateur chez un bijoutier. A côté de cela, il continua à s'instruire grâce à des cours du soir chez P. J. C. Klaarhammer, un architecte faisant partie des proches de Berlage. En 1917, il s'installa à son compte en ouvrant une ébénisterie et expérimenta de nouvelles formes de meubles. Par l'intermédiaire de Robert Van't Hoff, il entra en contact avec le mouvement «De Stijl» dont il resta membre jusqu'à sa dissolution en 1931. Sa chaise «Rot-Blau» de 1918 fut célébrée par le groupe comme un manifeste. Avec la maison Schröder à Utrecht (1924) – sa première commande en qualité d'architecte –, il parvint à réaliser la seule application convaincante des principes de création revendiqués par le groupe De Stijl. A partir de dalles de béton préfabriquées entourées de cadres en acier de couleur, il construisit en 1927 et 1928 à Utrecht une maison cubique servant de garage et d'abri pour chauffeurs. En 1928, il faisait partie des membres fondateurs de la CIAM. Pendant les années qui suivirent, il put réaliser quelques bâtiments d'habitation et exposa une maison mitoyenne pour quatre familles à l'exposition du Werkbund à Vienne en 1932. Il faut également évoquer le cinéma Vreeburg réalisé en 1936 à Utrecht. Parmi ses œuvres tardives, on peut également citer la maison Stoop de Velp (1951), le pavillon hollandais créé pour la Biennale de 1954 à Venise, le pavillon des sculptures reconstruit en 1965 à Otterlo dans le Parc Sonsbeek à Arnheim (1954) et une école à Badhoevedorp (1958–1965). La dernière œuvre d'importance de Rietveld est le musée Van Gogh à Amsterdam (1963–1972), achevé par son collaborateur J. Van Tricht.

Kevin Eamonn Roche *1922

Roche a fait des études jusqu'en 1945 à la faculté d'architecture de la National University of Ireland à Dublin. C'est chez Michael Scott and Partners, à Dublin, ainsi que dans les bureaux londoniens de Maxwell Fry et Jane Drew qu'il a acquis de l'expérience. En 1948, il est parti aux Etats-Unis pour travailler à l'Illinois Institute of Technology (1948/1949) et au bureau de planification de l'ONU (1949). Ensuite, Roche a travaillé de 1950 à 1954 chez Eero Saarinen and Associates à Bloomfield Hills, Michigan, dans le département de planification, qu'il devait diriger de 1954 à 1961. Après le décès de Saarinen en 1961, il a continué à diriger le bureau avec John Dinkeloo à Hamden, Connecticut, et s'est efforcé d'achever les travaux commencés par Saarinen. De 1961 à 1968, ils ont donné jour à un complexe de terrasses en béton, en partie enterrées, pour le Oakland Museum à Oakland, Californie. Des plantes foisonnent dans la cour de verre sur douze étages du bâtiment administratif de la Ford Foundatian de New York (1963–1968). Il faut en outre mentionner le Fine Arts Center de la University of Massachusetts à Amherst (1964–1974), un arrangement stéréométrique de compartiments de béton ayant en partie la forme de ponts qui se reflètent dans un lac, ainsi que la tour-bastion «Knights of Columbus» à New Haven, Connecticut (1965–1969). De 1966 à 1972, Kevin Roche John Dinkeloo and Associates ont réalisé le Aetna Life and Casualty Computer Building à Hartfort, Connecticut, en même temps que les bâtiments pyramidaux de verre et de béton du siège principal du College Life Insurance Company of America à Indianapolis, Indiana (1967–1971), ainsi que le bâtiment destiné à agrandir le Metropolitan Museum of Art de New York (1967–1985). Le complexe blanc, comprenant deux ailes, de la General Foods Corporation à Rye, New York (1977–1982), se dédouble grâce à son reflet renvoyé par un plan d'eau aménagé artificiellement, et le ciel se mire dans les nombreux murs en miroirs. Depuis la mort de Dinkeloo en 1981, Roche continue à diriger le bureau seul.

John Dinkeloo
Kevin Roche

Richard Rogers *1933

Rogers a fait ses études à l'Architectural Association School de Londres et à la Yale University de New Haven, Connecticut, sous la direction de Serge Chermayeff. En 1963, il fondait Team 4 avec sa femme Su et les époux Foster, entreprise dont la plus importante construction industrielle devait être la Reliance Control Factory à Swindon, Wiltshire (1967). La même année, il représentait pour la deuxième fois les architectes britanniques à la Biennale de Paris. A côté de cela, Rogers a été enseignant à Cambridge ainsi qu'à la Architectural Association School et à l'Institut Polytechnique de Londres. A la fin des années soixante, il a conçu, en collaboration avec sa femme, une maison légère et flexible en éléments d'anneaux de plastique, maison qu'il devait perfectionner en 1971 sous le titre de «Zip-up». En même temps, on a vu apparaître sa propre maison à Wimbledon (1968/1969), composée de cadres d'acier laqués avec des remplissages de plastique. Outre ses activités d'enseignant à la Yale University, au Massachusetts Institute of Technology et à la Princeton University, il a commencé à travailler en 1969 avec Renzo Piano à divers projets, qui ne devaient cependant pas être réalisés. En 1971, tous deux ont remporté le concours du Centre National d'Arts et de Culture Georges Pompidou à Paris (1971–1977). L'aspect extérieur de ce complexe de six étages est tout entier déterminé par une technique apparente comme par exemple les treillis, les conduites d'alimentation aux couleurs vives et les boyaux de circulation transparents. Après s'être séparé de Piano en 1977, Rogers a de nouveau installé son bureau à Londres, où il a réalisé le gigantesque complexe de tours pour Lloyd's (1979–1986). Parallèlement à cela, on a assisté à la construction de la Inmos Microprocessor Factory à Newport Swent, Pays de Galles du sud, du complexe des PA Technology Laboratories and Corporate Facility à Princeton, New Jersey, ainsi que des bâtiments du PA Technology Cambridge Laboratory à Cambridge, qui ont été réalisés en trois phases entre 1975 et 1983. Parmi les projets suivants de Rogers figurent la Cour de Justice Européenne des Droits de l'Homme de Strasbourg, France (1989–1995), et le palais de justice de Bordeaux, France (1993–1998). Derrière la longue façade vitrée surgissent des cônes fermés et couverts d'un revêtement de cèdre qui trouent le toit ondulé, et dans lesquels se trouvent les salles d'audience. Rogers a construit tout récemment le Millenium Dome de Greenwich, Grande-Bretagne (2000), dont le toit en textile est soutenu par des supports en treillis.

Aldo Rossi 1931–1997

Rossi a fait ses études à l'Institut Polytechnique de Milan jusqu'en 1959 pour ensuite travailler pour les revues «Casabella-continuità» et «Il Contemporaneo». Au début des années soixante, il a réalisé des plans pour l'assainissement urbain du quartier de Milan situé autour de la Via Sarini

Aldo Rossi

et pour un centre commercial à Turin (1962). Ces dessins annoncent déjà le langage architectonique de Rossi qui se réduit aux formes de base. En 1963, il est devenu l'assistant de Lodovico Queroni à l'Ecole d'urbanisme d'Arezzo et dans le département d'architecture de l'Université de Venise auprès de Carlo Aymonino. En collaboration avec Luca Meda, il s'est chargé en 1964 de la planifaction de la 13e Triennale de Milan et a érigé un pont d'accès en deux parties présentant une coupe triangulaire. On voit apparaître un motif analogue sur la Fontaine du Souvenir située sur la place de l'Hôtel de Ville à Segrate (1965). L'ombre et la lumière jouent à cet égard un rôle déterminant dans l'idée que se fait Rossi de la construction. Il a consigné ses réflexions sur l'architecture dans l'ouvrage, paru en 1966, «L'Architettura della Città". En 1969, il a été nommé professeur à l'Institut Polytechnique de Milan et a commencé à développer les plans d'un bloc d'habitation à quatre étages dans le quartier Gallarate. Dans ce bloc, qui fut terminé en 1973, les colonnades continues et les fenêtres disposées en quadrillage rappellent la peinture de Chirico. En 1971, il a gagné, avec Gianni Braghieri, le concours national du cimetière de San Cataldo à Modène, cimetière que l'on a commencé à construire à partir de 1980. En 1972, il a obtenu une chaire de professeur à l'Université Technique Fédérale de Zurich où il a enseigné pendant trois ans. La même année, il a été nommé directeur du département international d'architecture de la Triennale de Milan. Rossi a réalisé l'école de Broni, Italie (1979–1982), et pour la Biennale de Venise en 1980, il a construit un «Teatro del Mondo» flottant, ressemblant à une tour, consistant en une construction de tuyaux de fer avec une enveloppe de bois. Il a participé à l'exposition internationale du Bâtiment de Berlin en 1984 en présentant un bloc d'habitation situé dans le sud de la Friedrichstadt et a aussi remporté le concours du projet du Deutsches Historisches Museum à Berlin. Des projets particulièrement réussis de ces dernies années sont le théâtre Carlo Felice de Gênes, Italie (1983–1991), dont les formes néoclassiques et l'importance de la couleur comme élément de composition s'intègrent dans le paysage architectural environnant, et le musée Bonnefanten de Maastricht, Pays-Bas (1990–1994). Là, l'aménagement symétrique de brique et de calcaire entoure un corps de bâtiment couvert d'un revêtement de zinc et terminé par un dôme, partie qui domine l'édifice du musée dont l'agencement intérieur se caractérise par la clarté des formes et la sobriété des détails.

Paul Marvin Rudolph *1918

Rudolph a commencé par fréquenter le Alabama Polytechnic Institute à Auburn pour ensuite faire des études chez Walter Gropius et Marcel Breuer à la Harvard University de Cambridge, avant de s'associer avec Ralph Twitchell à Sarasota, Floride. C'est de cette époque que date le Healy Beach Cottage de Sarasota, Floride (1948–1950), construction portée par des piliers bas et dont une façade surplombe en partie une rivière. Peu de temps après la fondation de son propre bureau (1952), il s'est détaché de la rigoureuse tradition du Bauhaus et a cherché des chemins expressifs. Avec la Sarasota High School à Sarasota (1958/1959) ainsi que le Art and Architecture Building en compartiments verticaux de la Yale University à New Haven, Connecticut (1958–1964), on a vu apparaître des constructions de béton vivement controversées. L'ambivalence de cette architecture se fait jour dans la Milam House qui produit un effet aéré, généreux, à Jacksonville Beach, Floride (1960–1962), avec un système de cadres saillant de la façade, et dans l'immense et menaçant garage, conçu au même moment, de la Temple Street à New Haven. A partir de 1958, Rudolph a pris la direction de la faculté d'architecture de la Yale University, puis est parti pour New York en 1965. Dans le State Service Center du centre gouvernemental de Boston, il a entouré le patio public de complexes en terrasses (1967–1972). Par la suite, des projets d'urbanisme et le travail sur des systèmes modulaires sont devenus sa préoccupation principale.

Eero Saarinen 1910–1961

Le Finlandais Saarinen avait émigré en 1923 avec sa famille en Amérique. En 1929, il avait commencé des études de sculpture à l'Académie parisienne de la Grande Chaumière (1929/1930), de 1930 à 1934, il devait faire des études d'architecture à la Yale University de New Haven, Connecticut. Après cela, il se mit à travailler dans le bureau d'architectes de son père Eliel Saarinen à Ann Arbor dont il devint, en 1941, l'associé avec J. Robert Swanson. En 1950, il ouvrit son propre bureau à Birmingham. En 1948, il reçut le premier témoignage important de la reconnaissance publique: il remporta le concours du Jefferson National Expansion Memorial près de St. Louis, concours auquel son père avait également participé. Cet arc para-

Eero Saarinen und Charles Eames

bolique de béton revêtu d'acier inoxydable et haut de 192 mètres ne fut cependant construit qu'en 1963, après la mort de Saarinen. Partant de cubes d'acier et de verre aux lignes droites, comme pour le General Motors Technical Center à Warren, Michigan (1949–1956), Saarinen développa des formes très expressives. C'est ainsi que le Kresge Auditorium près de l'Institute of Technology de Cambridge, Massachusetts (1953–1955), fut coiffé d'un toit composé de coques de béton ayant la forme de triangles sphériquement voûtés, et la chapelle de l'institut d'un cylindre de briques. Parmi les travaux les plus importants issus du bureau de Saarinen, on compte en outre la halle de hockey sur glace David-S.-Ingalls de la Yale University à New Haven, Connecticut (1953–1959), le Terminal Trans World Airlines de l'aéroport John-F-Kennedy à New York (1956–1962), le toit suspendu du Dulles International Airport à Washington D. C. (1958–1962), et le John Deere and Company Administration Center à Moline, Illinois (1957–1963). Après la mort de Saarinen, ses collaborateurs John Dinkeloo et Kevin Roche s'efforcèrent d'achever les travaux qu'il avait commencés.

Carlo Scarpa 1906–1978

Scarpa fit des études jusqu'en 1926 à l'Académie des Beaux-Arts de Venise tout en travaillant pour le bureau de Vincenzo Rinaldo, avant d'être embauché comme assistant à l'Instituto Universitario di Architettura nouvellement fondé, auprès de Guido Cirilli. Pendant plus de trente ans, Scarpa ne devait pas cesser de travailler comme créateur pour la Biennale de Venise. Il faut citer entre autres l'aménagement de l'exposition «Paul Klee» en 1948 et le pavillon pour l'exposition du livre d'art en 1950. Il réalisa de 1955 à 1961 la maison Veritti à Udine. La restructuration du Museo Correr (1953–1960) et celle du palais «La Foscari» (1954–1956), tous deux à Venise, éveillèrent davantage d'intérêt. Parallèlement, il fit ériger, en collaboration avec Ignazio Gardella et Giovanni Michelucci, les six premières salles de la Galerie des Uffizi à Florence (1954–1956) et fit les plans du bâtiment d'agrandissement du musée du plâtre à Possagno (1955–1957). Afin d'atteindre une mise en scène des sculptures produisant le plus d'effet possible, Scarpa élabora un éclairage sophistiqué produit par des ouvertures de fenêtres, des incisions et conduits de lumière inhabituels. Après cela, il décora la salle d'exposition et de vente de l'entreprise Olivetti (1957/1958) à Venise, sa ville natale. En 1962, il fut nommé chargé de cours d'architecture-décoration. Deux ans plus tard, les travaux de transformation du musée Castelvecchio à Vérone furent achevés. Après des voyages aux Etats-Unis et au Japon, il fit les plans d'un cimetière près de Treviso comprenant des caveaux familiaux sur commande de Rino Brion. En 1972, il devint directeur de l'Instituto Universitario di Architettura à Venise, où il devait enseigner jusqu'en 1977. Son dernier ouvrage important, la Banca Populare di Verona, a été commencé en 1973 avec la participation d'Arrigo Rudi, qui acheva la construction en 1980.

Hans Scharoun 1893–1972

Scharoun a fait des études à l'Université Technique de Berlin de 1912 à 1914. C'est là qu'il a fait la connaissance de l'assistant Paul Kruchen qui dirigeait parallèlement un bureau d'architectes, bureau où Scharoun put également travailler. Sur l'initiative de Kruchen, il collabora de 1915 à 1918 auprès du Commando de Construction Militaire à la reconstruction de la Prusse orientale pour ensuite devenir vice-directeur à l'Office Conseiller pour la construction à Insterburg. Finalement, il reprit de 1919 à 1925 en tant qu'architecte à son compte le bureau de Kruchen qui s'y trouvait et réalisa quelques maisons, quelques transformations et le lotissement Kamswyken (1920), appelé «Die Bunte Reihe» («La rangée multicolore»). Parallèlement, il fut à l'origine de nombreux projets destinés à des concours, comme par exemple la tour de la Friedrichstraße à Berlin (1922). Scharoun était aussi membre du groupe «Gläserne Kette» créé par Bruno Taut et réalisa des croquis – comme Taut – de fantaisies architectoniques utopiques. De 1925 à 1932, il enseigna à l'Académie nationale de Breslau et devint en 1926 membre de l'association d'architectes «Der Ring». En 1927, il participa à l'aménagement du lotissement de Weißenhof à Stuttgart en créant une maison individuelle et en 1929, il réalisa un foyer pour l'Exposition du Werkbund à Breslau. A Berlin, il travailla à une série de bâtiments résidentiels et fut également à l'origine du plan topologique du lotissement Siemensstadt (1929/1930). Sa propre participation à ce grand projet fut des maisons dans le Jungfernheideweg et dans la Mackeritzstraße. A partir de 1932, il entretint son propre bureau à Berlin. Parmi ses constructions les plus réussies, on compte les élégantes villas des années trente: la maison Schminke à Lobau (1933), la maison Mattern à

Bornim (1934), la maison du Dr Baensch à Berlin-Spandau (1935) ainsi que la maison Moll à Berlin (1937). Après la guerre, Scharoun devint directeur de l'Office de la construction et de l'habitat à Berlin et élabora, avec l'aide d'un groupe d'architectes, un plan de reconstruction, appelé «Kollektivplan» (1946). La même année, il fut chargé d'une chaire de professeur de construction urbaine à l'Université Technique de Berlin où il enseigna jusqu'en 1958. En outre, il dirigea de 1947 à 1950 l'Institut du bâtiment de l'Académie Allemande des Sciences de Berlin-Est. Son idée consistant à répartir les bâtiments scolaires selon les tranches d'âges fut réalisée au Lycée Geschwister Scholl à Lunen (1956–1962). Parallèlement à cela, il développa l'une de ses œuvres les plus importantes, la Philharmonie de Berlin (1956–1963). Dans les années soixante- dix, il réalisa d'autres travaux qui attirèrent l'attention tels que l'Ambassade à Brasilia (1970), le théâtre municipal à Wolfsburg (1965–1973) et la Bibliothèque nationale du Patrimoine Prussien à Berlin (1964–1978) que son partenaire Edgar Wisniewski devait achever.

Rudolf Michael Schindler 1887–1953

Schindler commença en 1906 des études à l'Université Technique de Vienne et y obtint son diplôme d'ingénieur des travaux publics en 1911. Il continua sa formation en entrant comme élève de Otto Wagner à l'Académie des Beaux-Arts de Vienne. En 1913, il était membre de l'Ecole du bâtiment de Adolf Loos. Ensuite, il se rendit à Chicago où il trouva un emploi de dessinateur auprès de l'entreprise Henry A. Ottenheimer, Stern et Reichert. A partir de 1917, il travailla pour Frank Lloyd Wright, surtout sur le projet du Imperial Hotel à Tokyo. Sur la demande de ce dernier, il partit en 1920 pour Los Angeles, prit en main la direction de la construction de la maison Barnsdall et ouvrit là-bas, en 1921, son propre bureau. Parmi ses premières commandes, on put voir en 1923 l'immeuble destiné à C. P. Lawes près de Eagle Rock à Los Angeles, en 1924 la maison pour John Packard à South Pasadena et le lotissement de vacances Pueblo Ribera Court à La Jolla – une construction de béton avec enveloppe glissante –, qui fut construit de 1923 à 1925. En compagnie de Richard Neutra, qu'il connaissait déjà depuis 1912, il fonda en 1926 le groupe de travail «Architectural Group for Industry and Commerce» (AGIC). L'une de ses maisons d'habitation les plus importantes datant de cette époque est la maison de vacances pour Philip M. Lovell sur la plage de Newport (1925/1926), une construction en béton armé avec cadre comprenant de généreuses surfaces vitrées. En 1933, il élabora un plan sous le nom de «Schindler Shelter» concernant des maisons préfabriquées en béton armé. Au cours des années qui suivirent, il fit construire de nombreux immeubles, notamment à Los Angeles: la plupart de ces constructions se composaient de bois recouvert de crépi. Ce «Plaster Skin Design» était meilleur marché qu'une construction de béton et reprenait la tradition américaine consistant à construire des maisons de bois. Plus tard, Schindler réalisa également la construction d'immeubles pour plusieurs familles, tels que l'immeuble destiné à A. Bubeshko (1938) et les Falk Apartments (1939/1940). Schindler participa en outre à de nombreuses expositions contemporaines comme par exemple au projet «Contemporary Creative Architecture of California» en 1930 à Los Angeles. Parallèlement, il écrivit de nombreux articles dans lesquels il exposa sa conception de l'architecture. Son traité fondamental «Space Architecture» fut publié pour la première fois en 1934.

Carlo Scarpa

Vladimir Grigorevitch Schuchov 1853–1939

Schuchov fit des études d'ingénieur de 1871 à 1876 à l'Institut polytechnique de Moscou. Ensuite, il partit pour les Etats-Unis où il fit la connaissance de son futur employeur Alexander V Bari. Après son retour, Schuchov travailla à St Petersbourg à un projet de halles pour locomotives et à partir de 1878, il participa pendant deux ans, sur commande de Bari, au projet d'installations de pipelines à Baku. En 1880, il devint ingénieur-en-chef au bureau moscovite de Bari et développa en 1886 un nouveau système d'alimentation en eau pour Moscou. Pour l'agrandissement du réseau de chemin de fer russe, Schuchov construisit, à partir de 1892, des ponts particulièrement légers et économes en matériaux à l'aide d'éléments en partie préfabriqués. C'est à peu près au même moment qu'il s'intéressa à la construction de nouveaux toits tels que celui de la galerie Petrovskij, une construction d'arcs avec des voûtes de verre, ou la galerie du grand magasin GUM, toutes deux à Moscou. Ses toits en filet qui furent brevetés en 1895 furent présentés pour la première fois en 1896 lors de l'exposition de toutes les Russies à Nijni-Novgorod, le Gorki actuel. De plus, il réalisa un nouveau type de construction en faisant ériger, pour l'alimentation en eau, une tour d'environ 25 mètres et ressemblant à un filet hy-

Hans Scharoun

perbolique de baguettes de fer se croisant entre elles. A la suite de cela, il réalisa en 1897 un atelier pour l'usine sidérurgique de Vyksa avec un voligeage grillagé ondulé. L'une de ses tours les plus importantes fut le phare de Chersson, en mer Noire (1911), de 68 mètres de haut, qui devait être détruit pendant la guerre. En 1912, il munit la salle des guichets de la poste principale de Moscou d'un toit de verre. Sur la base des plans de Rerberg, il réalisa, de 1912 à 1917, le hall de la Gare de Kiev à Moscou mesurant 230 mètres de longueur, 30 de hauteur et 48 de largeur. Après la mort de Bari et au cours des années de révolution, Schuchov, alors devenu directeur de l'entreprise désormais nationalisée, fut chargé de la construction d'une tour d'émission pour la station de radio Komintern Sabolovka de Moscou (1919–1922). En raison de la pénurie d'acier, cette tour filigrane, qui devait à l'origine mesurer 350 mètres de hauteur et s'élever sur six hyperboloïdes placées les unes sur les autres, ne put être réalisée que dans une version réduite (150 mètres). Il continua par la suite à appliquer les méthodes de construction développées à cet effet pour de nombreux mâts électriques qui sont d'ailleurs encore intacts aujourd'hui.

SITE/James Wines *1932

Wines a poursuivi ses études à la Syracuse University de Chicago et a travaillé de 1955 à 1968 comme sculpteur avant de fonder en 1970 avec Alison Sky l'organisation multidisciplinaire SITE (Sculpture in the Environment) à New York, organisation à laquelle Michelle Stone et Emilio Sousa devaient se rattacher. L'objectif de cette collaboration est de relier l'art et l'architecture en cette unité pour laquelle Wines a créé le terme de «Dearchitecture». Depuis 1975, il est professeur à la New Jersey School of Architecture à New York. Ce groupe a eu l'occasion de mettre en pratique un grand nombre d'idées architectoniques en faveur de l'entreprise commerciale Best Products, et c'est ainsi qu'il a acquis sa célébrité internationale. Des détails étranges produisent, au premier abord, un effet de choc sur l'observateur et sont censés ainsi stimuler une autre façon de voir, comme c'est le cas par exemple du bâtiment du «Peeling Projects» à Richmond, Virginie (1972), où une façade de briques s'épluche optiquement du fond alors que la «Indeterminate Facade» de la salle des ventes de Houston (1974) a un aspect brisé, se désagrégeant comme une ruine après un bombardement. Dans le Notch Showroom (lieu d'exposition) de l'Arden Fair Shopping Center de Sacramento, Californie (1977), un plafond détaché, monté sur des rails et sorti fait office d'entrée. Une plus grande désintégration du corps de construction comme dans «Parking Lot Showroom», où une couche d'asphalte recouvrant le bâtiment interprète la halle des ventes comme une victime du parking, ne pouvait cependant plus être comprise par le commettant. Pourtant, l'idée de base réapparaît dans le «Ghost Parking Lot» de Hamden, Connecticut (1978), où une rangée d'environ vingt voitures est recouverte d'une couche d'asphalte, de sorte que ces objets quotidiens sont transformés en objets archéologiques trouvés, de notre ère. «Highrise of Houses» (1981) est un projet qui, pour gagner de la place, propose d'abriter des maisons avec un petit bout de jardin dans l'ossature d'un building. A l'occasion de l'exposition universelle de 1986 à Vancouver, Canada, l'équipe a commenté le thème de l'exposition qui était «Transport et communication» à l'aide d'une route ondulée à quatre voies longue de 217 mètres, nommée «Highway '86» qui, équipée de véhicules complètement peints en blanc, se précipitait dans la mer d'un côté et de l'autre, était abruptement interrompue et s'élevait vers le ciel.

Skidmore, Owings & Merrill (SOM)

Louis Skidmore (1897–1962) et Nathaniel Owings (1903–1984) ouvrirent en 1936 un bureau d'architectes à Chicago qui fut agrandi dès 1937 par une filiale à New York. John Merrill (1896–1975) fut associé à l'entreprise en 1939, entreprise qui travaillait à cette époque à la réalisation de nombreux pavillons pour l'exposition universelle de New York. Avec le bâtiment administratif sur vingt-et-un étages Lever House à New York (1951/1952), une tranche de tour placée sur un socle plat, on a vu apparaître un nouveau prototype du bâtiment commercial en centre-ville. En revanche, la Connecticut General Life Insurance Company à Bloomfield (1957) a été réalisée dans une sorte de parc et avait la forme d'un bâtiment cubique peu élevé et transparent. Cette forme de construction a été notamment utilisée pour la Upjohn Company à Kalamazoo, Michigan (1961). Le bâtiment de la Business Men's Assurance Co. of America à Kansas City, Missouri (1963), a constitué un pas en avant déterminant dans le développement de la construction de charpente, avec ses quadrillages de construction en acier mis en valeur, éclipsant l'enveloppe de verre. A côté de cela, le Bureau Skidmore, Owings & Merrill a élaboré de nouvelles méthodes de construction, par exemple la dite «construction en tubes» de Fazlur Kahn. Les éléments portants d'un gratte-ciel ont été étirés en diagonale à l'extérieur, de sorte qu'à coûts égaux, il a été possible de construire des bâtiments considérablement plus élevés, comme par exemple 340 mètres dans le cas du John Hancock Center à Chicago (1970). Les 450 mètres de la Sears Tower de Chicago (1974) ont pu être atteints grâce à un «faisceau» de neuf fûts de hauteurs différentes. Remarquables constructions à cour intérieure dont les toits servent en même temps d'espace vert, le Fourth Financial Center à Wichita, Kansas, et le First Wisconsin Plaza Building à Madison, Wisconsin, ont été construits en 1974, et le 33 West Monroe Building à Chicago en 1982. SOM a élaboré un type de gratte-ciel adapté à des conditions climatiques extrêmes pour la National Commercial Bank à Djedda, Arabie Saoudite (1982). Le bâtiment AT&T à Chicago (1986–1989) a recours à l'architecture ornementale d'un Chrysler Building ou d'un Empire State Building.

James Stirling 1926–1992

Stirling a fait des études d'architecture à l'Université de Liverpool de 1945 à 1950. Ensuite, il a été élève à la School of Town Planning and Regional Research de Londres jusqu'en 1952 et a été, de 1953 à 1956, assistant chez Lyons, Israel et Ellis. C'est là qu'il a fait la connaissance de James Gowan avec lequel il devait ouvrir un bureau en 1956 et faire les plans du département d'ingénieurs de l'Université de Leicester (1959–1963). Au début des années soixante, il fut professeur invité à la Yale University. Après 1963, il a continué à diriger son bureau seul. Les œuvres importantes qu'il a réalisées au cours des années suivantes sont le département des Sciences de l'Histoire de l'Université de Cambridge (1964–1967), le foyer d'étudiants construit au même moment de l'Université de St Andrews (1964–1968), le projet du bâtiment administratif principal Dorman Long à Middlesborough (1965), le Queen's College à Oxford (1966– 1971) groupé autour d'une cour hexagonale, le lotissement d'habitation assez peu rentable de Runcorn New Town (1967–1976) ainsi que le centre de formation de l'entreprise Olivetti à Haslemere (1969–1972), un complexe comprenant deux ailes composées d'éléments de plastique aux couleurs pastel et renforcés de fibres de verre, reliées entre elles par une construction vitrifiée. En 1971, Stirling a pris Michael Wilford comme associé dans son bureau. Ensemble, ils ont réalisé le bâtiment administratif principal de l'entreprise Olivetti à Milton Keynes. Pour les constructions de H. L. M. à Southgate (1972–1977), Stirling a installé les uns à côté des autres des conteneurs d'habitation colorés au revêtement de plastique et des fenêtres en œil-de-bœuf. L'agrandissement de la Staatsgalerie de Stuttgart et la nouvelle construction en annexe du théâtre du Württembergisches Staatstheater de 1977 à 1984 sont deux des équipements culturels les plus courageux d'Allemagne. Après une période de dix ans pendant laquelle il n'a plus construit qu'à l'étranger comme beaucoup de ses collègues britanniques, il a été chargé de la réalisation des travaux d'agrandissement de la Tate Gallery à Londres (1980–1985). C'est à peu près à la même époque que furent réalisés le Performing Arts Center de la Cornell University d'Ithaca, New York (1983–1988), et le Wissenschaftszentrum (centre des sciences) de Berlin (1979–1988). Ce complexe dont la façade fait alterner des surfaces colorées saumon et bleu clair, se compose de quatre bâtiments disposés autour d'une cour intérieure centrale, et qui prennent la forme d'un amphithéâtre, d'une église, d'une forteresse et d'un campanile.

Rudolf Michael Schindler

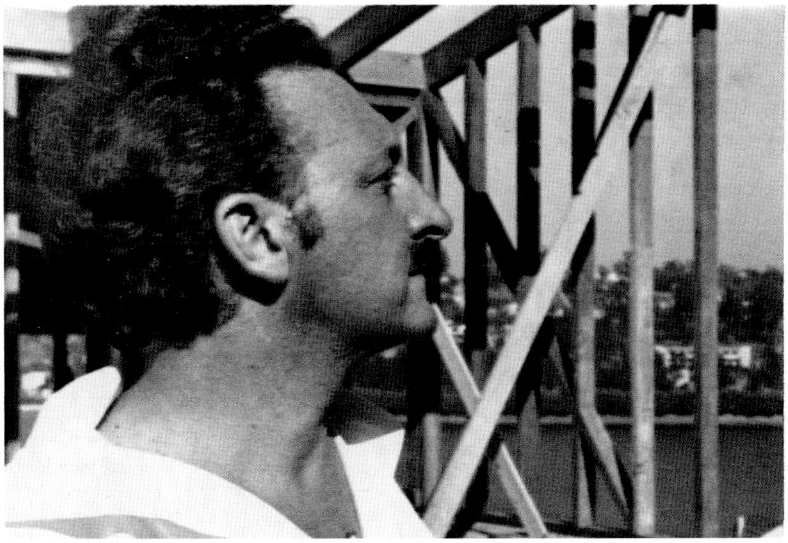

Louis Henry Sullivan 1856–1924

Après des études d'un an à l'Institute of Technology de Cambridge, Sullivan fut employé à partir de 1873 au bureau de l'architecte William Le Baron Jenney à Chicago. De 1874 à 1876, il poursuivit sa formation à l'Ecole des Beaux-Arts et aux ateliers de Vaudremer à Paris. De retour aux Etats-Unis, il entra en 1879 dans l'entreprise de l'ingénieur Dankmar Adler avec lequel il devait ensuite, à partir de 1881, diriger le bureau sous le nom de Adler & Sullivan. Ensemble, ils construisirent l'Auditorium Building à Chicago (1886–1893), un bâtiment hébergeant un hôtel et des bureaux, ainsi qu'un théâtre pouvant accueillir environ 4000 spectateurs. Dès cette époque, on voit leur prédilection pour la solution consistant à réunir plusieurs étages par des piliers alignés, et se terminant par des arcs en plein cintre; de la même manière, également, on retrouve ce thème réalisé de façon plus simple et plus massive, dans la Walker Warehouse à Chicago (1888/1889). Il faut citer en outre, le Guaranty Building à Buffalo (1894–1896), le Bayard Building à New York (1897/1898) ainsi que le Gage Building à Chicago (1898/1899). Dans son article «Le grand bâtiment de bureaux sous l'aspect artistique» qui fut publié en 1896, il présenta son modèle de la tour fonctionnelle. Il était basé sur une séparation entre l'étage du socle, la tour composée selon un quadrillage et, au sommet, une corniche du toit; il fournissait les éléments nécessaires à un éloignement volontaire des compositions historiques de façades. En construisant le Schlesinger & Meyer Store à Chicago (1899–1904), l'actuel Carson Pirie Scott & Co., une construction-charpente de douze étages qui ne présente d'autres ornements que ceux sur les surfaces des deux étages inférieurs, Sullivan apporta sans doute sa plus grande contribution au développement du grand magasin. Les travaux les plus importants de la fin de sa vie sont la Farmers' National Bank à Owatonna, Minnesota (1907–1908), et le bâtiment du Van Allen Store à Clinton, Iowa (1913–1915). C'est au bureau de Sullivan que Frank Lloyd Wright recueillit ses premières expériences pratiques.

Kenzo Tange *1913

Tange a commencé ses études en 1935 à l'Université de Tokyo et a été décoré en 1938, lors de l'obtention de son diplôme, du prix Tatsuno. Il a fait ses premières expériences pratiques au bureau de Kunio Mayekawa, un ancien collaborateur de Le Corbusier. Après la guerre, il a travaillé en tant qu'architecte indépendant et a commencé à enseigner en 1946 à l'Université de Tokyo, parvenant à réaliser une union fructifiante entre sa chaire d'enseignement et son bureau privé. En 1949, il remporta le concours du Centre pour la paix à Hiroshima. En 1951, Tange a été invité à présenter ce projet au congrès du CIAM «Le centre urbain». De nombreuses constructions publiques ont suivi: la bibliothèque pour le Tsuda College de Tokyo (1953/1954), l'hôtel de ville de Shimizu à trois étages, construit pendant la même période, les hôtels de ville de Kurayoshi (1956) et Tokyo (1957), ainsi que le bâtiment administratif de la préfecture Kagawa à Takamatsu (1956–1958) composé de deux corps de construction. Ce qui caractérise de nombreuses constructions de Tange, c'est que des éléments de structure horizontaux et verticaux dominent l'ensemble. A côté de cela, il a pourtant créé aussi de nombreux bâtiments aux formes libres, comme par exemple les centres sportifs pour les Jeux Olympiques de Tokyo en 1964. Dans la composition des deux stades, de hauts piliers porteurs s'élèvent, à partir desquels les toits suspendus, soit en forme de spirale, soit bombés comme une tente retombent en un doux élan vers le bord de l'arène. Tange a surtout réalisé des travaux de recherche dans le domaine de l'urbanisme. Dès 1959, il s'est penché, dans le cadre d'une thèse, sur le «Nouvel ordre de la ville de Takyo» et a élaboré en 1960 un modèle d'agrandissement de la ville, au-dessus de la surface de l'eau de la baie. Le modèle ainsi utilisé de structures en forme de cellules aménagées par des voies d'accès et de branchement a également été utilisé pour les plans du centre de presse et de radio de Kofu (1964–1966). Avec ses corps de construction accrochés entre des cylindres de béton, on a considéré que ce modèle était une réalisatian flexible de l'école métabolistique. Plus tard, ses œuvres ont tout à fait perdu leur identité japonaise et se sont de plus en plus rapprochées de l'architecture de firme pratiquée au niveau international.

Bruno Taut 1880–1938

Jusqu'en 1901, Taut fut élève à la Baugewerksschule à Königsberg pour travailler ensuite dans divers bureaux d'architectes, ainsi par exemple en 1902 chez Fabry à Wiesbaden, un an plus tard chez Bruno Möhring à Berlin et de 1904 à 1908 chez Theodor Fischer à Stuttgart. En 1908, il obtint sa première commande, une usine à turbines à Wetter an der Ruhr. Avec Franz Hoffmann comme associé, il ouvrit l'année suivante un bureau d'architectes où son frère Max Taut devait aussi travailler plus tard. En tant que conseiller de la Société Allemande des villes horticoles, Taut fut chargé des plans des banlieues horticoles «Reform» à Magdebourg (1913–1921) et «Am Falkenberg» à Berlin-Grünau (1913/1914), qui ne furent toutefois réalisés qu'en partie. Il devint surtout célèbre grâce aux constructions réalisées à l'occasion d'expositions: pour la foire du bâtiment à Leipzig en 1913, il créa le pavillon de l'Association Allemande des Aciéries et de l'Association des Usines Allemandes de ponts et de chemins de fer, un bâtiment érigé sur une charpente d'acier à la base octogonale, avec quatre niveaux de bâtiment en forme de téléscope dirigé vers le haut; pour l'Exposition du Werkbund à Cologne en 1914, Taut créa le pavillon de l'Industrie du verre avec une coupole se composant d'éléments de verre coloré en forme de losanges. Après la guerre, il publia des utopies architectoniques expressionnistes – «Alpine Architectur» (1918), «Die Stadtkrone» (1919) et écrivit des articles pour le magazine «Frühlicht», dont il devint plus tard l'un des éditeurs. Sous sa direction, on fonda en 1918 le «Arbeitsrat für Kunst» et en 1919 également le «Gläserne Kette», un cercle d'artistes et d'architectes dont les membres communiquaient par ce que l'on a appelé les «lettres faisant boule de neige». De 1921 à 1923, Taut fut maître d'œuvre de la ville de Magdebourg et causa de vives discussions par ses décorations colorées de façades. En tant que conseiller de la société d'intérêt public Heimstätten-, Spar- und Bau-Aktiengesellschaft à Berlin, il s'occupa de 1924 à 1932 des questions concernant la construction massive d'appartements. Parmi ses travaux les plus importants de l'époque, on compte le lotissement Britz en forme de fer à cheval situé à Berlin, qu'il réalisa de 1925 à 1930 en collaboration avec Martin Wagner, ainsi que le lotissement forestier «Onkel Toms Hütte» à Berlin-Zehlendorf (1926–1931). En 1926, il devint membre de l'association d'architectes «Der Ring». En 1927, il prit part à l'exposition du Werkbund à Stuttgart et enseigna de 1930 à 1932 à l'Université de Berlin-Charlottenburg. En 1933, il partit pour Moscou et émigra ensuite au

James Stirling

Japon où il devait travailler au Crafts Research Institute à Sendai. En 1936, il fut nommé professeur à l'Académie des Beaux-Arts d'Istanbul où il succéda à Hans Poelzig décédé avant de pouvoir occuper cette chaire.

Giuseppe Terragni 1904–1943

Après avoir obtenu le diplôme de l'Ecole technique de Côme, Terragni fit des études à l'Ecole polytechnique de Milan et ouvrit un bureau d'architectes à Côme en 1927 avec son frère Attilio. Avec Luigi Figini, Gino Pollini, Sebastiano Larco, Ubaldo Castagnoli, Guido Frette et Carlo Enrico Rava, il fut également fondateur du Gruppo 7 qui adhéra à une architecture contemporaine rationnelle italienne. La même année, à la Biennale de Monza, Terragni montra son projet d'usine à gaz, qui fut très remarqué. A l'encontre de la massive résistance des défenseurs de l'académisme, tels que Marcello Piacentini, il parvint à imposer la réalisation du complexe d'habitation sur cinq étages Novocomum à Côme (1927/1928), un bâtiment rigoureusement droit avec une partie charnière arrondie à la hauteur des étages du milieu et comprenant les mêmes segments de verre. En 1928, il adhéra au mouvement MIAR (Movimento Italiano per l'Architettura Razionale). Le bâtiment du parti des fascistes à Côme, la Casa del Fascio (1932–1936) passe pour être son œuvre principale: un prisme de marbre blanc avec de dramatiques effets d'ombre et de lumière dans les structures géométriques des façades. Pour la première Triennale milanaise, il réalisa en 1933, en collaboration avec d'autres architectes, la maison des artistes au bord du lac. En 1936, il construisit le jardin d'enfants Antonio Sant'Elia à Côme, en 1936 et 1937 la Villa Bianca à Seveso et travailla parallèlement avec Pitro Lingeri au projet du Dantéum à Rome. Il créa une autre maison du fascisme avec Antonio Carminati en 1938 pour la ville de Lissone. La maison Frigerio à Côme (1939/1940) passe pour être le dernier travail important de Terragni.

Bernard Tschumi *1944

Tschumi a fait ses études jusqu'en 1969 à l'Université Technique Fédérale de Zurich. De 1970 à 1979, il a enseigné à l'Architectural Association de Londres, parallèlement, en 1976, à l'Institute for Architecture and Urban Studies à New York et à la Princeton University. De 1980 à 1983, il a été professeur invité à la Cooper Union School of Architecture à New York. En 1975, il a organisé l'exposition «A Space, a Thousand Words» à New York. De 1977 à 1981, après avoir quitté Londres pour s'installer à New York, il a exprimé sous forme de dessins et de collages son intérêt pour de nouvelles formes de «notation architectonique» dans ses «Manhattan Transcripts», dans lesquels sont également présentes des thèses comme celle de «form follows fiction». Certains travaux ont été couronnés de prix, comme La Défense à Paris (1983), l'Opéra de Tokyo (1986) qui obtint un second prix, de même que le parc de la Villette à Paris (1982–1995). Basées sur la forme élémentaire du cube, les «folies» (les pavillons) rouge vif sont réparties sur l'ensemble du terrain le long d'un sentier sinueux. La dynamique résulte de la rencontre entre des ordres géométriques différents. Datent des années quatre-vingt-dix le Lerner Student Center de la Columbia University de New York (1994–1999) et le centre d'art contemporain de Le Fresnoy, Tourcoing, France (1991–1997), où Tschumi a recouvert les bâtiments déjà existants d'un énorme toit auquel est suspendu un système très étendu de couloirs et d'escaliers.

Ushida Findlay Architects

Après ses études à l'Université de Tokyo, Eisaku Ushida (*1954) travailla pour Arata Isozaki and Associates, puis chez Richard Rogers à Londres en 1985–1986. Après ses études à la School of Art d'Edimbourg et à l'Architectural Association de Londres, Kathryn Findlay (*1953) acquit elle aussi une expérience à l'agence Arata Isozaki and Associates. Ushida et Findlay fondèrent un bureau commun à Tokyo en 1987. Font partie de leurs réalisations l'Echo Chamber de Tokyo, Japon (1988–1989), bâtiments aux couleurs pastel combinant formes rondes et anguleuses, et qui comporte de grandes surfaces vitrées et des contre-fiches horizontales en acier. Citons également, toujours à Tokyo, la Truss Wall House (1990–1993), dans laquelle les murs épais qui entourent le secteur d'habitation et la cour intérieure expriment le souci de préserver, même dans des zones fortement peuplées, la sphère privée. Les formes de cette maison blanche en béton ne sont pas strictement arrêtées, le sol, les murs et le plafond se confondent. L'architecture organique d'Ushida & Findlay est une fusion réussie d'architecture et de paysage, ce qui se vérifie notamment dans la Soft & Hairy House de Tsukuba New Science City,

Robert Venturi

Japon (1992–1994), maison de couleur naturelle aux murs extérieurs arrondis, ponctuée de hublots, et dont le toit est couvert de végétation. La maison s'ouvre sur une cour intérieure dans laquelle avance la salle de bains, «panier à chat» bleu et criblé de trous. L'organisation des bâtiments Kaizankyo à Wakayama, Japon (1993– 1994), de dimensions et de formes différentes, dessine une spirale. Les toits en forme de cales de bateau de cette construction plate au vitrage généreux sont couverts d'ardoise.

Henry-Clément Van de Velde 1863–1957

Van de Velde poursuivit des études de peinture de 1880 à 1883 à l'Académie des Beaux-Arts d'Anvers ainsi que de 1884 à 1885 chez Carolus Duran à Paris. Il ne tarda pas à s'engager dans diverses associations artistiques. C'est ainsi qu'il participa en 1887 à la fondation de «L'Art indépendant» et devint en 1889 membre du groupe avant-gardiste bruxellois «Les XX». Le premier bâtiment que Van de Velde devait ériger fut son propre immeuble, la maison Bloemenwerf à Uccle près de Bruxelles (1895). Il fut chargé par le collectionneur d'objets d'art Samuel Bing de décorer quatre salles pour sa galerie parisienne «L'Art Nouveau» qui furent présentées en 1897 à l'Exposition des Arts et Métiers de Dresde. Les fortes ondulations constructives de ses créations de meubles constituèrent l'un des apports essentiels au Jugendstil. En 1899, il ouvrit à Berlin une succursale de sa société créée en 1898 «Henry Van de Velde» pour créer des meubles et autres objets, société qu'il devait cependant revendre dès 1900 à Wilhelm Hirschwald, le propriétaire de la Maison des Arts et Métiers des Hohenzollern. Parmi les autres travaux apparus à Berlin, on compte le magasin de tabac pour la Habana Compagnie (1899) et le salon de coiffure Haby (1901). Sur ordre de Karl Ernst Osthaus, il fut chargé de la décoration intérieure du FolkwangMuseum à Hagen (1900–1902). En 1901, il fut nommé conseiller artistique à la Cour du grand-duc Guillaume Ernst à Weimar et en 1904, il fut chargé de la construction de l'Ecole des Arts et Métiers qu'il devait diriger jusqu'en 1914. Pour l'Exposition du Werkbund de Cologne en 1914, Van de Velde réalisa la construction d'un théâtre qu'il para d'une scène ressemblant à un amphithéâtre de type tout à fait nouveau. L'aspect extérieur était dominé par de lourdes masses de maçonnerie et des formes de toit en dégradé. Pour le Théâtre des Champs-Elysées à Paris, il avait élaboré un plan dès 1910 et 1911, mais on en confia en fin de compte la réalisation à Auguste Perret. A partir de 1917, il s'installa en Suisse. En 1921, il partit pour la Hollande. Là, il conseilla les époux Kröller-Müller en tant que successeur de Hendrik P. Berlage et commença à réaliser de nouveaux plans pour l'actuel Rijksmuseum à Otterlo qui devait être construit dans une version simplifiée entre 1937 et 1954. De retour à Bruxelles, il prit jusqu'en 1935 la direction de l'«Institut Supérieur d'Architecture et des Arts Décoratifs», parallèlement il enseigna l'architecture à l'Université de Gand (1925–1936). En 1939, il fit construire, avec Victor Bourgeois et Léon Stijnen, le Pavillon belge de l'exposition universelle de New York. Après 1947, il devait passer la fin de sa vie en Suisse.

Robert Venturi *1925

Après ses études d'architecture à l'Université de Princeton, New Jersey, Venturi a vécu à Rome de 1954 à 1956 en tant que boursier de l'American Academy. Ensuite, il a travaillé jusqu'en 1958 dans les bureaux d'architectes de Eero Saarinen et Louis I. Kahn. En outre, il a enseigné à l'Université de Princeton et Yale. Parmi ses premiers travaux, il faut surtout mentionner la maison de retraite Guild House à Philadelphie qu'il a construite de 1960 à 1963 en collaboration avec les architectes Cope et Lippincott, ainsi que la maison pour sa mère à Chestnut Hill, Philadelphie (1962–1964). A partir de 1964, il a travaillé avec John Rauch comme associé, plus tard se sont joints à eux Denise Scott Brown, Steven Izenour et David Vaugham. De nombreux bâtiments ont été réalisés, comme par exemple, de 1968 à 1973, le Humanities Building de la State University of New York à Purchase, la Dixwell Fire Station à New Haven, Connecticut (1967–1974), la Brant House à Greenwich, Connecticut (1970–1973), la Franklin Court à Philadelphie (1972–1976), l'annexe du Allen Memorial Art Museum à Oberlin, Ohio (1973–1976), l'Institute for Scientific Information, Philadelphie (1970–1978), et le Gordon Wu Hall de la Princeton University (1980–1983). Contrairement aux façades fortement marquées de ses projets urbains qui suivent la définition de Venturi du «hangar décoré», les maisons de vacances qu'il devait construire sur Nantucket Island, Block Island ou à Vail, Colorado, présentent des surfaces de bois et de bardeau s'intégrant à la nature, surfaces dans lesquelles les ouvertures des fenêtres placées selon un ordre inhabituel offrent une organisation surprenante de l'espace. Dans les publications «Complexity and Contradiction in Architecture» (1966), «Learning from Las Vegas», en collaboration avec Denise Scott Brown et Steven Izenour (1972), ainsi que «A View from the Campidoglio» avec Denise Scott Brown (1985), Venturi devait présenter la théorie défendant son point de vue selon lequel les constructions modernes vivaient également des références historiques et qu'elles devaient reconnaître l'architecture quotidienne chaotique des «Strips» comme une réalité concurrente.

Otto Koloman Wagner 1841–1918

En 1857, Wagner commença ses études à l'Institut Polytechnique de Vienne, suivit en 1860 et 1861 les cours de l'Académie Royale de la construction de Berlin et poursuivit sa formation à l'Académie viennoise des Beaux-Arts. Il acquit de l'expérience pratique à l'atelier de Ludwig von Forster. Parmi les premières constructions de cet architecte, on compte par exemple la maison située am Schottenring à Vienne (1877) au revêtement inhabituel de triangles plats bicolores au premier étage ainsi que sa propre maison à Vienne (1886–1888) qui, par son agencement symétrique, ses colonnes et sa montée d'escalier, rappelle les œuvres de Palladio. En 1890, il fut chargé de réaliser le nouvel ordre de construction urbaine de la ville de Vienne. Appelé en 1894 au conseil supérieur de la construction de Vienne, le «Oberbaurat», ses champs d'activité les plus importants devaient comporter la construction du chemin de fer métropolitain et la régulation du Danube. Jusqu'à l'achèvement du métro en 1901, 34 stations, de nombreux ponts et viaducs furent réalisés. Les grands bâtiments de représentation le long de la Ringstraße furent cependant confiés à d'autres architectes tels que Carl von Hasenauer. Lorsque von Hasenauer mourut en 1894, Wagner put reprendre la chaire de professeur d'architecture de celui-ci à l'Académie des Beaux-Arts. Un an plus tard, il publia sa conférence inaugurale sous le titre de «Moderne Architektur». L'activité d'enseignant joua un grand rôle dans sa vie. De l'école de Wagner, on vit sortir de grands architectes, dont par exemple Josef Hoffmann, Joseph Maria Olbrich, Richard Neutra et Rudolf M. Schindler. En 1899, il adhéra à l'association d'artistes de la Sécession viennoise. La même année, il acheva la construction des immeubles à louer dans la Linke Wienzeile. Avec l'aide du bureau de dépêches de «Zeit», il créa en 1902 une œuvre moderne sans compromis dont la façade d'alumium mettait en évidence le courage qu'il montrait aussi face aux nouveaux matériaux de construction. L'office de la caisse d'épargne réalisé de 1904 à 1912 à Vienne peut sans doute être considéré comme son œuvre principale. Parmi les œuvres nées pendant sa dernière phase créatrice, il faut surtout nommer l'église am Steinhof (1902–1907) avec sa coupole impressionnante, revêtue de tuiles de cuivres à l'origine dorées, les immeubles viennois de la Neustiftgasse (1910) et de la Döblergasse (1912), et le complexe sobre et clos du centre de rétablissement Lupusheilstätte (1910–1913) ainsi que la deuxième villa Wagner (1912/1913). Wagner a légué en outre un vaste recueil de projets, croquis et plans destinés à des concours, qui ne furent pas réalisés.

Henry van de Velde

Frank Lloyd Wright 1867–1959

Wright reçut de 1885 à 1887 une formation d'ingénieur à la University of Wisconsin à Madison. Parallèlement, il travailla chez D. Conover et Joseph L. Silsbee avant d'entrer en 1888 au bureau de Dankmar Adler et Louis Sullivan, où il devait surtout travailler à des maisons d'habitation et bientôt réaliser des plans par lui-même. Dès 1889, il s'installa un studio à Oak Park, une banlieue de Chicago. En 1893, il devint provisoirement associé de Cecil Corwin, avant de finir par ouvrir son propre bureau en 1896. En 1894, la série des maisons dites «dans la prairie» était commencée grâce à la réalisation de la Winslow House à River Forest, Illinois. En 1900, dans l'article «A Home in a Prairie Town» dans la revue «Ladies'

Home Journal», il en établit les caractéristiques. Caractéristiques de ces maisons indépendantes intégrées dans leur environnement, au toit en avancée, aux pentures de fenêtres horizontales et à l'organisation libre du plan autour d'une cheminée centrale, on trouve la Willitts House dans le Highland Park, Illinois (1901–1902), et la Martin House à Buffalo, New York (1904). Là, il construisit aussi un immeuble de bureaux complètement climatisé, le Larkin Building (1904/1905), avec des étages à galerie ouverts autour d'une halle centrale élevée, suivi de la construction en béton armé du Unity Temple à Oak Park, Illinois (1904). La Robie House à Chicago (1906–1910) avec ses minces tuiles formant une saillie horizontale et dominant l'ensemble par leur rythme, ainsi que la Coonley House à Riverside, Illinois (1907–1908), constituent des réalisations de maître parmi les maisons dans la prairie. En 1909, Frank Lloyd Wright quitta sa famille et se rendit en Europe où il devint l'un des plus importants moteurs de l'architecture européenne grâce à l'exposition de ses travaux à Berlin (1910) et la publication «Travaux exécutés et projets de Frank Lloyd Wright». De retour aux Etats-Unis, il fonda en 1911 la communauté de Spring Green à Wisconsin et c'est là-bas qu'il construisit sa maison «Taliesin», qui devait, au fil des années, brûler trois fois et être chaque fois reconstruite par Wright. Entre 1915 et 1922, il réalisa, avec Antonin Raymond, en utilisant un nouveau principe de construction résistant aux tremblements de terre, l'Hôtel Imperial à Tokyo. Puissante et compacte, faisant appel aux motifs ornementaux de la culture Maya, la Barnsdall House fut érigée à Los Angeles (1917–1920). Les éléments de béton préfabriqués, les «textile blocks», développés par Wright, furent ensuite employés pour la Millard House à Pasadena (1921–1923). Pendant une phase dépourvue de commandes, il rédigea ses idées concernant l'urbanisme, leur donnant le titre de «Broadacre City» (1923), le modèle d'une ville en surfaces, habitée d'hommes motorisés. Parmi ses travaux les plus géniaux, on compte la maison «Fallingwater» en Pennsylvanie (1935–1939), maison qui fut construite sur un rocher, directement au-dessus d'une cascade. Wright développa un nouveau type de maison dans le contexte de la crise économique mondiale, notamment la dite Usonian House, une maison individuelle plate et aux coûts réduits, qu'il réalisa dans les variations les plus diverses. Pour Wright, Usonia devint son synonyme personnel de l'Amérique. Pour l'entreprise chimique S. C. Johnson & Son, il créa entre 1936 et 1950, à Racine, Wisconsin, un complexe administratif fermé vers l'extérieur avec, à l'intérieur, des piliers de béton armé en forme de champignons, ainsi qu'une tour-laboratoire recouverte d'une enveloppe de verre (1944–1950). Ensuite, il érigea la seul tour qu'il devait construire, à savoir la Price Tower à Bartlesville, Oklahoma (1953–1956). Wright utilisa des formes inhabituelles pour la spirale du Solomon R. Guggenheim Museum à New York (1956–1959) et pour la construction d'acier, de verre et de plastique en forme de tente de la Synagogue Beth Sholom à Philadelphie (1958/1959). Wright a créé plus de 800 constructions et a formulé ses thèses concernant une architecture organique dans une Amérique démocratique dans de nombreux articles et livres, comme par exemple dans le magazine «Architectural Record» sous le titre de «In the Cause of Architecture», «When Democracy Builds» (1945), «The Future of Architecture» (1953) et «The Living City» (1958).

Frank Lloyd Wright

Otto Wagner

Peter Zumthor *1943

Après des études d'architecture intérieure à l'école de design de Bâle (1963–1966), Zumthor étudia l'architecture et le design au Pratt Institute de New York. Avant de fonder sa propre agence à Haldenstein en 1979, il travailla dans un organisme d'entretien des monuments dans le canton des Grisons. En 1996, il enseigna en tant que professeur à l'académie d'architecture de l'Università della Svizzera Italiana de Mendrisio. Figurent parmi ses réalisations une école à Churwalden, Suisse (1979–1983), l'atelier Zumthor à Haldenstein, Suisse (1985–1986), des constructions destinées à abriter les découvertes archéologiques romaines de Chur, Suisse (1985–1986) et la chapelle Sogn Benedetg de Sumvitg, Suisse (1987–1989). Par sa forme arrondie qui se termine en pointe, le plan de cette chapelle de bois au toit plat fait penser à un œil. Clairement structuré, l'intérieur est lui aussi en bois et au-dessous du toit, la lumière tombe à travers un ruban de verre qui en fait le tour. Construite dans la montagne elle-même, la station thermale de Vals, Suisse, date des années quatre-vingt-dix (1990–1996). Il s'agit d'un édifice de béton couvert d'un revêtement de pierre locale disposée en strates horizontales, et sur le toit duquel on a fait pousser des plantes. On remarquera le raffinement du jeu sur la lumière, tantôt naturelle, tantôt colorée, à l'intérieur de la piscine où s'ouvrent, à partir de l'espace central circulaire, les nombreuses cabines de bain et cellules de méditation. Cette combinaison d'espace et d'exiguïté, d'activité et de repos est malheureusement peu compatible avec l'utilisation de masse à laquelle la soumet la société d'exploitation. Citons encore le lotissement Spittelhof à Biel-Benken, Suisse (1989–1996) et la Kunsthaus de Bregenz, Autriche (1990–1997). Ce bâtiment en forme de parallélépipède rectangle se définit à l'intérieur par des surfaces de béton brut de décoffrage, et à l'extérieur par le chevauchement des panneaux de verre dépoli de sa façade avant. Vues à travers cette enveloppe translucide, les structures internes ont l'air tout à fait fantomatiques. Zumthor a construit pour l'Exposition Universelle de Hanovre 2000 le pavillon de la Suisse, lequel fonctionnait, dans le temps et dans l'espace, comme une œuvre d'art total. Une partition réglait en effet les mouvements et actions des musiciens pendant les douze heures d'ouverture, et des projections lumineuses de texte sur les piles de bois de mélèze qui constituaient les espaces formaient l'horizon thématique.

Index des noms

Les chiffres en gras indiquent les illustrations.

Crédits photographiques

La plupart des plans, coupes, axonométries et esquisses utilisés ont généreusement été mis à la disposition de la maison d'édition par les différentes agences. Pour les bâtiments anciens, des publications d'époque ont été reprises de nombreux dessins remaniés ou refaits. D'autres documents proviennent des archives suivantes: Stiftung Archiv der Akademie der Künste, Berlin, Bibliothek der Landesgewerbeanstalt Nuremberg, Fondation Le Corbusier, Paris, Frank Lloyd Wright Foundation, Scottsdale, Arizona, Institut für Baugeschichte der Universität Karlsruhe, Suomen Rakennustaiteen Museo, Helsinki.

Les photographes et les personnes nous ayant prêté les illustrations ont été mentionnés dans les légendes respectives. A l'époque de la réimpression du présent ouvrage, certains changements ont eu lieu, qui n'ont pu être pris en compte dans le texte pour des raisons techniques. Il s'agit ici de:

Bibliothèque nationale de France, Paris (p. 12, 13 en haut); Landesarchiv Berlin (p. 15, 157 en haut, 254); Sächsische Landesbibliothek – Staats- und Universitätsbibliothek Dresden, Abt. Deutsche Fotothek (p. 29, 83, 111, 118, 171); Chris Barrett@Hedrich Blessing (p.66); Jon Miller@Hedrich Blessing (p. 226); Jim Hedrich@Hedrich Blessing (p. 237); Ave Maria University, Thomas S. Monaghan (p. 70, 71 en haut et en bas); Klaus Frahm/artur (p. 86, 100, 120, 121, 123, 124, 130, 131, 132, 133, 146, 155, 174, 206, 207, 327, 366, 367, 378, 379); Albertina, Vienne (p. 87, 88, 150, 151, 422, 114, 115, 129, 156); Stiftung Archiv der AdK, Archivabteilung Baukunst, Berlin (p. 95, 180, 181, 183, 201, 424); Arthur Köster (p. 157 en haut, 178, 179, 201); Harvard University Art Museums, Cambridge, MA (p. 102, 146 en haut, 148 en bas, 158); Berengo Gardin/Südwestdeutsches Archiv für Architektur und Ingenieurbau, Universität Karlsruhe (p. 295)

La maison d'édition remercie les prêteurs suivants pour les reproductions de la biographie CIAM-Archiv, Institut für Geschichte und Theorie der Architektur der Eidgenössischen Technischen Hochschule, Zurich (p. 405); Suomen Rakennustaiteen Museo Helsinki, photo Pertti Ingervo (p. 406); Tadao Ando Architect & Associates, photo Chikao Todoroki (p. 407); Marco D'Anna (p. 409); Hamburger Abendblatt, photo Krüger (p. 410); Foster Associates, photo Andrew Ward (p. 411); USIS, Bonn (p. 412); Frank Gehry, photo Wesley Harrison (p. 413); Nicholas Grimshaw & Partners Limited (p. 414); Bauhaus-Archiv, Berlin (p. 415, 427); Ingrid von Kruse (p. 417); Murphy/Jahn Associates (p. 418); Office For Metropolitan Architecture, photo Sanne Peper (p. 420); John Lautner Associates (p. 421); Loos-Archiv, Albertina, Vienne (p. 422); Cassina, Meda/Milano (p. 423, 431); Stiftung Archiv der AdK, Archivabteilung Baukunst, Berlin (p. 424, 436); Richard Meier & Partners, photo Scott Frances/ Esto (p. 425); Bildarchiv Preußischer Kulturbesitz, Berlin (p. 426); Eric Owen Moss Architects (p. 428); Julius Shulman (p. 429); Gustav Peichl (p. 430); Kevin Roche John Dinkeloo and Associates (p. 432); ullstein bild, Berlin (p. 433); Knoll International, Murr (p. 434); Tobia Scarpa (p. 435); University Art Museum, UCSB (p. 437); James Stirling, Michael Wilford Associates (p. 439); Venturi, Scott Brown & Associates, photo John T. Miller (p. 440); Archiv La Cambre (p. 441); Pedro Guerrero (p. 442); Bildarchiv der Österreichischen Nationalbibliothek, Vienne (p. 443)